RESEARCH REPORTS ON THE POLITICS OF
CONTEMPORARY CHINA

（第10辑）

当代中国政治
研究报告

深圳大学当代中国政治研究所／编

主编／黄卫平 汪永成

执行主编／陈家喜

社会科学文献出版社

SOCIAL SCIENCES ACADEMIC PRESS (CHINA)

以更大的勇气、智慧和自信，
迎接中华民族的伟大复兴

　　举世瞩目的党的十八大报告中，胡锦涛同志代表党中央坚定不移地高举中国特色社会主义的伟大旗帜，旗帜鲜明地走中国特色社会主义道路，全面系统地阐释了中国特色社会主义理论体系和中国特色社会主义制度，满怀信心，无比自豪地向全世界宣示："只要我们胸怀理想，坚定信念，不动摇，不懈怠，不折腾，顽强奋斗、艰苦奋斗、不懈奋斗，就一定能在中国共产党成立一百年时全面建成小康社会，就一定能在新中国成立一百年时建成富强民主文明和谐的社会主义现代化国家。全党要坚定这样的道路自信、理论自信、制度自信。"胡锦涛同志的报告再次彰显了经过改革开放洗礼的中国共产党人有决心也有信心领导国人迎接中华民族前所未有的伟大复兴，打破当代国际社会特定政党长期连续成功执政的世界纪录，历史将不断证明任何统计"规律"都是可以被刷新的。

　　中国共产党的高度自信来源于改革开放三十多年实践取得的伟大成就。作为一个领导着世界上人口最多的发展中国家的执政党，将一个曾经在近代满目疮痍的半封建半殖民地的失败国家，将一个一度国民经济面临崩溃边缘的落后国家，在短短三十多年的改革开放进程中，建设成世界第一制造业大国和第一出口大国，第一大外汇储备国和第二大经济体，成为拉动全球经济发展的引擎和火车头，创造了人类经济发展史上的奇迹。这三十多年的发展

　　* 黄卫平，深圳大学当代中国政治研究所所长，教授。

是中国近代以来最好的历史时期，党领导人民不断推进改革，循序渐进，先易后难，逐步发展，保持了长期的经济高速增长和社会基本稳定，社会主义市场经济不断深入，劳动、知识、技术、管理和资本等各种创造财富的源泉充分涌流，民主、法治、公平、正义、自由、平等、和谐、人权、生态文明、以人为本等现代人类政治文明的理念日益深入人心。中国已经在经济总量、综合国力和承担的国际义务上日益成为世界上名副其实的"负责任的大国"。实践是检验真理的唯一标准，党领导的改革开放是决定当代中国命运的关键抉择，是发展中国特色社会主义，实现中华民族伟大复兴的必由之路，改革开放的成功实践证明：只有中国特色社会主义才能救中国，只有中国特色社会主义理论才是当代中国的马克思主义。

中国共产党的高度自信来源于不断与时俱进，实事求是，永无止境地思想解放的优良传统。中国革命的成功就不是亦步亦趋地照搬书本教条和别国模式的结果，改革开放的成功更是前无古人的伟大创新。在当代中国政治语境中的"改革开放"是与"解放思想"紧密联系在一起的。改革开放是中国共产党领导的社会主义制度的自我完善，改革是要变革一切阻碍中国经济、政治、文化、社会现代化进程的体制、机制。党清醒地认识到"世界上没有放之四海而皆准的发展道路和发展模式，也没有一成不变的发展道路和发展模式。既不能把书本上的个别论断当作束缚自己思想和手脚的教条，也不能把实践中已见成效的东西看成完满无缺的模式"。正如邓小平同志"把改革当作一种革命"，而这种以"自我革命"为重要特征的改革就是永无止境的"解放思想、实事求是、与时俱进、求真务实"。正是改革开放中伟大的思想解放让中国共产党和人民的思想不断冲破自我束缚的牢笼，在建设中国特色的赶超型现代化建设中创造出举世瞩目的辉煌业绩。

中国共产党的高度自信来源于自觉的忧患意识和化危机为机遇的超凡能力。在改革开放不断取得巨大成就的过程中，党的最高决策层一直保持高度的清醒，充分认识到在新的历史条件下，"我们党面临着许多亟待解决的问题。尤其是一些党员干部中发生的贪污腐败、脱离群众、形式主义、官僚主义等问题，必须下大气力解决。全党必须警醒起来"；高度警觉党的各级领导中存在的"精神懈怠的危险，能力不足的危险，脱离群众的危险，消极腐败的危险"，不断重申"要坚定不移反对腐败，这个问题解决不好，就会对党造成致命伤害，甚至亡党亡国"，反复告诫全党"必须增强忧患意识，谦虚谨慎，戒骄戒躁，始终保持清醒头脑"，一再强调"党的执政地位不是与生俱来的，也不是一劳永逸的。我们必须居安思危，增强忧患意识，深刻汲取世界上一些执政党兴衰成败的经验教训，更加自觉地加强执政能力建设，始终为人民执好政，掌好权"。我们必须承认，中国的思想解放和改革开放实际上一直是危机推动的，如果没有"十年文革"造成的"国民经济面临崩溃边缘"，就不可能有"真理标准"的大讨论和改革开放的伟大抉择；没有当年的"政治风波"、"苏联解体"、"东欧巨变"，也很难想象会有邓小平"南方谈话"那样的划时代文献和社会主义市场经济的大发展。大危机推动大改革，大挑战促进大发展，大困境激起大解放，历史灾难成为社会进步的代价。目前引发国内外高度关注的"薄熙来案件"和"乌坎事件"所标志的高层政治危机和基层治理危机，再次给了党的最高决策层必须以更大的政治勇气和智慧，推进政治体制改革的历史机遇，从而切实推动社会主义民主政治制度化、规范化、程序化，从各层次各领域扩大公民有序政治参与，实现国家各项工作法治化，真正建成社会主义民主法治国家，使"任何组织或个人都不得有超越宪法和法律的特权，绝不允许以言代法、以权压法、徇私枉法"。

中国共产党的高度自信来源于自觉理性地有效应对复杂意识形态争议的政治智慧。历经三十多年改革开放进程，中国已发生了翻天覆地的变化，但又面临着前所未有的新挑战，毋庸讳言，在中国经济迅速增长，国家硬实力显著提升的同时，各种新的社会问题层出不穷，邓小平当年尖锐指出的党和国家领导制度的传统弊端中的"官僚主义现象，权力过分集中的现象，家长制现象、干部领导职务终身制现象和形形色色的特权现象"等，除了干部领导职务终身制现象得到较彻底的改观外，其他方面的弊端还有待深入改革。现行体制机制所决定的特权与容易滋生的腐败，缺乏充分竞争和法治保障的市场所导致的绝对贫富差距与相对心理落差，社会道德与政治伦理的底线不断被突破，促使各种社会矛盾凸显并相互交叉感染、恶性互动，中国的精神版图和知识界陷入深刻的分裂与重组。虽然这些都属于发展中出现的问题，而不发展才是更大的问题，但国家由此陷入前所未有的社会价值混乱和集体人格分裂，于是人们往往说一套，做一套，做的不说，说的不做；想"走封闭僵化的老路"者有之，想走"改旗易帜的邪路"者也有之，更有甚者假走封闭僵化的老路，真行改旗易帜的邪路。面对市场经济发展中引发的利益分化以及由此导致的价值冲突和意识形态对立，党的决策层高度理性地既尊重历史，又面向未来，既照顾和协调现实的利益格局，尽量缓解争议和冲突，又让人民始终对深化改革抱有希望和期待，为更重大的改革预留空间；既明确"坚持四项基本原则"，又强调"改革开放"，高度智慧地"通过改革开放赋予四项基本原则新的时代内容"；既肯定"科学发展观"与马克思主义、毛泽东思想是"一脉相承"的，更明确当前指导改革开放的是由邓小平理论、"三个代表"重要思想、科学发展观共同构成的中国特色社会主义理论体系。努力建设民主法治、公平正义、诚信友爱、充满活力、安定有序、人与自然和谐相处的社会主义和谐社会，"既不走封闭僵化的老路，也不走改旗易帜的邪路"，坚定不移走中国特色社会主义道路，从邓小平的"不争论"到胡锦涛的"不折腾"，充分体现了党的最高决策层破解和摆脱复杂的意识形态纠葛的高超政治智慧。

中国共产党的高度自信来源于正在成功地探索一条有中国特色社会主义民主政治发展道路。中国是一个缺乏民主政治传统的发展中国家，但长期的贫穷落后使党在领导人民开始改革开放时必须首先发展经济，这不仅是巩固中国社会主义制度的政治需要，更是绝大多数国人的共识，但中国的改革从来就是"全面的改革"，党在改革开放战略布局中，始终将"发展民主"作为政治体制改革的主题，并以经济改革拉动社会转型，由此引发各种政治力量的博弈，来渐进推动民主法治建设。党的十八大报告将中国特色社会主义规范为经济、政治、文化、社会和生态文明"五位一体"的总布局，其中第二项就是"社会主义民主政治"，并充满豪情地回应国内外对中国政治体制改革的普遍期待，明确"要坚持走中国特色社会主义政治发展道路和推进政治体制改革"，并强调要抓好如下几项重大任务：1. 支持和保证人民通过人民代表大会行使国家权力；2. 健全社会主义协商民主制度；3. 完善基层民主制度；4. 全面推进依法治国；5. 深化行政体制改革；6. 建立健全权力运行制约和监督体系；7. 巩固和发展最广泛的爱国统一战线。从而表明党的最高决策层对现行制度所蕴涵的民主精神是充满自信的，只要将共和国《宪法》和共产党《党章》等文本制度执行到位，将共产党对人民的庄严承诺中关于公民和党员的政治权利充分落实，不断完善其执行细则和司法救济程序，就足可使中国民主政治的程度有极大的提高。而通过分别以邓小平、江泽民和胡锦涛为核心的三代中央领导集体的不懈努力，党内协商民主制度逐步完善，中国社会主义政治制度中最高领导职务的任期制和限期制，以及最高权力的规范化、制度化的移交程序已日趋成熟和巩固，党政军最高领导职务既高度统一，最长任期又有限制，并依次逐年平稳移交权力的制度，是中国特色的权力监督和制衡机制，为人类政治文明发展做出了重大贡献，也为进一步深化政治体制改革，发展中国特色民主法治奠定了基础。

中国正在不可阻挡地前进在现代化的历史进程中，经济、政治、社会、文化、科技、军事、外交等各种领域的改革与发展都在不同程度地与其他方面相互联系和相互制约，党的最高决策层在特定时期必须根据当时国内外形势和各种政治力量对比选择改革的突破口和各方面改革的轻重缓急，但最重要的经济、社会、政治改革是现代化进程中难以回避的。由丁改革毕竟是体制机制的变革，是权力和利益关系的重大调整，"对改革开放，一开始就有不同意见，这是正常的"，对于改革和发展中存在的问题，必须通过深化改革和持续发展，才能不断缓解和化解，只有不断通过改革实践所取得的实际业绩，才能最大限度争取大多数民众对改革的支持。因此，对改革的"共识"只有通过改革的成功实践才能逐步形成，改革决策者的睿智和勇气远比所谓"改革的共识"更重要。作为中国改革开放总设计师和最高决策者的邓小平同志当年在"南方谈话"中力排众议断言：不改革开放只能是死路一条，所体现的忧患意识、全球视野和历史责任感就显得极其难能可贵和尤为至关重要。变革中的中国正热切期待着在党的十八大当选的以习近平同志为总书记的新一届中央领导集体，在新的历史起点上，高瞻远瞩，居安思危，深谋远虑，雄才伟略地从人类文明发展的全球视野，从中华民族伟大复兴的战略高度，从最广大人民的根本利益出发，既充分抓住目前中国经济在世界上难得的"一枝独秀"的战略机遇期，更深刻洞悉在未来发展中面临的巨大隐忧，主动深化改革，以民心所向的民生建设和廉政建设为主攻方向，突破既得利益集团和现有利益格局的制约，"以更大的政治勇气和智慧，不失时机深化重要领域改革，坚决破除一切妨碍科学发展的思想观念和体制机制弊端"，为把我国建成富强民主文明和谐的社会主义现代化强国迈出更加坚定有力的新步伐。

目　录

政 治 发 展

人 大 选 举

政 治 稳 定

一 国 两 制

政治发展

新世纪以来国内中国政治体制改革目标方向研究述评

黄 杰*

摘　要： 新世纪以来，国内学术界对中国政治体制改革的目标方向问题进行了广泛而深入的研究，文章尝试对这方面的重要研究成果进行全面的梳理和评价。这些研究成果中的观点大致可以分为三类：一是以具体的改革突破口作为进路的观点；二是从整体框架或战略策略层面进行考量的观点；三是从政治模式论或意识形态创新角度进行思考的观点。最后认为应该在全社会中重塑共识，以开放包容的态度去推动中国政治体制改革研究和实践向前发展。

关键词： 中国政治体制改革　政治发展　民主化　目标方向研究述评

一　引言：问题的提出

改革开放以来，中国社会主义市场经济在内部持续改革和外部经济全球化的大背景下不断发展和完善，并取得了举世瞩目的"经济奇迹"。然而，我们认为在上述奇迹的背后存在着一个非常现实的"悖论"：即中国的经济体制改革同政治体制改革的进程并不协调一致，两者在改革的深度和广度等

---

* 黄杰，复旦大学政治学博士，现为西安交通大学公共政策与管理学院行政管理系讲师、师资博士后。主要兴趣和研究方向为政治学理论、中国政治（社会稳定与国家治理）。

方面都存在较大的差异。更明确地说，相对于经济体制改革而言，当前中国政治体制改革是相对滞后的，我们可以将其概括为"政改滞后论"。

　　当然，某些政治观察者、研究者特别是官方似乎并不认可上述悖论，他们认为"政改滞后论"并非客观事实。2010 年 10 月 26 日，《人民日报》头版发表了一篇有关政治体制改革并引起了广泛讨论和争议的文章。该文旗帜鲜明地指出："可以说，中国特色社会主义政治的发展成果，为人类政治发展和政治文明提供了重要经验。那种认为改革开放 30 多年，经济发展取得举世瞩目的成就，政治体制改革严重滞后的看法既有悖于客观规律，也不符合客观事实。"① 这可谓是官方对"政改滞后论"最为直接的回应。2012 年 5 月 14 日，《人民日报》同时发表多篇文章，再次强调改革开放以来尤其是过去 10 年中国的政治体制改革取得了"重大进展"，认为"改革开放以来，政治体制改革作为我国全面改革的重要组成部分，始终随着经济社会的发展不断深化，始终随着人民政治参与热情的提高不断深化，始终随着时代进步的潮流不断深化"，同时重申"绝不照搬西方政治模式"。② 我们可以将上述观点概括为"政改适应论"，即中国政治体制改革比较有效地适应了不断变化的环境。

　　我们注意到，对中国政治体制改革问题进行长期研究的许多专家学者普遍认为上文所述的"悖论"是客观存在的。如许耀桐指出："如果对照以上关于政治体制的解释和对原有一套政治体制的主要弊端的认识，我们不难看到政治体制改革在真实地赋予人民群众的民主权利方面，在切实地改进权力的授予和权力的受制约方面，在增强政治的民主化、公开化、透明化方面，我们的实际努力还不够，缺乏实质性进展。"③ 有海外媒体更是评论道："近年来，中国经济体制改革受政治体制改革滞后所制约，改革议程在强大利益集团政治的影响下遭遇巨大阻力，已成为一种主流观察。"④

　　事实上，这些观察和评论中透露的问题从近年来党和国家领导人的公开

① 郑青原：《沿着正确政治方向积极稳妥推进政治体制改革——三论牢牢抓住历史机遇、全面建设小康社会》，《人民日报》2010 年 10 月 26 日。

② 郑志文：《政治体制改革稳步推进》，《人民日报》2012 年 5 月 14 日；于泽远：《重申不照搬西方模式　人民日报：政改取得重大进展》，《联合早报》2012 年 5 月 15 日。

③ 刘晓洲：《应该怎样深化政治体制改革——访国家行政学院科研部主任许耀桐教授》，《理论视野》2010 年第 9 期。

④ 曾昭鹏：《五中全会昨闭幕　中共表明"积极稳妥"推进政治体制改革》，《联合早报》2010 年 10 月 19 日。

讲话中也可以得到很大程度的证实。2004 年 4 月 28 日，胡锦涛曾强调："中国的改革是全面改革，涉及经济、政治、文化等各个领域。我们不仅进行经济体制改革，也进行政治体制改革。发展社会主义民主政治，是我们始终不渝的奋斗目标。我们明确提出，没有民主就没有社会主义，就没有社会主义现代化。"① 而近两年来更为直接强调政治体制改革紧迫性和必要性的观点来自温家宝。自 2010 年 8 月 22 日在深圳呼吁加快政治体制改革以来，温家宝在国内外访问和接受媒体采访中数次强调政治体制改革，指出"没有政治体制改革的保障，经济体制改革的成果就会得而复失"，并誓言在其"能力范围内，推动政治改革，风雨不倒，至死方休"。② 王长江指出："对于中国而言，政治体制改革问题不仅重要，而且非常迫切。这也是近期胡锦涛总书记和温家宝总理在深圳讲话所传递出来的信号。"③ 任剑涛认为："国务院总理的这一角色，最能够深切而直接感受到政治体制改革滞后对于整个中国改革向纵深推进的掣肘。"④ 郑永年认为："30 年以后，温家宝重新多次强调邓小平所强调过的问题。尽管这并不是说在这 30 年期间，中国政治体制一点也没有变化，但的确说明了，30 年之后，中国仍然被政治体制所困扰，政治体制仍然面临 30 年之前的老问题。"⑤ 在具有官方背景的《环球时报》举办的关于"中国政治体制改革方向"的民意调查中，在回答"中国是否应该推进政治体制改革"问题时，有高达 78.4% 的受访者认为中国应该推进政治体制改革，仅 5.0% 的受访者持相反态度，认为不应该改革。⑥

① 《胡锦涛在法国国民议会的演讲》，新华网：http：//news. xinhuanet. com/world/2004 – 01/28/content_ 1289406_ 1. htm。

② 储昭根：《寻找中国政改的"金钥匙"》，《联合早报》2010 年 10 月 14 日；杰夫·代尔：《分析：中国总理政改讲话令人瞩目》（2010 年 10 月 14 日），FT 中文网：http：//www. ftchinese. com/story/001035018。温家宝最近一次强调政治改革是在 2012 年 3 月 14 日的"两会"中外记者会上，他指出："现在改革到了攻坚阶段，没有政治体制改革的成功，经济体制改革不可能进行到底，已经取得的成果还有可能得而复失，社会上新产生的问题，也不能从根本上得到解决，文化大革命这样的历史悲剧还有可能重新发生。每个有责任的党员和领导干部都应该有紧迫感。""在中国这样有 13 亿人口的大国，又必须从国情出发，循序渐进地建立社会主义民主政治。这不是一件轻而易举的事情，但是改革只能前进，不能停滞，更不能倒退，停滞和倒退都没有出路。"新华网：http：//www. xinhuanet. com/politics/2012lh/zhibo/zongli/wz. htm。

③ 王长江：《政治体制改革：既得利益在作怪》，《人民论坛》2010 年 10 月（上）。

④ 任剑涛：《政改：顺产的倡导难产的实施》，《中国改革》2011 年第 1、2 期合刊。

⑤ 郑永年：《中国改革的路径及其走向》，《炎黄春秋》2010 年第 11 期。

⑥ 魏莱：《中国民众如何看政治体制改革》（2010 年 11 月 1 日），《环球时报》－环球舆情调查中心：http：//poll. huanqiu. com/news/2010 – 11/1217352. html。

从上述内容我们可以得出如下三个基本判断：一是中国社会各方面力量都很关注政治体制改革的目标方向问题；二是由于意识形态、价值理念和利益纠葛等多方面的原因，社会各方面对中国政治体制改革的目标方向和进度的认知与判断存在比较严重的分歧；三是多数人认为在当前积极推动政治体制改革很有现实的紧迫性和必要性。所以，现在我们关注的核心问题是：为什么各方对中国政治体制改革会存在严重的分歧？上述被称为"经济奇迹——政改滞后悖论"真的客观存在吗？如果存在，导致这一悖论产生的原因何在？当前中国政治体制改革的真实情况究竟如何？中国政治体制改革将向何处去呢？

从本质上讲，这一系列问题的答案都同当前中国政治体制改革"目标方向"① 的不确定性密切相关。这种"不确定性"根源于国家与社会、精英与大众对大转型进程中的中国将走向何方没有达成基本的共识。事实上，当前中国政治体制改革的目标方向就如同当年经济体制改革时的"摸着石头过河"一样，仍然处在不断的探索之中。新世纪十余年来国内研究者在既有研究的基础上对该问题进行了更加广泛而深入的研究，并取得了丰硕成果。本文就尝试对这方面的现有研究成果进行比较全面的述评。我们看到，在这些研究成果中，有的以具体的改革突破口作为进路，有的从整体框架或战略策略层面进行考量，有的则从政治模式论或意识形态创新的角度进行思考，不一而足。所以，本文就以此为基本依据对学术界提出的各种观点进行分类，这样就会对研究该问题的基本脉络和谱系有更加清晰的把握。

二　以单一具体的改革突破口作为进路的观点

总体而言，这类观点同官方主张保持着一致和契合，在很大程度上是一种体制内渐进和增量改革的观点，因而也可以说是对现有体制框架进行的适应性调整或调适性变迁。具体而言，由于对改革突破口或路径选择的不同，这类观点又可以分为下列五种。

一是选举民主论

持该观点的学者认为，实行自由的、公平的、竞争性的选举是民主政治

---

① 本文的"目标方向"是从广义着眼的，它包含"突破口"、"路径"、"道路"和"战略目标"等多重含义。

最重要的标志和特征。当前中国政治体制改革的目标应当是逐步逐级向上实行自由的、公平的和竞争性的选举，最后实现全国性普选。有学者还认为，选举民主是发展社会主义民主政治的根本路径。[①] 事实上，国际学术界研究民主化理论的多数学者，也普遍将在全国层级上实现自由的、竞争性的选举作为民主化的突破或转折点。从程序民主的角度来看，选举民主的确是民主政治最重要的特征，也是中国政治体制改革进程中不可回避的问题。同时，由于人民代表大会制度是我国的根本政治制度，在政治体制改革的路径选择上，一些学者认为"人大民主"在当代中国整个政治架构中居于轴心地位，健全完善人民代表大会制度是建设社会主义民主的根本途径。他们主张从完善人民代表大会制度、改革我国的选举制度入手，从程序上实现国家政治生活的民主化，并主张人大民主作为中国政治体制改革的突破口。[②] 可以看到，推动人大民主的实现，最为基础的程序和制度支撑还得从选举民主做起。选举民主对中国政治体制改革具有基础性的意义。

但是，一些学者对选举民主进行了严厉的批判，指出选举民主根本不能体现民主的真正本义，选举民主只是少数人的游戏。中国的民主建设不必一味以西方为榜样，中国的政治改革突破口也不在于建立西方竞争性选举制度，更重要的是在各个方面促进老百姓、促进利益相关者参与和他们利益相关的事务决策过程。[③] 此外，中国的选举民主发展还存在一系列有待突破的"瓶颈"，有待通过实践中的不断探索去解决。[④] 显然，当前中国政治体制改革单纯依靠选举民主作为突破口是远远不够的，还需要在理论上和实践上不断地努力，寻找新的更符合当代中国政治体制改革内在逻辑的目标方向。

二是协商民主论

持该观点的学者认为，民主政治的核心在于公众意见和意志的构建

---

① 徐振光：《选举民主：发展社会主义民主政治的根本路径》，《人大研究》2008 年第 7 期。

② 浦兴祖：《以人大民主为重点继续推进中国民主政治的发展》，《复旦学报》（社会科学版）2005 年第 5 期；肖立辉：《论强势推动人大民主的重点》，《理论月刊》2008 年第 11 期；尹冬华：《人大民主应成为中国政改的火车头》（2008 年 3 月 7 日），中国选举与治理网：http：//www. chinaelections. org/NewsInfo. asp？NewsID = 123991。

③ 王绍光：《祛魅与超越》，中信出版社，2010；王绍光：《民主四讲》，三联书店，2008；王绍光：《安邦之道：国家转型的目标与途径》，三联书店，2007。

④ 这些有待突破的"瓶颈"包括：如何进一步将现有制度内的公民和党员的民主权利具体落实到位，如何切实地履行选举法和党章关于人大选举和党内选举的规定，如何推动党内民主与人民民主的良性互动等，参见黄卫平《中国选举民主：从广度到深度》，《吉林大学社会科学学报》2008 年第 3 期。

或形成，可以从民主政治的程序设计出发，社会多元主体在公共利益框架下，通过有效地协调体制与协商过程，达成利益表达、利益协调与利益实现。协商民主论者主张，在社会结构多元分化的前提下，可以考虑发展协商民主以作为竞争性民主的替代物，同时容纳宪政法治等自由民主的基本要素。① 有学者认为，改革时代中国的政治发展模式可概括为"政治行政化"，即通过在决策机构中吸纳社会精英，在决策过程中进行广泛咨询，逐步放松对大众传媒和结社的控制，满足大众特别是精英的要求。未来 10 年的政治发展还应继续采用这种政治发展模式。② "政治行政化"模式实际上是协商民主的一种形态，是一种咨议性的政治决策模式。

必须看到的是，作为中国政治体制改革和民主建设的一种补充性的解决方式，协商民主具有它的价值和意义。但值得警惕的是，我们不要犯"误置情境的错误"③。协商民主是否可以替代竞争性民主也是有很大争议的，而且协商民主的有效运转尚存有协商主体的理性和能力之有限性、协商未必带来更好的结果、协商条件的不平等性以及协商民主推行范围的局限性等多维协商困境。对困境的排解程度将直接决定着协商民主究为现实还是乌托邦。④ 但是，就中国现实而言，在选举民主尚未达到的层级上如城市政治决策中可以积极发展协商民主，同时选举民主和协商民主之间并非完全排斥的关系，也存在一致性和良性互动。

三是党内民主论

持该观点的学者认为，中国在民主化道路上应选择先精英后大众、先共产党内后共产党外、先中央后地方及基层的体制内渐进发展路线，通过扩大

---

① 林尚立：《协商民主：对中国民主政治发展的一种思考》，《学术月刊》2003 年第 4 期。

② 康晓光：《未来 10 年中国政治发展策略探讨》，《战略与管理》2003 年第 1 期。

③ 高全喜：《当代中国民主政治理论的五种模式》，中国—瑞士"权力的纵向配置与地方治理"国际学术研讨会论文集，北京大学 2009 年 10 月。

④ 周义程：《论协商民主的协商困境》，《求实》2008 年第 7 期。此外，还有学者在比较了中西方协商民主的含义不同之后指出，"在中国目前尚没有普遍并充分实现授权民主的基础上，在公民社会尚处于形成的过程中，仅仅以官对民的赏赐性对话和协商，以个人利益主体相独立的协商，过分地提倡这种协商，大有维护权力过分集中和家长制弊端之嫌。没有授权合法性的协商，让公民仅仅限于关涉利益关系的协商，无论从培养公民品质和公共精神而言，还是在克服权力过分集中的家长制上都没有什么直接的益处。"参见陈红太《宪政为何不是中国政改第一目标?》（2010 年 9 月 19 日），中国选举与治理网：http://www.chinaelections.org/NewsInfo.asp? NewsID = 187406。

差额选举切实推进党内民主并从中央做起。① 党内民主论本质上是精英民主论，持该观点的人不赞成走经典的中产阶级式的民主化道路，而主张以党内精英为主体发展党内民主，并通过党内民主来推动人民民主的发展。精英民主论者主张发展党内民主，充分开发体制内资源，具有积极意义。② 无疑，党内民主（精英民主）确实看到了中国共产党在中国政治生活中不可代替的核心地位和作用，它有利于政治精英之间民主规则和文化的培养。从诸多选择的比较中可以看出，把发展党内民主体制作为政治体制改革的突破口，条件最为有利；相对于民主问题上的全盘西化论而言，它更具有温和性、务实性和渐进性。③ 同时，在党领导一切和"党权高于一切"的体制下，这种构想如能真实贯彻施行，有其可预期性，人们也寄希望于此。但前提是一要真正切实尊重和保障党员的权利主体地位，实行党内的民主选举和民主监督，建立制约党的权力的党内机制；二要清除、改变邓小平早就批判过的"以党治国"的旧思维旧体制遗毒。④ 这就表明，党内民主的有效施行需要建立在相对完备的配套措施和机制建设的基础上。

与此同时，党内民主论中最为敏感的部分就是"它意识到党内民主制度的发展会进一步导致党内不同群体多元化和民主分派的可能性与合理性"⑤。这样就有导致执政党党内的精英分裂和派系林立的可能，甚至还有演变为两党制或多党制的危险，这是执政党所最不愿意看见的后果。此外，党内民主论对民主政治发展顺序的机械划分和规定早已被现实中的村民自治等基层民主政治的新实践所突破；而且光靠党内精英自身关起门来搞少数人的民主也会产生一些问题，还有赖于社会力量从外部的有效制约和积极推

---

① 胡伟：《党内民主与政治发展：开发中国民主化的体制内资源》，《复旦学报》（社会科学版）1999 年第 1 期。

② 甄小英、李清华：《以党内民主推进人民民主》，《求是》2003 年第 12 期。近年来的重要研究成果，可参见肖立辉《中国共产党党内民主建设研究》，重庆出版社，2006；林尚立：《中国共产党与国家建设》，天津人民出版社，2009；罗中枢、黄金辉等：《党内民主与党的执政能力建设研究——以现代国家建设为视角》，四川人民出版社，2012。

③ 王贵秀：《谈谈政治体制改革的突破口问题》，《科学社会主义》2002 年第 1 期；萧功秦：《中国的大转型：从发展政治学看中国变革》，新星出版社，2008，第 208 页。

④ 同时，"党内民主化不能单靠党自身关起门来搞民主，不能单靠党内健康力量封闭性地自律，而有赖于社会力量从外部的制约和促推。""此外，即使党内有了民主，也不见得必然能带动或愿意扩及人民民主。"参见郭道晖《当今中国宪政运动思潮述评》，《法学》2010年第 6 期。

⑤ 萧功秦：《中国的大转型：从发展政治学看中国变革》，新星出版社，2008，第 207 ~ 208页。

动。也就是说，将政治发展的突破口仅仅寄希望于党内少数精英人物而不关照最广大民众自发的民主化探索与实践，不同社会民主进行良性和制度化的互动，其可行性和实际效果也是值得怀疑的。

四是基层民主论

持该观点的学者将村民自治作为中国政治体制改革的关键突破口。尽管某些地方的村民自治因流于形式和遭遇多重困境而饱受非议，但以徐勇为代表的许多学者依然坚信日益完善的基层民主试验可以使普通人"体会民主"，从而推动实现更高层次的民主。① 还有学者认为"乡村民主的发展形成了中国农民的阶级意识，由于政治生活不断组织化，从而使中国农民阶级有别于先发展国家的农民阶级，成为中国民主化过程中的建设性的推进力量"，而且"乡村民主优先在中国各阶级阶层中发展的事实，很大程度上决定了中国民主化所能选择的途径及未来发展的方向"。②

毫无疑问，基层民主确实可以训练和实践民主，在国家与农民之间开辟一个缓冲地带，从而有利于政治和社会稳定。而且"最重要的是，乡村民主逐渐用制度化形式填补了国家权力后撤后出现的制度空间，有效地阻止了其他地方性制度的滋生"③。但是，在基层民主过程中存在着——地方政府、"富人"和"能人"操纵基层选举、乡镇政府与村委会关系不顺畅、农村的"两委"矛盾、贿选现象严重、宗族和黑恶势力治村、社区自治依靠精英推动难以跳出人治的窠臼、部分农民自身文化素质低和民主参与的渠道不畅通等诸多问题，这些都制约着甚至严重影响到基层民主的有效发展和成长。而且从中国现实的政治逻辑来看，基层民主的发展程度在很大程度上还受制于高层精英的政治意愿及其给予的基层民主制度成长空间的大小。

五是司法改革论

持该观点的学者认为，将司法体制改革作为我国政治体制改革的突破口具有规律性、平稳性和结果的必然性等诸多优点，其收益最大，风险最小。因为司法的独特价值是人类文明的结晶，是被无数国家的实践所证明了的。

---

① 徐勇：《中国民主之路：从形式到实体——对村民自治价值的再发掘》，《开放时代》2000年第11期。他在这方面的更多论述参见如下的论文集：徐勇：《乡村治理与中国政治》，中国社会科学出版社，2003；徐勇：《现代国家、乡土社会与制度建构》，中国物资出版社，2009；徐勇：《农民改变中国》，中国社会科学出版社，2012。

② 郑永年：《中国模式：经验与困局》，浙江人民出版社，2010，第188页。

③ 郑永年：《中国模式：经验与困局》，浙江人民出版社，2010，第198页。

目前我国政治体制改革的最佳突破口应当是司法体制改革。该项改革的成功有助于加强社会主义法治建设和我国政治体制改革的平稳进行，有助于深化我国的行政管理体制改革，改善党的领导。① 有学者指出，在民族国家已经形成的条件下，司法改革处于政治发展的主导性领域。司法改革是开发政治发展的体制和动力资源：一是必要性：司法是影响社会均衡的主导性结构；二是可能性：司法改革契合于中国社会进步的内在逻辑；三是现实性：司法改革符合中国政治发展稳定、渐进的原则和制度化、法治化的发展战略。② 还有学者提出所谓"一个法治中心的政改方案"，即优先围绕法治这一目标重新设计政府的架构，其核心是司法改革。通过司法改革完成一部分政治改革的任务，并为未来大规模推进投票选举民主创造条件。③

由上可见，提出上述主张的人士看到了司法改革在现行体制下对政治发展的独特价值和意义，可谓是一种从现实出发追求边缘突破的观点，因而从技术层面讲确实具有一定的可操作性。而且司法改革也内在地成为依法治国这一基本治国方略的重要内容，这使得其作为政治改革突破口具有了一定的现实合法性和政治保障。但是，如果从当前中国整体的政治生态来看，司法改革往往不仅仅涉及司法和法律的问题，而且往往是非常重要的政治问题。它涉及的司法独立、司法职业化、司法民主化、执政党与司法的关系等难题都必须放到政治的高度和层面才能够得到解决，单纯依靠司法改革推动中国政治体制改革的边缘突破思路是很有局限性的，往往也是难以持续有效进行下去的。

三　从整体框架或战略策略层面进行考量的观点

这类观点主要是从中国政治体制改革所涉及的整体架构的优化或战略策略层面的可操作性等因素进行考量的。具体而言，这类观点可以具体分为下列三种。

一是民主的国家制度建设论

持该观点的学者认为，中国的政治转型应当从整体上着眼于强化和改善公共权威并使之民主化，而不是盲目地取消和限制公共权威。换句话说，应

---

① 章武生：《我国政治体制改革的最佳突破口：司法体制改革》，《复旦学报》（社会科学版）2009 年第 1 期。

② 程竹汝：《司法改革与政治发展》，中国社会科学出版社，2001。

③ 秋风：《一个法治中心的政改方案》，《改革内参》2007 年第 4 期。

当将现有国家机器民主化、制度化、程序化，大力加强国家制度的薄弱环节，建立一个有很强的良治能力的政府。国家基本制度建设应当围绕八大国家能力进行。国家基本制度建设的突破口应该是在加强党的建设的同时，调整党和国家的关系，建立现代公共财政制度，以及扩大公民参与政治的渠道。简言之，中国需要第二代改革战略，即积极推进国家制度建设。①

从比较政治学的视野来看，这种"国家制度建设优先于民主化"的政治改革模式是比较符合依然处于后发现代化阶段的中国政治实际的，因为它认识到"民主制度的正常运作需要有一整套国家制度的支撑。就是说，在民主化之前这样一套制度就已经存在了，没有这样一套制度，民主就会失去其存在的基础"②。当然，在基本认同当前中国国家制度建设具有优先性的改革战略的同时，该观点似乎具有"国家中心论"或"国家主义"③的倾向，对公民社会的能力建设似乎重视不够。此外，还必须警惕和防止那种以国家建设名义单纯强化国家专制性能力而忽视必要的国家基础性能力建设，甚至肆意侵害公民权利和自由的倾向和行为。所以，这里的国家制度建设必须伴随着相应的民主、法治等制约公权力肆意膨胀的制衡机制的建设才是可行的，也就是说我们要推动的是以民主法治为取向和保障的现代国家制度建设。

二是合作主义国家模式论

持该观点的学者提出了建设合作主义国家模式的设想，指出合作主义国家的基本公式是：权威主义政治 + 自由市场经济 + 法团主义 + 福利国家。作为一种现代阶级分权体制，合作主义国家奉行"自治"、"合作"、"制衡"与"共享"等"四项基本原则"。合作主义国家的首要原则是权力、资本、知识与劳动都实行自治。④ 后来，还有一些学者从这个角度来研究中国政治

① 王绍光、胡鞍钢、周建明主编《第二次转型：国家制度建设》（增订版），清华大学出版社，2009；王绍光：《安邦之道：国家转型的目标与途径》，三联书店，2007。
② 郑永年：《政治改革与中国国家建设》，《战略与管理》2001年第2期。
③ 有学者对中国"进入21世纪以来的国家主义思潮"进行了详细梳理和批判性反思，参见许纪霖《当代中国的启蒙与反启蒙》，社会科学文献出版社，2012，第236～275页。
④ 在这里，"自治"是为了有效的合作，合作的政治模式是多方协商或谈判体制，社会成员按照社会分工组成功能性团体与政府共同制定公共政策，政府以中立的态度主持阶级谈判，通过谈判解决社会冲突，参见康晓光《论合作主义国家》，《战略与管理》2003年第5期；相关论述还可参见康晓光《合作主义国家——自由主义、社会主义之外的第三条道路》（2007年12月1日），中国人民大学非营利组织研究所，http://www.npsw.org/html/section/papers/20071201/44.html；康晓光：《威权政府 + 法团主义：让底层有组织地参政》，《绿叶》2009年第7期。

体制改革的道路等问题，认为中国正在走着一条（国家）法团主义的路径。① 从本质上讲，这类观点是从政治、经济和社会等方面的互动和融合的角度去整体考虑中国政治体制改革目标方向的。

客观而言，这一模式在某些方面颇具吸引力，他所主张的"阶级分权制衡的终极目的是各个阶级共享合作的成果"，这同主流意识形态的提法也是比较接近的；而且该模式从某个角度揭示了当前中国政治过程中客观存在的·些做法。但是，该模式在许多方面都是存在问题的，该模式将经济决定论让位于政治（权力）决定论，阶级统治论让位于阶级分权论。何以能够轻而易举地跨越上述理论鸿沟呢？他只是用儒家文化与合作主义国家的相容性、工商社会出现制约权威主义政府以及外部压力（经济全球化）迫使政府的所作所为"与国际惯例接轨"等来论证其观点，他"不管附加多少外围的装饰性解释，都不能掩盖理论硬核的贫血与苍白"②。事实上，他所主张的儒家文化并不能否定"绝对的权力绝对地导致腐败"的规律；工商社会并非一定是权威政府的对立面，在当代中国经济、政治精英的结盟已经是客观现实，精英自治和制衡显然无从谈起；企图通过外部压力约束政府行为与作者主张的"中国特殊论"和"文化民族主义"③ 显然是自相矛盾的。由此可见，合作主义国家论具有内在的难以克服的诸多问题，因而对中国政治体制改革的启发和借鉴意义是很有限的。

三是咨询型法治政体论

持该观点的学者认为，政治改革的导向有两种选择，一是民主化，二是法治化。民主与法治是可以兼容的，但民主化和法治化两个过程却从未共生。以法治为导向、以吏治为核心进行政治体制改革，比较适合中国特点，

① "合作主义"在国内有时又称为"法团主义"，近年来的研究状况可参见吴建平《理解法团主义——兼论其在中国国家与社会关系研究中的适用性》，《社会学研究》2012 年第 1 期；曾盛红：《结构转型中的"利益组织化"——法团主义与中国"国家—社会"关系研究述评》，《湖北社会科学》2007 年第 8 期。

② 陈子明：《合作主义与国民意识形态——兼评"精英联盟"论与"反精英主义"》（2004 年 8 月 20 日），爱思想网：http://www.aisixiang.com/data/3876.html。他指出，由于康晓光的"合作主义国家"缺乏一个类似于"阶级斗争—统治工具—专政国家"或者"阶级调和—社会契约—民主国家"这样的系统理论的硬核，它没有资格成为与二者平起平坐的"另一种更好的选择"。康晓光的"合作主义国家"——即权威主义政治＋自由市场经济＋法团主义＋福利国家的组合，实质上还是一种变型的专制国家。

③ 康晓光：《中国特殊论——对中国大陆 25 年改革经验的反思》，《战略与管理》2003 年第 4 期；康晓光：《文化民族主义论纲》，《战略与管理》2003 年第 2 期。

未来中国政体改革的方向是建立咨询型法治政体，该政体是一个由六大支柱构成的制度安排。这六大支柱是：中立的文官系统；自主的司法系统；独立的反贪机构；独立的审计系统；以全国和省人民代表大会为核心的广泛的社会咨询系统；受法律充分保护的言论、出版、集会和结社自由。① 可以看到，这六大支柱的建构过程实际上就是中国政治体制不断改革和完善的过程。

无疑，强调法治化建设的优先性，对于具有长期人治传统而正在走上现代国家之路的中国而言是非常重要的。事实上，当代中国政治体制改革在某种程度上也确实采取了法治优先的渐进主义进路，执政党将依法治国确立为治国基本方略，同时强调大力建设社会主义法治国家和政治文明，这些都是最为明显的例证。但是，咨询型法治政体论将民主化和法治化看做是两个无法兼容甚至相互排斥的过程，这不仅与中国基层民主建设和法治国家建设并举且相互促进的现实相悖，而且因其刻意拒斥民主的制度建设而难以得到社会各界的认同和支持；此外，在排斥一般民主的同时，咨询型法治政体已经将自由民主和协商民主的某些基本要素如自主的司法系统等列为自己的主要制度支柱，因此其理论体系也存在着内在的矛盾。② 所以，这种观点对于中国政治体制改革的有效推进或者说整个体制框架的优化存在着很大的弊端和障碍，因为没有以民主为取向的改革同时伴随，咨询性法治政体的建设迟早会遇到缺乏持久的动力和支持的问题。

四　从政治模式论或意识形态创新角度进行思考的观点

事实上，这里的几种观点在本质上存在着很大分歧或冲突，但是如果从政治模式论或寻求意识形态创新、打破模式论的思路进行考虑，我们将它们放在一起就是可以理解的。

---

① 这种咨询型法治政体的特点包括五个方面：强调"法律"做主（rule of law），拒绝"人民"做主（rule of the people）；强调法的正义性，因而特别重视"法律面前人人平等"；强调严格执法的重要性，刻意增加立法的难度；强调限制政府的职能和规模，造就有限政府，保障社会经济生活的自由，从而鼓励民族的创造力；强调追求符合中华传统的秩序和自由。详细论述参见潘维《法治与"民主迷信"——一个法治主义者眼中的中国现代化和世界秩序》，香港社会科学出版有限公司，2003，第36~48页。

② 何增科：《渐进政治改革和民主的转型》，《北京行政学院学报》2004年第3、4期。

一是增量民主论

持该观点的学者认为，改革开放以来中国正在形成一种别具特色的政治模式，这种政治模式最明显的特征，就是通过增量改革来逐渐推进中国的民主治理，扩大公民的政治权益，因此可称之为"增量民主"。中国的政治发展将与经济发展一样，遵循增量发展或增量民主的道路，不可能发生整体的突变性改革，但是某些领域将不时会有一些突破性的发展。增量民主就是对现有的既有制度不做大幅改动，而倾向建立　些新的民主制度，这样做的好处是阻力较小，更具可操作性。他还提出了在中国推进"增量民主"的三条途径：第一，以党内民主带动社会民主；第二，逐渐由基层民主向高层民主推进；第三，由更少的竞争到更多的竞争。① 客观地讲，俞可平的增量民主论显然得到中国经济体制改革经验的启发，是对中国政治体制改革现实路径的一种高度概括。他还认为"增量民主"不同于"渐进民主"，前者在强调改革进程平稳性的同时，也强调必要时的突破性改革，这体现出其稳健、务实而不保守的态度。

事实上，"党内另一些理论专家对中国改革进程的梳理和解读就可以看做是对'增量民主'概念的脚注和佐证。"② 但是，增量民主论存在着对协商民主重视不够的问题。而且外界出现了一种质疑"增量民主"的声音，认为衡量民主的关键在于政治制度的竞争性，一党制下的所谓"增量民主"只不过是"增量专制"的一种说辞。当然，这种说法不符合中国政治体制改革的历史，在中国政治现实中也难以得到经验验证。③ 无疑，上述"增量专制"的批评是基于西方自由民主立场而出发的，因而看不到现实中国政

---

① 俞可平将增量民主的特征概括为五个方面：一是民主政治建设必须有足够的"存量"；二是必须在原有的基础上有新的突破，形成一种新的增长，是对"存量"的增加；三是民主政治发展是渐进的和缓慢的，是先前的历史发展的某种延伸而非离开先前的历史轨道；四是民主政治发展遵循帕累托改进原则；五是把深化党内民主和基层民主作为当前民主政治发展的重要突破口。详细论述参见俞可平《积极实行增量政治改革，加快建设社会主义政治文明》，《理论动态》2003 年第 1595 期；俞可平：《增量政治改革与社会主义政治文明建设》，《公共管理学报》2004 年第 1 期；俞可平：《中国民主发展将是一种"增量式"发展》，《人民论坛》2009 年第 3 期。

② 这些理论家认为，"说中国改革主要是经济体制改革，中国至今没有进行政治体制改革，这是一个很大的误区。实际上中国的政治体制改革已经搞了 30 年了。中国真正的改革是从政治开始的。"参见崔克亮《从"增量民主"看中国政改步伐》，《中国经济时报》2008 年 3 月 17 日。

③ 朱昔群：《中国民主进程中的"核心"与"增量"》，《领导之友》2009 年第 2 期。

治生活中活生生的民主参与和善治实践。不过，在当前中国政治生活中既得利益集团日益壮大的政治经济生态下，如何打破各种重重阻碍而开发和寻找民主政治改革和发展的"增量"资源和空间，如何保证推进"增量民主"的三条途径切实有效运转起来，这些都是当前和今后中国政治体制改革中必须面对和解决的现实难题。

二是中国式民主论

持该观点的一些学者认为中国式民主即中国特色社会主义民主政治，是中国共产党领导下，与中国国情相适应的，发展中的社会主义性质的民主政治形态。在中国式民主建设过程中形成的"党的领导"、"人民当家做主"和"依法治国"构成了中国式民主的内在复合结构，加强三者之间的有机结合是中国式民主得以形成的基本经验。① 有研究者指出，中国式民主包含着人民民主与党内民主、选举民主与协商民主以及高层民主与基层民主等三个维度。② 还有研究者认为，从宏观政治视角考察，中国式民主基本形态包括：中国共产党的主导性、精英民主与大众民主的双重性、中国式民主宪政精神规定与现实运行的非完全契合性以及运行过程自上而下的方向性。③ 事实上，海内外许多学者对"中国式民主"这个概念本身和具体内涵都存在着不同解读。④ "中国式民主"或"民主的中国模式"究竟能否成立？如果成立，它的基本内涵和特征是什么？其发展前景如何？在未来世界总的"民主体系"中它能占有什么地位？显然，厘清这些问题对中国政治体制改革和大国崛起都具有重要的实践价值和深远的理论意义。

有研究者指出："如何直接在传统的大型帝国的版图上建设与中华传统文明毫无关系的现代的民主共和，世界现代化与民主化的实践所给予中国的，除了启示，没有真正可借鉴的经验。于是，一切都要靠中国人自己探索和实践。中国共产党成为这个探索和实践的领导力量，并形成了中国民主建

① 刘杰：《中国式民主和西方式民主的比较研究》，《毛泽东邓小平理论研究》2005 年第 11 期；佟德志：《中国式民主的内在复合结构与战略选择》，《武汉大学学报》（哲学社会科学版）2010 年第 3 期。

② 虞崇胜：《准确把握中国式民主的三个维度》，《武汉大学学报》（哲学社会科学版）2010 年第 3 期。

③ 张光辉、籍庆利：《中国式民主：基本形态及形成逻辑——一种宏观政治视角的分析和探讨》，《社会主义研究》2009 年第 5 期。

④ 谭君久主编《中国式民主的政治学观察：中国式民主国际研讨会论文集》，西北大学出版社，2010；陈刚、朱海英、付小刚、刘伟：《中国式民主国际研讨会综述》，《武汉大学学报》（人文科学版）2010 年第 1 期。

构的理论、战略和议程。"① 客观而言，虽然社会各界在广泛议论和使用"中国式民主"的概念，但这并不意味着当前中国已经形成了固定的民主模式，走出了自己的道路，"中国式民主"只是指这样一种在既有体制框架下，特别是在保持共产党执政地位的前提下，旨在化解大众参与压力，进而实现"民主治理"目标的诉求和努力。② 即使存在"中国式民主"或"民主的中国模式"，它也并不意味着中国在民主的价值、组织和制度等方面抛弃了民主具有普世价值性的方面，它仅仅意味着中国推进民主化的具体道路和实施方式上会有所不同。就像中国的经济体制改革一样，中国的政治体制改革也绝不能离开人类政治文明发展的康庄大道。只有在立足本国实际的基础上去全面借鉴和吸收世界各国和地区民主政治发展的经验和教训，才能更为切实有效地推进中国政治改革向前进。

三是民主社会主义论

持该观点的学者认为，发展民主必须致力于促进社会平等和公正，民主应当逐步从政治领域向经济和社会领域发展。作为这一观点新近的代表人物，谢韬指出恩格斯在晚年放弃了"共产主义"最高理想，其"最后遗言"是"放弃革命"，并首倡"和平长入社会主义"。他在谈及中国政治体制改革问题时指出："政治体制改革再也不能拖延了。……只有民主宪政才能从根本上解决执政党贪污腐败问题。只有民主社会主义才能救中国"，"构成民主社会主义模式的是民主宪政、混合私有制、社会市场经济、福利保障制度。民主社会主义核心是民主。没有民主的保障，其他三项都会异化和变质。""从执政党领导体制的改革到国家政治体制的改革，这种两步走的战略，可能是中国特色的宪政道路。"③

在谢韬的文章发表以后，国内学术界和舆论界开展了关于民主社会主义问题的大讨论，各方人士对谢韬的文章或认同、或补充、或商榷、或批判、或发挥。主流或正统的观点认为民主社会主义不是"民主"加上"社会主义"，而是西方国家特定历史环境和社会条件的产物，决不能把它同科学社会主义相提并论，混淆它同中国特色社会主义道路的区别。中国不能照搬民主社会主义，这是一个不可动摇的政治原则。"民主社会主义"作为一种

---

① 林尚立：《建构民主：中国的理论、战略与议程》，复旦大学出版社，2012。
② 燕继荣：《"中国式民主"的理论构建》，《经济社会体制比较》2010 年第 3 期。
③ 谢韬：《民主社会主义模式与中国前途》，《炎黄春秋》2007 年第 2 期。

"社会模式"或"民主模式",对其参考借鉴有必要,顶礼膜拜不值得,迷信照抄更有害。中国的前途不能寄托于某种"模式",而在于必须从本国的实际出发,"广泛借鉴、坚持走自己的路",继续开拓创新。①

　　事实上,民主社会主义模式更多的是在价值取向和政策层面上有其积极意义,它提出和推行的社会保障制度、建立社会市场经济体制、关于国家调控与社会市场经济相结合等做法,都是可以适当参考和借鉴的。但是,它在制度和程序设计上的独创性不足,关于政治体制改革道路的主张在当前一党执政的中国是难以被执政党所接受的;民主社会主义模式也未必能立竿见影地解决中国的现实问题,如腐败问题。然而,谢韬等人通过提出"民主社会主义"的主张来呼唤加快政治体制改革步伐的良苦用心还是值得理解和肯定的。例如,华炳啸就认为,在当今中国,民主化是民心所向,宪政社会主义就是顺应历史大势应运而生的救世良方。② 马立诚认为华炳啸提出的"宪政社会主义的精髓是党主立宪,即共产党一党领导下的宪政民主结构",由于华炳啸"重点强调了政治改革和民主,不能排除他提出的宪政社会主义最终会过渡到民主社会主义。因此,不妨把华炳啸的主张归入民主社会主义"③。与此同时,还有学者对民主社会主义进行了相对正面的评价:"从实用性的角度讲,对于中国而言,社会民主主义或民主社会主义的方案或许具有现实的可期许性质。从现行意识形态的重构讲,从当下执政者的体面出路言,从大众对于生活的期望与改革阵痛的忍受上分析,都可以支持这一'体面'的选择。也都会有现实的支持。"④ 在笔者看来,关于民主社会主义模式对中国政治体制改革的意义,还需要在摆脱过于政治化和意识形态化束缚的前提下做进一步的深入研究,简单地对其进行否定批判或肯定赞誉都是不科学的。

―――――――――

① 这方面的文献非常多,比较有代表性的论述可参见徐崇温《社会民主主义与民主社会主义:历史、理论和现状》,《中国特色社会主义研究》2007年第2期;高放:《科学社会主义与民主社会主义的百年分合》,《理论参考》2007年第8期;郑科扬:《走中国特色社会主义道路要警惕新自由主义、民主社会主义、历史虚无主义三股思潮》,《政治学研究》2008年第1期;贾中海、李娟:《民主社会主义的价值体系:原旨、批判与选择》,《政治学研究》2011年第4期;周新城:《关于中国应该走什么道路的争论——必须划清科学社会主义与民主社会主义的界限》,《贵州师范大学学报》(社会科学版)2012年第4期。
② 华炳啸:《超越自由主义:宪政社会主义的思想言说》(修订版),西北大学出版社,2011。
③ 马立诚:《当代中国八种社会思潮》,社会科学文献出版社,2012,第100、113页。
④ 任剑涛:《在学理阐释与实践决断之间——意识形态与改革的历史定位》,《战略与管理》2010年第4期。

四是多元民主论

持该观点的学者认为，当今中国大陆已经进入有限多元化的后全能主义历史阶段，在这一阶段，具有改革开放导向的现行一党政治在维持政治稳定方面，以及在经济改革所需要的整合机制方面，仍然有其历史的合理性。但从更长远的历史视角来看，随着社会多元化趋势的不断增强，21世纪中期前后，中国有可能出现一种与社会利益多元化相适应的具有中国特色的多元化政治模式。思想的多元化与利益集团的多元化有助于政治民主所需要的多元制衡关系的确立。[1] 此外，还有一些更为激进的人士直接主张现在就结束现行的政治体制而实行西方式的多党制、推行自由竞争的多元民主模式。

可以看到，这种多元民主论所隐含的多党制或者"类多党制"能否成为一种普遍接受的改革目标方向是存在很大争议的。该目标方向实现所需要的各种条件目前在中国能否具备和成熟也是很成问题的。即使说在21世纪中期前后实现也是值得怀疑的，这是因为在主流意识形态的话语体系中，"多元化"长期同"资产阶级自由化"、"西化"和"分化"等密切联系在一起，是被长期批判和忌讳使用的词汇，推行多元民主也是执政党所一直担心和顾忌的，因而该模式成为中国政治体制改革目标方向的现实可能性是不大的。

此外，还有许多研究者提出了民主的法治型体制论、混合民主政体论、儒家宪政论、王道政治论、宪政改革论、有序民主化论、有领导可控民主论、预算民主论、治理适应型的渐进式改革模式论和双轨民主论[2]等多种观

---

① 萧功秦：《后全能体制与21世纪中国的政治发展》，《战略与管理》2002年第6期。相关研究成果还可参见萧功秦《中国的大转型：从发展政治学看中国变革》，新星出版社，2008。与此同时，许多主张多党制、三权分立与制衡、宪政民主和自由民主的研究者大多可以归到多元民主论的行列之中。

② 王贵秀：《谈谈政治体制改革的突破口问题》，《科学社会主义》2002年第4期；何增科：《渐进政治改革和民主的转型》，《北京行政学院学报》2004年第3、4期；姚中秋：《儒家宪政民生主义》，《开放时代》2011年第6期；蒋庆：《王道政治是当今中国政治的发展方向》，载陈明主编《原道》第10辑，北京大学出版社，2005；于建嵘、李连江：《县政改革与中国政治发展》，《领导者》2007年总第18期；林尚立：《有序民主化：论党在中国政治发展中的重要作用》，《毛泽东邓小平理论研究》2005年第3期；黄宗良：《有限的集权有序的民主——推进政治体制改革的一种思路》，《今日中国论坛》2007年第7期；王绍光、马骏：《走向"预算国家"——财政转型与国家建设》，《公共行政评论》2008年第1期；徐湘林：《中国的转型危机与国家治理：历史比较的视角》，载陈明明主编《转型危机与国家治理》，上海人民出版社，2011；王绍光：《双轨民主：群众路线与公众参与》（2011年12月2日），"复旦大学中国制度研究论坛2011：中国特色社会主义——中国发展的制度基础"学术研讨会：http://www.sirpa.fudan.edu.cn/s/56/t/134/7e/db/info32475.htm。

点，这些无疑对思考推动当代中国政治体制改革的目标方向颇有价值，但限于篇幅，在此不赘述。

五　结语：重塑共识、推进中国政治体制改革深化发展

由上可见，新世纪以来国内学术界关于中国政治体制改革目标方向的观点异常多样化，这表明当前中国的政治意见市场上确实是众说纷纭、观点林立，出现了前所未有的既多元活跃又稍显混乱的局面。正如从前文对各种观点的述评中看到的，每一种观点都有其一定的合理性和价值，它们或理想、或保守、或中庸、或正统、或主流、或边缘、或偏激、或颠覆，不一而足。毋庸置疑，这些研究成果大大地深化了人们对中国政治体制改革目标方向的理解和认识，也在一定程度上推动和促进了现实政治中对政治体制改革目标方向的理性选择和适应性调适。然而，它们的局限性也是明显的：要有效推动中国政治体制改革的开展，仅仅将某一具体的突破口作为改革目标方向是不够的；同时从整体框架和战略策略层面去考虑，也存在着政治、经济和社会各方面的巨大阻力和动力不足的问题；而将依然处于动态变化中的中国政治体制称为某种模式，无疑也是不科学和不可取的。即使从意识形态创新的角度去打破模式论，也面临着现有权力格局和意识形态的严格约束，其现实可行性是较低的。

基于上面所做的文献述评，我们在本文的最后认为：在当前进一步深化研究中国政治体制改革的理论与实践问题，应当重点思考和回答如下四个方面的重要问题：

首先，必须认识到导致当前中国政治体制改革滞后和陷入困境的根源何在？孙立平等人的研究成果表明：当前中国的"改革陷入困境，不仅仅是由于既得利益集团对改革的阻力，更重要的是由于在'转型陷阱'中既得利益集团败坏了改革的名声，使得改革在民众中失去了基础。在这种情况下，重新凝聚改革共识是很困难的。即使是顶层设计的改革，如果没有真正的社会基础也很难推进和实施"[1]。显然，这一判断完全适用于解释当前中国政治体制改革为什么会严重地滞后。

其次，在承认各种推动政治体制改革的观点之间存在差异、矛盾甚至严

[1]　清华大学凯风发展研究院社会进步研究所、清华大学社会学系社会发展研究课题组：《"中等收入陷阱"还是"转型陷阱"？》，《开放时代》2012年第3期。

重冲突的情况下，我们亟须以一种开放包容的态度，在"超越左右激进主义"之争的基础上，"从中道与理性的视角"① 去深入研究中国政治体制改革的相关问题。有研究者指出，当前深化政治体制改革的关键在于解放思想，即深化政治体制改革需要破除六大思想禁锢。"尽快进行政治体制改革，许多问题是要在改革进程中解决的，许多意见分歧只有在政治体制改革实践中才能获得统一，要用政治体制改革的实践和取得的成果来回答存在于人们心中的种种疑惑。"② 这也就是说，需要在这些多样化观点的基础上积极寻找和建立起罗尔斯所谓的"重叠共识"。而"能够重新凝聚改革共识的，就是将推进公平正义作为改革的基本价值，作为改革的基本目标"，"而真正的公平正义，只有在民主法治的基础上才能得以实现。"③ 与此同时，我们还必须认识到："判断政治体制改革是不是真正推进，不在于是否有了好的说法，而关键在于是不是能切实解决要害问题，使人民看到实效。"④ 这实际上意味着政治体制改革目标方向是否科学合理，在很大程度上要看它的现实有效性。

再次，我们还必须在历史的和比较的平台上去研究中国政治体制改革问题。这里所谓"历史的平台"是指把中国大陆的现在和它的以前相对照，纵向地看问题和可能的出路；而更重要的"比较的平台"指的是横向地看问题和可能的出路，"只有在历史的和比较的大平台上来考虑今天中国大陆政治改革的基本问题，我们才不至于陷进完美主义的隧道——即完全从最佳的可能性着眼，泛论如何把合乎正义立场的改革方案施加于病灶重叠的中国政治。"⑤ 这表明，我们还需要从历史社会学、比较政治学的视角去研究中国政治体制改革问题。

最后，从系统论的角度看，我们还需要将中国政治体制改革之所以可能发生和变化的社会、经济、政治和文化等条件作为其环境系统，通过解释和分析政治体制改革同社会生态系统的相互关系和相互作用，才能全面科学地把握住推动中国政治体制改革的内在动因、社会依据和现实路径。无疑，这些问题都还需要做更进一步的深入研究和探索。

① 萧功秦：《超越左右激进主义：走出中国转型的困境》，浙江大学出版社，2012。
② 虞崇胜：《深化政治体制改革需要凝聚共识》，《中国党政干部论坛》2012 年第 3 期。
③ 清华大学凯风发展研究院社会进步研究所、清华大学社会学系社会发展研究课题组：《"中等收入陷阱"还是"转型陷阱"?》，《开放时代》2012 年第 3 期。
④ 蔡霞：《不应否认政治发展的"时滞差"》（2010 年 11 月 15 日），共识网：http://www.21ccom.net/articles/zgyj/xzmj/article_2010111524579.html。
⑤ 丁学良：《中国政治改革的边界线》（2012 年 5 月 16 日），FT 中文网：http://www.chineseft.com/story/001044559。

政党适应与民主转型[*]

——布鲁斯·迪克森有关中国民主前景研究的述评

曾水英　殷冬水[**]

摘　要：布鲁斯·迪克森是海外研究中国民主前景的一位重要学者。他是现代化理论的有力批判者，也是摩尔命题的重要修正者。迪克森认为，经济发展与政治民主之间的关系是复杂的，市场逻辑与民主政治之间的相关性也是充满争议的。从政党适应的角度看，中国民主前景并不像现代化论者所宣扬的那样是光明的，充满希望的。对于中国民主的前景，既不应像现代化理论的倡导者那样充满乐观态度，也不应像一些"崩溃论"的宣扬者那样持悲观立场，我们应审慎看待中国民主的未来。迪克森有关中国民主前景的研究，受到海外学界的高度赞誉，也受到了一些批评。

关键词：政党适应　民主转型　商业阶层

自 20 世纪 80 年代以来，有关中国民主的前景问题，一直是海外中国政

---

* 本文系教育部人文社会科学青年项目"中国影像的转变——海外中国政治研究范式的批判研究"（11YJC810040）和国家社会科学基金青年项目"村民自治与我国乡村民主的有序发展研究"（10CZZ010）的阶段性研究成果。
** 曾水英，政治学博士，长春工业大学人文学院讲师，主要研究方向为公共政策；殷冬水，政治学博士，吉林大学行政学院政治学系副教授，主要研究方向为民主理论与当代中国政治。

治研究的一个中心主题，布鲁斯·迪克森（Bruce Dickson）① 是海外研究中国民主前景的一位重要学者。他是现代化理论的有力批判者，也是摩尔命题——没有资产阶级，就没有民主——的重要修正者。迪克森认为，中国民主的前景，我们既不应像现代化理论的倡导者那样充满乐观态度，也不应像一些"崩溃论"的宣扬者那样持悲观立场，我们应审慎看待中国民主的未来。中国民主前景是复杂的，多变的，也是充满不确定的。一些学者高度评价了迪克森有关中国民主前景的研究成果，认为迪克森的研究是重要的，新颖的，其研究结果是激动人心的。

一　中国民主前景的乐观预期：现代化理论的三种路径

迪克森认为，有关中国民主前景的分析，现代化理论一直占据主导地位。现代化论者对中国民主前景持乐观态度，认为中国民主前景是光明的，充满希望的。中国正在由农业国家向现代工业国家迈进，市场化改革在不断深入，社会分化在不断加剧，受全球化的影响也在不断增强。现代化进程改变了中国国家与社会的关系，使原有的阶级关系得到调整，以强调义务、对权威的服从和思想统一为核心的传统政治文化，正在被以强调公民权利为核心的民主政治文化所取代。

迪克森认为，现代化论者之所以对中国民主前景持乐观态度，首先是因为现代化改变了中国国家与社会的关系，促进了中国公民社会的兴起与蓬勃发展，中国公民社会的兴起和蓬勃发展对中国民主转型起着推波助澜的作用。现代化论者从东欧和苏联的政治转型中看到公民社会对民主转型的重要性，将公民社会理论运用来解释中国民主转型，得出了乐观主义的结论。在现代化论者看来，中国的现代化进程在加速，伴随着市场化改革，政党—国家对社会的控制在逐渐减弱，政治控制的范围在收缩，政治控制的方式也逐渐在制度化和程序化。与计划经济时代相比，市场经济时代党对工作、住

---

① 迪克森（Bruce J. Dickson）是华盛顿大学艾略特国际关系学院的政治学和国际关系教授，享有国际声誉的中国政治研究专家，早年在密歇根大学获得政治学博士学位，从事中国政治、比较政治以及民主化的研究，关注中国经济改革的政治后果，尤其擅长研究中国企业家与中国共产党的关系，著有《中国大陆和台湾的民主化：列宁主义政党的适应性》、《中国的红色资本家：党、私营企业主以及政治变迁的前景》、《财富化为权力：中国共产党拥抱中国的私营部门》等。

房、消费品等的控制在减少，对社会各种利益诉求的吸纳和平衡变得越来越困难。在中国，"虽然党员身份对那些在官僚系统中寻求职位的人而言仍是一种有价之物"①，但经济改革所产生的一个政治后果就是公民的入党积极性在降低，政治合作政策的实施难度在加大。改革开放以来，可以看到，中国的公民社会在不断发展，"各种社团，从职业社团到娱乐俱乐部，已在整个国家发展"②。公民组织数量在增多，公民组织相对于国家权力的独立性在增强，公民组织活动逐渐由非政治领域向政治领域拓展。受市场化改革的影响，越来越多的体制内的官员下海经商，越来越多的人供职于私人部门，不再完全依赖党组织提供的资源、机会和福利生存。市场化改革赋予越来越多的中国人经济自由，中国社会流动在加速，政府对社会流动控制的成本在提高，控制难度越来越大。"中国的消费者已经成长，习惯在市场中的选择自由，也开始要求选择他们政治领导人的权利。中国成长中的私人企业主以及城市中产阶级也希望推进民主所提供的透明和责任。"③ 中国的现代化进程和市场化改革促进了公民社会的发展，这种发展对中国政治精英的民主改革产生了极强的政治压力，提升了中国民主化的前景。

迪克森认为，现代化论者之所以对中国民主前景持乐观态度，其次是因为现代化论者认为现代化改变了中国社会的基本结构，促进了中国商业阶层的兴起，在中国政治的未来发展中，这些新兴的商业阶层将会成为推动中国民主的主要力量。改革开放以来，中国的社会在分化，商业阶层在崛起，中国的执政精英对商业阶层的态度发生了巨大变化。为了巩固新生的政权，中国的政治精英曾采取合作主义策略，来发展和商业阶层的关系。新生政权巩固以后，在公私合营等运动中，商业阶层顷刻之间在中国消失，在屡次政治运动中，这个阶层及其后代成为政治运动冲击的对象，受到政治排斥和社会歧视，甚至沦为贱民阶层。在毛时代的大多数时间里，这个阶层因其剥削性质被视为在政治上是不可靠的，生活上是寄生的，其拥有的知识和技能对于毛时代共产主义乌托邦社会的追求是毫无价值的。"文革"结束后，中国的

---

① Bruce J. Dickson and Maria Rost Rublee, "Membership Has Its Privileges: The Socioeconomic Characteristics of Communist Party Members in Urban China," *Comparative Political Studies* 33 (2000): 109.

② Bruce J. Dickson, *Red Capitalists in China: The Party, Private Entrepreneurs, and Prospects for Political Change* (Cambridge: Cambridge University Press, 2003), p. 70.

③ Bruce Dickson, *Wealth into Power: The Communist Party's Embrace of China's Private Sector* (Cambridge: Cambridge University Press, 2008), p. 1.

政治精英面临执政兴邦、克服"文革"所造成的合法性危机的崭新任务。中国的政治精英采取务实主义路线，结束了"以阶级斗争为纲"的指导方针，将发展社会生产力、提高人民生活水平作为执政兴国的主要任务。中国的商业阶层由曾经的贱民阶层变成了经济发展的重要力量，被视为先进生产力的重要代表。正是政治精英执政的任务、路线和政策的调整，在改革开放时代，商业阶层不断得到发展壮大。一部分现代化论者诸如 Kristen Parris，采用结构主义的方法，将摩尔的"没有资产阶级，就没有民主"这一命题运用于中国民主前景的分析，认为中国新兴的商业阶层是中国民主转型的主要推动力量。在市场化改革的背景下，中国的商业阶层拥有越来越多的经济资源，越来越独立于国家权力并开始要求共享国家权力，与其他阶层不同，中国的商业阶层既不容易接受严格的精英主义，也反对极端的平民主义，他们在体制内外推动中国民主改革与转型。中国市场化改革促进了商业阶层的兴起，越来越多的私人企业主加入中国共产党，他们被视为推动中国民主的主要力量。

　　迪克森认为，现代化论者之所以对中国民主前景持乐观态度，最后也是因为现代化论者认为现代化改变了中国传统的政治文化，这种政治文化的改变对中国民主转型具有积极的影响。与现代化理论中的公民社会路径强调公民社会与民主转型关系、结构主义路径强调商业阶层对民主转型的价值不同，现代化理论中的文化主义路径强调了政治文化变迁在民主转型中的决定性作用。通过对中国的实证调查，一些政治文化论者发现中国的政治文化并不像一些民主悲观论者所宣扬的那样是顽固的，固定不变的，也不像一些人所判定的那样是与民主相冲突的，恰恰相反，伴随着现代化的进程，中国的政治文化是不断变化发展的，日趋成熟的，儒家文化与民主之间也并不是水火不容的。同样是儒家文化圈的韩国、日本、中国台湾等，都是民主转型和巩固的成功典型。市场化改革既改变了中国社会的基本结构，也在很大程度上改变了中国人整体的精神面貌。中国政治文化正在从强调义务到强调权利、从强调服从到强调自由、从强调集体利益优先到倡导尊重和保护个人权利的巨大转变之中，这种转变为中国民主转型提供了最为重要的思想文化基础。与此同时，在市场化改革的影响下，大多数中国人对民主的需求程度在提高，对政府的态度也发生了很大变化，认为维护公共秩序只是政府存在的一个目的，政府还应保护公民权利，维护社会公平正义。政府权力的运用应是有边界的，掌握政府权力的人其人性也是有弱点的，政府并没有责任也没有能力解决社会所有公共问题，公民社会组织应在协助政府应对公共问题过程中发挥重要作用。在文化主义者看来，相对于国家社会关系调整、商业阶层的勃兴而言，对中国民主转型来说，中国政治文化的变迁具有更为重要的意义。

二　中国民主前景：政党适应视野下的中国民主转型

迪克森认为，照搬现代化理论来分析中国民主的前景可能是有问题的，现代化理论并不是放之四海而皆准的理论，中国政治发展有其特殊的背景与历史经验。各国民主转型和巩固的经验表明，经济发展与政治民主之间的关系是复杂的，市场逻辑与民主政治之间的相关性也是充满争议的。从政治行动者之间行为互动角度看，中国民主前景并不像现代化论者所宣扬的那样是确定的，同时也是值得期待的，恰恰相反，中国民主前景是不确定的，复杂多变的。有关中国民主前景，现代化的理论是建立在两个错误预设基础之上，这两个预设就是，"第一，共产党是被动的行动者，不能适应经济社会环境的变化；第二，中国的企业家更喜欢民主体制，而非目前的体制"①。

迪克森认为，无论是现代化理论中的公民社会理论，还是结构主义理论，都假定中国政治发展是由社会力量的变迁和社会关系的调整引起的，作为中国政治精英的共产党，对现代化进程所引起的社会力量的变迁和社会关系的调整完全是消极的，被动的，在此基础上，提出中国民主转型是值得期待的。然而，在对中国政治的分析中，这种有关政治精英的被动假设完全是错误的。面对中国社会力量的变迁和社会关系的调整，中国共产党不是消极被动的，而是积极主动的。中国政治发展经验表明，作为一个列宁主义政党，中国共产党具有极强的学习能力，主要通过三种方式来应对复杂多变的执政环境：一是因其组织惰性忽视执政环境的变化；二是通过宣传、压制批评、遮蔽问题等方式改变已经变化了的、同时自己不适应的执政环境，使不适应的执政环境还原到适应的执政环境；三是通过调整组织目标、制度、程序以及政策来适应新的执政环境。

从政党适应的角度看，中国民主前景并不像现代化论者所宣扬的那样是光明的，充满希望的。改革开放以来，面对变化了的执政环境，中国共产党进行了意识形态的创新、政府偏好的调整以及公共治理模式的转型，"找到

---

① Bruce Dickson, *Wealth into Power: The Communist Party's Embrace of China's Private Sector* (Cambridge: Cambridge University Press, 2008), p. 18.

了适应中国新形势的办法"①。中国的知识分子不再是革命和专政的对象，而成为工人阶级的一个重要组成部分；商业阶层也不再是贱民阶层，而成为先进生产力的重要代表。中国的政治精英学会了如何最大化市场化改革的好处，最小化市场化改革所带来的政治风险。对非批判性的公共领域，中国政治精英采取吸纳与合作政策；而对微弱的批判性的公共领域则采取排斥和压制方法。在此情形下，中国的公民社会在很大程度上不是独立的，而是不同程度受控于国家权力机构的，中国的公共领域也不是批判性的，公民社会与政治国家之间不是一种敌对的、对抗性的关系，而是一种合作性的、伙伴性的嵌入关系。如同东亚国家以及大多数发展中国家所发生的那样，中国公民社会"宁愿嵌入国家"②，而非独立于国家，因而，中国的公民社会难以承担起中国民主转型的使命与重任。必须承认，公民社会以及与之相关的公共领域概念与西方自由主义和资本主义社会发展相关，因而，这些概念或许不适合运用于中国。与西方国家公民社会追求相对于国家权力的独立性不同，中国公民社会追求的则是嵌入性。中国公民社会希望成为体制内的一个重要组成部分，以便为了更好地追求它们各自的利益。在中国，公民社会并不必然与国家敌对，是一个非批判性的领域。"'非批判性领域'主要关注经济事务和娱乐活动，对改变政治体制本身有更少兴趣。"③ 应该看到，中国的知识分子与国家之间的关系是复杂的，在张弛有度的政治控制和奖酬激励的条件下，中国的大多数知识分子难以发挥其应有的批判功能，也没有勇气挑战国家权力。中国的一些知识分子就职于国家权力机关，或者与党政机关保持密切关系，以便他们的声音被权力机关听到，意见被权力机关吸取。因而，迪克森认为，尽管学者们为公民社会对列宁主义统治者的胜利弹冠相庆，后共产主义时代揭露公民社会更多的是一种理智建构，而不是一种制度现实。相对于公民社会理论而言，迪克森更赞成用国家合作主义（state corporatism）来解释中国的政治发展，分析中国民主的前景。国家合作主义强调政治精英在民主转型中的作用，强调国家政治权力在社会组织发展中的功能，强调不同社会组织之间的等级关系和不同类型社会组织之间的庇

---

① Bruce Dickson, *Wealth into Power: The Communist Party's Embrace of China's Private Sector* (Cambridge: Cambridge University Press, 2008), p. 27.

② Bruce J. Dickson, "Threats to Party Supremacy," *Journal of Democracy* 14 (2003): 28.

③ Bruce Dickson, *Wealth into Power: The Communist Party's Embrace of China's Private Sector* (Cambridge: Cambridge University Press, 2008), p. 16.

护关系。

迪克森认为，现代化论者预设了中国的企业家更喜欢民主体制，而非目前的体制，这一预设也是有待证明的。中国的企业家是否更喜欢民主体制，是否与执政的政治精英利益相冲突，是否会成为民主转型的主导力量，也是需要验证的。摩尔研究认为"没有资产阶级，就没有民主"，但迪克森研究则认为，有了资产阶级，也未必会有民主。1997～1999年，2004～2005年，迪克森在中国大陆做了两次问卷调查，调查发现，中国的商业阶层与政府官员的利益不是冲突的，而是一致的；中国的商业阶层是保守的，维持现状的，而不是革命的，满足于目前的状态，不能成为革命性的力量；中国的商业阶层并未将他们的经济权力转变成政治权力，他们对政治不感兴趣，只感兴趣赚钱。中国的企业家与共产党保持着密切的个人和政治联系，中国"私人企业家更可能是国家的伙伴，而非国家的对手，更可能关注地方和程序问题，而非抽象的公民、政治、社会权利概念"①。中国的企业家和政府官员在政治、经济和社会问题上分享相似的观点。因而，中国的企业家不是民主治理的促进者，他们有动机来保护能使他们繁荣的政治体制，因而，这些企业家并不对共产党构成威胁，实际上，他们是共产党最忠实的支持基础。"威权主义转型中企业家的作用是复杂的，模糊的。企业家可能维系威权统治，因为他们物质上受益，或者他们担心政治变迁将损害他们的财产利益。"② 大多数经验研究已经显示，中国的企业家不是民主和民主化的坚强支持者。他们满足自己的生活状态，不愿意卷入政治，不愿为其他群体推动政治改革提供支持，也不愿用他们的社团来进行政治行动。在中国，商业阶层属于公民社会"非批判性公共领域"的一部分，未对政治统治提出挑战。中国的商业阶层与政治精英之间，是一种相互依赖、相互依存的合作关系，这种合作关系是共赢的、利益共享的，在这种合作关系中，财富可以转变成权力，权力也有机会兑现成财富，"合作促进了适应"③。中国的商业阶层缺乏动力来改变这种合作关系和现有的游戏规则。中国的政治精英依赖企业家

① Bruce J. Dickson, *Red Capitalists in China: The Party, Private Entrepreneurs, and Prospects for Political Change* (Cambridge: Cambridge University Press, 2003), p. 23.

② Bruce J. Dickson, *Red Capitalists in China: The Party, Private Entrepreneurs, and Prospects for Political Change* (Cambridge: Cambridge University Press, 2003), p. 19.

③ Bruce J. Dickson, "Cooptation and Corporatism in China: The Logic of Party Adaptation," *Political Science Quarterly* 115 (2000): 517.

的专业知识和管理经验，来发展经济、促进就业，在财政吃紧的条件下依赖企业家来帮助解决道路、学校、医院等公共产品短缺问题。对中国的政治精英而言，"将成功企业家纳入政党，部分帮助提升经济现代化的目标，部分防止企业家变成国家外潜在的反对力量"①，同时也避免了非批判性领域支持批判性公共领域现象的发生。中国的商业阶层从执政精英那里获得权力保护，"通过国家获得财政资金、技术和市场；国家保护他们免于外国竞争者的竞争，使劳动力成本低廉不变，享受宽松的环保和安全标准政策。"② 避免自主所带来的不利后果，减少企业发展受到权力机构的干扰。

迪克森认为，中国的政治精英通过政治吸纳的方式，允许企业家阶层入党，这种选择对于现存政治体制的存续是至关重要的，也是成功的。中国不会出现像匈牙利以及中国台湾吸纳精英导致民主转型的后果，这是因为，中国的大多数商业阶层是保守的，非批判性的，与中国政治精英利益是一致的，对其生活状态是满意的，无论是在体制内还是在体制外，都难以成为民主的推动力量。"只要企业家支持现状，与党政官员坚持相似的政策观点，他们就不可能成为变革的主体。恰恰相反，他们的支持服务于维持共产党的权力，限制其他政治行动者动员反对的机会。"③ 同时，中国政治精英的吸纳政策是选择性的，采取了"抓大放小"的策略。允许企业家入党，并不等同于说任何企业家都能入党。因而，进入体制内的企业家，不会成为体制的反对者，恰恰相反，而是支持者。中国的商业阶层赞成自由化，给经济发展提供空间，但赞成自由化并不等同于赞成民主化，没有证据证明同一拨人赞成民主化。

因而，从政党适应的角度看，迪克森认为，现代化论者对中国民主前景的乐观分析是有问题的。中国的公民社会是受控的、非批判性的公民社会，难以承担起推动中国民主转型的责任；被寄予厚望的中国商业阶层，是保守的，希望维持现状的，与政治精英之间的合作关系是稳定的，因而也难以成为推动中国民主转型的主导力量。中国的企业主阶层不愿意促进中国民主

① Bruce J. Dickson, *Red Capitalists in China: The Party, Private Entrepreneurs, and Prospects for Political Change* (Cambridge: Cambridge University Press, 2003), p. 69.

② Bruce Dickson, *Wealth into Power: The Communist Party's Embrace of China's Private Sector* (Cambridge: Cambridge University Press, 2008), p. 10.

③ Bruce Dickson, *Wealth into Power: The Communist Party's Embrace of China's Private Sector* (Cambridge: Cambridge University Press, 2008), p. 30.

化。"市场化动力正导致公民社会非批判性领域的形成，这个领域不是国家
的威胁，而是使国家极大受益。"①"而不是被中国出现的企业家所威胁，通
过包容企业家，共产党能适应其列宁主义制度。"② 在中国民主转型中，中
国的政治精英是主动的，并有强大适应能力的。中国的政治精英改变了对知
识分子以及企业家的怀疑态度，为了吸纳知识分子和企业家，创新了意识形
态，提出了"三个代表"的重要思想，在私人部门发展党组织，吸纳企业
家加入共产党。由此可以认为，中国的政治转型与政治前景不是由社会，而
是由政治精英主导的，精英发起的转型最可能是中国民主转型的路径。中国
政治精英的合作策略，增强了中国共产党的适应能力，降低了民主转型的风
险，在很大程度上延长了中国民主转型的时间。然而，必须看到，中国的公
民社会并不是完全缺乏批判性的，在抓大放小的政策下，也并不是所有商业
精英都被体制所吸纳，他们仍生活在体制之外，其政治取向、政治态度和政
治行为会与政治精英不同，利益也可能存在一定冲突，更为重要的是，中国
政府的公共政策正在由精英主义向平民主义调整，政府官员腐败也正在侵蚀
着执政党的执政基础，"可能破坏对现行体制的支持"③，中国政治精英与商
业阶层之间的合作关系的调整具有很大可能性。在政策发生极大变化的条件
下，中国的商业阶层也有可能由支持政府转向反对政府。因而，迪克森认
为，现代化论者的乐观主义可能是有问题的，但对乐观主义的怀疑并不能使
我们得出悲观主义的结论。

三　学术回应：赞誉与批评

迪克森有关中国民主前景的研究，受到海外学界的高度赞誉。弗里德曼
（Edward Friedman）、傅士卓（Joseph Fewsmith）等学者认为迪克森有关中国
民主前景的研究具有重要的理论蕴涵和实践价值。第一，迪克森的研究结论
是重要的，新颖的，同时也给人启发。一些现代化论者认为中国民主前景

---

① Bruce Dickson, *Wealth into Power: The Communist Party's Embrace of China's Private Sector*
（Cambridge: Cambridge University Press, 2008）, p. 169.

② Bruce Dickson, *Wealth into Power: The Communist Party's Embrace of China's Private Sector*
（Cambridge: Cambridge University Press, 2008）, p. 238.

③ Jie Chen and Bruce J. Dickson, "Allies of the State: Democratic Support and Regime Support among
China's Private Entrepreneurs," *The China Quarterly* 196 （2008）: 802.

是光明的，值得期待的，胡少华（Shaohua Hu）预言中国在 2011 年会民主转型，英格尔哈特（Ronald F. Inglehart）以及维热尔（Christian Welzel）从政治文化的角度预测中国在 2025 年会变成一个民主国家，而斯坦福大学经济学教授罗恩（Henry Rowen）则认为中国在 2020 年开始民主转型。虽然这些学者对中国民主转型的预测时间是有差异的，但他们对中国民主前景的乐观态度却是共同的。迪克森的研究的重要性就在于他提醒研究者必须注意研究问题的复杂性和中国民主前景的不确定性，这种不确定性使人们意识到中国有可能在不崩溃的条件下迈向民主，"现代化所创造的企业家并未为民主铺平道路"[1]，"在中国，财富和权力的结合是用来维护现存的威权体制，而不是来对威权体制提出直接挑战。"[2] 因而，迪克森的研究体现了一个学者难得的"谨慎"。第二，迪克森的研究路径是独特的。在分析中国民主前景中，现代化理论占据支配性的地位，一些研究者强调了公民社会对中国民主转型的意义，另一些研究者强调了商业阶层对于中国政治变革的价值，还有一些学者看到了政治文化变迁对政治变迁的积极意义。与现代化论者不同，在研究政治转型过程中，迪克森更强调政治行动者之间的博弈关系的重要性，认为"在威权国家，民主化并非经济增长不可避免的结果，而是政治领域中的政治主体和社会中民主力量行动的结果"[3]，将中国政治精英的目标、偏好以及政策调整放到分析中国政治转型的中心，通过实证研究的方法关注了"企业家公民政治态度和政治行为"，发现政治精英与企业家群体之间的不同"不是种类的不同，而是程度的不同"[4]。在两次调查中，"在大多数政策问题上，政府官员与企业家的看法没有什么差异。1999 年与 2005 年之间，二者之间存在看法的差异已缩小。"[5] "迄今为止，在中国，企业家群体不是民主的担当者。"[6] 第三，迪克森对现代化理论的批判是有力的。在

① Bruce Gilley, "Review: Wealth into Power: The Communist Party's Embrace of China's Private Sector," *Political Science Quarterly* 124 (2009): 547.

② Bruce J. Dickson, "Integrating Wealth and Power in China: The Communist Party's Embrace of the Private Sector," *The China Quarterly* 192 (2007): 852.

③ Bruce J. Dickson, "Threats to Party Supremacy," *Journal of Democracy* 14 (2003): 32.

④ Elena Obukhova, "Review: Red Capitalists in China: The Party, Private Entrepreneurs, and Prospects for Political Change," *Economic Development and Cultural Change* 52 (2004): 902.

⑤ Bruce J. Dickson, "Integrating Wealth and Power in China: The Communist Party's Embrace of the Private Sector," *The China Quarterly* 192 (2007): 847.

⑥ Kristen D. Parris, "Review: Red Capitalists in China: The Party, Private Entrepreneurs, and Prospects for Political Change," *The China Journal* 52 (2004): 166.

分析中国民主前景中，现代化理论假设中国的政治精英是被动的，政治精英的利益与商业阶层的利益可能是冲突的，通过实证调查，迪克森指出这两个假设都是错误的，因而需要修正的。在中国情境下，中国的政治精英有强大的适应能力，这种适应能力可能延缓了中国民主转型的时间和代价。第四，迪克森的研究对美国外交政策的制定和调整是有价值的。中国民主前景是海外中国政治研究的一个核心议题，该议题的研究与美国对外政策的制定，对美国"民主援助"政策的实施和调整具有密切关系。迪克森的研究发现与现代化理论的研究发现是不同的，对美国外交政策的影响也是有差异的，这种差异性是政策调整的基础。

迪克森有关中国民主前景的研究也受到了学界的一些批评。吉利（Bruce Gilley）、奥布科娃（Elena Obukhova）等学者认为，迪克森的研究可能存在如下四个方面的问题：第一，迪克森研究的科学性和可信性是值得怀疑的。迪克森的研究存在的一个问题是"大国小样本"。中国是一个历史悠久、人口众多、急剧变化的大国，虽然迪克森是通过到中国进行实证调研来研究中国政治精英与中国企业家的关系，了解中国企业家与政府官员政治态度和政治认知的差异，但从政治科学的研究方法看，相对于中国这样一个庞大国家而言，迪克森所抽样的样本数（1999 年调研了 524 名私人企业主；2005 年调研了 1058 名私人企业主）仍是有限的，其代表性和延伸性也是值得怀疑的，调研所跨越的时间仍是有限的，难以反映出中国商业阶层政治态度和政治认知的变化。更为重要的是，中国是一个压制型体制，在这样的体制下进行问卷调查，获取信息的真实性也值得怀疑。第二，迪克森的研究过度夸大了中国政党的适应能力。大量的实证研究也已表明，中国政治精英与企业精英之间的关系是复杂的，他们的政治认知和政治态度可能是一致的，也可能是冲突的。仅仅通过强调其一致性的一面，忽略冲突性的一面，这样的研究可能是片面的，得出的结论可能也是仓促的。实际上，中国政治精英的合作主义策略实施并不是一帆风顺的，在私人企业建立党组织也遇到了各种各样的困难，这种困难是中国政治精英与企业精英之间复杂关系的必然产物。第三，迪克森的研究低估了研究问题的复杂性。虽然迪克森对现代化理论持批判态度，认为现代化理论过于简单地处理了中国民主前景这样复杂的问题，但迪克森的研究也存在类似问题。即便是承认迪克森的研究，认为中国的商业精英是保守的，与政治精英是结盟的，但这也难以对现代化理论的乐观主义结论形成有力攻击，因为大量民主转型的案例显示，世界上有诸多威权国家在商业精英与政治精英结盟的条件下同样可以实现民主转型。第四，迪克森 1997～1999 年的研究结论值得进一步推敲。在 1997～1999 年间，迪克森在中国大陆对企业家和政府官员的政治态度和政治认知进行了调查，调查发现企业家和政府官员的政治态度和政治认知大多数是一致的，企业家对政治精英是高度认同的。这种结论和这样一个事实相冲突，即 1989～2001 年，中国政治精英对企业家并未采取政治吸纳的政策，企业家入党的禁忌仍未松动，在此情形下，二者之间政治态度和政治认知是否一致，值得进一步研究和证明。

通过如上分析可以看出，中国民主前景问题是重要的，思想家们介入该问题的视角却是多种多样的，面对这样一个复杂问题，每位学者的贡献和智慧都可能是有限的。从博士论文《中国大陆和台湾的民主化：列宁主义政党的适应性》，到后来的《中国的红色资本家：党、私营企业主以及政治变迁的前景》以及《财富化为权力：中国共产党拥抱中国的私营部门》，迪克森对中国政治未来的关切是始终不变的。迪克森的研究受到各方赞誉，也受到一些学者的严肃批评。迪克森的研究是否足以驳倒现代化理论对中国民主前景的解释，难以证明，但迪克森的研究已为关心中国政治未来的人提供启示，这已被大家承认。

海外学者论中国工会

刘 剑[*]

摘 要：在市场经济社会中，工会是代表和维护工人利益的组织。在转型中的中国社会，由于共产主义革命和改革开放的双重影响，中国工会组织具有不同于一般市场经济国家的独特性。"中国工会是做什么的"是困扰中国劳动问题研究者的重大问题。海外中国问题研究者分别从古典二元论下的国家与工会关系、公民社会下的工人与工会关系、国家主义下的工会定位等视角考察了中国工会的性质和功能，这些研究为理解中国工会组织的复杂性提供了重要的窗口。

关键词：中国工会 劳动关系 古典二元论 公民社会 国家主义

工会是市场经济社会中工人的主要组织。在劳动关系中，工会代表着几十万、数百万甚至更多工人的利益，因此，工会在市场经济国家的社团活动中占据着重要地位。从理论上来说，工会是代表或反映特定属性工人的利益和需求的组织。英国工业关系牛津学派代表人物理查德·海曼（Richard Hyman）认为，工会在市场经济国家的作用至少表现为三种不同的传统：作为劳动力市场的行为主体，为劳动者争取经济利益；作为反资本主义的阶级行动主体，进行挑战体制的阶级斗争；作为社会整合的代理人，致力于社会

---

* 刘剑，政治学博士，深圳广播电视大学人文科学系讲师。

对话。① 从经济学的角度，理查德·B·弗里曼和詹姆斯·L·梅多夫描绘了工会在市场经济社会中的两副面孔：第一是"垄断的面孔"，绝大多数工会具有垄断力量，为工人群体争取比竞争状态下更高的工资；第二是"代言人/应答人的面孔"，工会是集体谈判的工具，为工人群体提供与管理层对话的渠道。②

中国是一个经历过共产主义革命和改革开放双重变革的社会主义国家。30 多年来，市场化的经济改革不仅彻底改变了中国的社会经济结构，也在很大程度上改变了国家与社会的关系。但是，中国的政治体制类型并未改变，与西方国家的体制类型完全不同；中国独特的政治制度安排、社会控制机制和意识形态也足以表明它与一般的威权体制大相径庭。当代中国不仅延续了列宁主义的政治体制、社会主义的传统和意识形态的遗产，同时也建立了适合市场经济的制度安排。中国的工会组织也具有不同于一般资本主义和威权主义国家工会的独特性。因此，如何理解和解释中国工会组织与国家权力和职工群众的关系，成为中国工会研究者关注的基本问题。海外中国问题研究者在"中国工会是做什么的"这一问题上做了大量的研究。笔者试图从古典二元论下的国家与工会关系、公民社会下的工人与工会关系、国家主义下的工会定位三个层面来梳理海外学者有关中国工会研究的学术文献。

一　古典二元论下的国家与工会关系

在现有以中国工会为研究对象的文献中，一个最主要的框架就是依托于国家与社会关系的基本假定，从"古典二元论"的角度讨论政党—国家（party-state）与工会之间的关系。这种视角源自列宁关于社会主义工会基本功能的"传动装置"或"传送带"比喻的说法。也就是说，工会像其他群众组织一样，应当作为一种"传送带"把工人所关心的事情、建议或意见向上级组织反映，同时保证党中央的政策、法令能传达到基层的工作场所。基于此，研究者们往往常常基于"传送带"的假设来考察 1949~1990 年 40 余年间中国共产党与工会、工人三方之间的关系。

---

① 〔英〕理查德·海曼：《比较工会运动》，许继峰、吴育仁译，台北：韦伯文化国际出版有限公司，2004，序言，第Ⅸ页。

② 〔美〕理查德·B·弗里曼、詹姆斯·L·梅多夫：《工会是做什么的？——美国的经验》，北京大学出版社，2011，第 3~6 页。

早在 20 世纪 60 年代，保罗·哈珀（Paul Harper）就指出，共产党是由无产阶级的先进分子组成的精英型政党。由于共产党员在全部总人山中所占的比例非常小，因此共产党必须依靠工会、青年团等群众组织来联系广大群众，从而维持对社会的领导和控制。工会的主要角色是在共产党和工人阶级之间扮演"传送带"的角色，即自上而下把党的路线、方针、政策贯彻到职工群众中去，自下而上把职工群众的意愿、建议和要求反映给党组织。社会主义国家工会的这种角色把工会工作置于一种相互矛盾的悖论之中，当它们强调工会要代表和维护职工群众的利益、发挥自下而上的传输功能的时候，经常会被人指责为"脱离党的领导"，做"群众的尾巴"；当它们强调要坚持和贯彻党的路线方针政策、发挥自上而下的传送功能的时候，就被指责为"脱离职工群众"，做"行政的尾巴"。[①] 这种分析思路影响了后来研究中国工会组织的诸多研究者。

20 世纪 80 年代中期，Alex Pravda 和 Blair Ruble 比较清晰地阐述了共产主义国家工会所承担的"古典二元论"意义上的职能。他们认为，在共产主义社会中，工会组织被赋予了两种不同的职能。按照列宁主义关于"传送带"的基本假设，工会发挥着连接执政党和政府与工人之间的管道作用：一方面，工会自上而下代表国家的集体利益（即"广大人民群众的根本利益"），传达党的命令和指示，动员工人进行劳动竞赛等生产性劳动；另一方面，工会自下而上传达工人的意见、建议和要求，代表和保护工人的权利和具体利益。[②] 这种工会"双重职能"（生产和维护）的论点就是保罗·哈柏分析路径的一种变体。

威尔森（Jeanne L. Wilson）研究中华全国总工会生产和维护的双重职能时发现，"无论双重功能的概念如何具有内在矛盾，只要这种双重功能概念被运用于实践，它便能给中国工会运动比毛泽东时代更多的自治性。"她认为，中国工会对改革的适应能力，比一般人想象的要大。[③] 陈佩华认为中华全国总工会所扮演的角色的意义，实际上要比威尔森认识到的还要大。她借

① Paul Harper, "The Party and the Unions in Communist China," *The China Quarterly* 37 (1969): 84 – 119.

② Alex Pravda and Blair Ruble, "Communist Trade Unions: Varieties of Dualism." in Alex Pravda and Blair Ruble, eds., *Trade Unions in Communist States* (Boston: Allen & Unwin, 1986), pp. 1 – 22.

③ Jeanne L. Wilson, "The People's Republic of China." in Alex Pravda and Blair Ruble, eds., *Trade Unions in Communist States* (Boston: Allen & Unwin, 1986), p. 244.

用"国家组合主义"（state corporatism）的框架来对"古典二元论"做了进一步的阐释和深化。陈佩华并不否认共产主义国家中工会组织的"双重功能"，但她也不认为工会组织在扮演"国家属性"的角色时，工会与政党—国家的整体利益是根本一致的。她以 1949 年新中国成立以后到 20 世纪 90 年代中期中国工人组织（有时是在中华全国总工会的领导下）与国家的五次冲突和矛盾为视角，认为在"国家组合主义"的政治体制中，"国家"是具有复杂的、多样化利益的官僚组织。"国家组合主义"承认社会上存在相互冲突的不同利益，而建立"组合主义体制"的目的就是为了控制各种利益团体的发育、发展与壮大。只要执政党和中央政府的政治控制一放松，包括工会在内的"组合组织"便会为了扩张自身的具体利益而进行斗争，以至于搞乱了它们所承担的社会功能。中华全国总工会与国家发生冲突和矛盾的五个时期刚好是"国家"体制在软弱、退却或内部分裂的时期。只要国家稍一放松政治控制，工会就要同国家争取权力，并保护工人的具体利益。① 由此可见，陈佩华把中国工会定义为代表工人利益的"组合主义组织"，工会在国家组合主义体制中承担了"双重职能"，但更多的是代表着工人群众的利益。

　　姜凯文把关注的焦点放在改革开放以后 15 年内的中国工会上，他分析了中国工会在 1980～1995 年间的改革历史后认为，摆脱国家的控制、独立自主和担当起保护工人利益的社会角色，同时也是中国工会追求的目标。他着重分析了工会与党—国家之间既一致又冲突的相互关系及其缘由，并以改革开放前 15 年工会试图与国家分权、争取独立自治的尝试。姜凯文发现，随着从计划经济到市场经济的转变，中国工会原有的赖以生存的政治、经济和社会基础已经根本动摇，自我革新是它立足下去的唯一选择；工会与国家的利益分野日趋明显；中国工会改革的实际运作和突破，常常发生在国家对工人让步的时候；中国工会的权力受之于国家，独立意味着失去其权力和合法性；尽管集体合同制的实行和"三方性原则"被承认，但中国工会在短期内还不可能有实质性的进展。他强调，工会如果不改变"两个维护"的僵化立场，改革就不可能得到实质性的进展；如果（工会）不从党政官僚机构中分离出来，代表工人利益就成为一句空话，工会也将面临

---

① Anita Chan, "Revolution or Corporatism? Workers and Trade Unions in Post-Mao China," *The Australian Journal of Chinese Affairs* 29（1993）：31－61.

生存危机。① 可见，姜凯文深化了对中国工会"双重职能"带来的后果的理解。

张允美对 1949～1990 年 40 年间中国工会与政党国家之间的关系进行了较为深入的描述和分析。张允美认为，中国工会组织的具体利益和国家的整体利益并不总是完全一致的，工会组织的行为往往会受到集团利益和个人利益的决定与支配。但是，中国共产党并没有考虑工会与国家之间的利益矛盾而进行适当的制度性安排。在中国，工会被同时赋予两个冲突型的职能：维护职能和生产职能。这种制度性安排成为工会与国家之间不断发生矛盾和冲突的根本原因。新中国成立初围绕工会作用的争论，1957年"百花齐放"时期，"文革"初期，1979 年的"天安门事件"（即纪念周恩来总理的"四五运动"），1989 年的政治风波等工会遇到危机的时期，中国工会都有自觉地表达劳动者利益的倾向。张允美在梳理中国工会与国家之间的五次冲突中发现，围绕"生产"与"维护"两项基本职能，中国工会与国家的关系一直没有走出"顺从—冲突"的怪圈。② 其实，张允美的研究思路并没有跳出陈佩华、姜凯文关于中国工会具有不同于国家的自身利益的基本假设。

国家与工会关系的研究途径从历史的角度探讨中国工会与政党—国家的关系，摆脱了单纯从抽象的意识形态角度来讨论工会和中国共产党关系的规范性争论，为我们打开了一扇重新思考中国工会的功能和角色的窗口。但是，这并不意味着中国共产党对工会控制力的减弱。其实，中国工会的每次重大改革都是根据党的指示、按照党的要求、在党的领导下进行的。也就是说，中国工会每次重大改革的直接动力都是来自执政党对工会的要求，即执政党要求工会必须密切联系群众。当中国工会力图密切联系职工群众时，正是执政党加强和改善对工会的领导，以更好地发挥工会维护和生产的双重功能的时候，而不是如姜凯文、张允美等研究者所认为的那样是执政党对工会组织的控制减弱的时候。同样道理，工会密切联系职工群众的根本目的是为了更好地履行执政党赋予工会的基本职责，而不是

① 姜凯文：《工会与党—国家的冲突：八十年代以来的中国工会改革》，《香港社会科学学报》1996 年秋季卷。
② 〔韩〕张允美：《理顺与冲突：中国工会与党—国家的关系》，《二十一世纪》（网络版）2003 年第 9 期。

试图摆脱中国共产党的领导。① 也就是说，新中国成立 60 余年来，中国工会虽然没有能够很好地代表和维护职工群众的权利与利益而脱离了群众，但从来没有脱离过中国共产党的领导。遗憾的是，海外一些中国工会的研究者对"工会必须自觉接受党的领导"这一重要事实缺乏足够的关注，往往把工会代表和反映职工群众的意愿和要求理解为工会自身的要求，夸大了工会与党的利益的不一致性，忽略了中国共产党对工会领导的绝对性。

二　公民社会下的工人与工会关系

公民社会（civil society）是指围绕共同的利益、目的和价值上的非强制性的集体行为。② 它不属于政府组织的一部分，也不属于营利的私营企业的一部分。它是处于公共领域与私人领域之间的"第三部门"。公民社会包括了那些为了社会的特定需要，为了公众的利益而行动的组织。工会就是公民社会中的重要组织。

在中国工会研究中，陈佩华较早注意到国有企业和大型集体所有制企业中工会的双重功能。这些基层工会干部有较好的组织和较多的资源去为职工争取福利，甚至会鼓励工人争取自己的权利。她指出，在改革过程中，新的经济结构的出现威胁着中央权威的效力，一些分享共同利益的组织日益建立了水平层面的、自主决策的、自我组织的关系，这就是"公民社会"的出现。③ 裴宜理也把改革以来的中国工会的变化视为"公民社会"的兴起。④ 乔纳森·安戈和陈佩华通过考察 20 世纪 80 年代以来中国的工会、工商联组织、行业协会等社会组织与中央和地方互动关系的研究，发现它们仍然都在"国家组合主义"的模式中运行；尽管这些社会组织仍然都在"国家组合主义"的模式中运行，也仍然由当初组建它们的中央或地方政府管辖，但随着时间的推进，至少有一些过去一直存在的"群众性团体"和新成立的协

---

①　游正林：《60 年来中国工会的三次大改革》，《社会学研究》2010 年第 4 期。

②　http：//zh. wikipedia. org/wiki/公民社会，最后访问日期：2012 年 11 月 5 日。

③　Anita Chan, "Revolution or Corporatism? Workers and Trade Unions in Post-Mao China", *The Australian Journal of Chinese Affairs* 29（1993）：31 – 61.

④　Elizabeth J. Perry, "Labor's Battle for Political Space：The Role of Worker Associations in Contemporary China." in Davis, Kraus, Naughton, and Perry, eds., *Urban Spaces in Contemporary China* (Woodrow Wilson Center Press and Cambridge University Press, 1995), pp. 302 – 325.

会正在逐步受到基层群众的影响，开始成为他们的代言人。因此，他们认为中国正在逐渐从国家组合主义向社会组合主义过渡。① 笔者认为，把改革以来中国工会的变化视为"公民社会的出现"过于乐观，15 年后，中国工会仍是被社会公众特别是普通工人与工会研究者广泛抨击和批判的现实就足以说明其预测没有认清中国工会的政治性质。

戈登·怀特（Gordon White）在实地考察中国工会的基础上，否认了国家组合主义、社会组合主义或"公民社会"的存在，也否认了中国工会的国家组合主义或社会组合主义的发展方向。他认为，地方党政领导兼任着各级工会的领导职务，工会在 1989 年之前获得的参与决策的权力已经被削弱了，因此把 1989 年之后的工会制度安排视为组合主义是不恰当的。在企业内部，改革措施强化了管理者的主导地位，企业工会的民主化进程非常有限。在工人与管理层发生矛盾的时候，工会经常被工人忽略；而且，大部分企业的工会主席不是会员直接选举产生的，现代企业制度改革使工会面临边缘化的危险。执政党出于对社会和政治稳定的关注，对官方工会维持劳工和平的信任会增加，从而出现包括国家、产业和工会的"三方组合主义"，并且在微观、中观和宏观层面运作。工会可能将保持与党的亲密关系，并继续它们在代表工人利益方面的垄断地位，但同时在严格的法律限制内实现一定程度的自治。② 简言之，怀特恰当地把改革开放时期的中国工会描述为"没有自主性的介入"。

刘荣锦（Raymond W. K. Lau）认为中国工会的"二元论"及其派生出的"组合主义"模式预测太乐观了。他用皮埃尔·布迪厄意义上的"惯习"概念分析了中国工团主义的"实践逻辑"（Logic of Practice of China's Trade Unionists）。他认为，一场快速的、由国家引导、市场主导的中国改革预示着劳工爆炸（labor explosion）。中国的工会在这个制度中扮演了重要的角色。中国工会的惯习引起的实践使之成为党为了国家的利益管理劳工的附属品，有利于市场导向改革的推行。这种分析意味着中国工会的"二元论"

① Jonathan Unger and Anita Chan, "China, Corporatism, and the East Asian Model," *The Australian Journal of Chinese Affairs* 33 (1995): 29 - 53; Jonathan Unger and Anita Chan, "Associations in a Bind: The Rise of Political Corporatism in China," in Jonathan Unger, ed., *Associations and the Chinese State: Contested Spaces* (Armonk, New York: M. E. Sharpe, 2008), pp. 48 - 68.
② Gordon White, "Chinese Trade Unions in the Transition from Socialism: Towards Corporatism or Civil Society," *British Journal of Industrial Relations*, Vol. 34, No. 3 (1996): 433 - 457.

的范式及其派生出来的"组合主义"模式被拖延了。[1] 刘荣锦认识到中国工会对劳动者的管理有助于市场化改革，但他关于中国工会在"劳工爆炸"扮演重要角色的预言未必符合事实，他也没有注意到中国工会在国有企业改革当中脱离工人群众的"无为"可能是矛盾激化的另一个聚焦点。

张云秋（Zhang Yunqiu）给中国工会的定位是"中间人"，它主要承担两种社会角色：一是以"传送带"的角色联系政府和工人，二是以"协调人"的角色联系企业的管理层和工人。这两种社会角色可以重新整合改革以来中国国家和社会关系的分化，调整国家与工会等社会团体之间的关系。她认为，政府退出对企业的计划控制以后，企业内部产生了工人和管理层之间的利益分歧，普通工人和国家的距离也加大了。为了维护社会稳定，这种分歧和距离需要修补和调整。从国家层面来讲，工会扮演着"传送带"的角色，自下而上向党和政府反映工人的意见、建议和要求，主要通过国家领导人的讲话、工会参与决策等方式来体现；从企业内部来看，基层工会既是"调解人"又是劳资双方沟通的"桥梁"，它以工人利益代表的身份向管理层提出要求，同时又以企业行政代表的身份向工人解释管理层的政策。中国工会这种"中间人"的角色很难归入"组合主义"或者"公民社会"的范畴。与国家组合主义中的组织不同，"中间人"组织标志着社会力量开始在政府退出经济领域或改革后出现的新领域中得以成长；同时，在缺少自愿结合和社会自治的背景下，工会的"中间人"角色也不足以反映出"公民社会"的基本特征。因此，工会"中间人"的角色仅仅是中国选择渐进式改革道路带来的一种结果，既不符合"组合主义"的概念，也不属于"公民社会"的内容。[2] 张云秋看到了把中国工会组织视为"公民社会"的局限性，指出了从"组合主义"和"公民社会"视角分析 20 世纪 80 年代以后中国工会改革的乏力。

三　国家主义下的工会定位

1985 年，由埃文斯、鲁施迈耶、斯考克波编著的《找回国家》（*Bringing*

---

① Raymond W. K. Lau, "The Habitus and 'Logic of Practice' of China's Trade Unionists," *Issues & Studies*, Vol. 39, No. 3 (2003): 75 – 103. Raymond W. K. Lau, "Habitus and the Practical Logic of Practice: An Interpretation," *Sociology*, Vol. 38, No. 2 (2004): 369 – 386.

② Zhang Yunqiu, "An Intermediary: The Chinese Perception of Trade Unions Since the 1980s," *Journal of Contemporary China*, 6 (14) (1997): 139 – 152.

the State Back In）一书出版，标志着国家主义（statism）作为一种研究范式最
终形成。国家主义也称国家回归学派、国家中心论，其研究国家的新策略是
把国家研究当成一种研究路径，或者企图建构一种新的国家理论，并努力使
之成为一种范式。国家主义学派强调，国家是解释社会发展和变迁的独立变
量。过去20多年社会科学研究中许多出色的成果都源于这一传统。遗憾的
是，"国家变量"在工人阶级形成和工会转型中的作用尚未得到足够的重
视。

在中国，国家与工会究竟是一种什么关系？对这一问题存在着截然不同
的观点。大多数研究者认为，中国工会是国家进行政治统治和社会控制的工
具，它首先要服从国家目标，而不是工人利益。同时，也有人认为，中国工
会正经历着某些变化，尤其是地方工会。这种观点认为，工会对国家已表现
出一定的自主性，努力代表工人的利益。① 这两种观点的主要区别是它们对
中国工会采用不同的定位，前者强调工会的国家属性，后者关注工会的社团
属性。前者强调工会是国家的一部分，后者认为工会正在朝一个真正的社会
组织的方向发展。

陈峰从上述双重制度性身份的视角考察中国工会经济转轨过程中的角
色冲突。他认为，市场经济条件下的中国工会面临着角色的冲突。不论是
判断工会与管理者的权力关系，还是理解工会在中国劳资冲突中的作用，
国家与工会的关系都是研究者当前考察的焦点。中国工会既有国家属性，
又有社团性质，它们在具体的劳资纠纷和工业冲突中扮演什么角色，取决
于上述两种制度性身份是否冲突，以及冲突的程度。一般存在三种情况：
第一，社会现实需要工会扮演的角色与法律制度允许它们扮演的角色没有
冲突，且基本一致，因此工会有较大的制度性空间代表和维护工人的具体
利益。工会通过法律程序为工人争取合法权益即属于这种情况。第二，两
种制度性身份存在明显冲突，这种冲突迫使工会站在国家一方，因此限制
了工会作为工人代表发挥作用的空间。但这并不排除有一部分工会仍然有
可能利用它们的两种制度性身份，周旋于政府和工人之间，为工人争取一
些有限的具体利益。这种情况主要出现在工人采取自发的集体行动（比如
罢工、游行、堵路等）的时候。第三，工会只能或必须扮演国家工具的角

---

① Zhang Yunqiu, "From State Corporatism to Social Representation," in Timothy Brook and Michael Frolic, eds., *Civil Society in China* (Armonk, New York: M. E. Sharpe, 1997), pp. 124 – 125.

色，别无选择。例如，当工人要求成立自己的组织（不管其名称是不是叫"工会"）时，工会都会毫不妥协地站在国家一边，阻止工人的行动。因此，中国工会组织对劳资纠纷和劳工抗议的三种反应模式可概括为：代表、调解和阻止。①

另外，陈峰通过上海市总工会向职工提供法律援助的案例，发现了中国工会在社会转型过程中的一个结构性悖论：工会组织的活动在很大程度上受到国家权力的限制，它在法律领域的影响力实际上来源于它在党和国家的权力结构中所处的位置。② 这个问题一直吸引着他对中国工会的研究兴趣。陈峰通过丰富的材料和数据解释了中国工会组织权力的来源、运作方式及内在局限，向我们解释了为什么中华全国总工会及其地区分支机构能够在劳动立法、工会组建和劳动争议处理中发挥积极作用，而基层工会在代表工人方面的作用却微不足道。原因是工会官僚的权力及其运转依赖于其正式的政府（行政）身份（government status），政府（行政）地位反过来限制了工会官僚的自主性；同时，工作场所中的基层工会只是管理层的附属，没有什么权力。工会官僚的行政地位限制他们通过发动基层劳动者的支持来获得，也不能通过给基层工会赋权（empowering，也称"培力"）来发挥影响力。因此，中华全国总工会及其地区分支机构的立法与其他努力在工作场所平衡劳资双方的力量方面只能发挥相当有限的影响。③ 陈峰用可信的调查和丰富的材料提供了有力的论据，其研究为我们打开了一扇观察和理解中国工会的新窗口。

从历史上看，国家与工人的互动，是工人阶级形成的重要内容，也是工会组织能否顺利发展的重要变量。遗憾的是，"国家变量"在中国工会组织中的影响和作用方式尚未得到研究者足够的重视。④ 在这方面，我们还需要更进一步的深入调查和实证研究。

---

① Chen Feng, "Between the State and Labor: The Conflict of Chinese Trade Unions'Dual Institutional Identity," *The China Quarterly* 176 (2003): 1006 - 1028. 陈峰：《在国家和劳工之间：市场经济下中国工会的角色冲突》，陈生洛译，香港中文大学中国研究服务中心，http: // www. usc. cuhk. edu. hk/wk_ wzdetails. asp? id = 3996。

② Chen Feng, "Legal Mobilization by Trade Unions: The Case of Shanghai," *The China Journal* 52 (2004): 27 - 45.

③ Chen Feng, "Union Power in China: Source, Operation, and Constraints," *Modern China*, Vol. 35 No. 6, (2009): 662 - 689.

④ 陈峰：《国家、制度与工人阶级的形成》，《社会学研究》2009 年第 5 期。

四　分析与讨论

对中国劳动问题研究者来说，"中国工会是做什么的"是令人困惑的重要问题。近 30 年来，海外中国问题研究者分别从古典二元论下的国家与工会关系、公民社会下的工人与工会关系、国家主义下的工会定位等视角考察了中国工会的性质和功能，分析了中国工会"双重职能"带来的各种问题，对改革以来中国工会发生的"变"与"不变"进行了深入探讨，这些研究成果为我们理解中国工会组织的复杂性和多样性提供了重要的窗口。

近 20 年来，中国的经济改革带来了一场卡尔·波兰尼意义上的"大转型"，即市场已成为建构和驱动中国经济和社会发展的主要力量。这场大转型的一个最深刻的后果就是中国劳动关系的重构和转型。特别是近年来，中国工人阶级发生了重要变化，以 80 后、90 后青年为主体的新生代农民工阶层开始崛起，取代了传统的国企工人和老一辈农民工，成为中国工人阶级的主力。特别是 2006 年烟台澳利威女工通过罢工成立工会，2010 年南海本田工人罢工引起全国性的"罢工潮"，2011 年深圳冠星表链厂工人通过罢工与企业管理方展开集体谈判，2012 年深圳欧姆电子工人罢工后进行工会直接选举，……这些事件说明，新生代工人阶级已经对现有的基层工会非常不满，并通过各种行动提出了自己的诉求。遗憾的是，当前研究工人阶级形成的成果比较丰富，但探讨新时期工会组织新变化的文献相对较少。因此，中国新工人阶级的形成对工会组织的影响是研究中国工会不可回避的重要课题。

要研究新工人阶级影响下中国工会组织的新变化，发展和壮大本土化的劳工研究队伍，需要从以下三个方面进行厘清和反思：首先，中国工会研究需要开阔的全球视野，把中国工会组织放在冷战背景和资本主义全球化发展的双重背景中进行分析；其次，中国工会研究需要结构的视野，从国家与工人、精英和底层等不同的辩证关系来研究工会组织；最后，中国工会研究不仅需要学习和借鉴西方社会科学的理论成果，也需要重新挖掘本土的学术资源，延续民国以来的政治学者和社会学者的学术传统。

"政党中心主义"的逻辑

——以人民政协为考察对象

丁长艳[*]

摘 要：中国共产党领导的多党合作和政治协商制度从历史事实逐步走向制度化的过程，体现了我国政治体系发展进程的特点。从历史与现实的双重维度来看，该制度体现了比较明显的"政党中心"特点，而且在制度结构、主体行为特征以及行为结果等方面亦受其支配。除了"中国共产党领导的多党合作制度"表述的政党结构以外，以中国人民政治协商会议为考察对象的制度本身在不同的政治发展维度方面都有涉及与延伸，包括"统一战线叙事"、"政党关系理论"和"社会主义民主理论与形式"等几个方面，诸多发展面向都集中指向"政党中心主义"的行为逻辑。本文基于文献与历史的双重维度对人民政协进行观察，认为"政党中心主义"的逻辑支配中国人民政治协商会议制度的政治基础、结构形态以及未来发展空间，中国人民政治协商会议制度及其机构承载"政治性结构"的政治功能。

关键词：政党中心主义 中国人民政治协商会议 政治性结构

一 引言

中国 30 多年政治发展的历程清晰地反映了一种趋势，即政治制度与政

---

* 丁长艳，中共上海市委党校科社教研部讲师、复旦大学政治学博士。

治行为的制度化倾向。中国人民政治协商会议（以后简称"人民政协"）从政治行为现实到成为政治体制重要的组成部分，明显地反映了制度化在中国政治发展过程中的存在。改革开放初期，邓小平提出实现多党合作和政治协商是中国政治生活的一个特点与优点，在党的十三大首次正式提出"共产党领导下的多党合作和政治协商制度"，开始在政治系统中嵌入"政党结构"的要素。该过程中，人民政协主要还是基于并继承"统一战线"的叙事话语体系。从1989年《中共中央关于坚持和完善中国共产党领导的多党合作和政治协商制度的意见》到2005年的《中共中央关于进一步加强中国共产党领导的多党合作和政治协商制度的意见》中，人民政协正式开始了"制度化"的过程。其中提出，人民政协是"我国政治体制的重要组成部分；爱国统一战线的组织；一项基本政治制度，即中国共产党领导的多党合作和政治协商制度；中国特色的社会主义政党制度"（2005年2月），以及将中国共产党领导下在人民政协内部的广泛协商，并且和人民代表大会的选举制度被确定为我国"社会主义民主的两种重要形式"。《中共中央关于加强人民政协工作的意见》（2006年）中对人民政协的政治基础、主要功能与行为原则等方面都有了相应的规定。

从人民政协制度与行为的权源来看，宪法除了序言中规定人民政协涵盖的"政党的功能性身份"要素外，人民政协并非是"宪政意义层面的政治结构"。执政党组织的文件以及政治领导人的讲话精神是人民政协组织与制度规范形成与运行的主要来源。人民政协从行为事实到"制度"事实的发展，与执政党对其政治定位与功能既有继承亦有发展的认识紧密相关。人民政协功能的发挥并非内源于人民政协实际工作，外部注入式的功能安排和嫁接并不能和人民政协现有的内部结构很好地匹配。因此，在考察人民政协内部的权力结构组成时，不仅应充分分析人民政协的外部政治生态环境，更应该从其内部的组织生态着手，对政协功能进行细化和拓展。从这个角度来看，人民政协更多是执政党组织之外实现其"统战功能"的一个方面，它是在同级执政党的党委领导下的政治机构，外部的环境与支持度决定了同级人民政协制度的实际运行效果和形态，人民政协在这个方面的主动性相对于执政党组织而言，相对消极被动。

从政府的法规和文件来看，人民政协被视为和党委、人大和政府相并列的制度安排，即"四套班子"。从现实的依据看，公共事务的复杂性和多元性赋予政治行动主体多元的可能性，主要针对的是人民政协在参与公共事务方面的行为更多，范围也更广泛。问题是，前三者是公共权力的结构产物，人民政协没有明确的政治定位与结构定位。从法律权力主体角度而言，政协如何成为能够监督政府行为的一个独立的制度主体则有待商榷，如果从政党监督的角度来看，监督功能则又是非均衡的，因为人民政协并不能简单地视为中国政党关系的全部内容。

从政治文本效力来看，人民政协章程的修改是和执政党对人民政协的政治定位紧密联系的，即在中国的实际政治过程中，人民政协的组织形态受中国的政治生态环境影响和决定。从组织角度考察，人民政协功能变迁直接的影响因素来自执政党组织体系与政策的变化；而其他的影响因素如社会因素的影响是间接性的。因为人民政协组织的建立和实际运行过程的特点等方面具有比较明显的精英特征，因而，从人民政协的政治影响力和实际功能而言，普通公民对该组织形态的了解和认知基本是源于自上而下的组织式确认。

二　以"政党"为中心的统一战线叙事

（一）统一战线叙事的历史维度

将人民政协制度纳入中国共产党的"统一战线"叙事结构中考察，人民政协则是组织化特征明显的政治载体。在西方学者的视阈中，人民政协的统战功能经历了一个由策略到战略的发展过程。阿伦·B·科尔从比较细致的角度对各个时期的统一战线功能进行梳理，这五个阶段奠定了人民政协统战功能的历史基础：1923~1927年：国共之间潜在但不稳定的联盟；1927~1937年：国共分裂和内战时期；1937~1941年：不完全形式的统一战线；1941~1945年：三角战争时期：国民党—共产党—日本侵略者；1945~1949年：新启的国内战争和国内民族主义者的消失。① 在他的研究中，新中国成立后人民政协履行的政治功能在新中国成立之前就已经存在，后来提供的是一种实现的组织方式。李曼从"朋友"与"敌人"的阶级身份划分中审视中国共产党的统一战线政策，从抗日战争时的统一战线一直梳理到新中国成立后一直到"文革"中的统一战线组织，即中国人民政治协商会议，认为

---

① Allan B. Cole, "The United Front in the New China," *The ANNALS of the American Academy of Political and Social Science*, Vol. 277 (1951): 35 – 36.

新中国成立前的早期统一战线阶段，统一战线本身是被视为策略上和暂时性的，因为组成的联盟不可能是永久的；在后期，统一战线也不是特殊的联盟。联盟本身可能仍然是暂时性的，但联盟的概念已经深入人心。①

统战"重心"从孤立敌人转变为为新政权赢得大众支持，1954 年以后，统一战线将继续发挥动员和组织全体民众共同斗争的功能。从统一战线的发展历程来看，它已经从策略性发展到战略性再到意识形态性，统一战线和中国国内的具体问题相关性不大。统一战线继续存在的理由在他看来与其说是人民政协解决及时的问题，不如说是和毛泽东的自我意识息息相关。詹姆斯·D·西摩则从新中国成立后一段时间内民主党派参加国内公共事务的角度，提及虽然民主党派有代表参加了人民政协，但人民政协本身并不是有效的决策机构。并且，当时人民政协无论是理论上还是实践上都不是政府机构的组成部分，它通常是统一战线各构成单位借以表达其赞成中共路线的场所，它仅仅为宣传党的路线提供了一个论坛。盖里·古德从追溯中国共产党的统一战线政策的起源和发展状况，展示统一战线和共产党成功获得和维系领导地位，以及中国法团主义组织的形成过程。② 人民政协是共产党安排民主党派和社会团体的重要机构。李曼认为人民政协的功能主要是服务于中国共产党和政府，它作为群众组织和非政府的"董事会"性质的组织，甚至是非政党结构。在这个方面，他并没将人民政协纳入中国政党结构范畴。因为，在人民政协内部，代表性是通过影响自身的地方层级机构及其决策，并且人民政协需要通过向政府、人民代表大会和共产党组织寻求群众性的支持，即人民政协机构发挥作用是一种"依赖性关系"。并且，在人民政协内部，不同代表精英的政治待遇也是不同的，只允许人民政协较高层级的代表人物发表意见，并且听取他们的意见。人民政协的主要作用在于协调和执行——在分配任务和执行任务的过程中进行监督，因为，共产党几乎代表每一个人，从而型塑了人民政协在政权内部的政治定位与活动的结构形态，人民政协是中国人民的民主统一战线组织形式，人民政协在宪法之外的地位是一种"非制度化的统一战线"③。

---

① Lyman P. Van Slyke, "The United Front in China," *Journal of Contemporary History* 5 (1970): 130.

② Gerry Groot, *Managing Transitions: The Chinese Communist Party, United Front Work, Corporatism, and Hegemony* (London: Routledge, 2001), xxiii.

③ Lyman P. Van Slyke, *Enemies and Friends: The United Front in Chinese Communist History* (Stanford: Stanford University Press, 1967), p. 238.

从上面论述可以清晰地看清楚一点，他们都承认统一战线对于中共组织的历史重要性，从产生的渊源来看，人民政协制度隶属于中共组织的意识形态话语体系，给予中共在不同阶段寻找"同盟者"力量的合理性论证；新中国成立后，人民政协以组织结构的方式确立，但行为方式依然停留于中共"政党中心主义"的行为范畴，理所当然地，"组织化"行为方式是其显著特征，这与中共组织行为逻辑以及政治结构的行为方式有较强的关联性。

（二）对统一战线功能现实维度的关注

在中国学者的研究中，统一战线叙事特征同样占据主要地位。就人民政协制度、功能变迁内容而言，它涵盖的范围和内容也在发生改变。中国共产党领导的多党合作和政治协商制度是伴随中国共产党领导的"统一战线"功能的发展而逐步形成的，毫无疑问，它是我国统一战线系统的重要组成部分，中国人民政治协商会议既不是"权力机关"也非"半权力机关"[①]，但是他没有指出统一战线系统到底涵盖哪些内容，所以，人民政协当然不可能纳入国家政权系统中去，它是中国人民最广泛的统一战线组织，有比较健全的组织系统，构成我国统一战线系统的实体部分。王邦佐和罗峰拓展了人民政协的功能边界，人民政协的民主建设是发展社会主义民主、巩固和扩大爱国统一战线的需要，也是公民有序政治参与的重要保障。[②] 肖存良从"党建国家"视角分析，党建国家需要两个支撑：一是政党掌握国家政权，一是政党成为整个社会的中心。[③] 人民政协制度在中国共产党维持政党中心化的过程中提供一种现成制度，以统战功能所拥有的政治资源和制度资源有利于执政党"中心化"的过程。

新中国成立后人民政协的制度变迁亦是一个研究重点。胡筱秀则将人民政协从功能变迁的角度作出了与执政党组织对人民政协政治定位相同的演变逻辑，1949 年成立至今的人民政协的功能定位经历一个从"代权力机构"到"统一战线组织"，再到"中国特色社会主义政治体制的重要组成部分"[④] 的

---

① 罗广斌：《关于多党合作和政治协商的几个认识问题》，《政治学研究》1996 年第 2 期。

② 王邦佐、罗峰：《人民政协民主监督的理论支撑、现实意义和制度设计》，《政治与法律》2007 年第 5 期。

③ 肖存良：《中国共产党与国家建设——以统一战线为视角》，复旦大学 2009 年博士学位论文。

④ 胡筱秀：《新中国成立六十年来人民政协制度功能变迁考察》，《毛泽东邓小平理论研究》2009 年第 9 期。

变迁过程。这个过程当然展现了人民政协制度在执政党与国家政治系统中地位和作用的重要性日显的发展趋势，她还认为这种变迁形态是从政治系统的初始核心力量到中途的边缘力量，又逐步成长为政治体系中不可或缺的重要组成部分。实际上，第一个阶段中人民政协一开始就已经明确了"统一战线身份"，所以说它是一种"核心力量"欠妥，因为中共组织是当时中国政治结构的核心，人民政协只是暂时作为执行中共政治发展目标与任务的"主体"而已。从政党中心主义的逻辑来看，中共组织及其权力关系进入政权之后，实际上，统一战线组织已经属于政治体制的组成内容，因为，执政党组织与政权的关系一直都不是十分明确，"统一战线"应该在政权内部、社会内部抑或在所有领域内展开，执政党并没有对其进行特定的说明。郑宪将人民政协后来形成的"政治协商、参政议政和民主监督"三项职能归结为中共统一战线目的，这三个功能与统一战线实质和目的一致，都是中国人民爱国统一战线"协调关系"、"沟通思想"、"合作共事"的重要形式。[①]

　　显而易见，人民政协的产生与发展的定位、制度与功能形态都明确了一点——不管它的功能形态拓展多少内容，唯一没有中断的是作为执政党"统一战线"组织的政治身份。西方学者对人民政协早期的研究主要是基于统一战线功能和政党关系两个维度，后者的研究较弱一些，因为，大多数西方学者认为中国的民主党派不是政党，只具备类似于社会团体的政治功能。较前面对人民政协的几种身份的定位和功能方面来看，统一战线功能实际上是人民政协基本的功能，亦是本质所在，而作为多党合作制度和政治协商制度、社会主义民主等政治地位与功能是放在"国家"的范围内进行言说的。人民政协制度和功能的变迁始终是以中共为中心的"政党叙事"方式展开，我们发现不同的只是"中心政党"在不同时期以及不同方面的政治整合形态。

三　"政党中心"的政党结构与关系理论

（一）制度化：历史提供的一种可能性

　　人民政协作为多党合作重要政治平台的政治定位经历了一个变迁过程，始于新中国成立时共同商讨"国是"的协商政治形态也经历了曲折发展。

----

① 郑宪：《试析人民政协职能的发展与创新》，《新视野》2010 年第 2 期。

在阶级斗争激烈化的年代，人民政协政治功能的发挥尤易剑走偏锋，它通常是统一战线各构成单位借以表达其"赞成中共路线的场所"，政协中的民主党派除了附和共产党外，并不被鼓励去做别的什么事情。因此，非党人士仅仅在为数不多的几个互不相干的行政职位上发挥作用。① 民主党派在中国政权内部的分布形态已经由原先明确的政党组织身份变成以人员分布于国家政权的方式发挥政治功能。"The Third National People's Congress" 一文提到新中国成立初一段时间内中国的政党结构与形态的特征——"八大民主党派被允许继续存在并且共产党对民主党派的政策是'共同合作、互相监督'。但是民主党派及其成员必须接受社会主义改造。并且周恩来早期在中国人民政治协商会议中提到，人民政协和民主党派继续存在，他忠告民主党派及其成员要紧紧团结在中国共产党和毛主席左右。"② 亦有学者将人民政协看做是民主党派进行制度建设、组织建设和参政的重要机构。③ 但是，从实际过程看，民主党派的制度与组织建设和人民政协并没有直接联系，仅为参政过程提供一种可能的现实途径和结构，且并非唯一途径，但人民政协却是唯一允许各民主党派以"政党身份"活动的政治平台，从该角度而言，人民政协为中国的政党关系提供了一种制度化的可能性。

(二) 混合形态：人民政协现实中的功能形态

从"政党结构"视角审视人民政协功能的学者亦居多。林尚立已将人民政协纳入政党结构的组成部分，"在中国民主政治发展中，多党合作与政治协商是不可或缺的重要因素……从中国民主政治的长远发展来看，如何有效地开发多党合作制度以及政治协商制度的功能，对推动中国民主政治发展具有重要意义。"④ 在这里，他还没有区分政党制度与政治协商制度之间到底是一种差异性还是一种同一性。后来，他又指出两者的分殊，"统一战线在一定意义上也表现为政党，至少是政党联盟。政党联盟是政党之一种。我国的统一战线是政党、团体、社会组织、社会势力等的广泛联盟……人民政

---

① 〔美〕詹姆斯·D·西摩：《中国卫星党》，中央社会主义学院统战理论教研室内部资料，1992，第38、54页。

② SAGE Publications. The Third National People's Congress, *China Report* 1 (1965).

③ 王邦佐：《中国政党制度的社会生态分析》，上海人民出版社，2000。

④ 林尚立：《当代中国政治形态研究》，天津人民出版社，2003，第459页。

协成立是统一战线发展的关键时刻，统一战线自此有了正式组织。"① 但是，他仍然没有解决在何时以及何种条件下，人民政协承载的政党联盟角色与统一战线功能进行分离，实际上，他将人民政协制度的政治意涵归为——"政党结构"是一种"多功能分解"而"形态合一"的解释。殷啸虎认为政治协商制度是中国政治体制中的"特殊制度"，并且是中国共产党领导的多党合作和政治协商制度，是各民主党派与共产党进行合作的"制度性机制"②。他没有将中国的政党制度和政治协商制度视为两个制度，但是也在文中提到"人民政协制度作为一种政党和社团联盟合作议事的组织制度"的身份，体现了现代社会公民政治参与的要求。虞崇胜的观点与之类似，他将人民政协作为我国政党制度活动的重要场所和中国协商政治模式的重要机构，认为"我国人民政协以其组织的包容性为各党派、各界人民提供了利益表达的场所，及时有效地反映最大多数人的利益和要求"③。

上面提到人民政协的"政党结构"视角还是一种"混合形态"，人民政协与政党结构有较大的相关性，不仅政党结构本身没有被提炼出来，而且经常与统一战线的组织身份纠缠不清。

（三）政党关系或政党结构功能的区分

第三种视角区分了人民政协制度在"政党结构"维度方面所包含的具体内容。浦兴祖辨析了我国政党制度的类型归属，指出"中国共产党领导（下）的多党合作制度"与"我国的政党制度是中国共产党领导的多党合作和政治协商制度"两者的重叠性与分殊性。他进一步指出，"政治协商制度还包容了除政党以外的人民团体、界别以及各民族和港澳同胞的代表等，是极其广泛的人民统一战线的一种制度性安排。"对"社会主体"的结构容纳为这些团体在政治结构中进行政治表达提供了制度渠道。"'中国共产党领导的多党合作制度'与'政治协商制度'不是一个制度，而是两个制度，是两个紧密相连、部分重叠的制度。所谓紧密相连、部分重叠，指中国共产党领导的多党合作不仅'合'在政权中，而且还'合'在政协中。因此，政治协商制度首先是极其广泛的人民统一战线的一种制度，同时也兼有实现

---

① 林尚立、肖存良等：《统一战线与中国发展》，复旦大学出版社，2011，第 173 页。
② 殷啸虎：《政治协商制度与中国民主宪政建设的思考》，《华东政法学院学报》2000 年第 1 期。
③ 虞崇胜：《中国协商政治模式蕴含的现代民主政治机理》，《理论视野》2009 年第 2 期。

多党合作的一种制度的这一面。"① 程竹汝从制度形态方面与浦兴祖表达了相似区分,即中国共产党领导的多党合作和政治协商制度是由两部分构成的:一是当代中国的政党制度即共产党领导的多党合作制;二是当代中国公共参与的基本制度即政治协商制度。② 在政党关系视角之外,学者们开始重视从政治参与的角度来拓展人民政协的功能形态。

实际上,这既是从原本意义层面重新区分其各组成主体的政治身份与社会基础,也是建构一种与现实相贯通的社会属性,人民政协的"社会属性"除了体现为政协中的界别个体精英之外,另一个表现渠道是通过中共和各民主党派。"政党"本质是社会的"代表"。但是,在中国的政治形态与结构中,政党的社会属性要弱于其"政治身份",学者大多关注中共组织的政治身份,重视"领导党"和"执政党"的身份叙事,忽视作为社会部分的"普通党"代表身份在政治结构内部的形态。施雪华和崔恒用"政治民主"和"社会民主"来指代人民政协的双重属性,③ 在这个地方,他们表达了人民政协制度与中共之间"功能—结构"的支配关系。

当以上学者认识到人民政协为社会力量的政治参与提供了一种政治结构的事实后,他们更热衷于探讨发挥人民政协制度的社会属性与功能。浦兴祖将人民政协作为"政权外"的一种有序的利益表达与整合机制,尤其是在利益走向多元化的社会里,必须充分拓展与健全利益表达与利益整合的渠道,一部分利益要求通过政权外组织予以有序表达与整合。④ 同时,他还认为人民政协的民主监督是"人民监督"的一个重要方面,并且将人民政协的监督和其他的政治主体监督进行区别。由于人民政协本身的非权力特性,人民政协的该功能发挥必须要创置诸多条件。⑤ 这里,主要是区分党际监督和中共政党自身的监督,更加强调人民政协作为一个政治主体的整体性监督功能。林尚立将人民政协和政治协商、多党合作和社会团结联系起来。⑥

---

① 浦兴祖:《我国政党制度的类型归属和理论概括》,《中共天津市委党校学报》2005 年第 2期。
② 程竹汝:《中国共产党领导的多党合作和政治协商制度基本理论问题思考》,《政治学研究》2011 年第 2 期。
③ 施雪华、崔恒:《一种具有政治民主和社会民主双重性质的新型民主形态 中国共产党领导的多党合作制性质》,《江苏行政学院学报》2011 年第 1 期。
④ 浦兴祖:《关于准确把握政协功能的思考》,《探索与争鸣》2000 年第 12 期。
⑤ 浦兴祖:《用足人民政协的"民主监督"功能》,《中国井冈山干部学院学报》2009 年第 3期。
⑥ 林尚立等:《新中国政党制度研究》,上海人民出版社,2009,第 94 页。

学者们对人民政协制度与功能作出"混合式"或是"区分式"分析都源于自身的逻辑关系，它和国家政权、政党有双重的契合性，人民政协是新中国成立前中国多元政党关系的产物，这是政党中心主义的第一个阶段，但是还没有形成相应的政治性结构。当人民政协成为统一战线组织形式以及改革开放之后，随着政党制度的属性与功能恢复和越来越强时，它进入政党中心主义政治性结构的第二个阶段。人民政协与国家政权的关系不仅是一种继承关系，更是一种重新塑造关系，即在不同的经济、政治和社会基础之上进行继承和发展。当下的问题是如何将在一元结构下形成的具有高度官僚化倾向的制度设计与现实的经济社会基础和社会力量的发展联系起来，这是人民政协功能进一步改善和优化需要做的。

四　有"中心"的"社会主义民主形式"

（一）遗留的历史"后遗症"

在詹姆斯·D·西摩看来，1949 年召开的中国人民政治协商会议，"实质上，它是一次表明拥护共同纲领的机会"，因为，在召开政协会议筹备会时起草的共同纲领中"有七条明显是为那些非共产党组织制订的……共产党没有向其他党派作出什么大让步。将来一旦发生意见分歧，则须恪守共同纲领规定的'少数服从多数的制度'"。所有参加即将召开的中国人民政治协商会议的代表都经过共产党亲自挑选[1]，这样就"可以确保共产党获得一致的支持。[2] 虽然他在这里忽视了当时其他民主党派对共产党的信任与承认这一点，但是，可以看出的是，通过召开政治协商会议的方式通过的共同纲领，确实在结构和程序方面留下"罅隙"。因为，它并没有解决民主党派领导者的政治疑虑。新中国成立前，黄炎培与毛泽东的"窑洞对"在形式方面解决了共产党与民主党派在目标方面的差异，从规范的实施层面而言，对

---

[1] "新政协筹备会关于代表资格的政治标准是严肃的。有些党派、有些个人虽然提出申请，却没有被接受；也有些党派、团体、个人，却被主动给邀请参加。"可以得知，参加第一届政治协商会议的代表是经过中共选择过的观点是可以成立的。参见郝在今《协商建国：1948～1949 中国党派政治日志》，人民文学出版社，2000，第 301 页。

[2] 〔美〕詹姆斯·D·西摩：《中国卫星党》，中央社会主义学院统战理论教研室内部资料，1992，第 25 页。

执政党组织的约束确实有所欠缺，与民主党派合作——人民政协制度演变为执政党组织在国家体系外部形成的一种高度组织化的机构。

这种历史发展造成以人民政协为政治结构或场域的社会主义民主实践更多为其"组织化吸纳"的功能替代。阎小骏称其为"有选择的吸纳"，执政党继续使用人民政协将具有较大影响力的非共产党的政治精英和社会领导者（被称为社会贤达）囊括进国家系统内部。① 而这些精英与政治机构发挥作用的状况与执政党组织息息相关，共和国的历史发展表明："什么时候中国的执政党高度重视和充分发挥人民政协的政治功能，中国的人民代表大会制度就有更稳固的基础，中共的执政合法性就有更坚实的保障。"② 这种历史与内在的逻辑在人民政协的整体定位和实际功能方面产生不可避免的张力，导致："人民政协既处于国家政治体制格局之内，又处于国家权力结构之外，一方面与国家的领导力量、国家权力系统有着特殊而密不可分的联系，属于国家政治结构的四套班子之一；另一方面又将各党派和无党派代表人士、人民团体、主要社会团体和各族各界代表人士囊括其内。"在这个视角下，王新尚进一步指出，人民政协的协商民主的一个重要本质是公民社会系统与国家权力系统、政治领导力量之间的协商。③

（二）逐渐成形的"协商场域"或"协商中介"

如果从社会主义民主参政的视角看，人民政协实际上为社会力量提供了一种政治参与的机会和途径，胡伟将人民政协提供的参政渠道与人大提供的参政渠道之间建立联系，进一步区分通过人民政协和人民代表大会两种渠道介入政府过程的关系——"人民代表大会制的一种补充体制"④。当然，他不否认共产党领导的多党合作的政党制度与政治协商制度间的高度相关性。政治协商制度是各党派和政治团体就社会各界人士通过中国人民政治协商会议的组织形式介入政府过程的一种体制，并且，政治协商会议被其视为

① Xiaojun Yan, "Regime Inclusion and the Resilience of Authoritarianism: Local People's Political Consultative Conference in Post-Mao Chinese Politics," *The China Journal*, Issue 66 (July, 2011): 57.

② 黄卫平、郑超:《人民政协发展中国特色协商民主的优势》，载《当代中国政治研究报告》（第9辑），社会科学文献出版社，2011，第47页。

③ 王新尚:《借鉴西方协商民主理论：开发人民政协的协商民主功能》，《理论研究》2010年第3期。

④ 胡伟:《政府过程》，浙江人民出版社，1998，第50~52页。

"准立法机关"①。阎小骏从权威主义体制变迁角度指出，在后毛泽东时代，中国仍然十分强调意识形态的重要性，优先分配利益，这样有助于控制政治参与和持续性地对非共产党精英和其他社会精英的监控，人民政协为潜在的威胁政党－国家体制的社会力量提供一种重要的"合作平台"、"政策平衡的论坛"、"控制诸多多元社会力量的渠道"以及为"忠诚于体制和值得信任的合作者提供物质利益的机制"②。"政党－国家"体制借助于这一协商性主体，通过从政协委员和组织政协委员进行周期性视察的方式作为回应社会和进行善治的途径。从这个角度，人民政协提供的还是一种"利益交换"式的政治参与方式。从效果方面综观人民政协的政治功能更是一种"有限"的社会主义民主形式，因为，在他看来，"人民政协有助于巩固共产主义体制的社会基础，改善公共服务的质量和增强了政治体制对社会的控制。"③

上面的论述是对人民政协作为"社会主义民主参政"功能的阐释，就其参政属性以及表现特征看，它也展现了多重维度。人民政协从产生的方式来看，也是先由政治精英的高层产生，并且逐步建立起地方组织与机构，从一开始就带有较强的精英色彩，这种属性和特征在后来的发展过程中表现得淋漓尽致，尤其是在执行政治功能过程中经常如是。使得不少学者将人民政协的政治参与和民主监督功能视为间接性特征，王邦佐认为在形式上政协的民主监督带有"间接民主"特点，而且带有"高层民主"的特点。④ 这里实际上指的就是一种"精英民主"，从中共政党组织的理论假设来看，政党的阶级性和群众性是其明显的组织属性，作为政党中心主义的政治性结构的人民政协本身应该是二者的结合与体现。但是现实中人民政协内部表现明显的是政治个体身份的"阶级代表性"，相比之下，群众性在人民政协制度本身体现得不明显。

将人民政协置于政党理论、统一战线理论还是社会主义民主政治理论中

---

① 胡伟：《政府过程》，浙江人民出版社，1998，第55页。

② Xiaojun Yan，"Regime Inclusion and the Resilience of Authoritarianism: Local People's Political Consultative Conference in Post-Mao Chinese Politics," *The China Journal*，Issue 66（July，2011）：54 - 55.

③ Xiaojun Yan，"Regime Inclusion and the Resilience of Authoritarianism: Local People's Political Consultative Conference in Post-Mao Chinese Politics," *The China Journal*，Issue 66（July，2011）：54 - 55.

④ 王邦佐等：《执政党与社会整合：中国共产党与新中国社会整合实例分析》，上海人民出版社，2007，第327页。

的其中哪一种，它的社会属性体现得都不明显和欠缺丰满。恰恰"精英"属性成为其典型特征，它体现了政党中心主义结构内在的张力。殷啸虎视"政治协商制度是国家政体的组成部分，是对人民代表大会制度的一种必要的补充"①，他的定位是矛盾的，因为他认为，从宪政的角度而言，政体是指实现国家权力的体制和框架。从这点上，人民政协内部只有执政党才获有权力，民主党派并不具有政体意义上的权力，因此人民政协整体并不能视为国家权力的组成部分。但是人民政协制度的变化肯定是受到其背后的政党、国家与社会关系的支配。胡筱秀看到，人民政协制度的成长变迁由多重关系变化所致，"一是由党、国家、社会关系三者关系的深刻变化与调整导致；二是源于国体和政体之间的内在张力所致。"② 两者都是基于人民政协制度在新中国成立初期履行功能方面的考虑，当以现在的实际情况来看，人民政协制度面临定位与功能方面的张力，这既是由人民政协本身的制度设计所致，更多的是与人民政协制度所处的经济社会基础有很大的关系，在现有体制背景下，单纯地认为赋予人民政协以"政体"地位并非恰当。

（三）"建构"中的协商民主形态

在构建人民政协制度的"政治地位"之外，有不少学者试图用社会主义协商民主理论的框架去解释人民政协的地位与功能形态。朱勤军认为政治协商是协商民主的内容之一，从发展形态方面还是一种过渡阶段的协商民主，并且将人民代表大会制度和共产党领导的多党合作和政治协商制度视为中国协商民主的现实政治基础。③ 林尚立在《统一战线与国家建设》一书中表达了类似观点，人民政协是建构协商民主的制度载体，与统一战线、多党合作一起构成了构建协商民主的"潜在的制度基础"，人民政协制度提供的是一种"公共性的协商空间"。④ 李君如将世界上的民主形式分为三种基本类型，即选举票决式民主、谈判民主和协商民主。⑤ 庄聪生认为，中国协商民主有四种实现途径："政治协商、参政议政、民主监督和合作共事，中国

---

① 殷啸虎：《政治协商制度与中国民主宪政建设的思考》，《华东政法学院学报》2000年第4期。
② 胡筱秀：《新中国成立六十年来人民政协制度功能变迁考察》，《毛泽东邓小平理论研究》2009年第9期。
③ 朱勤军：《中国政治文明建设中的协商民主探析》，《政治学研究》2004年第3期。
④ 林尚立：《统一战线与国家建设》，上海人民出版社，2008，第147~153页。
⑤ 李君如：《中国能够实行什么样的民主》，《北京日报》2005年9月26日，网络版。

特色的协商民主的创立和实现，是我国社会主义民主政治的一大创造，为人类政治文明提供了一种新型的民主形式。"① 郑宪认为新中国成立时的人民政协运行过程就是协商民主形式的充分体现，并且人民政协和人大作为两种民主形式延续下来。② 袁峰认为，人民政协作为中国形态协商民主运作的主要渠道，是中国共产党协调"国家与社会"与巩固领导地位的重要组织形式与政治形式，通过发扬协商民主，人民政协为现代国家建设提供了可供调控的权威力量，并且这种结构与以市场经济为导向的多元化张力结构之间起到了维持二者的"稳定发展的作用"。③

除了上面从制度供给角度论述人民政协为社会主义协商民主提供了一种可能以外，有学者还将"协商民主"视为人民政协制度的重要特征。陈家刚认为，人民政协反映了协商民主的特征；④ 齐卫平、陈鹏将中国的协商民主描述为一种已有制度结构下政治形式的"合集"，而人民政协就是其中重要的政治制度，在其中，所有受到决策影响的行为主体，围绕政治社会生活中的议题，通过咨询、商议、讨论的方式，达成共识的一种民主形式，国家、政党和社会层面都有这种协商民主内涵的体现，如"中国共产党领导的多党合作和政治协商制度，公共论坛，基层民主恳谈会，听证会，等等"；⑤ 童庆平则将人民政协从社会层面的协商民主纳入到"政党"自身，"人民政协是中国政党协商民主的两个主要运行组织机构之一，（另一个运行机构指的是民主党派的机构建设）"；⑥ 肖巧平和黄一军不仅认为人民政协是中国的协商民主形式，还是一种"精英化的协商民主形式"。⑦

从上面的论述可以看出，许多学者将人民政协视为"中国式协商民主"形式、机构或公共空间，并且，试图将其与中国的代议制度（人民代表大会制）共同组成中国两种类型的民主形态。但是从理论和实际的双重维度来看，西方的协商民主和所谓的"中国的协商民主"两者相去甚远，不能

① 庄聪生：《协商民主是中国特色社会主义民主的重要形式》，《民主与科学》2006 年第 3 期。
② 郑宪：《运用好人民政协的协商民主形式》，《山西社会主义学院学报》2006 年第 1 期。
③ 袁峰：《中国形态协商民主的成长：中国人民政治协商会议的政治学分析》，复旦大学 2006 年博士学位论文。
④ 陈家刚：《协商民主与当代中国民主政治的发展》，《学习时报》2006 年 8 月 8 日，第 3 版。
⑤ 齐卫平、陈鹏：《协商民主研究在中国：现实景观与理论拓展》，《学术研究》2008 年第 5 期。
⑥ 童庆平：《当代中国政党协商民主制度的制度建设》，华东师范大学 2008 年博士学位论文。
⑦ 肖巧平、黄一军：《宪政视野下协商民主概念分析》，《理论观察》2009 年第 4 期。

简单地将非选举式的政治制度或形式视为协商民主的本质。金安平和姚传明从对西方协商民主在中国遭到的"误读"中进行甄别,"中国人民政治协商会议"的英文"consultation"一词在现实中经常在商议(negotiation)和讨论(discussion)的层面进行使用,与翻译成"协商民主"的"Deliberative democracy"差异较大,因为协商民主本来被称为"审议民主"。① 而且,西方的协商民主并不是主要强调在政党之间的,而是处于公共空间之中,在西方议会中的辩论往往是协商的重要场所。正如哈贝马斯指出的那样,协商民主"把参与留给了自治的法律实体,必要时他们知道如何利用其参与权"。"决定是否参与协商过程"留给公民"自由选择"(哈贝马斯,1996:123、130)。②

除却"中国式协商民主"论调外,还有不少学者试图从新中国成立时人民政协所体现的"政治协商"的特点,建构更加符合中国历史传统与现实的"协商政治"的政治形式。王金洪认为,"中国实行的共产党领导的多党合作与政治协商制度已经从基本制度安排和政治运作机制方面建立起协商政治的框架体系,为社会主义民主政治的发展奠定了坚实的政治基础。"③林尚立认为,统一战线、多党合作和政治协商制度之间的辩证统一构成了中国的政治协商的政治生活。④ 房宁将人民政协纳入调节中国各个社会阶层之间的利益冲突、化解社会矛盾的视角内,认为人民政协的特殊重要功能将使它成为预警、调节、化解某些时候矛盾的、有效的安全阀。⑤ 黄福寿则把人民政协放在中国近百年政治发展过程中考察,认为"一种以资政院、咨议局为逻辑起点的协商政治形态始终存在,其中的典型形态有国民参政会、旧政治协商会议、新政治协商会议和当代中国的人民政协制度"。⑥ 在中国,人民代表大会的选举民主与人民政协的协商民主相辅相成,都是中国社会主

---

① 金安平、姚传明:《"协商民主"在中国的误读、偶合以及创造性转换的可能》,《新视野》2007年第5期。

② 转引自〔瑞典〕简·图瑞尔:《为党内协商民主辩护》,《经济社会体制比较》2010年第1期。

③ 王金洪:《从政治协商走向协商政治——当代中国政治文明建设的新视野》,《中国社会报》2004年8月19日。

④ 林尚立:《协商政治:对中国民主政治发展的一种思考》,《学术月刊》2003年第4期。

⑤ 房宁:《中国共产党领导的多党合作和政治协商制度》,《中国人民政协理论研究会会刊》2008年第3期。

⑥ 黄福寿:《中国协商政治发生与演变的逻辑》,上海人民出版社,2009,第8页。

义民主政治的重要内容。① 但是他忽视了一点——这些协商形式的转换方式与过程，都表明了协商政治的存在是以一定的政治主体力量为基础，清末的议会也好，新旧政治协商会议也罢，并非单纯的协商政治形态，前者是皇权政治结构下的产物，后者是"军事—政党"结构的结果，从内涵角度，它们不属于同一类型。

五 "不谋而合"："政党中心主义"的事实

（一）后革命语境下的"统一战线"叙事话语

以上几种对人民政协制度与功能形态的几类分析视角都各有侧重点。"统一战线"组织的定位主要是基于执政党建政的历史方式和新中国成立后形成的政治结构、政治行为方式有密切的关系。从执政党组织存在和成长的角度，统一战线功能有其历史的必然性与合理性，正是由于以中共组织为"中心"的"敌友"划分，从而能更好地找到"联盟主体"，使得执政党组织能够在革命与战争环境中生存和发展。

在践行"统一战线"行为逻辑过程中，不同阶段"统战"的对象与内容变化较大，很容易将"统一战线"功能视为执政党组织的"策略工具"，这种定位为以后"人民政协制度"承载该功能而出现的反复与曲折埋下消极因素。统一战线是"革命"环境的产物，革命经常是与暴力、非程序化的话语和行为表达方式密不可分。当革命成为一种结构转换的有效方式被使用以后，它本身也产生负面性，因为，"'革命'话语负荷着巨大的历史记忆，要避开它、无视它，都是不现实的。但是当'革命'的意义和使用方式仍戴着神圣的光圈，却成为妨碍我们重新认知的新的图腾或禁忌。"② "革命"在西方政治语境中既含有暴力的要素，也是经常与构筑现代性"纠缠"在一起。执政党价值理念中的"革命"概念与内容主要是建立在毛泽东"革命是一个阶级推翻一个阶级的暴力的行动"③ 的论调基础之上。"能否消解、拓展和重构'革命'话语，能否恢复革命的本义，不仅涉及克服历史

---

① 黄福寿：《中国协商政治发生与演变的逻辑》，上海人民出版社，2009，第214页。
② 陈建华：《"革命"的现代性：中国革命话语考论》，上海古籍出版社，2000，第167页。
③ 《毛泽东选集》第1卷，人民出版社，1991，第17页。

的阴暗记忆，须驰目于本土革命和世界革命历史的原野而汲取广阔的文化资源，这本身也是一个重新构筑中国和世界图像的途径。"① 寻找在被革命形式所遮蔽的革命的本质——即"现代性"内涵，在中国当下的政治现实中，在重构现代性的语境和结构中，如何重新定义执政党的"统一战线"的历史传统和现实功能成为人民政协组织与制度变迁与发展的重要方面之一。

（二）"政党中心"下的政党结构与功能的完善与优化

将人民政协视为中国多党合作的制度和场域，这一点是看到人民政协内部的主体组成中的政党要素，即政党权力结构形态在人民政协中的实际存在，它既是人民政协的内部组成结构的一部分，也是人民政协的外部性结构。在官方的政治定位和学者们对中国政党合作的论述中都存在张力和模糊性，即政党属性与政党结构的问题。从 1949 年至今，从中国的政党制度的发展过程看，1956 年中国共产党明确提出"长期共存、互相监督"的方针。但是，对中国所实行的政党制度，长期以来没有形成明确的提法。"1956 年8、9 月间，毛泽东在《对中共八大政治报告稿的批语和修改》中，曾经提到'工人阶级革命政党领导下的多党制'这样一个概念，但此后没有再使用过。"② 1979 年 10 月，邓小平首次使用多党合作的概念。他指出："在中国共产党的领导下，实行多党派的合作，这是我国具体历史条件和现实条件所决定的，也是我国政治制度的一个特点和优点。"③ 在此基础上，将多党合作的政治现实和政治制度联系起来。从此以后，学界出现"政党制度"层面的"多党合作制度"的提法。1986 年 7 月，中共中央批转中央统战部《关于新时期党对民主党派工作的方针任务的报告》中指出，"长期共存、互相监督"方针的提出，进一步确立了"党领导下多党派合作的政治制度"；发展和完善多党派合作的政治制度，充分发挥民主党派的监督作用，是我国政治体制改革的重要内容之一。1987 年 10 月，中国共产党的十三大报告进一步完善了此概念，并且形成了完整的表述——"共产党领导下的多党合作和政治协商制度"。1989 年 12 月，根据邓小平的指示精神，中共中央制定了《关于坚持和完善中国共产党领导的多党合作和政治协商制度

---

① 陈建华：《"革命"的现代性：中国革命话语考论》，上海古籍出版社，2000，第 167 页。
② 罗广斌：《关于多党合作和政治协商的几个认识问题》，《政治学研究》1996 年第 2 期。
③ 《邓小平文选》，人民出版社，1994，第 165 页。

的意见》。2005 年 2 月底，中共中央正式颁发《中共中央关于进一步加强中国共产党领导的多党合作和政治协商制度建设的意见》。

在这个过程中，很明显的是政党制度的发展主要是基于对民主党派"历史地位"的重新确认，也还是基于"文革"的无序状态而试图形成较为正常的结构和政治行为形态。从特征方面看，恢复和确立的都是一种关系，而非一种结构，即界定了中共"执政党"和民主党派"参政党"的政治身份以及相互关系，不同政党与其对应的社会基础之间的关系与方式并没有成为关注的重点，如何调整与完善政党结构的设计，更好地适应经济社会的发展需求还需进一步探讨。

正是基于这种模糊性，人民政协制度及其形成的政治场域虽然成为"多党合作"的重要组织和制度设计，其涉及的政党要素的政治定位与政治功能也相应模糊。另外，人民政协内部除了政党结构要素外，还有社会结构要素，即"各界别、各社会团体以及个体化精英的事实存在"。从目前的发展情况看，"社会阶级"的代表在人民政协内部的政治功能和行为方面并没有表现出明显的优势，与政党权力结构存在事实上的不对等，"成员的准入制度在很大程度上塑造了任何制度的属性、地位和功能。作为中国共产党重要的制度机构，人民政协有着严格的成员吸纳标准。"①

在这个甄选和吸纳新成员的过程中，产生三方面的张力：第一，政协内部成员不同的身份归属的配置问题、人员吸纳数量和社会结构之间会产生张力；第二，作为挑选主体的统战部以及党委会成员的意志与被挑选的政协委员个体之间的关系；第三，最后吸纳的政协委员在日常的政治参与过程中，是否与其进入政协之初所属的党派或是界别之间的"身份对应性"之间的矛盾。实际上，三者的矛盾体现的正是因为人民政协内部社会结构要素发挥作用所具备的社会条件不足，即如何更好地发挥人民政协的社会属性与功能问题。由于中共组织在政治与道德的双重层面承载"建设

---

① 阎小骏通过对 Z 县政协委员吸纳方式的考察，分为五个步骤：中共统战部仔细审查政协内部次级组织，如党派、界别以及个体精英的名单，并且决定是否准许新成员的进入；统战部要求县政府提名并监督乡镇党委和主要单位的空缺职位，统战部开始对提名的委员的政治背景和行为进行审查，并挑选符合条件的成员；在此基础上，将形成的委员名单送往县一级常委会审查和批准；负有义务的地方政协委员会将会接受预先所有的经过共产党委挑选的成员并公布干众。见 "Xiaojun Xiaojun Yan, "Regime Inclusion and the Resilience of Authoritarianism: Local People's Political Consultative Conference in Post-Mao Chinese Politics," *The China Journal*, Issue 66 (July, 2011): 59 - 62.

新社会、新国家"的使命，因此，中国共产党的统一战线与生俱来地具有双重使命：其一是增强党的力量，巩固党的领导；其二是凝聚各方力量，促进社会协调与国家整合。① 在革命年代和和平年代，统一战线所承载的主要政治使命都离不开这两个目的，只是在不同阶段政治使命的侧重点会有所不同。

把人民政协制度"建构为社会主义协商民主形式"的努力更多是来自于政治定位的关照——基丁官方对人民政协功能的一种概括，与选举相对应的竞争性民主一起构成社会主义民主的两种形式。从中国实际的政治结构和形态来看，中国的代议民主制度的功能并非已经相当成熟与完善。一方面，基于人民代表大会制度的规范与实际行为之间的张力，代议民主制度与行为设计都需要进一步制度化与具体化，亦即中国政治结构中的不少问题最后追根溯源大部分是制度问题，而非单纯的政策性问题；另一方面，实际中绝大部分甚至全部重要的政治规范和政治决策都是由执政党组织提供，"理顺政党与人大、政党与政府的实际关系"是当下中国政治体制改革的重要论题。

在这样的政治基础上，如何将作为执政党附属机制的人民政协发展成为有效的协商制度和场域，既是政治论题也是社会论题。同时，协商民主还涉及中国政治结构内的政党形态与社会发展之间的联系性。因为，两者实际上都是在西方共和代议制前提下的两种并行不悖的理论和实践形态，两者在价值和政治认同方面的差异性基本都不涉及政治系统本身，只针对政府及其政策的合法性方面。中国的政党形态正处于转型、发展和完善的过程中（从时间和结构两方面来看），政党和国家政权的关系还有待进一步厘清。

从人民政协制度的历史传统出发，政治协商作为人民政协的定位和功能，有一定的建构性和拓展性。但是，协商政治形态的引入主要是从 1949～1954 年全国人民政协代行人大职能的时期开始，这种协商具有政治体系建构的属性与功能，它自身的规范与形式本身就是一种探索。将这种形式如何应用到当下的政治结构中，除了需要执政党的政治支持外，还需要在人民政协的制度和功能方面更好地进行再设计，建构一种适合当下和未来需要的协

---

① 林尚立：《人民共和与统一战线：中国共产党建设国家的政治方略》，《经济社会体制比较》2011 年第 4 期。

商政治形态。就人民政协制度履行的功能看，主要是在"政治协商、参政议政和民主监督"三种政治定位范围内，我们应该看到人民政协功能运行的现实状况是：三者的边界和对象基本都是比较宽泛，功能聚焦的对象交叉性太大，每个功能的范围边界既广泛，又较为集中于传统的事务范围的划分。

人民政协制度整体的工作对象是模糊的，没有一个完整的领域，很多公共事务方面都有所涉及，而且每个领域都是"协助参与"的政治角色，没有完整的"权限"。这种理论与现实的尴尬，根源就在于人民政协制度的政治基础本质是"政党中心主义"的政治性结构，1946 年与 1949 年"政治协商会议"形式的形成是"政党中心主义"行为逻辑的产物，而人民政协制度则是"政党中心主义"的政治性结构，受该逻辑的支配。前面几种理论的梳理与概括中，谈到每种理论模式的现实形态与政治效果时，都会归结到"中共"组织自身。

另一方面，正是因为"政党中心主义"行为逻辑在极端政治环境下形成"政党"权力和"国家权力"对社会阶级的"超强制的控制"事实，因而，人民政协内部各"权力要素"不对称——政党要素（主要指中共）形成对社会要素的单向控制与约束。当我们谈及人民政协作为"政党之间"以及社会对政党进行民主监督的政治载体或平台时，在现实过程中难达其效。因为政协内部的"社会阶级"是已经过中共组织挑选过的对象，即有选择的"政治阶级"，在行为方面，还没有形成社会阶级的"制度化"行为特征。这种"身份"与"行为"两方面因素导致人民政协体系自身的实效性有限。更深层次原因也是因为人民政协的政治地位问题与功能的范围都没有形成规范。人民政协制度"内外"的"身份"与"功能"间的张力成为人民政协现实中的难题。

就人民政协内部的主体结构而言，包括政党权力结构要素和社会权力结构要素两部分，两者都是权力主体，由于性质上的差异可以被结构化在一个组织形态内进行合作，这是一种潜在的、并且能够被开发出来的功能，也是其建立结构之初的属性所在。简化人民政协制度被累加的诸多功能，"统一战线"、"政党结构"抑或"社会主义民主形式之一"，在本文看来，以"统一战线"形式外化的"政治整合"是其最核心的功能，也是人民政协制度重构与完善的基础所在。统一战线实际上是"政党中心主义"的重要功能，它是中共作为"普通政党"身份活动的重要场域之一，它在人民代表大会与政府中的结构存在主要是体现为"执政"主体的身份。在人民政协内部,更多涉及的是一种"领导"身份,本质也是一种"社会整合",至于人民政协与政府过程的关系就是将政治整合与社会整合共同结合起来,这个过程正在继续。重塑人民政协内部组成的社会属性,即在该阶段赋予人民政协组成单位的社会"代表性",从"组织化"的功能形态与"阶级的官僚化"的双重结构惯性中走出来,重新完成其内部的制度设计,更好地适应执政党组织的转型与变迁,承载和发挥制度设计时赋予的政治功能。

关于中国共产党执政机制的理论探讨

梁道刚 *

摘　要：执政机制是执政能力的具体实现形式。执政机制是执政党与社会、与政府有效互动的具体实现形式，执政机制的灵活高效性直接决定执政能力的实现程度，决定政党能力、政府能力和社会能力形成合力的现实性空间。科学灵活高效的执政机制不仅能充分发挥三者的能力，而且还能使三者的能力最大限度地形成合力。在执政方略正确和执政体制合理的情况下，执政机制的灵活高效性与执政能力强度呈正相关。

关键词：中国共产党　执政机制　本质　构成　功能

执政活动是在执政党、国家政权和社会三者有效互动中实现的。因为政党组织、国家政权组织和社会组织是三种具有政治能动性的政治实体，在执政党执掌和运用国家政权的同时也会受到来自国家政权反作用力的影响，利用国家政权管理社会公共事务的同时也受到社会反作用力的影响，甚至这种反作用力的影响是巨大的。因此，尽管执政党是执政的主体，但是在政党执政的过程中无时无刻不受到来自国家与社会反作用力的影响。三者的有效互动是在一定的制度框架下，通过一定的机制实现的。作为执政党实现政治理想和目标的能力，执政能力就是在这三者之间良性互动机制中实现出来。如

* 梁道刚，广东省委党校党史党建部副教授，法学博士，主要研究方向是执政党建设的理论与实践。

前所述，执政党、国家与社会三者之间合理的制度安排或体制框架是其有效互动机制形成的基础和前提，形成有效互动的机制才是体制框架的最终价值所在。体制是机制的基础，是三要素之间关系的静态表现形式，强调主体构成要素的构成、职能和设置；而机制是体制价值的实现，是三要素之间相互作用的动态表现形式，强调主体之间相互作用的方式、过程和程序以及所遵循的规则。① 事实上，三者之间的有效互动机制才是执政能力最直接的实现形式。这种互动机制就是执政机制。

一　中国共产党执政机制的本质

机制原本是一个机械工程领域的概念。从词义上考察，机制一词是英语 mechanism 的意译。② 在《牛津词典》中，机制的词义是指机械装置或机体的结构及其共同作用。③《现代汉语词典》中列举了机制一词的四个含义：一是指机器的构造和工作原理，如计算机的机制；二是指有机体各部分的构造、功能和相互关系，如动脉硬化的机制；三是指某些自然现象的物理化学规律，如优选法中优化对象的机制，在这个意义上同机理；四是泛指一个工作系统的组织或部分之间的相互作用的过程和方式，如市场机制、竞争机制。④ 本文是在第四个意义上使用机制这个概念的，即认为机制就是事物之间相互作用的具体实现过程和形式。任何事物之间的相互作用都是通过机制来进行的，比如人们常常说的"良性互动机制"、"新陈代谢机制"、"优胜劣汰机制"等等都意味着事物之间的相互作用的过程和方式。

现在，机制概念现已成为国内外各个学科领域所广泛使用的专业术语，机制原理也已经成为各个学科领域所广泛使用的理论分析工具。最初是生物学和医学等学科把机制概念和原理从机械工程领域引入本学科领域，用以研

---

① 孙秀民：《中国共产党执政机制的构筑与完善》，中共中央党校出版社，2006，第 6 页。

② mechanism 既可以翻译成机制也可以翻译成机理。机制侧重于表达机械装置之间的工作过程，而机理则侧重于描述机械装置之间的工作原理。工作原理是工作过程的理论化形态，工作过程是工作原理的具体实现形式，二者在事实上密不可分，只是为了理论研究的需要才对其作出相对的及抽象的分离。

③ A. S Hornby, *Oxford Advanced Learner's Dictionary of Current English with Chinese Translation*, *Revised Third Edition*, Hong Kong, Oxford Uninersity Press, 1984, p. 716.

④ 中国社会科学院语言研究所编辑室编《现代汉语词典》（增补本），商务印书馆，2002，第 582 页。

究生物机体的内在结构、相互关系和变化过程，进而分析证明生物机体的功能和机理，在研究成果比较成熟和基本理论比较完备的基础上逐渐形成了生理机制、生物机制、病理机制等专业。后来社会学领域引入机制的概念及其原理用以研究各种社会事物和现象之间的结构、相互关系、作用和内外影响，从而成为社会科学研究普遍使用的方法论。例如，组织行为学运用机制原理，将各种各样的社会组织看作是由不同部分（子系统）组成的系统，通过各个部分之间相互联系、相互作用的机制，来分析系统的整体功能和各个部分的调整和变化。① 社会治理理论运用机制原理，将各种社会主体视作权力（权利）中心，探讨不同权力主体之间交互作用的方式和途径，构建更加适合现代社会需要的治理机制。自然科学以自然形成的机制如气候形成机制、弱肉强食机制、生理机制等为研究对象；社会科学大都以人为设计的机制如市场机制、社会调节机制、竞争机制、企业经营机制等为研究对象，并以构建更加合理的机制为研究目的。例如人们研究市场机制是为了构建更好的市场机制，更好地发挥市场在资源配置中的基础性作用。"自然领域的机制是客观的，而社会领域的机制在具有客观性的同时，还具有一定的主观性。因为社会领域中的机制在其形成过程中，有人为的因素，即人的主观能动性的作用。"② 因此，自然领域里的机制只能去发现、模仿和借鉴，而社会领域里的机制可以去构建和完善。

如前所述，在一个系统中，如果说系统要素之间的相互联系（体制）可看做是其静态关系结构，那么系统要素之间相互作用的动态表现形式就是机制。这种相互联系和相互作用具有稳定性和规律性，并将会产生相应的功能和作用；对系统的运作机制的构建和完善，目的是实现系统的整体功能大于或优于系统要素单项功能的简单相加之和的功效。由于这种内在的逻辑关系在机制运作过程中将会循环往复地出现，体现出一定的规律性，因而机制是一种动态的稳定的运作模式。

既然机制是事物之间的相互作用的具体实现形式，这种相互作用的事物就是所谓的机制主体，系统运作机制的主体实际上就是构成系统的各个要素。机制主体的存在是机制形成的基础和前提。作为主体之间相互作用的动

---

① 〔美〕汤姆·伯恩斯等：《机械系统和有机系统》，载竹立家、李登祥编译《国外组织理论精选》，中共中央党校出版社，1997，第 101 页。

② 孙秀民：《中国共产党执政机制的构筑与完善》，中共中央党校出版社，2006，第 2 页。

态模式，显而易见，每个具体机制的产生都至少要有两个以上的不同主体，单个主体不会形成互动机制的。"如机器的运行机制，需有设备、动力、人力操纵等多个要素；动物的生理或病理机制，需有器官、体液、神经、致病因素等多个要素。"① 各个主体之间既相互独立，又相互联系、相互作用，各个主体之间是一种对立统一的关系。各个主体之间的相对独立或不同分工，也就是其差异性，是主体之间相互联系、相互作用的前提和基础，没有独立和分工就没有相互联系和相互作用；反之，没有相互联系和相互作用，各个主体之间就不能构成一个有机整体，也不能产生新的功能和作用。不同主体之间既相互独立又相互联系和相互作用，互为前提，缺一不可。系统的运行就是通过系统内部各要素之间的互动机制来实现的。各要素之间相互作用的方式，构成系统的运作机制。如果若干要素要形成系统，也必须通过一定机制相互作用才能形成一个有机的整体。②

　　关于机制的理论对于研究政党的执政活动具有重要的方法论意义。将机制概念及其原理引入到对执政活动的研究中，用以分析执政行为发生的过程、途径和方式，能全面地揭示执政活动中的内在规律性。执政机制是一种政治机制，具有政治机制的本质属性和特有功能。"政治机制就是要研究在政治过程中政治现象的各个侧面和层次的整体性的功能及其规律，包括其运行所依据的原理和原则，运行过程和状况即运行中各个侧面或部分之间的交互作用以及和政治系统之外的其他系统之间的交互作用等等。"③ 执政活动是在一定制度性安排的基础上（执政体制），以执政党为主要行为主体，以国家和社会为主要参与主体，在执政党与国家和社会之间的互动过程中进行的。执政党与国家、社会相互作用的模式，就是执政机制。通过揭示执政规律，又可以在执政规律的指导下构建更加灵活高效的执政机制，以提高执政党的执政能力和执政绩效。执政机制也是一个由不同方面的单项机制所形成的一个机制系统，一般说来，事物之间在哪些方面发生相互作用相应地就有哪些方面的互动机制。例如，执政党进行决策的过程和模式，就是执政的决

---

① 孙秀民：《中国共产党执政机制的构筑与完善》，中共中央党校出版社，2006，第2页。
② 在政党执政机制的基本理论探讨中，本文借鉴和参照了国内有关政府机制的研究成果，特别是借鉴和参考了沈荣华老师在《政府机制》里的一些研究成果。在此对沈荣华老师表示衷心的感谢！关于机制的基本理论问题的探讨，参见沈荣华《政府机制》，国家行政学院出版社，2003，第2~6页。
③ 李景鹏：《权力政治学》，黑龙江人民出版社，1995，第204页。

策机制；执政党整合社会的过程和模式，就是执政党的社会整合机制；执政党把本党的优秀人才推荐到政权机构去的过程和模式，就是执政党的政治录用和精英输送机制。概括地说，执政机制是指在一定制度安排或体制框架的基础上，为了实现执政目标而形成的执政党党内、执政党与社会、执政党与国家之间相互联系和相互作用的动态模式。执政机制是执政行为得以实现的直接形式，也是执政能力得以发挥的直接形式。与体制结构注重稳定性的刚性特征不同，作为有效互动实现形式的机制注重的是它的灵活高效性。灵活高效性是执政机制的价值所在。完善执政机制，其实就是提高机制的高效灵活性。

二　中国共产党执政机制的构成

在现代民主政治条件下，政党执政是在两个层面上展开的，一是在社会层面，主要任务是赢得社会的支持与拥护；二是在国家层面，主要任务是运用国家机关实现有效的社会治理，推动社会进步和发展。尽管执政党是执政活动的主体，在执政活动中起着主导的作用，但是执政党在影响和作用于国家与社会的同时，也同时受到来自国家和社会的影响和作用，具体的执政活动是在执政党、国家和社会三者之间的互动的过程。对于执政党来说，在前一个层面要解决执政的合法性问题，在后一个层面要解决执政的有效性问题。[①] 在每一个层面上的执政活动，都是通过互动机制来实现的，与社会层面的互动机制可以总称为“合法性生成机制”，与国家层面的互动机制可以总称为“有效性生成机制”。每一类机制有许多具体的机制构成。因此，执政体制实际上也是由不同机制构成的机制系统。对于中国共产党来说，除了以上两类机制以外，党内运作机制也是执政机制的重要组成部分，甚至是最重要的组成部分。因为正如党内体制影响或决定党政体制及党社体制一样，党内运行机制对党政运行机制和党社运行机制也具有重大的影响甚至是决定作用。因此，考察中国共产党的执政机制，首先从考察党内运行机制入手。

（一）党内运行机制

党内机制就是政党能力的生成机制。中国共产党的党内运行机制主要是

---

① 林尚立：《执政的逻辑：政党、国家与社会》，载刘建军、陈超群主编《执政的逻辑：政党、国家与社会》（《复旦政治学评论》第 3 辑），上海辞书出版社，2005，第 4～5 页。

指中国共产党党内的权力运行机制。具体说来，就是党内个体成员与组织之间、组织与组织之间、个体成员与个体党员之间的权力运作方式。党内的权力运行机制可以称为党的生命机体的循环系统。在合理的党内权力结构的基础上，中国共产党党内运行机制是党内的生机与活力的决定性因素。党内机制的运行直接决定政党自身能力的积聚、存储与释放，从而直接决定政党能力的强弱。因此，运行机制灵活高效表明党的机体生命力旺盛，反之则表明党的生命机体功能衰退。任何政党的衰落都是从其运行机制的失灵开始的。运行机制的基础是权力体制结构，体制结构从根本上制约着运行的方式和效率。中国共产党党内权力运行机制的基础是按照民主集中制原则构建起来的党内权力结构，这种权力结构决定了党内权力总的说来也是按照民主集中制原则运行的。加强中国共产党党内权力运行机制的建设是加强执政能力建设的关键环节之一。党内运行机制主要包括如下几个关键性的机制。

1. 吸纳和代谢机制

政党组织的持久性和生命力取决于政党组织的自我更新能力，这种自我更新能力是通过吸纳机制和代谢机制来实现的。也就是说，政党组织要不断地把先进的资源吸纳进来，以丰盈自身的能量，把与本组织不相容的因素清除出去。任何一个成熟的政党组织都已建构了一套相当灵巧而有效的吸纳机制，使政党自身的能量输出和能量输入保持守恒。吸纳和代谢机制是中国共产党生命机体运行的关键机制，正常的吐故纳新机制能使党不断吸收合格的成员，不断为党补充新鲜血液，同时又能及时清理党内有机体的"不合格因素"或者"垃圾"，即党内的不合格党员和腐败变质分子，从而使党的生命机体始终保持在健康状态，进而保持党组织的纯洁性与先进性。党的队伍的纯洁性与先进性呈正相关。从世界政党的兴衰史来看，许多曾经辉煌的政党的衰落都是从没有能够及时清理党内腐败分子开始的，腐败被称为"政治之癌"，"是侵蚀党的肌体，败坏党的形象的毒瘤"①。如果不能及时清理党内腐败分子就会使党内腐败现象愈演愈烈，最后严重腐蚀党内的机体，使党丧失生命力。

2. 党内授权机制

党内授权机制解决的是党内干部的权力来源问题、党的各级领导机关的权力来源问题。从传统上看，中国共产党党内权力的来源主要是自上而下，

---

① 李建中、黄福寿：《政党衰败根源析》，学林出版社，2003，第18页。

即由党组织的上级任命下级干部。"长期以来，执政的中国共产党实行的是以委任制为主体的干部任用制度，这种制度在历史上起过重要作用，但由于委任制的选拔过程神秘化、缺少人民群众的参与和监督；知人渠道太少，致使大批优秀人才怀才不遇；选拔方式过于单一，不能适应日益分化的各类干部的选拔任用，这些缺陷和弊端越来越明显地表现出来，影响执政党输送干部的质量。"① 这种授权机制产生于革命战争年代，并受苏联干部任命制度的影响。近年来，随着党内民主的发展，民主选举在党内具有日渐扩大的趋势。发展党内民主，必须把民主选举作为党内授权的主要形式。

3. 党内监督制约机制

党内的监督制约机制是党的自我纠偏机制，目的是监督制约党内的权力运行，以防止党内权力运行的失范。中国共产党党内监督机制具有上级监督、同级监督和下级监督三种形式，但是党内的监督制约机制与授权机制具有同一性，即只有授权方才能具有真正监督被授权方的权力和能力。权力最大的监督制约力量来源于权力的来源。罢免弹劾机制是最有力量的监督制约机制，中国共产党党内监督制约机制还有待于进一步完善，特别是罢免弹劾机制还没有建立起来。党内监督的乏力是党内腐败现象滋生的一个根本原因。

4. 党内民主决策机制

党内民主决策机制是党内民主的实现机制的重要组成部分。党内的民主决策机制能保证党内决策的科学性，减少因决策失误给党造成的巨大损失。从中国共产党的发展历程来看，党内决策失误是党的事业遭受重大挫折的根本原因。而党内决策失误主要是由于党内没有形成民主决策机制所致。

5. 党内执行机制

党内决策的落实是通过党内的执行机制来实现的。党内执行机制是党的能力的重要体现，党内执行机制的顺畅决定了党内政令的畅通和工作的高效。

（二）党政互动机制

党政权力运行机制就是中国共产党和国家政权机关之间的权力互动机制，具体来说，就是中国共产党与以人民代表大会为主体的国家政权机关的

---

① 李烈满：《健全干部选拔任用机制研究》，中国社会科学出版社，2004，第20页。

有效互动机制，实质上是党的领导权和国家政权的统治权之间的有效互动机制。从宏观上说，执政党按照总揽全局、协调各方的原则，对国家政权实行政治、思想和组织等方面的总的领导。从微观上说，这种宏观上的总的领导可以具体化为执政党对国家政权的定向、驾驭、完善和纠错等各方面具体的领导行为。中国共产党在领导、驾驭和控制国家政权机关时，同时也受到国家政权机关反作用力的影响。这种有效互动机制是中国共产党对国家政权机关依法实行领导和监督、国家政权机关服从党的领导并依法对执政党进行监督的双向互动机制。在这种党政双向有效互动机制中，政党能力整合政府能力并使二者形成合力。党政有效互动机制主要包括以下几个关键性的机制。

1. 定向机制

定向机制就是中国共产党的政治领导机制，中国共产党对国家政权的政治领导就是政治路线和方针政策的领导，即"从政治、路线、方针、政策上领导国家政权及其建设，规划、设计国家政权结构形式及其运转机制，指导国家的法制建设，指引和掌握国家政治生活的发展方向，确保工人阶级在国家中的领导地位和全体人民管理国家和社会事务的权利及有效地实际参加管理，等等"[①]。具体方式就是通过法定程序和机制使党的主张转化为国家意志，上升为法律，成为全社会遵循的制度和规范，进而实现对国家以及社会的全面领导。

2. 驾驭机制

由于执政是以国家政权机关为主体所从事的政务管理活动，因此政党必须把本党的精英代表输送到国家政权内部成为国家政权的直接掌控者，从而依法有效运作国家政权来实现直接执政，执政党通过驾驭和控制本党在国家政权机关中的代表来驾驭和控制国家政权机关，并通过这些代表来贯彻执行党的方针政策。政党把本党的精英选送进入国家政权内部并对其驾驭和控制是通过一系列程序和机制来实现的，而这套程序就是精英输送机制或者称为驾驭机制。这套程序和机制的科学性与否，直接决定执政队伍质量的高低和执政成效的大小。对于中国共产党来说，精英输送机制就是干部选拔机制。"政治路线确定之后，干部就是决定的因素。"[②] 建立和完善干部选拔机制，

---

① 张锡恩、梁桂莲：《论党的"政治领导"的理论原则》，《人大研究》2002年第9期，第26页。

② 毛泽东：《中国共产党在民族战争中的地位》，《毛泽东选集》第2卷，人民出版社，1991，第526页。

使干部选拔机制科学化、民主化，以确保选拔出德才兼备的干部进入国家政权系统，并能对其进行有效的控制，使之行为不至于偏离党的方针政策，是中国共产党执政能力建设的重要内容。精英输送机制，必须借助于民主选举机制才能实现。

3. 供给机制

"制定并提供政策是执政的基本表现形式，也是执政过程全面展开的中心环节。在竞争性的民主政治条件下，党派之间竞争的最明显的表现形式就是政策创新能力之间的竞争。许多事实表明，执政党执政的无能往往首先表现为政策的无能；而执政的失败也往往体现为政策的失效或失败。"① 科学的政策是通过科学的决策制定和供给机制来实现的。对中国共产党来说，在国际国内形势呈现多变性特点、经济社会生活呈现多元性特点、利益关系呈现多样性特点的情况下，建立民主化的决策供给机制，是确保科学执政决策的科学性的根本保障。

4. 完善机制

作为中国特色社会主义事业的领导核心，中国共产党承担着国家政权建设和完善的职能。根据社会发展的需要，不断对国家政权进行建设和完善，"其取向是依据中国特色社会主义的基本政治原则和现代民主政治的制度原理，全面加强国家制度建设，在逐步推进制度的民主化和法律化的同时，提升国家制度的权威和相对独立性，使国家制度真正成为保障和实现党执政的有效的制度体系。"② 而这种建设和完善是通过一定的法定程序和机制来实现的。

5. 纠错机制

当执政党发现国家政权系统的运作偏离执政党为之确定的正确方向时，执政党能及时纠正这种错误倾向，使国家政权的运行重新回到正确的轨道上来。这种纠错机制是保障国家政权系统按照执政党为之确定的正确方向运行的保障机制。这种纠错机制还能有效防止政府的自利性的恶性发展，进而能有效防止出现国家政权机关凌驾于社会之上的趋势。

---

① 林尚立：《执政的逻辑：政党、国家与社会》，载刘建军、陈超群主编《执政的逻辑：政党、国家与社会》（《复旦政治学评论》第3辑），上海辞书出版社，2005，第5～6页。

② 林尚立：《党政关系建设的制度安排》，《学习时报》2002年5月27日，第3版。

（三）党社互动机制

政党与社会的互动机制就是政党整合社会能力的机制。中国共产党与社会的互动机制就是执政党密切联系群众的机制。密切联系群众是一个笼统抽象的说法，联系群众就是倾听群众的呼声，综合群众的利益，这个过程实际上就是执政党对社会的整合过程，因此执政党密切联系群众的机制主要就是指整合社会的机制。获得合法性，是任何政党上台执政的前提。合法性不是一成不变的，合法性是动态地发展变化的，它随着执政党与社会的关系的变化而变化。当执政党与社会的关系和谐时，合法性就得以强化；当执政党与社会的关系处于紧张状态时，合法性就会弱化。维持充足的合法性是任何执政党保持执政地位的基础条件。建立合法性生成机制是执政党维持充足合法性的必要途径和手段。合法性是在执政党与社会的有效互动中实现的，政党与社会良性互动机制事实上就是合法性生成机制。这种有效互动是执政党对社会的整合过程和社会政治参与过程的有机统一。因此，执政党对社会的整合机制就是社会政治参与机制。执政党对社会政治参与的回应，就是社会整合；而社会对执政党社会整合的回应，就是政治参与。如果没有社会参与，执政党无法完成社会的整合；如果不能促成执政党的社会整合，社会政治参与就失去了其应有的意义。因此，从理论上说，执政党与社会的良性互动机制就是能同时实现执政党对社会的整合和社会进行有序政治参与的机制，是使执政党的社会整合机制与社会的有效政治参与机制合而为一的机制。从内容上看，这种互动机制就是执政党系统与社会系统进行物质、能量和信息交换的机制。执政党的合法性与这种良性互动机制的合理性以及运行的灵活高效性成正相关。合法性生成机制由以下具体机制构成。

1. 社会整合机制

社会整合机制就是通过一定的方式和手段，使社会各阶级、阶层和集团在保持各自性质特点的前提下，共同构成一个有机的、完整的整体。社会整合有两个目的，一是实现执政党对社会的有效领导；二是建立执政党广泛而稳固的社会基础。社会整合是执政党重要的功能之一。执政党社会整合机制主要由三个方面的机制构成，首先是利益整合与协调机制。利益整合与协调机制同时也是社会各阶级、阶层的利益表达机制。通过利益整合机制，要实现如下三个目标：依法保障各种利益、最大限度地实现社会公正、保障社会整体的协调发展。通过实现上述三个目标，使整个社会形成一个利益共同体，从而实现"以一种制度化的公共利益取代了四分五裂的个人利益"①，以此激发强大的社会发展活力，促进社会和谐平稳发展。其次是价值整合机制，同时也是社会的价值表达机制。执政党通过价值整合机制，把社会各阶级、阶层和集团的多元化的价值取向集中起来，并进行筛选和提炼，从中整合出一种共同的价值和发展理念，形成符合人类理想和社会发展要求的价值体系，其中包括社会价值体系、政治价值体系和人生价值体系，并把这个科学的思想意识和先进的文化传输给每个公民，从而在整个社会形成共同理想和共同目标。共同的价值信仰体系是社会共同体的黏合剂，对于社会的稳定有序具有重要的作用。这种共同的价值信仰体系就是执政党的意识形态，这种价值整合的过程，就是政治社会化的过程。最后就是组织整合机制。组织整合机制就是通过执政党的组织网络和组织领导来整合整个社会，使社会趋向高度的组织化。要充分发展组织整合机制的作用，需要加强执政党的组织网络对社会的渗透力，并提高基层执政党组织的战斗力。通过发挥党员干部在工作中的先锋模范作用，通过组织的凝聚力和感召力，将社会整合成为一个有机的整体，实现党对社会有效的组织领导。当前，中国共产党进行社会整合的理想目标就是为了构建社会主义和谐社会。构建社会主义和谐社会，就能够使中国共产党获得可持续执政所需要的稳固的社会基础和充足的合法性基础。

2. 政治录用机制

政治录用也可以称为政治招募（political recruitment），是执政党把社会各界群众及精英人物吸引到本党周围的行为。政治招募的目标主要包括：一是吸引社会各个方面的精英人物，通过一步一步的培训，把他们训练成代表党的候选人、党的各级机构的骨干和党的活动的积极分子。二是吸收党员。政党的成员来源于社会，政党成员的素质直接决定政党整体素质以及政党功能的发挥。因此，把社会中认同政党政治信念的精英吸纳到党内来，是政党自身生存和发展的内在要求。把各种有共同政治意愿的人吸纳到党内，扩大党员队伍，提高执政党的整体素质。三是用各种方法把民众吸引到党的周围，把他们培养成党的支持者和在各类选举中投本党票的选民。② 任何一个

---

① 〔美〕亨廷顿，亨廷顿：《变化社会中的政治秩序》，王冠华等译，三联书店，1989，第374页。

② 王长江：《现代政党执政规律研究》，上海人民出版社，2002，第282页。

政党都有一套吸纳社会精英的机制。而有志于从事政治事业的社会精英也会通过这种机制，实现自身的政治价值与抱负。因此，这种机制能使政党不断得到新鲜血液的补充，同时也为社会民众及支持和赞同政党政治理想和信念的社会精英提供政治参与的制度化的渠道。

3. 信息沟通机制

真实的社会信息，是执政党决策的依据和来源。真实的社会信息需要通过畅通的信息沟通机制来获取。实际上，信息沟通机制具有双重功能：一方面，它把党和政府的决策传达到广大党员和普通民众中去，以取得他们的理解和支持；另一方面，它能使民意得以充分表达，使社会各阶层民众的利益、愿望和要求及时准确、通畅地反映到执政党的决策层，从而使执政党广泛收集民众的要求和对政府政策的意见，以便及时修正决策。信息沟通机制既是社会了解和掌握执政党政策的渠道，也是执政党了解社情民意的主要渠道，是执政党制定政策的主要依据。在由政党、国家和社会构成的民主政治运作的系统中，"信息起着开关或者调节器的功能，它决定着该系统里其他种类的资源能否在适当的时刻被适当地调动到适当的部位，并以适当的方式来发挥作用。"[1] 如果执政党与社会的信息沟通渠道不通畅，执政党得到的是不完全或不真实的信息，其后果就是决策者或者据此信息做出错误的决策，或者认为事情完全不重要而予以忽视。当代中国社会是一个拥有 13 亿人口的超级大系统，横向上存在着多区域和部门，纵向上存在着多层次和等级；每一个区域、部门或层次又都有自己的子系统，不同的子系统又有不同的层次。中国社会系统的复杂性客观上就造成了信息失真、扭曲与不畅的可能性。执政党的政策如果不能真实地传达到社会，就会影响执政党政策的有效性；来自社会信息的不畅或扭曲直接影响执政党决策的科学性，从而削弱执政党的执政能力。因此，在这样一个超巨型的复杂系统内，如何建立和完善畅通的信息沟通机制，从而保证执政党决策的科学性和实施的有效性，是加强执政能力建设的重要内容之一。

4. 政治参与机制

社会政治参与是公民通过直接或间接的合法途径影响公共政策以使其有利于自身利益的行为。在现代民主社会，政治参与是通过有序化的参与机制

---

[1]　丁学良：《提高执政能力的几个关键：理顺基本关系、抓好枢纽资源、通用多个人才圈》，《经济社会体制比较》2005 年第 5 期，第 52 页。

来实现的。"只有当公民参政秩序化时，才有利于实现其收益，增强其参与效能感，因为只有在秩序化的政治参与中，公民的利益表达才能被顺利地输入政治系统而影响公共政策。"① 社会民众有序化政治参与机制的完善和健全程度可以作为直接衡量一个国家民主政治发展的标准和尺度。参与机制的健全与完备程度，直接决定政治参与的效能。健全的社会参与机制，不仅能使社会各阶级、阶层和集团的利益都能得到充分的表达，而且能得到平等的表达；而不健全的政治参与机制，使得民意不能得到充分的表达，特别是社会中弱者、多数人的民意难以得到充分表达。不健全的政治参与机制往往只能使占人口少数的社会强势集团的利益得到表达，从而造成公共权力及公共政策对强势集团的倾斜，这就增加了决策风险和矛盾激化的可能。如果社会弱势群体的利益，特别是占社会人口大多数人的利益得不到表达，最终必然导致社会矛盾的激化，造成社会的崩溃和重组。因此，社会参与机制的健全与否，表现在公民参与的渠道是否畅通、参与的机会是否平等两个方面。这两个方面呈正相关，直接反映着社会的效率程度和公正程度。一般常常认为效率与公正是负相关的，但是事实上往往出现相反的结果，即不公正的结果往往导致低效率。社会政治参与渠道不畅，则必定有一部分人处于被压抑状态；同时相应的有许多问题得不到充分反映，这反过来就会影响效率的实现。当前，"需要进一步健全一系列具体制度和程序设计，以保障公民能够有更多的选择和机会参与政治。就现阶段来看，我国公民有序参与的根本制度和基本制度的框架基本完整。但要推进和实现广泛的公民有序参与，还必须通过具体的程序和技术设计，建立健全公民政治参与机制。"② 在政治参与机制中，最重要的就是社会民主授权机制。社会民主授权机制是政治参与的重要内容。由于国家政权的社会性、公共性，任何执政党选派的代表，必须经过社会的授权才能进入国家政权机构。这种授权机制的核心就是选举机制。民主选举是民主政治的重要标志。对于中国共产党来说，完善社会民主选举机制，是实现其所倡导的民主执政的重要标志，同时也是民主执政的首要前提。只有完善社会民主选举机制，使人民群众切实掌握权力的授予权，才能从源头上保证权力运行始终体现人民的利益和意志。宪法确定的民主选

---

① 张紧跟：《政治参与功能分析：政党研究的一种新范式》，《中山大学学报》（社会科学版）2000 年第 1 期，第 64 页。

② 褚松燕：《政治参与的制度构建和能力建设》，人民网，http：//theory. people. com. cn/GB/10706057. html。

举原则，在权力授予中必须得到全方位、全过程的贯彻。社会民主授权机制是合法性直接生成的机制。

5. 社会民主监督制约机制

既然国家的公共权力属于社会，社会天然具有对公共权力直接行使者进行监督制约的权力。而这种监督和制约是通过相应的机制来实现的。执政党的代表接受社会的授权，必须接受社会的监督和制约。社会监督与制约机制是约束公共权力规范运转的核心机制，因而也是合法性的维护机制。公共权力如果缺乏有效的监督与制约，必然走向异化，具体表现为：政府中官僚主义泛滥，政府部门为公众服务的意识淡薄，公共服务不到位；严重的贪污腐化问题；决策无责任化和随意性；公共权力恶性化，不能充分保障而是侵犯公民权利，甚至政府还会被少数人所控制，沦为谋取私利或者进行超大规模严重犯罪的工具。在当代中国，已经建立了比较完备的包括司法、监察、审计、纪检、信访、反贪局等各部门在内的比较完备的监督制约机构，但是这些监督制约机构并未形成高效的监督制约机制。因为，所有这些监察系统，仍只是政府这个"大主体"身上的手指头。任何主体无法实现持续、充分、有效地监督自己的。中国所有几大监督机构自身也不可避免地在不同程度上陷入了腐败，造成惊人的公款吃喝、贪污、大规模不必要的决策损失、大规模的侵权（如乱收费）等严重后果。在这种情况下，必须借助社会的力量对国家权力进行监督和制约，"社会的监督和制约，是反映国家政治民主程度高低的重要标志，也是国家民主化进程的必然趋势。它虽然不是以国家机关的名义所实施的具有法律强制力的监督和制约，是对权力的一种'软约束'，但由于它的主体具有极大的普遍性，能形成强大的社会舆论和特点的社会环境，因此，它极易引起党政机关及有关专门监督机关的注意，从而推动带强制性的监督制约方式的有效运作。"① 建立有效的社会监督机制，真正实现"让人民起来监督政府"的民主新路，只有这样才能保证"不会人亡政息"。社会的监督制约机制就是执政党的外部纠错机制，也是执政党拒腐防变机制的重要机制之一。

6. 民主治理机制

治理机制的灵活性和有效性直接决定执政有效性的实现。民主的治理机制是执政党实现执政有效性的最佳途径和保障。对于中国共产党来说，有效

---

① 孟祥馨、楚建义、孟庆云：《权力授予和权力制约》，中央文献出版社，2005，第 357 页。

地动员组织人民群众依法管理国家和社会事务，管理经济和文化事业，是进行民主治理和民主执政的重要途径。"越来越多的人认为，在经济全球化、政治民主化和文化多元化的今天，善治已经成为人类政治发展的理想目标。简单地说，善治就是使公共利益最大化的社会管理过程和管理活动。善治的本质特征，就在于它是政府与公民对公共生活的合作管理，是政治国家与公民社会的一种新颖关系，是两者的最佳状态。"[1] 善治需要执政党、政府与社会共同努力，"而且随着社会的发展和政治的进步，公民在公共事务管理中的作用将变得日益重要。"[2] 因此，要根据社会经济、政治和文化的发展变化，根据人民群众的愿望和要求，构建科学、完善的民主治理机制。当前，应该进一步推进政府职能的转变，努力形成行为规范、运转协调、公正透明、廉洁高效和广大群众参与其中的行政管理体制；健全和完善基层民主管理制度，保证基层群众依法直接行使民主权利，严格管理基层公共事务和公益事业；要坚持和完善职工代表大会和其他形式的企事业民主管理制度，保障职工的合法权益。随着社会主义市场经济的发展，社会组织形式愈益呈现多样化趋势，各类民众自治组织和团体大量涌现，它们在吸引和凝集群众参与社会管理方面起着重要作用。对这类民众自治组织和团体，党和政府要加强引导和扶持，并善于运用法律形式规范其职能，从而使它们在民主管理中的积极作用更好地发挥出来。

三　中国共产党执政机制的功能

具体来说，中国共产党执政机制具有功能实现、目标实现和价值实现三项主要功能。

功能实现。机制作为系统内各要素的相互作用的实现形式，是系统功能的实现形式。如果各个要素处于孤立、静止的状态，整个系统的功能无法发挥。各要素只有通过一定机制形成有效互动，系统的整体功能才能发挥出来。从这个意义上说，机制的运作过程，也就是把系统的要素结构转化为系统功能的过程。在这一转化过程中，关系结构是基础和框架，相互作用是机制运行的内容、方式和过程，产生功能是机制运行的结果和效应。按照系统

---

① 俞可平:《增量民主与善治》，社会科学文献出版社，2002，第146页。
② 俞可平:《增量民主与善治》，社会科学文献出版社，2002，第147页。

论观点，系统整体功能并非其内部各要素功能之代数和，而是大于其内部构成要素功能之和。产生这种大于或优于其各个构成要素功能的简单相加之和，就是机制的功能。系统内部各构成要素通过有效互动机制形成的整体功能（合力），一般而言，应该大于或优于整合之前单个要素功能简单相加之和。如果各个要素之间各自独立，相互之间没有关联，也就无所谓机制及新的整体功能产生。"有关运行机制的考察都是一个综合的过程，也就是把对各个部分的分析、研究的结果综合成为有机的整体来研究其整体的性能。"①应当指出的是，系统论中整体大于部分之和原理，只是一种理论假设，在具有主观能动性的社会领域，则未必如此。比如说，如果机制设计不合理，其所形成的整体功能未必优于各个主体功能之和，甚至相反。执政是由执政党、国家和社会三方共同参与的系统行为过程，执政机制是执政行为的具体实现形式。执政机制的科学性，直接决定政党、国家和社会三者功能发挥的程度，从而决定执政系统整体功能的发挥，直接决定执政成效的大小。一个科学合理的执政机制，既能使政党、国家和社会三者的功能得以充分发挥，又能实现三者功能的互补和整合，形成一个大于各单个要素功能的整体系统功能。而执政系统的整体功能与政党的执政能力成正相关。

目标实现。社会领域中的机制大都是人为机制，即按照人们的主观愿望设计而成的。设计和建立机制的目的，就是要利用这种运作形式，形成新的整体功能，以更加有效地解决各种实际问题，从而实现一定的目的。从性质和作用上说，机制与法制、规则和程序一样，都可以作为实现目的的一种手段、方法或途径。目的决定手段，手段为目的服务，有什么样的目的，就会有什么样的机制。执政机制是为了实现一定的执政目标而设计的，是执政党实现执政目标的一种手段、途径和方法。例如为了防止执政党内出现的腐败现象，以求获得长期执政的合法性，就应该设计科学的权力制衡机制，利用不同权力主体之间的分工负责、相互制衡关系，以一种权力制约另一种权力，相互牵制并保持均衡，防止滥用权力。执政机制的调整和完善，也都围绕着更充分实现政党的执政目标而进行。执政机制的科学性直接决定了执政目标的实现程度，直接决定执政能力发挥和实现的程度。从这个意义上说，执政能力建设最终落实到执政机制的建设上来，最终要通过执政机制的完善来实现。完善执政体制，其实是为了完善执政机制奠定基础。

---

① 李景鹏：《权力政治学》，黑龙江教育出版社，1995，第204页。

　　价值实现。科学、民主与法治，同样是执政机制设计的原则；公平与正义，也是执政机制所要实现的价值目标。如果说执政体制是执政党政治价值理念的制度化形态，执政机制就是执政党价值理念的实现方式。与执政体制一样，执政机制也是在执政党价值理念的指导下建立起来的。正如有什么样的目的就有什么样的体制和机制一样，有什么样的价值理念，相应地就有什么样的制度安排，就有为实现这种价值理念的机制设计。执政体制和机制都是在执政理念的支撑下建构起来的，执政理念是执政体制和机制的灵魂。如果说执政体制是执政党价值理念的静态表现形式，执政机制就是执政理念的动态实现形式，执政体制所内涵的价值通过机制的运作才能转化为现实。例如从民主的角度看，"人民主权"、"立党为公、执政为民"是中国共产党的执政理念，如果要把这些崇高的价值理念从口号形态转化为现实形态，首先要建构体现这种价值理念的制度安排和体制结构，然后再进行实现这种价值理念的机制设计。制度安排和体制结构是基础和前提，如果制度安排和体制结构不能体现出执政党所信奉的价值理念，那么这种价值理念的实现也就缺少了必要的前提手段。中国共产党在教育自己的领导干部时经常说的一句话就是，领导干部一定要树立正确的权力观，一定要明确手中的权力是人民赋予的，所以不要以权谋私，要对人民负责，把人民赋予的权力为人民服务。毫无疑问，这种权力观所体现的价值理念是完全正确的和非常崇高的。但是在现实的政治生活中，通行的规则是干部的任命制和变相任命制，这种干部制度和用人机制实现的是"主权在上"的价值理念，任何被委任的干部权力在事实上都来源于上级的授予。这种自上而下的授权机制自然就产生了普遍存在的"对上负责不对下负责"的后果。理论上是"人民赋予的权力"，但在现实中是"上级领导赋予"的权力。理论上的宣传与现实实际不相符合，价值理念与现实机制发生冲突和矛盾。这种情况往往使得正确的权力观很难发挥其应有的正确导向作用。观念领域里正确的权力观，有时在现实的政治生活中无法充分实现，且在与现实通行的运作机制对抗面前显得苍白无力。因此，任何高尚的价值理念如果不转化为现实制度安排和体制框架，如果没有设计出相应的实现机制，是无法实现的。

充分重视"两会"机制
重新联结政府与社会

郭海英[*]

摘　要：在我国的政治架构中，人民代表大会和人民政治协商会议被统称为"两会"。作为中国特色社会主义民主政治的一项重要制度安排，目前已经开始形成一些制度化、规范化与程序化的政治惯例要求。但是这一机制所蕴涵的价值与意义目前还远未引起足够的重视。要逐步构建完善稳定的运行机制，挖掘这一制度的功能优势和潜力，推进中国的民主政治建设。

关键词："两会"　　"两会"机制　　中国式民主

在我国的政治架构中，人民代表大会和人民政治协商会议被统称为"两会"。作为中国特色社会主义民主政治的一项重要制度安排，目前已经开始形成一些制度化、规范化与程序化的政治惯例要求。但是这一机制所蕴涵的价值与意义目前还远未引起足够的重视。与此同时，对中国政治改革的社会诉求不断呈现，地方性社会群体事件屡屡发生，网络世界对社会现实问题日益关注并每每形成焦点性话题聚集，等等。这些现象的出现不仅折射了当前社会民众心态的焦虑与不稳，同时也使得下一步的改革将承担更多的社会压力，对于今后"改革路径"社会共识的构建与达成也提出了更高的要求。

---

* 郭海英，南开大学周恩来政府管理学院博士，中国传媒大学经济与管理学院讲师。主要研究方向为政治学理论、政府规制等。

一　"两会"与"两会"机制的形成

在我国的政治架构中，人民代表大会和人民政治协商会议被统称为"两会"。包括两个层次，即中央的全国人大与全国政协会议和地方各级的人大与政协会议。这两个会议是我国人民代表大会制度、多党合作和政治协商制度的组织载体，并经过50多年发展已经成"制"。之所以被称为"两会"，主要原因在于：其一，从1978年2月全国政协五届一次会议开始，政协全国委员会全体会议与全国人大全体会议同期召开，并列席全国人大会议的一些重要议程，成为惯例；其二，人大和政协是我国两项重要的政治制度的组织载体。一个是根本政治制度，即人民代表大会制度；一个是基本政治制度，即中国共产党领导的多党合作与政治协商制度。

作为中国特色社会主义民主政治的一项重要制度安排，目前已经开始形成一些制度化、规范化与程序化的政治惯例要求。这种"制度"安排主要体现在：

（1）宪法地位的确立。在我国现行宪法"1982宪法"中关于"人大"与"政协"的表述包括："总纲"中规定了："中华人民共和国的一切权力属于人民"；"人民行使国家权力的机关是全国人民代表大会和地方各级人民代表大会"。在"序言"中指出："中国人民政治协商会议是有广泛代表性的统一战线组织，过去发挥了重要的历史作用，今后在国家政治生活、社会生活和对外友好活动中，在进行社会主义现代化建设、维护国家的统一和团结的斗争中将进一步发挥它的重要作用。"经过1988年4月12日七届全国人大一次会议、1993年3月29日八届全国人大一次会议、1999年3月15日九届全国人大二次会议以及2004年3月14日十届全国人大二次会议四次修正之后，宪法中关于人大的表述在"总纲"和第三章"国家机构"中都有明确具体的规定，占据了整个宪法的主体部分。而关于政协相关内容的表述仍处在"序言"中，规定的内容也发生了一定的改变，增加了"中国共产党领导的多党合作和政治协商制度将长期存在和发展"的相关内容。

（2）会期逐渐稳定，从20世纪80年代以来我国的"两会"会期便逐步稳定在每年的3月份，从90年代后稳定在3月中上旬。会期从10天逐渐呈增加态势。

（3）会议程序与内容逐渐稳定，透明，开放。包括每年"一府两院"

提交"两会"讨论的工作报告，人大的立法审议，代表和委员的提案，会议讨论，国务院总理及相关部门负责人举行的记者招待会，对媒介开放度的增加，等等，使得每年的 3 月份成为中国政治生活中一个独特的"政治季节"。

二　"两会"机制的稳定运作对中国民主政治的贡献

贡献之一：对"中国式民主"模式的核心支撑。

在目前，我国的"两会"被认为是中国人民群众的智慧和力量治理国家的"顶级会议"，也被认为是中国特色社会主义民主政治模式的重要标志。[①] 学界有相当数量的学者认为，目前中国民主政治构成主要指的是人民代表大会制度和民主协商制度所包含的民主。也有学者提出，中国式民主包括：人大民主、党内民主、社会民主。[②] 综合来看，"两会"制的载体——人大与政协在中国式民主模式中已占据相当重要地位。

贡献之二：院制架构的"中国特色"。

中国目前的"两会"制的确有不同于西式两院制的地方：1. 人大与政协在这一机制的运转过程中充分体现了二者各自的优势与作用，体现了一种非常好的配合。2. "两会"机制体现了现代政治学所追求的主权在民与精英参政相统一的基本原则，也体现了尊重多数、照顾少数的基本精神。因此应该充分重视这一制度。3. 中国的全国人大与全国人大常委会之间事实上形成了"一院双层"或"复合一院制"的院制结构。

贡献之三：代表制度中的"中国特色"。

人大代表与政协委员同属"代表"，但代表性上却有着较大的差别[③]：

---

① 参见朱光磊、杨光斌《中国创造民主新模式是完全可能的》［EB/OL］，《人民论坛》2007年4月15日第8期；燕继荣：《窗下人语——让两会成为中国民主的风向标》［EB/OL］，《南风窗》2007年4月11日。

② 浦兴祖：《以人民为重点继续推进中国式民主政治的发展》［J］，《复旦学报》（社会科学版）2005年第5期。

③ 以十届全国人大代表构成比例为例，目前人大代表的构成与现行政协委员构成情况基本分布如下：在全国2985名代表中，工人代表551名、知识分子631名、干部968名、民主党派和无党派人士480名、人民解放军代表268名、香港特别行政区36名、澳门特别行政区12名、归国华侨38名。在2985名代表中，其中少数民族415人，代表了全国55个民族，组成35个代表团。我国政协委员的构成也经历了一个较长的发展过程。以全国政协为例，1949年9月21日至30日召开的政协第一届全体会议期间，政协委员分为五大类：党派、区域、（转下页注）

1. 从人大代表与政协委员的意见表达途径来看，政协委员的"代表"性主要体现在其所属党派、团体、界别，属于"条条"；而人大代表只有解放军代表职业，其他代表更多的是区域，即由省级单位所组成的代表团，即"块块"。2. 从人大代表与政协委员的产生方式来看，现行选举制度下，人大代表主要体现了选举民主的原则，代表了"多数"；而政协委员则更多体现着"协商"民主的要求，代表了"少数"。3. 从制度性质和政治定位来看，人民代表大会制度所代表的民主，是中国民主政治制度的核心部分，代表的权利与作用的发挥都来源于法律与制度的授予，是一种"刚性"影响力；而政治协商制度所传达的民主，更多是通过其统一战线的性质或者说是一种政治—社会相结合的机制的运作，体现了一种"柔性"影响力。①

　　贡献之四："两会"机制稳定运作所产生的制度示范效应。

　　在"两会"机制形成与逐步稳定的运作过程中，其内在的一些作用和影响力也在逐步扩大。这种机制运作的意义主要在于：第一，"两会"机制是一种广泛的意见表达和政治参与形式，代表人民利益，并通过"两会"途径向政府有关部门提出意见和相关要求。这种表达也是现代民主政治的基本要求。第二，"两会"机制实现了人大和政协这两种重要的政治制度之间的融合。从性质上看，人大是一个纯政治机制，而政协则是一个"亦官亦民"的社会－政治机制，政治定位不同，发挥作用的方式也不同。第三，"两会"机制的形成过程与其运作的逐步稳定，体现了中国政治生活的正常化与制度化。② 第四，"两会"机制的稳定运作还为中国式民主模式的实现以及现有制度功能潜力的充分挖掘留下了广阔的探索空间。

（接上页注③）军队、团体、特邀，其中中共占44%、民主党派占30%、无党派人士占26%；1983年6月六届全国政协二次会议增加了"中国全国台湾同胞联谊会"和"港澳同胞"两个方面，中共占40%，非中共占60%；1988年七届全国政协恢复"中国科学技术协会"；1993年八届全国政协增加了"经济界"，把港澳同胞分为"香港同胞"和"澳门同胞"，社会各方面的力量也有所体现，使全国政协的组成界别发展至34个；1998年九届全国政协调整了界别设置，增加了新生社会阶层委员；2004年，十届全国政协二次会议，修改政协章程，把章程总纲第一自然段中的爱国统一战线组成的表述增加了"社会主义事业的建设者"内容。由此，爱国统一战线变为"四者联盟"，即全体社会主义劳动者、社会主义事业的建设者、拥护社会主义的爱国者和拥护祖国统一的爱国者的"最广泛的政治联盟"；当前具体界别为34个界别，社会各方面基本都有反映。

① 朱光磊、郭道久编著《政治学基础》[M]，首都经济贸易大学出版社，2007，第182～183页。

② 朱光磊、郭道久编著《政治学基础》[M]，首都经济贸易大学出版社，2007，第182～183页。

三　"两会"机制与中国式民主的关系

有关民主实质问题的理解一直以来在学界都存在着争议。在此问题上，笔者更加赞同朱光磊教授所提出的观点，即民主本身牵涉的实际上是两个问题，即由谁统治和怎样统治的问题。① 而联系我国民主政治的实际，则主要体现为人民民主专政的体制及其具体内容与实现途径的方式等问题。在有关实现途径话题的探讨中，有两个内容较为集中，一是关于"中国式民主"的争论，二是对"协商民主"概念及匹配制度的探讨。

学界当前关于"中国式民主"的争论中，主要存在着两种观点：第一种观点认为中国必然朝向西方式民主演变。比照西方两院制，希望把中国的"两会制"建成"两院制"，政协为上院，人大为下院。而另一种观点则主张中国的民主将会是一种崭新的模式，认为中国能够探索建立有中国特色的民主模式，而主要内容就在于中国的人大制度与政协制度。

在有关"协商民主"的争论中，主要存在的争议在于：其一，译法的争论。关于"Deliberative Democracy"的翻译，学术界目前有大致两种态度，一种以早期引入者的译法为代表，将其译为"协商民主"②；另一种则认为此种翻译不够准确，而且容易引起争议，建议改译为"审议式民主"，如金安平等③。其二，起源的争议。关于"协商民主"起源的争议焦点主要集中在协商民主到底是中国先有的还是一个"舶来品"？中国式协商民主是否是一种西式概念的简单套用？中西"协商"有没有区别与共性？有没有误读？在此问题上，确实存在着有的学者完全按照西方协商民主的内容对中国民主政治进行比照分析，而有的学者则只关注中国的本土特色，此种争议因为对问题的解读角度不同而很难在短时间内平息。

而从笔者个人理解的角度来看，在中国目前的政治语境下，使用"协商民主"的概念，应该说是多数人都能接受的一个概念，关键在于对以下几个问题的把握：首先，应当厘清概念的起源，中国的"政治协商"与西

---

① 朱光磊、郭道久编著《政治学基础》[M]，首都经济贸易大学出版社，2007，第268页。

② 陈家刚选编《协商民主》[M]，上海三联书店出版社，2001；陈家刚：《协商民主引论》[J]，《马克思主义与现实》2004年第3期。

③ 金安平、姚传明：《"'协商民主'不应误读"》[J]，《中国人民政协理论研究会会刊》2007年第3期。

方的"协商民主"或"审议式民主"是否在内容上完全等同；其次，在厘清概念的同时认真分析中国政治协商会议的制度功能究竟是什么，应该进一步明确二者的共性与差异；最后，一定要对本国制度有信心。

四　坚持并逐步完善"两会"运行机制需要注意的问题

虽然"两会"机制对中国民主政治的内容与模式具有重要意义，但是仍然存在着需要深化研究的问题，即要完成这些政治价值的传递需要具备什么样的条件？关键点在哪里？为什么在理论上可以讲得通的政治价值在实际中效果却并未引起足够的重视？对于这一点，笔者认为首要的还是要从与"两会"机制运作关联度最高的一项制度，即代表制度谈起。

从目前制度已经具备的形式上的"三驾马车"（人大代表 + 政协委员 + 党员代表）来看，制度构建与代表性的回应考虑已经很周全，但为什么效果不甚理想呢？很重要的一个原因在于已有制度在实际运转过程中存在着缺陷，或者说尚缺乏更为有效的实质性的功能发挥。因而要实现"两会"制的真正价值，还需要在制度的运转机制上做出进一步的努力，改革现有代表制度中规定不明确或不完全合理的部分，逐步厘清不同制度在利益表达与利益代言问题上的差异性；充分发挥人大民主、党内民主与社会民主各自的价值。

从现行法律对代表身份关系的规定来看，我国现行宪法、选举法、组织法、代表法等相关文本中虽有一些对人大代表"代表身份"的部分论述，但内容很少，且比较模糊，很多意思似乎隐藏在一些具体操作环节的规定性文字表述中，也可以说，基本未对人大代表的"代表"身份作出明确的规定。① 由于这一问题的存在，在人大工作的具体实践中，形成了以下一些观

---

① 现行宪法、组织法、代表法中关于人大代表代表身份的规定包括：《中华人民共和国宪法》（1982 年通过，历经四次修正）第一章第三条规定："全国人民代表大会和地方各级人民代表大会都由民主选举产生，对人民负责，受人民监督。"第七十六条规定："全国人民代表大会代表应当同原选举单位和人民保持密切联系，听取和反映人民的意见和要求，努力为人民服务。"《全国人民代表大会组织法》（1982 年 12 月 10 日颁布）第四十一条规定："全国人民代表大会代表应当同原选举单位和人民保持密切联系，可以列席原选举单位的人民代表大会会议，听取和反映人民的意见和要求，努力为人民服务。"《中华人民共和国地方各级人民代表大会和地方各级人民政府组织法》（1979 年 7 月 1 日五届全国人大二次会议通过，历经四次修正）第二章第三十七条规定："地方各级人民代表大会代表应当和（转下页注）

点和做法①。

观点一：认为人大代表应代表全体人民的利益。无论是直接选举还是间接选举产生的人大代表，也无论是单位、部门、界别的人大代表，只能是代表人民的利益。这一观点源自"代表法"的规定，有一定市场，但实际中很难做到。观点二：认为人大代表应代表其所在单位、部门、行业（界别）的利益。这一观点源自选举法与组织法中对各级人大代表要注意保持同原选举区选民密切联系的要求。同时也来自于实践中代表所在单位、界别、行业以及所在选区选民对代表提出的委托请求。这一观点在地方各级人大代表的提案中体现较多。并且有很多声音提出应该公开提案和人大代表的职业背景。② 观点三：认为从代表同选民（或选举单位）的关系来说，代表不应是全体人民的代表，而应是其所在选区选民的代表。其理由是：按地域选举主要体现本选区或地域的选民利益；而按行业选举则主要体现本行业的特点。这一观点主要源于对现行组织法和选举法、代表法中对代表的产生、监督及罢免程序的规定。观点四：认为代表一经产生，人民就应给予其绝对的信任权，代表也应具有较一般选民更高的政治素养和参政议政与监督的能力，代表有完全的自主选择与判断权。这一观点更多地带有传统的"性善说"观念的影子，相信人的自我克制能力与理性。但在实际中这一观点的实现较难。

（接上页注①）原选举单位或者选民保持密切联系，宣传法律和政策，协助本级人民政府推行工作，并且向人民代表大会及其常务委员会、人民政府反映群众的意见和要求。"第三十八条规定："省、自治区、直辖市、自治州、设区的市的人民代表大会代表受原选举单位的监督，县、自治县、不设区的市、市辖区、乡、民族乡、镇的人民代表大会代表受选民的监督。地方各级人民代表大会代表的选举单位和选民有权罢免自己选出的代表。代表的罢免必须由原选举单位以全体代表的过半数通过，或者由原选区以选民的过半数通过。"《中华人民共和国全国人民代表大会和地方各级人民代表大会选举法》（1979年7月1日通过；历经四次修正）第十章第四十六条规定："全国和地方各级人民代表大会的代表，受选民和原选举单位的监督。选民或者选举单位都有权罢免自己选出的代表。"《中华人民共和国全国人民代表大会和地方各级人民代表大会代表法》（1992年4月3日通过，历经二次修正）第一章第二、四、六条规定："全国人民代表大会和地方各级人民代表大会代表代表人民的利益和意志，依照宪法和法律赋予本级人民代表大会的各项职权，参加行使各级权力"，"代表应当履行下列义务：……与原选区选民或者原选举单位和人民群众保持密切联系，听取和反映他们的意见和要求，努力为人民服务"，"代表受原选区选民或原选举单位的监督"；第三章第二十条规定："代表在闭会期间的活动以集体活动为主，以代表小组活动为基本形式。代表可以通过多种方式听取、反映、原选区选民或者原选举单位的意见和要求。"

① 关于四类观点的提法参考邹平学《中国代表制度改革的实证研究》［M］，重庆出版社，2005。

② 《公开人大代表提案还应公开其职业背景》［EB/OL］，浙江在线新闻网站，2006年2月7日，www.zjol.com.cn。

以上观点的出现总体来说，很难说没有道理，而又都不足以解释现实中有关的争论。原因主要在于"人民"这一词在中国现实政治社会生活中的特定含义，以及现有宪法、组织法、选举法、代表法中没有对此作出更多的明确的规定。这一概念的模糊在实际立法中也使代表在一些利益选择面前处于两难境地。因此，在对这一问题的处理上，总体建设思路应把握这样几个原则：第一，确定总体原则，即"代表人民的利益和要求，为人民服务"。这一原则在当前仍然非常必要。第二，不回避代表身份与责任的多重性，只要代表是按照已有的选举法、代表法赋予其代表的权力合法行使即可。第三，在条件合适的情况下，适时提出立法建议加以明确。

五　进一步的政策建议

在当前社会共识越来越难以达成的情况下，我们需要寻找更多的办法来实现"上"与"下"的对接，而"两会"机制的稳定与有效运转将有助于进一步发挥我国已有制度的优势与潜力，也将进一步增强制度对社会意见的吸纳与回应能力。

（一）舆论先行：充分重视现有制度的功能优势和潜力，增强对中国式民主模式的认同

充分挖掘"两会"机制的内在潜力，推动我国政治民主建设。要加强"两会"会议前的"酝酿协商"过程，通过协商吸纳不同意见；要重视政治协商过程中，不同党派，不同团体，不同界别的意见表达；要努力实现"两会"机制的稳定、良性运行。形式上的东西相对容易实现，比如开会时间、会期、会议议程以及会议内容等，而要实现机制本身的良性运行则相对较难，除了要能够使这一机制的政治功能尽量发挥与实现之外，还要能够使这一机制的两个构成主体都能各安其分，各司其职。在制度运行过程中来消除误解，化解隔阂。如前所述，对于前面所提到的各种争议性问题，笔者以为，争论本身也是必要的，真理越辩越明，但同时，也不能过分地拘泥于理论上的是非，更主要的还是从政治实践出发来判断某一种或几种机制与模式的优劣。更重要的是，一定要对本国制度有信心。要相信如果按照现有改革思路与方向顺利前进，中国将非常有可能创造出一种崭新的不同于西方的民主模式。

（二）关注主体制度的改革，寻找微观领域机制有效运转的途径

代表制度的变革与选举制度密切相关，不能让"变革"总是游离于体制外。努力改革现有代表制度中规定不明确或不完全合理的部分，逐步厘清不同制度在利益表达与利益代言问题上的差异性。

在人大代表的整体上，首先，要逐步区分并准确认识全国人大代表与地方各级人大代表各自所代表利益的一般性与特殊性。在人大代表个体身上，也要逐步规范代表个人利益表达与代表团意见表达的一致与差别。正是由于代表身份的模糊导致了利益表达通道的不畅，而我们所要做的这种区分"差异"的努力也正是为了完善现有的利益表达机制。其次，要正确处理"党员"行使代表权力的身份关系。中共党员在履行其代表职责时，存在着一定的特殊性。对于中共党员作为人大代表的代表身份具有双重性（党员身份、代表身份）问题，理论上讲，党性与人民性是合一的，对党负责和对人民负责也应该是一致的。但在实际过程中，存在着很多不一致的现象，如：党委或政府提出的决策建议在人大及党委会审议不能通过；党委推荐的干部人选在人大及常委会选举中不能当选；党员个人身份的混淆（党员意识强，代表意识差，人大会议变成党员大会，代表意识强，党员意识差，党员与党组织意见不一致），等等。对这一问题的解决，笔者以为，还是应该从现有体制及实际政治过程中去寻找解决的方案。除了努力加强人大会议前的"酝酿协商"过程，通过协商过程尽量吸纳不同意见之外，其核心还在于努力加强党内民主。而要发展党内民主，还得看加强党内民主的具体可行性举措。

进一步完善人大代表的选举制度和政协委员的推举制度，提高代表、委员的参政议政热情与能力，包括：代表选举制度的完善，如合理划分选区，合理确定代表比例，对候选人有限竞争的尝试，对代表的检举、罢免、撤换制度等；委员推举制度的完善，包括完善政协委员构成之间的均衡，保证各派别、各界别、各方面之间委员的比例合理，完善委员民主提名、推荐、推举方式等。

（三）充分观照网络真实民意的表达与聚合，增强制度吸纳的能力

当前我国处于社会转型时期，各类矛盾和冲突不断暴露，面对不断出现的新旧矛盾和冲突，尚存在解决措施不得力的问题，致使一些矛盾不断升

级。而这其中大部分矛盾主要是由于信息沟通不通畅、不对称造成的，这就需要政府支持建立完善的社会网络，真正做到下情上达，上情下达，让民意有一个真正可以表达的地方，网络在当前无疑是最好的平台，从硬件建设上可以进一步增强制度吸纳的能力。应该说，近年来"E 两会"的异军突起，一方面反映出网民参与政治的强烈愿望，另一方面也反映了实体民主还存在着诸如表达渠道不畅、代表委员提案对民意表达不足等若干缺陷，人们只能通过虚拟的网络民主形式"曲折"地表达自己的民主诉求。作为当代中国民主生活中的主渠道，人大和政协应该借助网络的力量建立健全利益表达机制、利益沟通协调机制、权益保障机制，以实现党的十七大提出的"从各个层次、各个领域扩大公民有序政治参与"。

人 大 选 举

为描述性代表辩护

林奇富*

摘　要：基于群体权利的描述性代表是一种重要的政治代表类型。相对于实质性代表而言，描述性代表的价值长期以来被有意或无意地低估或忽视。在当代族群冲突、文化多元与社会排斥日益突出的社会情势下，描述性代表正日益显示出其对促进族群间信任、回应少数族群的正当利益要求、提升边缘群体的政治效能感和增进政权合法性等方面的价值。当然，由于描述性代表过于强调情境主义理想而又缺乏一套成熟的代表制度，无法从制度上充分展示出公民授权与政治责任的统一，因而目前只能成为当代政治代表制度的合理补充，难以成为支撑现代民主代表的标准模式。

关键词：描述性代表　实质性代表　群体权利　社会团结　政治效能感

描述性代表（也称为镜像代表，mirror representation）是这样的一种主

---

* 林奇富，吉林大学社会公正与政府治理研究中心暨行政学院副教授，从事民主理论和当代中国政治发展问题研究。本文系 2010 年国家社会科学基金重大项目"促进社会公平正义与政府治理研究"（项目编号：10ZD&040）和 2009 年教育部人文社会科学研究青年基金项目"协商民主与代表理论：一种质疑性研究"（项目编号：09YJC810016）的阶段性研究成果之一。

张，认为政治代表与被代表群体的特征①应该保持高度相似性或一致性②，也就是说如果立法机构中有一个或更多的成员与某个公民群体具有相似特征，那么这个群体就在立法机构中得到了代表。这与实质性代表主张的以公民参与民主选举，即使当选者在个人特质上与他有显著不同，他仍然得到了代表的主张形成了鲜明的对比。③ 描述性代表的支持者甚至还声称"理想的议会应该是社会整体按比例的完美缩影"，以使它的思想、感觉、理性和行动与民众保持一致，使不同族群、阶层的价值、意愿和利益得到最好的表达。④ 这种主张也向来被视为比例代表制的源头⑤，因为比例代表制要求议席分配与不同选民群体的支持保持数量上的相应比例，以确保社会各阶级和阶层都能够在议会中找到自己的代言人，使政权不被某一阶级、阶层或政党长期垄断。同时，在争论涉及性别歧视、语言、民族或种族矛盾等问题上，描述性代表还为声称少数族群权利的群体代表权（group representation）提供理论上的有力支持。⑥ 尽管如此，我并不认为描述性代表可以代替实质性代表而成为民主代表的标准模式或一般性理论（the baseline model of representation），因为纯粹的描述性代表因过于强调代表与选民群体的相似性，不仅难以充分保证代表能为选民的实质性利益而行动，也无法为代表承

---

① 这种特征可以是生理意义上的（如性别、种族、残疾等），还可以是文化意义上的（如宗教、民族、语言）或社会意义上的（如职业或阶级特性等）。

② A. H. Birch, *Representative and Responsible Government*, *An Essay on the British Constitution* (Toronto: University of Toronto Press, 1964), p. 16; H. F. Pitkin, *The Concept of Representation* (Berkeley: University of California Press, 1972), Chapter 4, pp. 60 – 91. 除此之外，Anne Phillips 用"在场的政治"（politics of presence），而 Melissa S. Willams 用"自我代表"（self-representation）等概念来表达这一主张，参见：A. Phillips, *The Politics of Presence* (Oxford: Oxford University Press, 1995); Melissa S. Williams, *Voice*, *Trust*, *and Memory*: *Marginalized Groups and the Failings of Liberal Representation* (Princeton: Princeton University Press, 1998)。

③ Will Kymlicka, *Multicultural Citizenship*: *A Liberal Theory of Minority Rights* (Cambridge: Cambridge University Press, 1996), p. 138.

④ 包括威尔逊、伯克等人都支持这一主张，参见 *The Records of the Federal Convertion of 1787*, ed. Max Farrand (New Haven: Yale University Press, 1927), pp. 141 – 142; James Wilson, *The Works of James Wilson*, 2 Vols, ed. James DeWitt Andrews (Chicago: Callaghan & Co, 1896), p. 391; Edmund Burke, "Thoughts on the Cause of the Present Discontents," (1770) *Burke's Politics*, eds. Ross J. S. Hoffman and Paul Levack (New York: Knopf, 1949), p. 28.

⑤ 密尔认为比例代表制不仅可以产生真实的代表，而且可以体现真实的民主。按比例分配代表应该成为"民主的首要原则"（the first principle of democracy）。参见〔英〕密尔《代议制政府》，商务印书馆，1982，第101—131页。

⑥ Will Kymlicka, *Multicultural Citizenship*: *A Liberal Theory of Minority Rights* (Cambridge: Cambridge University Press, 1996).

担相应的政治责任预留可能的制度空间。① 在民主实践的大多数情况下，代表对选民负责并不取决于代表与选民的同质性特征，而是取决于代表所做出的创造性立法行动、取决于代表在凝聚共识上的贡献力和优秀的社会治理能力。② 描述性代表因其难于确立公民的民主授权（mandate）与代表的政治责任（accountability）上的有效统一，使得其价值长期以来被主流的民主理论有意或无意地低估或忽视了。本文所要做的是在当代多元文化与族群的语境下，探讨在何种意义上我们仍然需要捍卫描述性代表的价值优势？在何种意义上，描述性代表可以做到让少数族群的正当利益或要求被合法倾听，从而有利于矫正其由于历史或现实的不利因素所带来的不公正对待？

一　个体权利与群体权利

描述性代表实质上是一种基于群体权利的代表要求，其基本观点是代表与被代表者应具有同质性，强调代表应该是他们所属群体的一员或所属群体的典型，如在移民色彩浓厚的美国，国会中的亚裔议员代表亚裔选民等。当然，这种同质性不仅表现于肤色等外部特征，还可以是基于共同的生活或历史、文化或传统等内部特征，如在中国有从事农民工经历的人大代表被视为农民工群体的典型，在美国由印第安土著议员代表印第安人，等等。其实，类似的主张还出现在不同类型的选举之中，如大部分国家规定其领导人必须是本土出生的、有一定居住年限的本国人，因为在他们看来，"只有'我们自己的人'才能增强对我们的利益忠诚度"。③ 总之，以描述性的内部或外部特征来焕发和激励代表对所属群体的忠诚是描述性代表的根本属性。追求代表的描述性特征在民主的多元文化族群国家中尤为明显，各种为争取群体代表权的社会运动甚至成为引发政治冲突与民族分裂的主导性诱因之一。④ 这不得不需要我们重新检视作为描述性代表的支撑理由之一的群体权利主张的重要性，其问题的核心在于我们要不要赋予特定群体成员以特殊群体权

① H. F. Pitkin, *The Concept of Representation* (Berkeley: University of California Press, 1972), p. 89.

② H. F. Pitkin, *The Concept of Representation* (Berkeley: University of California Press, 1972), p. 90.

③ J. Mansbridge, "Should Blacks Represent Blacks and Women Represent Women? A Contingent 'yes'," *The Journal of Politics*, 61 (03) (1999): 628 –657.

④ Will Kymlicka, *Multicultural Citizenship: A Liberal Theory of Minority Rights* (Cambridge: Cambridge University Press, 1996), p. 1.

利。为什么要，为什么不要？何种意义上可给予，何种意义上不可给予？

在流行的民主理论中，基于群体权利的描述性代表似乎没有获得多少支持，根本原因在于他们认为民主社会并不需要一种支持群体权利的主张。极端的反驳理由认为，"没有谁会认为智障人群体应该由智障人来代表他们"①，况且"仅仅强调与选民拥有身份的同一性，并没有触及代表本身的行动"。② 这些理由也被长期以来研究妇女和黑人议员的实证研究者所关注和证实，戴蒙德（Iren Diamond）指出妇女代表并不认为她们仅仅为女性而行动，她们甚至不把自己看做是女性利益的代表者。也就是说，妇女代表与支持女性的实质利益之间并没有太大的关联。③ 斯维恩（Carol Swain）发现，美国国会黑人面孔的增加并不一定能给非洲裔美国人带来更多的切实利益。④ 当然民主理论家更为担心的是倡导群体权利会威胁到公民的个人权利和自由。在这方面，长期的专制主义被压迫经验的确有很大说服力，倡导群体权利容易当成侵犯公民权利和自由的最好借口，因而人们普遍认为，民主社会中"个体的首要性"应得到坚守，只有个体才是权利的正当所有者。⑤

这种简单的个体权利与群体权利两分法表面上看起来似乎有道理，其理由在于民主的首要价值是捍卫公民个体的自由和平等，任何民主宪法都无一例外地声称公民的基本权利应该得到尊重，而不论他是来自何种阶层或族群。而承认有群体差别的权利似乎更关注群体而不是个体的生存状态，不少学者认为任何附带有强烈的集体主义或社群主义倾向的群体权利主张都容易威胁到公民的个体自主性。金里卡（W. Kymlicka）认为人们之所以抱有这种对群体权利的偏见，主要源于对群体权利不做区分地加以批评，漠视了群体权利内部的两种不同要求：第一种为"内部限制"要求，其目的在于保护群体免受内部不满的破坏性影响；第二种为"外部保护"要求，其目的在于保护群体免受更大群体外部决定的破坏性影响。在这两种要求中，只有第一种才有可能会成为统治者以维护群体价值和秩序为名运用国家权力限制

---

① J. R. Pennock, *Democratic Political Theory* (Princeton：Princeton University Press, 1979), p. 314.

② Iris Marion Young, "Deferring Group Representation," In *Ethnicity and Group Rights*：*NOMOS XXXIX*, ed. Ian Shapiro and Will Kymlicka (New York：New York University Press. 1997), p. 354.

③ Irene Diamond, *Sex Roles in the State House* (New Haven：Yale University Press, 1977).

④ Carol M. Swain, *Black Faces*, *Black Interest*：*Representation of African Americans in Congress* (Cambridge：Harvard University Press, 1993).

⑤ P. E. Trudeau, "The Values of a Just Society," in *Towards a Just Society*, ed. Thomas Axworthy (Toronto：Viking Press, 1990), pp. 363 – 364.

和压制个体自由的借口。而第二种涉及的是族群之间的关系，或者说小族群寻求通过限制较大群体的决定以保护其利益要求，承认"外部保护"的权利可以降低少数族群易受多数族群的经济或政治支配、甚至社会破坏性的影响，使各个群体处于一个更为平等的地位。① 从这个意义上，为少数群体保留特殊的代表权，可以避免在做出涉及教育、移民、资源开发、语言等全国性重大决策时忽视少数族群的利益，确保少数族群的声音得到有效传达。为了真切理解族群的真实需求，支持者主张他们的代表必须来自于他们的族群，因为他们共享着特定的经验、利益和价值。正如菲利浦斯（A. Phillips）所说的那样，"无论多少思考或同情，不管多么认真或诚实，都不能跨过经验的障碍"②，这种情境化的描述性优势可以从民主的审议过程中得到充分的展现。

二　族群沟通与社会团结

描述性代表还被认为是一种有利于促进社会团结和增强族群信任的主张。当今各国的文化和族群是多元的，据鲍尔丁（Elise Boulding）对世界上159个国家的统计，至少生活着651个现存语言群体和6876个种族群体，只有极少数的几个国家公民共享着同一种语言，或者属于同一个种族－民族群体（ethnonational group）。③ 这些不同的族群——尤其是移民人口较大的民主国家——承载着不同的文化、传统和生活习惯。如果不能提供一种有保障的描述性代表权，那么占据从数量或经济上优势的多数族群在选举过程中很容易取得压倒性的胜利。所以，尽管存在民主选举程序上的公正，但还是会形成事实上的支配与排斥，使政治系统中处于不利地位的群体越来越处于被压迫和被边缘化的境地。杨（Iris Marion Young）认为，"在一个其中某些群体享有特权而另一些群体受压迫的社会中，坚持认为人们作为公民应该超越他们的特殊关系和经验而去接受一般性观点，只会有助于强化特权，因为

---

① Will Kymlicka, *Multicultural Citizenship: A Liberal Theory of Minority Rights* (Cambridge: Cambridge University Press, 1996), pp. 34 – 48.

② A. Phillips, "Dealing with Difference: a Politics of Ideas or a Politics of Presence?", *Constellations*, 1 (1) (1994): 74 – 91.

③ Elise Boulding, "Ethnic Separatism and World Development," in *Research in Social Movements, Conflicts and Change: An Annual Compilation of Research*, Vol. 2, ed. Louis Kriesberg (Greenwich, Conn.: Jai Press, 1978), pp. 259 – 281.

特权者的观点和兴趣将趋向于支配单一标准的公众，从而压制或把其他群体边缘化"，这也是为什么在今天的美国，至少下面的群体——妇女、黑人、土著美国人、奇卡诺人、波多黎各人和讲西班牙语的美国人、亚裔美国人、同性恋者、精神上和身体上有残疾的人——都在一个或多个方面受到了压迫的原因。[1] 这种事实上的支配、压迫与排斥，不仅会累积怨恨，甚至有可能引发暴力冲突或社会分裂。

　　主流民主理论承认在现代民主国家中当选国会议员大部分为中产的、相对年轻的、身体健康的、异性恋的男性代表，而且在全体选民中并不具有统计学上的意义。但从民主的实际运作上看，他们认为这些代表的确得到了广大选民包括处于不利地位的少数族群选民的支持，少数族群的权利和利益并没有因为他们的代表不属于黑人、黄种人或不讲西班牙语就漠视了他们的权利要求和利益。相反，一个有远见的政治家会极力去发现并支持不同族群的正当权利主张和利益要求，从而赢利更多的选民支持。因此，单纯的描述性特征并不是最重要的，相反政治家的决策远见、行动力和政治责任感却是代表所必需的重要素质。况且，族群划分标准具有很大的欺骗性，比如在美国探讨非常多的黑人这个族群类别，就模糊了非洲裔族群和加勒比黑人族群之间的深刻区别，而接下来这两类族群又包含各种各样的次级群体。菲利浦斯（A. Phillips）认为，"群体的分类几乎是无法穷尽的，在这种情况什么才算是'充分的族群代表'呢？"[2] 所以，从长远来看，描述性代表的附带性风险是巨大的，过于强调族群差别不仅无法有效地促进社会团结，还会带来日益增多的族群代表权要求从而使群体差别制度化，就"像一块腐蚀物之于金属那样，侵蚀着把我们作为一个民族结合在一起的那些联系纽带"[3]，危及社会团结进而引发社会分裂。

　　这实际上涉及民主作为一种政治过程的争论，也就是说，描述性代表在民主过程中究竟能发挥怎样一种建设性的价值？如果我们承认作为一种政治过程的民主不仅仅是简单的利益聚合，它还包含着公共理由的创生。那么，

---

① I. M. Young, "Polity and Group Difference: A Critique of the Ideal of Universal Citizenship," *Ethics*, 99 (2) (1989): 250–274.

② A. Phillips, "Democracy and Difference: Some Problems for Feminist Theory," *The Political Quarterly*, 63 (1) (1992): 79–90.

③ C. V. Ward, "Limits of Liberal Republicanism: Why Group-based Remedies and Republican Citizenship don't Mix," *The Columbia Law Review*, 91 (3) (1991): 581–607.

我们就应该承认描述性代表在政治沟通上的价值。因为公民个体的价值目标或政策选择或许是理性的，但简单的统计意义上的选票聚合并不一定会达成理性的公共理由。① 民主过程的核心不在于选票的计算，而在于得出对符合公共利益、符合社会长远发展的共同理由。我们不能单纯地指望通过从个体利益展开数量竞争的统计差别来准确地界定和评估公共理由的质量，我们还应该通过更为真实的民主审议使公民偏好发生转变，"使之更符合公共导向的价值目标（public-minded ends），并共同就这些目标的性质以及实现目标的最佳手段进行论证"②。正如没有真切的讨论，习惯用右手写字的代表很难理解左撇子群体的利益视角一样，不同族群之间的利益与要求如果没有真正的民主审议其视角也难以得到代表。因为"在不信任的对话尤其利益尚未明确化的语境下，那些本身并没有与其他群体共享经验的代表所给出的有关他人经验的替代性描述，常常不足以促成真正有效的审议"。③ 所以，在民主审议过程中，具有群体描述性特征的代表可以提供更多的话语交流和信息上的新视角和新见解，而这些视角和见解被视为内生于这个群体并为他们所"广泛分享、确实感受和坚定信奉的"，描述性代表的加入有助于扩大民主审议过程中族群间的相互理解、沟通和信任。

三　政治效能感与合法性

描述性代表被认为具有政治效能感构建的社会意义和增进政权合法性的政治意义。④ 我们知道，描述性首先指称的是一种群体身份。当一个群体长期处于不利境地或者在历史上曾经被剥夺过选举权时，其政治效能感是非常低的。因为长期的权利被剥夺状态，使很多人（包括被剥夺族群）下意识地认为这个群体根本没有统治经验和统治能力，比如在妇女运动和黑人解放

① Jack Knight 和 James Johnson 指出以利益为基础的民主观存在着潜在的非理性，参见 Jack Knight and James Johnson, "Aggregation and Deliberation: On the Possibility of Democratic Legitimacy," *Political Theory*, 22 (2) (1994): 277 - 298。

② I. M. Young, "Communication and the Other: Beyond Deliberative Democracy," in *Democracy and Difference: Contesting in the Boundaries of the Political*, ed. S. Benhabib (Princeton: Princeton University Press, 1996), pp. 120 - 135.

③ J. Mansbridge, "Should Blacks Represent Blacks and Women Represent Women? A Contingent 'yes'," *The Journal of Politics*, 61 (03) (1999): 628 - 657.

④ J. Mansbridge, "Should Blacks Represent Blacks and Women Represent Women? A Contingent 'yes'," *The Journal of Politics*, 61 (03) (1999): 628 - 657.

运动之前很多人认为他们没有统治能力或不适宜统治。在南非"认为黑人是政治的参与者而非政治统治的主体是一种习以为常的观念",正是黑人当选代表在数量上的增加逐渐改变了该地区人们的流行看法。① 而一位阿肯色州的黑人议员提出要致力于帮助黑人在当地选举中获胜,其目的是想打破那些"白人可能抱有的认为黑人不能或不应该在当地政府任职的神话"②,因为这些黑人族群一直被看做"受监护者"或者"臣属种族",没有能力进行自治,需要白人"老爷们"家长式保护。所以,适当地保证这些族群内部成员在议会、法院或行政部门的任职,将在某种程度上重塑该描述性群体的政治效能感,改变多数人对这些群体的社会偏见。与此同时,那些没有获得充分代表权的群体如果看到他们有相应比例的"自己人"在议会、法院或政府履行统治职责时,他们会仿佛自己也参与了决策,政权的合法性支持也将得到有效提升,这种情况在民主政权建立初期有着非凡的意义。也正因为这样,很多国家在民主建国之初,会有意识地安排不同族群的人到政府任职,也会有意识地考虑代表的地区分布和族群分布等问题。

当支配性群体与边缘性群体长期以来形成结构性社会排斥时,描述性代表对于提升边缘性群体政治效能感的社会意义是非常重要的。因为通常来讲,占据社会优势的群体将主导核心价值设定和社会制度安排,而他们主导的价值设定与制度安排会有意或无意地对那些不同意其价值、文化与制度安排的少数族群加以排斥,甚至贬低或歧视。例如在官方语言的使用上,支配性群体如果将自己的语言适用于全国性教育,那些无法熟练掌握这种语言技能的边缘族群的孩子将很难在学习中取得竞争性优势,久而久之这类群体被视为在智力或能力上不如他人,甚至连他们自己也慢慢形成甚至接受这样的看法。③ 而描述性代表的出现将会有利于逐渐扭转这种社会局面,这不仅仅是因为他们的存在可以增加沟通、在公共政策制定中发出他们的声音,而且还会因为他们能带来一种强大的示范或榜样效用,给所有族群、包括支配性群体带来正面而积极的心理暗示。正如女性长期以来被视为缺乏运动

---

① Mack H. Jones, "Black Office-holding and Political Development in the Rural South", *Review of Black Political Economy*, 6 (4) (1976): 375-407.

② Lani Guinier, *The Tyranny of the Majority: Fundamental Fairness in Representative Democracy* (New York: Free Press, 1994), p. 54.

③ 泰勒称之为"自我贬低"(a demeaning picture of themselves),参见 Charles Taylor, *Multiculturalism and the Politics of Recognition* (Princeton: Princeton University Press, 1992), p. 65。

天赋一样，随着女性运动员在竞技场的不断出现，无形之中将不仅对女性、还会对男性的思想和行为产生正面的积极影响。相应地，如果一个黑人议员在国会中表现非常优秀，对增强黑人族群的政治效能感也具有正面而积极的意义。

在构建现代民主国家的过程中，描述性代表一直发挥着重要的作用，只是在许多人不经意间忽视了它存在的意义。比如多数国家在议院的设置上采用两院制，这不仅是因为考虑到要使议会内部应该形成必要的制约，还因为要考虑到代表的地区分布甚至族群分布，确保每个地区或族群都有适当的代表参加到议会中来以提升政权的民主合法性。这些代表的区域性或族群性特征本身就具有典型的描述性意义。在地方性的甚至全国性的选举过程中，为候选人附带上描述性的约束条件（如必须为本地或本国居民、居住年限等等）也是一种常见的制度安排。这种描述性制度安排既是政治忠诚的需要，同时也是赢得更多人支持的合法性所要求的。就像我们根本无法接受由一个外国人成为本国领袖一样，处于不利地位的族群也很难接受在民主政府或议会中没有一个来自于他们族群的代表或拥有与其数量极不对称的政治代表一样。经验表明，支配性族群与从属性族群裂痕越深，就越需要描述性代表来弥合这种裂痕，以打破横亘于支配性群体与从属性群体之间的不信任壁垒。

四　情境主义与制度建构

任何一种描述性代表都是建立在特定的情境主义理由基础之上的。正如我们上面所谈到的那样，强调特定历史、文化或社会情境下少数族群的代表权不仅可以恰当地反映政治共同体内部多元利益的存在，同时还可为少数族群争得实质性利益提供必要的制度性渠道，不管这种利益是已经形成的，还是尚未定型的潜在利益。但是的确这种情境主义具有很大的模糊性，如何界定这些群体？或者说，具有什么样的社会特征或条件的那些群体才能构成其对群体代表权的有效主张？[①] 假使我们找到了一个标准来确定哪些群体可以拥有代表权，他们的代表又应该如何产生？这是描述性代表所不得不面对的

---

① Bernard Gofman 认为，描述性代表在如何得到一个公平的样本，这些样本反映选民何种特征方面所提供的支持和指导上并不清楚。Bernard Grofman, "Should Representatives be Typical of Their Constituents?", in *Representation and Redistricting Issues*, ed. Bernard Grofman（Boston：Lexington Books, 1982）。

难题，也是描述性代表之所以无法替代实质性代表成为民主代表的标准模式的根本原因。

彻底的情境主义可能会走向极端以回避情境主义标准选择的难题，即认为应该使议会成为整体社会的样本，这些样本可以根据随机抽样的方式产生，而且依靠现代统计学技术可以保证社会整体的精确复原。① 我们知道，这种以随机抽样替代竞争性选举所产生的缩微式（microcosmic）代表②，尽管可以满足代表的描述性要求，也摆脱了情境主义标准选择的难题，但却会产生另两方面的代价：代表能力的不足并为政治操纵提供可能。因为，随机抽样选择所产生的代表很可能没有通过竞争性选举所产生的代表那么有能力，很可能代表对公共事务也并不那么关心——他们更关注的是他们个人的事。因为每次的选举都是随机抽样的，代表没有一种积极预期下次他还能被幸运地抽中，所以也不会有产生相应的政治压力与责任感。特别是当他政治能力严重不足时，极容易产生在国会议事中产生消极倦怠情绪或为政客操纵提供可能。所以，我们很难有充分的理由加以判定，通过样本选择的方式将会比通过竞争选举的实质性代表表现得更好、更为专业。况且现代立法或行政作为一种职业，本身就需要一定的天赋和长期的专业训练才能获得，大部分准备致力于此的候选人也都将立法视为自己的终身职业，他们为此已经做了长期的充分努力，我们根本无法预期一个毫无政治技艺的人参与领导或决策能给社会带来更大的繁荣或更为光明的未来。

不那么彻底的情境主义主张通过挑选的方式来应对，即选取那些有强烈的代表意愿要求、现有竞争性选举方式的确无法保证他们的代表能成功当选的那些群体（如妇女、移民或黑人等等）。这种选取方式尽管不那么彻底，但仍然具有一定的可操作性。例如，为了克服其能力上的不足和当选的困难，可通过提供候选资助、重新划分选区的方式，让他们的人口在特定选区

---

① 代表性观点参见：Jack H. Nagel, "Combining Deliberation and Fair Representation in Community Health Decisions," *University of Pennsylvania Law Review*, 140（5）（1992）：2101 – 2121；James Fishkin, *Democracy and Deliberation*（New Haven：Yale University Press, 1991）；Ned Crosby, "Citizen Juries：One Solution for Difficult Environmental Problems," in *Fairness and Competence in Citizen Participation：Evaluating Models for Environmental Discourse*, Vol. 10, O. Renn T. Webler and P. M. Wiedemann,（eds.）.（Dordrecht；Boston：Kluwer Academic Publishers, 1995）.

② A. H. Birch, *The Concepts and Theories of Modern Democracy*（London：Routledge Press, 1993），p. 72；Bernard Manin, *The Principles of Representative Government*（Cambridge：Cambridge University Press, 1997），pp. 109 – 114.

占据多数，以确保他们提出的候选人能够有优势胜出。① 有的国家已经在这方面做了有益的尝试，但这种方式仍然存在着两个缺点：第一，他们可能会失去这个族群在其他选区的影响力，从而在赢得全国性选举中处于劣势，最终可能会得不偿失。② 第二，这种人为的设定将可能导致一种不可化约的本质主义思维取向，即认为只有具备这一群体的内在特征的人才能代表他们。如女人只能由女人来代表、黑人只能由黑人来代表，其背后所隐藏的逻辑是任何一个女人都可以代表女性，男人不可以代表女人，而不论女性之间在政治信念、种族或其他方面有什么不同。显然这种本质主义的思维逻辑与民主所倡导的包容性极不相符。③

的确，民主内在地包括一种对政治平等原则的信奉，但是我们没有办法从这个抽象的内在原则中演绎出一种最好的代表制度。④ 也就是说，尽管我们认可描述性代表存有重要的平等价值，也承认描述性代表是现代民主传统的合理扩展，但我们仍然缺乏一种使之上升为普遍性标准代表模式的正当理由。在运用描述性代表时，我们有必要仔细地加以辨别，慎重地加以使用。同时，我们还有必要打破那种非此即彼的代表类型界限划分，正如现有尝试中为描述性代表增加些实质性竞争因素一样，我们还可以适当地为更广泛使用的实质性代表制度中加入一些重要的描述性因素，努力构建一个更为平等、更为公正、更为合理的现代民主代表制度。最后，尽管立法机关的代表是一个重要途径，但"不能把代表问题全部还原为立法机构的组成问题"，实际上在利益表达机制上还有许多其他重要的形式，如非政府组织、政党或利益集团游说，等等。所以，我们不要仅仅把注意力放到立法机构的组成上，还可尝试从更大范围内为描述性群体获取更为有利、更加平等、更加公正的代表途径。⑤

① Carol M. Swain, *Black Faces, Black Interests: The Representation of African Americans in Congress* (Cambridge: Harvard University Press, 1993), pp. 7 – 19.

② David Lublin, *The Paradox of Representation: Racial Gerrymandering and Minority Interests in Congress* (Princeton: Princeton University Press, 1997).

③ Christine Boyle, "Home Rule for Women: Power Sharing between Men and Women", *Dalhousie Law Journal*, 7 (3) (1983): 790 – 809.

④ R. A. Dahl, *Democracy and Its Critics* (New Haven: Yale University Press, 1989), Chapter 11 – 14.

⑤ Will Kymlicka, *Multicultural Citizenship: A Liberal Theory of Minority Rights* (Cambridge: Cambridge University Press, 1996), Chapter 3, p. 150.

公民自主参选人大代表过程中的
三对关系

何俊志　李夏澍　朱健敏　凌　翔*

摘　要：虽然公民的自主参选对中国地方政治的影响越来越大，但是先前的研究主要还停留在概念争论、个体行动和类型研究这三个层面上。以 2011 年中国地方人大代表选举中的网络数据和面访资料为基础，本文试图通过对自主参选人与自主参选人、自主参选人与地方政府和自主参选人与选民关系的考察，以再现这一选举图景并提出一些基本假设。本文的基本发现是：网络效应和名人效应放大了 2011 年自主参选现象的实际图景；即使在网络效应和名人效应的作用下，当前的自主参选群体仍然以学生、自由职业者和有维权经历者为主；地方政府在表现出高度重视的同时，主要采取的是一种因人而异的策略加以应对；选民在总体上保持冷漠的同时，已经有极少数选民开始对自主参选人提供实质性的支持。

关键词：自主参选人　地方人大　选举

在 2011 年的区县乡镇人大代表选举中，一批人通过新浪微博平台宣布自主参选当地的人大代表，曾经是一个轰动一时的话题。但是，由于各种原因，当选举的帷幕已经渐行降下之际，大多数参选人的经历和命运对公众而

---
* 何俊志，复旦大学国际关系与公共事务学院副教授，李夏澍，复旦大学国际关系与公共事务学院国际关系专业硕士生；朱健敏、凌翔为复旦大学国际关系与公共事务学院政治学理论专业硕士生。

言都仍然是一个谜团。新闻媒体和学术界也极少推出相应的作品，以再现这一选举过程中的重要现象。本文拟以相关的网络数据和访谈资料为基础，结合先前的一些研究文献，通过三对关系的考察，尝试性地提出一些理解当代中国地方选举的关系机制，并进而建立一些与此相关的基本假设，以为后续研究的展开建立某种中介。

一　问题背景与文献回顾

在中国的地方人大代表选举中，自 1980 年开始就已经有法定选民试图以公开竞选的方式获得代表资格。在此后的历次选举中，这种现象也从来没有间断过。不过在相当长的一段时间内，试图公开参与竞选的主要群体，都是大专院校的学生。① 从 2003 年开始，一些基于经济维权而走上政治参与道路的新群体，也开始在深圳和北京的区县人大代表选举中小露身手。2006年县乡人大选举过程中的公民自主参选情况，虽然因为各种原因而鲜为人知，但是已经有研究发现诸如私营企业主、律师和一些国有企事业单位的负责人也已经卷入其中。而高校学生和维权业主也同样在这一轮选举中持续参选。但是，在各种因素的作用下，先前的这些参选活动都是在相对孤立的状态下展开的：自主参选人之间的交流最多限于特定的区域之内，相关的学术研究则主要是对个别案例的描述，关注的重点也是参选人的个人特征和参选动机与策略，较少涉及参选过程中的其他方面。

2011 年的地方人大代表选举中的一个全新现象是：在新浪微博的平台上，四处涌现的自主参选人之间初步形成了某种群相呼应的趋势。自主参选人之间不但在一定程度上实现了跨地域的交流，而且还在微博平台的公共空内带出了范围更加广泛的参选人群。这一空前的现象显然引起了地方政府和有关人士的更大关注，从而再次引起了中国地方选举生态的某些新变化。

令人遗憾的是，除了微博平台之外，我们很难在其他媒体上看到与自主

---

① 程子华：《关于全国县级直接选举工作的总结报告》，载刘政、于友民、程湘清主编《人民代表大会工作全书：1949~1998》，中国法制出版社，1999，第 133~137 页；湖北省县乡两级直接选举办公室：《关于武汉地区部分大专院校少数学生对选举工作反映的情况报告》，载刘政、于友民、程湘清主编《人民代表大会工作全书：1949~1998》，中国法制出版社，1999，第 943~944 页。

参选人有关的报道。在学术研究方面，除浦兴祖最近的一篇学术论文曾触及这一领域之外，同样鲜有相应的成果出版。[1] 对于这一在中国 2011 年的地方政治中曾经引发过各方关注的重要现象，相关学术研究的不足，导致我们至今都还很难绘出一幅相对全面的图景，与此有关的不少方面都仍然还是一些令人费解的"谜团"。

深而究之，对于已经存在 30 多年的自主参选人现象，学术界的现有研究成果也屈指可数，相关的研究仍然停留在比较初级的阶级上。在 2003 年之前，国内外学术界并未充分重视这一研究领域，相关信息仅仅见诸于对中国地方人大选举研究的零星片断之中。[2] 2003 年之后虽然有一些学者在间接地跟进，但是到目前为止，这些研究成果仍然还主要分布在三个比较基本的方面。第一是概念的争论，即对于在中国的地方人大代表选举中涌现出的试图通过竞选的方式取得代表资格的这一群体，到底是应该叫做"独立候选人"、"自荐候选人"、"民荐候选人"，还是"独立参选人"、"自主参选人"等，在纯粹概念的层面上展开了一些争论和探讨。[3] 第二是对一些参选的案例进行初步的描述和比较。除了个案的考察之外，还有一些著作曾经对深圳和北京的竞选现象进行过比较。在描述和比较的过程中，关于参选人的个体信息、参选动机、竞选策略和阻力等，也进行过专门的考察。[4] 第三类研究则试图从政治学的角度对这些自主参选人建立起一套类型学体系，以为变量

[1] 浦兴祖：《"独立候选人"现象辨析》，《探索与争鸣》2012 年第 3 期，第 20～25 页。

[2] Brantly Womack, "The 1980 County-Level Elections in China: Experiment in Democratic Modernization," *Asian Survey*, Vol. 22, No. 3. (Mar., 1982): 261-277. 雷弢：《参与的逻辑——北京选民选举心态与行为追踪研究》，香港：晨钟书局，2009，第 63～66 页。何俊志：《制度等待利益：中国县级人大制度模式研究》，重庆出版社，2004，第 269～271 页。

[3] 夏正林：《对"独立候选人"竞选现象的再思考》，《人大研究》2005 年第 7 期，第 18～21 页。何俊志：《自主参选人的兴起与中国选举生态的新变化》，《复旦政治学评论》（第六辑），上海人民出版社，2008，第 95～111 页。周长鲜：《自主参选人的兴起与人大代表选举制度的新走向》，《四川理工学院学报》2009 年第 3 期，第 15～18 页。浦兴祖：《"独立候选人"现象辨析》，《探索与争鸣》2012 年第 3 期，第 20～25 页。鉴于本人所提出的"自主参选人"概念已经被一些学者所接受，本文仍采用"自主参选人"这一概念。

[4] 唐娟、邹树彬主编《2003 年深圳竞选实录》，西北大学出版社，2004；邹树彬主编《2003 年北京市区县人大代表竞选实录》，西北大学出版社，2004；邹树彬、唐娟、黄卫平：《2003 年人大代表竞选的群体效应：北京与深圳的比较》，《人大研究》2004 年第 1 期，第 10～23 页。唐娟：《公民自主性先选人大代表的动因》，《人大研究》2004 年第 1 期，第 6～11 页。孙龙：《公民参与——北京城市居民态度与行为实证研究》，中国社会科学出版社，2011，第 32～58 页、第 152～160 页。

间的关系建立形成一个初步的基础。① 从上述三类研究中可以看出，对于这一新兴政治群体的研究，学术成果在整体上还没有进入变量思维的阶段，现有的学术成果对于这一群体在竞选过程的变量关系和因果机制还缺乏基本的认识。

为了在现有成果的基础上推进相关研究的深入开展，本文试图以自主参选人为中心，通过梳理自主参选过程中的基本关系入手，从自主参选人与自主参选人、自主参选人与地方政府和自主参选人与选民之间的这三对关系入手，初步建立起一种自主参选过程中的关系机制。在这些关系机制的基础上，本文将提出一些基本的研究假设，以为后续的验证提供某种新的平台和中介。

二　数据来源与样本情况

在 2011 年的中国地方人大代表选举过程中，新浪微博无疑为我们提供了某种新的帮助。正是在新浪微博这个平台上，江西新余的刘萍在 2011 年 4 月 19 日宣布参选的消息才为网络大众所关注。在新的参选人从 5 月初开始不断跟进的趋势下，我们于 5 月 25 日开始通过新浪微博对自主参选的信息进行了长时段的跟踪，这一过程一直持续到 2012 年 3 月 25 日。在信息收集阶段，我们通过关键词搜索、关注自主参选本人的微博、转帖相关参选信息和多人分工收集信息的方式，一共收集到了全国范围内共计 217 位在新浪微博上宣布要参选地方人大代表的参选人信息。

在第二个阶段上，我们的研究团体通过会议讨论和在线访谈的方式，进一步收集到部分参选人的详细信息。2011 年 7 月 10 日，我们在复旦大学召开了一次以"独立候选人"现象为主题的学术研讨会。这次研讨会邀请了部分上海地区的选举研究专家和自主参选人与会，就全国范围内的参选现象和自主参选人的经历进行了初步研究，会议同时还整理出了一份其他地区的参选人的相关信息。此后，在线访谈的工作则直接在新浪微博上进行。访谈的主要内容是参选人的基本信息和参选状况。由于各种原因，我们没有做到对所有参选人的全面访谈，不过，由于部分参选人高度配合，我们在这一工作中还是获得了不少直接和间接的信息。

---

① He Junzhi, "Independent Candidates in China's Local People's Congresses: A Typology", *Journal of Contemporary China*, 19 (64), (March, 2010): 311 –333.

在第三个阶段上，在上海地区全面进入选举投票之前，我们则主要进行了两个方面的工作。一是对部分自主参选人的参选过程进行直接观察，并在观察的过程中随时提问。二是在选举投票结束之后，对愿意接受访谈的参选人进行面访，以获得与参选有关的更为全面的资料。

通过上述三个阶段的工作，我们收集到了两个层面的资料，即线上资料和线下资料。显然，两种资料并不对称：线上资料是全国性的，但层次较浅；线下资料则只覆盖上海，但层次较深。

基于这种资料分布的现实，本文集中研究的是上海的自主参选人情况，而全国性的资料则作为背景和参照框架外置。在上海的面访阶段，我们一共集中采访到了8位自主参选人的基本情况。因此本文所使用的主要资料，都以对8位参选人的面访资料为基础。基于学术伦理，我们对8位访谈对象都进行了编码处理，分别将他们编码为 A－H。

表1　2011年全国范围内的自主参选人的基本身份信息

总数	年龄分布	性别比（男/女）	学生	媒体工作者	企业中层管理人员	律师	教师	公益组织
217	18～78 岁	165/44	37	25	18	12	9	5

资料来源：根据新浪微博信息整理。上表上反映我们能够收集到的信息。

表1反映出，就全国范围而言，学生、媒体工作者和企业中层管理人员，构成了三支主力军，而教师和公益组织的成员也占有一定比例。应该注意的是，这一信息只反映的是新浪微博上的相关信息，而无法反映出在现实中进行竞选而没有在微博上发布信息的那些群体的基本情况。

表2　2011年自主参选人的参选经历

	总数	有维权经历者	实际参选人数	初步候选人数	正式候选人数	当选人数
全国	217	49	104	39	6	2
上海	19	2	8	4	1	0

资料来源：根据新浪微博信息整理。

新浪微博上所反映出的数据表明，在微博上声称要竞选人大代表的这一群体中，只有不到一半的人实际上在线下开展过竞选活动。一半以上的人实际上只是在网上竞选，后来就因为各种原因而退出。这些人的网上竞选虽然也有可能对现实产生某种影响，但由于缺乏本人的实际行动，从而也不可能形成现实之中的竞选关系。

表3　上海地区8位访谈对象的职业分布

无业	公益组织	企业中层	律师	作家	学生
2	2	1	1	1	1

资料来源：根据新浪微博及访谈信息整理。

与全国性的数据相比，有一个比较奇怪的现象是，媒体从业人员在全国范围内占有较高的比例，但是在上海地区则没有发现有媒体从业人员宣布要竞选当地的人大代表。我们所发现的两位在上海宣布参选的案例，也是在上海宣布要参选浙江和安徽某地的人大代表。不过，除了媒体从业人员外，全国范围内的其他主要参选人群，除农民以外，都在上海地区有所反映。

表4　上海地区8位访谈对象的参选历程

经历	有维权经历者	实际参选	初步候选人	正式候选人	当选
人数	1	4	1	0	0

资料来源：根据新浪微博及访谈信息整理。

在我们的访谈对象中，一个明显的特征是，有维权经历者的参选人数不如全国的比例高。所有竞选群体的经历则与全国的情况类似。为了提高本研究的信度，本文选取的作为竞选群体的三组关系，以期通过对特定地区的研究而启发对其他地区的相关研究。

三　自主参选人与自主参选人

与先前的自主参选明显不同的一个现象是，在2011年的地方人大代表选举中，网络平台在客观上为自主参选人提供了某种示范机制，而一些名人宣布参选又放大了这一效应。尤其是后来在新浪微博上宣布参选的群体，有一部分人本身就是在微博上受他人的影响和示范之后而宣布参选。事实上，在我们的访谈对象中，C、D和F在先前根本不知人大代表选举为何物，也很少关心自己是否还有参选的机会。C是在长期上访维权无果之后，开始在网络上四处发帖作为自己的发泄渠道。作为他发帖的重要阵地的新浪微博出现了有人参选的信息之后，尤其是在看到 A 的网络竞选资料之后，他才在网上声明："鉴于被某法院非法剥夺了一切生存条件，为维护下岗工人合法权益，如可能，决定参选户籍所在地人大代表"。D 也是在微博上看到其他参选人的信息之后，才"突然发现人大代表挺适合我"。F 则虽然已经有 28 岁，但"连选票都没有见过"，是在网上看到"广州那里有个大学生参选，有上千人联名推荐他"之后，才动了自主参选的念头。

　　在先前的自主参选人对后来者形成了某种示范作用的同时，地区内外的自主参选人之间也形成了某种交流、参考和学习机制。C 刚宣布参选，就有人主动在微博上联系他，并且从外地给他寄来了很多参选资料。G 也是在微博上与北京和其他地方的参选人进行沟通之后，才发现其他参选人与自己之间的目的和策略都不一样："他们有理想，但和我的理想不一样。他们的问题党和政府听听就可以了。你触及不到实质的核心问题。"A 和 B 先前也并不认识。A 在先前有过失败的参选经历，B 则首次参与选举。在宣布参选之后，双方不但在微博上相互关注和交流，而且还共同参与了一些与竞选有关的论坛。F 则是从河北一位网友处得知，上海有位 A 在自主参选之后，就开始与 A 联系并咨询有关选举的细节。此后双方不但在微博上交流竞选经验，而且还通过电话谈及选举的细节。

　　在 8 位受访对象中，除 B、C、D、H 四位在上海出生外，其余四位均来自外地，其中只有 F 没有取得本地户籍。非常有意思的是，A、E、G 都来自于 J 省。在先前的历届区县人大代表选举中，J 省一直有人在试图公开竞选。我们发现，在 2011 年的选举中，在北京、深圳、杭州等地涌现出的自主参选人中，也有不少人具有 J 省的籍贯。而在上海参选的 A，最初也是受 J 省中的 Y 的影响，才逐步萌生参选念头。在 2006 年的区县人大代表选举中，Y 还曾专程来上海观察过 A 的竞选。E 在 J 省读书时，所在的学校也曾经出现过自主参选人，而且还曾经专门思考过当时的自主参选人落选的原因。在上海宣布参选之后，由于 A 和 J 都来自于同一省份，双方之间很快就建立起了交流关系。虽然二者之间的交流还并未进入到相互协作的层面，但是双方之间信息沟通也曾经对各自的参选策略产生过影响。

　　我们在这里的一个基本的发现是，在 2011 年的区县人大代表换届选举中，自主参选人之间的关系主要体现为示范和交流。由于大多数的自主参选人都没有出现在同一个选区，因此所有的自主参选人之间都不存在竞争关系，而主要是基于共同的目的而形成的示范效应和交流机制。唯一例外之处是，在 B 的选区同时也有一位没有在网上参选，但实际上开展过竞选活动的自主参选人。这位参选人虽然曾经对 B 的参选表示赞同，但是当 B 试图与他联系以建立某种共同的竞选策略时，此人却一直避而不见。

由于在现实之中联系较少，自主参选人之间的示范和交流还主要局限于网络交流。除了 A 和 B 曾经有过面对面的交流之外，大多数自主参选人之间都处于在网络上发布本人信息、观察和收集他人信息并在可能的情况下相互交流有关情况。即使是 A 和 B 之间，也并没有形成过共同的策略和相互之间的协作。另外一个值得重视的现象是，在同一个城市之中的外来移民中，省籍情结已经开始在当前中国的地方选举中初步显现。身处同一城市且具有同一省籍的参选人之间更有可能在网络之外建立起某些交流和合作机制。可以预测的是，在大规模的公共参与活动中，除了共同的理念、经历和利益联系之外，省籍情结很可能成为联结成员之间共同行动的纽带。

四　自主参选人与地方政府[①]

当自主参选人于 1981 年出现在中国的地方政治舞台之际，中央政府最初并没有发出明确的指示，而此前 1979 年的选举法倒是明确地为自主参选人的自我宣传提供了法律依据。此后，1982 年的选举法虽然抹去了有关自主参选人自我宣传的法律条文，但是，当自主参选人再次于 1986 年出现之时，中共中央办公厅和全国人大常委会办公厅则专门发出过紧急文件，要求地方政府"严格依法办事……不得采取由领导或上级指定候选人、强迫群众投票的做法，也不得拒绝将选民依法提出的候选人列入初步候选人名单……不得搞形式，走过场"[②]。自此之后，我们已经很少在公开出版物中看到过中央层面上就选举问题所发的专门指示和通知。在 2011 年的地方人大代表选举中，除了众所周知的全国人大常委会法工委的负责人在接受中央电视台记者采访时声称"独立候选人的提法没有法律依据"之外，并没有在公开的出版物中看到中央有关部门的指示和通知。

---

① 本论文使用的地方政府均为广义概念。
② 中共中央办公厅、全国人大常委会办公厅：《关于县、乡两级换届选举工作一些问题的紧急通知》，载刘政、于友民、程湘清主编《人民代表大会工作全书：1949～1998》，中国法制出版社，1999，第 942～943 页。

在全国范围内，就自主参选人与地方政府的关系而言，明显地体现出了因地而异的局面。有些地区的地方政府明显对自主参选人的出现采取了严格的政策，另外一些地方则表现出了较为宽松的姿态。即使是在同一地区之内，似乎不同的区域之间也呈现出了细微的差异。其中最为明显的差异就是，地方政府对于同一地区出现的自主参选人，采取了一种因人而异的策略。

在我们所访谈的 8 位参选人中，实际上在参选过程中最为幸运的就是 C。据 C 称，他本来是一家国有企业的职工。20 世纪 90 年代企业改制之际，企业为员工提供了两条出路：一是接受单位统一安排，去外地工作；二是接受微薄的生活费，然后回家等待通知。C 选择了后者，开始四处找工作，甚至还在国外工作过。2006 年回国以后，才发现原企业已经被另外一家大公司兼并，但是新公司已经不承认与他之间存在劳动关系了。在与新公司交涉不成之后，C 开始诉诸于诉讼。但不幸的是，从一审二审再至高院，C 一直都输。此后 C 走上了持续上访维权的道路，并且一有机会就在网上发帖，宣泄自己的不满。2011 年 5 月份涌动出的参选潮，终于让 C 看到了新的机会。他在微博上高调宣布，要以维护下岗职工权益的名义参选。为了扩大自己参选的影响，他后来还公开接受了"美国之音"的采访，并且主动将接受采访的情况告诉了原来的承办法官。而就是在这次采访之后，地方法院开始主动找他谈判，希望他"提高政治觉悟"，并最终以庭外和解的方式，向他"补偿"了 8 万元人民币。而 C 也同时保证再也不会参选和发布过激言论。至于 C 本人在选区范围内的实际参选行动，则是"没有宣传，只是跟周围的乡里乡亲之类说了一下"。

与 C 相反的是，A、G 和 H 则明显地感受了来自地方政府和单位的压力。在自主参选方面，A 在此前已经有过两轮参选经验，在本轮选举的创新之举则是专门请了律师做顾问，同时在整个选举过程中也一直保持高调作风。同时，据某些工作人员透露，A 似乎还有过以私人身份接受某国外非政府组织资助出境，并且还有过与外地的自主参选人接触的记录。另外，据 A 称，由于居委会的误解，他与居委会之间的关系似乎也有紧张的一面。A 的高调和履历为他的竞选带来的第一个明显的不利之处就是，凡是他贴出的竞选海报，很快就会被撕掉。据 A 称，当他动员了共计 33 位选民联名，并上交写满 33 名联名者姓名的 4 张表格之后，受理联名的工作人员先是说其中有 4 人属于重复提名，而且 4 张表上的名单也不能累加。当 A

的选民联名推荐表因有选民"书面承诺撤回签名"而没能成为初步候选人之后,他再次提出,要求了解本选区的范围。但是,他的这一要求并没有能够得到选举委员会及其工作机构的正式答复。A为此而采取的下一个极端措施是,开始到市人大常委会信访并提出抗议。尽管这一抗议曾经让当地的选举机构一度陷入被动,但是A最终仍然没有得到相应的答复。而且在投票日连观察计票过程的机会也没有。A虽然没有能够顺利当选,甚至连初步候选人都没有能够进入,但是,据A及当地的工作人员透露,地方政府曾请过一个专门的团队、甚至从外区请来专家,以专门应对A的参选。与A类似的是,H刚在微博上宣布参选不久,据称他自己不但明显地感觉到有人在调查他,而且当地的税务部门也开始到他的公司查账。H则在随后立即宣布退出竞选。G虽然也只是在网络上发布了参选宣言,但是不久就感受到了来自单位内部的压力,最终在上级的要求下主动公开宣布放弃参选。

B、E和F的经历则介于二者之间。就参选的历程而言,B在宣布参选之后一直坚持走完了整个竞选过程。作为一名公司的中层管理人员,无论是B在微博上的竞选宣言,还是后来独自开设的竞选网站,都没有受到来自地方政府和单位内部的压力。他最初在一些公共场所所张贴的竞选广告,似乎也没有受到明显的损毁。B在参选过程中受到的唯一明显的压力,是当他试图在自己居住的小区进行竞选宣传时,居委会主任开始带人阻拦,双方甚至还出现了争吵,最后以B收回了自己的竞选广告而结束。此后B以个人身份在各种场合所做的选举调研和自我宣传,也并没有受到明显的干扰。而且,B也是我们采访的8位参选人中唯一进入初步候选人名单的参选人。不过,B后来还是在协商产生正式候选人的环节被协商下来,最终也只得到了极少的选票。E在被人联名作为初步候选人而提出之后,被告知其选民关系应该在居住地而不是单位。E的竞选过程也就此结束。F则因是外地户口需要转移选民关系,在选民关系转移之后又已经过了期限,最终也没有能够真正参选。

上述三种类型的经历表明,相对于某些省份而言,上海的地方政府采取的是一种相对中性的策略来应对自主参选人的兴起。这里既没有出现过明显地忽视法律的直接打击性行为,也没有采取过某些省份曾经出现过的限制参选人的人身自由的现象。但是,地方政府也没有采取一种将自主参选人与其他参选人一视同仁的政策,而是以一种相对容忍和区别对待的方式来应对自主参选人的兴起。具体而言，那些曾经有过维权经历，与国外有着某种联系，并且在选举过程中采取高调策略，提出诸如民主、自由、人权等抽象诉求的自主参选人，更容易引起地方政府的重视。与此相对应的是，那些曾经在参选过程中受到过严厉对待的自主参选人，也更容易采取极端策略；那些受到了相对宽松对待的自主参选人，则或多或少采取了某种与地方政府合作或者退让的策略。但是，已经开始有人在选举过程中将参选当做与地方政府讨价还价的筹码。

五　自主参选人与选民

与自主参选人和地方政府的高度介入相反的是，选民在整体上则仍然对自主参选人的出现维持了一种相对冷漠的态度。这种冷漠的态度既表现为一些自主参选人在寻求选民联名时的难度，也表现为选民最终对那些自主参选人只投出了极少的选票。在 2011 年的地方人大选举中真正值得重视的地方在于，已经有极少数选民开始在关注并以某种独特的方式支持自主参选人。

广大选民对自主参选人的冷漠态度，在我们所访谈的 8 位参选人身上都得到或多或少的体现。A 在整个竞选过程中最大的感受，并不是制度或政策不好。在他看来："中央没有明确说打压，也没有一个允许的表态，都是地方自己在搞。"他在落选之后一再哀叹的倒是："选民对人大代表选举太不关心了，选民不投你的票才是最大的问题。"F 在做出竞选决定之后才发现，"我身边的同学、朋友都不了解这一点。刚开始给他们说这个事情的时候，他们对我要去竞选人大代表都很惊奇。我跟他们说，你们知不知道只要你这个选区有十个人推荐你，你就可以成为代表候选人。他们都说不知道。"而当他回原籍地转移选民关系时，所遇到的情况也是"很多亲戚都当面骂我，说我不应该去参选。他们认为生活条件已经这么好，过好自己的日子就可以了"。而 C 虽然把竞选当做某种工具，他实际上也很清楚，"中国人绝大多数是不关心的，几个人坐下来一本正经地谈这个事情，人家就觉得好像很奇怪……你谈这个人家一点也听不懂。公民权利意识完全没有，或者是非常少。所以这条路很难走得通。"

但是，在走完了整个竞选过程的 A 和 B 身上，也看到了部分选民的积极参与。在 A 的竞选过程中，他自我总结本轮竞选的重要特征之一，就是"我明显感到赞成我的选民的数量越来越多"。而且，主动帮助他参选的律师也表示，"我对 A 是全力支持。他在上海雇律师拿 1 万块钱雇不到。我是免费为他服务。"这位律师不但参与了 A 的全程竞选，甚至还在关键环节与 A 共同设计了抗议策略。B 在微博上宣布参选并专门制作参选网站之后，还发出了募捐号召。这个号召吸引了 1500 元的捐款。这些捐款的数额相对较少，因为 B 希望大家的单笔捐款不要超过 100 元。这一数额反过来则说明参与捐款的人数不能算少。与北京地区的另一位参选人通过拍卖而进行筹款的方式不同的是，B 则纯粹声明只是为竞选而筹款，而且不会给捐款人提供任何交换物。B 的这一经历至少表明，已经有一些选民愿意为参选人的竞选活动提供小额捐助。B 的竞选过程中另一值得关注的现象是，一直有志愿者在主动为 B 提供帮助。而一位长期提供帮助的志愿者的动机则是"我上次看到他在那里发名片，就看了一下，然后感觉他的想法还是有点先进性，反正一个人嘛，就这么多东西，就帮一帮"。在 B 因散发竞选广告之事而与居委会主任发生争吵之时，也有围观选民主动站在 B 一边，并且当场公开声明："我那次在登记的时候就说要推荐他，居委会问我听谁说的，我说我为什么要告诉你啊，我们就要选他。"后来在 B 为了获得更多支持还在教堂、社会服务中心等地进行书面的选民意见调查时，同样得到了偶遇选民的高度配合。

另外一个测度自主参选人与选民关系的指标是选民的最终投票。根据现行选举法的规定，即使对于那些没有列入候选人名单的人，选民也可以用"另选他人"的方式投票表示支持。在我们所访谈的 8 位候选人中，由于没有一位进入正式候选人，选民的支持就只能以"另选他人"的方式进行。由于某些选区并没有完全公布所有人的得票情况，我们在这里无法知晓每位候选人的得票，仅就公开的情况而言，曾经开展过广泛的活动，并且一直坚持走完竞选过程的 B，最后的得票也只有 35 票。这一现象表明，至少在投票环节，目前的选民对自主参选人的支持度还非常有限。但是，同样值得重视的另一个现象则是，选民在对自主参选人的兴趣不高的同时，选举投票的参与率也在持续走低。虽然各地公布的人大代表参选率都在 90% 以上，但是这一数值却已经在呈下降趋势，而近年来的一些民意调查数据却表明，实际参与投票的选民，最高只有 60% 左右，最低则只有 25% 左右。①

① 孙平平：《1995 年以来中国公民的人大代表选举参与》，载房宁主编《中国政治参与报告（2011）》，社会科学文献出版社，2011，第 79～92 页。

六　结论

尽管曾经轰动一时，但是地方人大代表选举过程中的自主参选现象现在已经从公众的视野中消失。与先前的一时轰动和来去匆匆相比，2011 年的自主参选现象中两个新的特征，实际上主要表现在网络平台的推动和部分名人的介入。前者让先前孤立的一起参选群体开始在网上建立起联系机制，并且让部分参选人通过网络而获得了外来的交流与支持。后者则不但让那些参选的名人更出名，而且还带出一些先前不知选举为何物者偶然发现自己的被选举权。

网络效应与名人效应的结合，虽然曾经引起过各方的高度甚至是过度的关注，但是，在今天看来，参与游戏的各方似乎都还没有找到让中国的政治参与有序展开的道路。217 位人士在网络上宣布参选，其实只是一个非常少的人群试图发出某种声音的尝试，而实际投入参选的只有 104 人同样表明，某些人只是为了表达而并不追求行动。虽然那些走完了整个过程的参选人曾经引起过各方的高度关注，但是在偌大的中国政治中毕竟还只是一个小概率的事件。

通过对这些少数人的自主参选的线上观察和深度访谈，我们的三个基本发现可以概括为：第一，在 2011 年的地方人大代表选举中的三大参选群体，仍然是学生、自由职业者和有维权经历者。如果说学生的参选极具中国特色的话，自由职业者和有维权经历者在选举过程中的主动表达，则是一个各国选举过程中的普遍现象。这一轮自主参选群体的构成中，虽然出现了一些更广泛的人群，但是基本的群体并没有发生太大的变化，新增人数主要来自于自由职业者。只不过是网络平台为参选人之间的交流提供了更多的机会，但是这种交流还没有全面发展到现实之中的交流和共同行动。第二，在地方政府高度重视的背景下，绝大多数参选人都没有能够走完整个竞选历程。但各地政府在处理过程中明显表现出了因人而异的做法。对那些有维权经历、与国外有联系、具有一定社会声望和诉求较为抽象的参选人，明显采取了较为严厉的策略；而对那些没有维权经历、与国外没有联系和诉求较为具体的群体，则相对宽松。第三，广大选民在整体上仍然对自主参选人保持着较为冷漠的态度，不过已经有部分选民开始以各种方式在支持自主参选人的行动，而且这种支持不以地域为限制。

就我们收集到的数据而言，在全国范围内，自主参选人主要出现在城市地区，而且人数的多少与城市的规模和城市的经济发展程度有着较强的相关性。无论是全国还是某一个城市而言，那些在外地出生而在当地取得了户籍的人口越多的地方，自主参选人的数量也相对越多。那些高等学府越多、第三产业越发达的地方，自主参选人的数量也相对较多。同样明显的另一个现象是，维权群体在整个自主参选人中所占的比重，也一次比一次多。

由此我们基本上可以预测的是，随着中国城市化程度的提升和人口流动现象的增多，在今后的地方人大代表选举过程中，大中城市的公民自主参选现象会越发增多；这些新兴的自主参选人之间通过各种媒介而展开的交流活动也会增多。但是，在地方政府对自主参选的态度和行为都没有发生根本变化、且选民的投票参与率在持续走低的背景下，选民的心态和行为是否会发生新的变化，则需要做进一步的观察和探讨。

2011 年上海人大代表直接选举观察报告[*]

邱家军[**]

摘　要：选举观察是落实宪法规定的选举监督权的重要形式。本文以 2011 年上海人大代表直接选举的团队参与式观察为基础，描述了选举管理的具体组织结构、选民登记的主要原则和技术手段、选区划分与代表名额分配的基本措施、候选人提名的方式及操作程序、代表候选人与选民见面的基本形式、投票计票的不同方式与秘密写票处的配置等数个层面的具体情形，以期为进一步完善人大代表选举的程序，建立独立、公正、透明的选举体系做参照。

关键词：选举观察　直接选举　人大代表

一　选举观察的理据及组织结构

从 1953 年 7 月到 1954 年 5 月，在全国范围内开展了中国历史上第一次

---

* 本文是国家哲学社会科学基金一般项目"领导干部公推直选的模式和操作程序研究"（项目编号：09BZZ002）、教育部人文社会科学基金青年项目"优化人大代表选举程序的实证研究"（项目编号：09YJC81005）和上海市教委科研创新项目"上海落实城乡同比选举县乡人大代表的分层研究"（项目编号：20112824）的阶段性研究成果。
** 邱家军，同济大学政治与国际关系学院教师。

规模巨大的基层人大代表选举。① 最近的一次区县、乡镇两级地方人大代表换届选举始于 2011 年 7 月，到目前为止已经基本结束。这样，我国地方人大代表选举已经经历了近 60 年。在这个过程中，选举的程序和规则也随时代的发展进行了一些改革和完善，但是作为规范整个选举过程的一个重要组成部分——选举观察制度（election observation system）——在我国还基本上没有建立起来。②

选举观察是一种选举监督（election monitoring）的重要形式，通常由一些中立的人士、国际选举观察团或者非政府组织组成，选举观察活动并不能直接防止选举舞弊，而是记录和报告这种情况。目前的选举观察，越来越多地着眼于整个选举过程的观察即长程观察（long term observation）而不仅仅是在投票日观察（vote day observation）。③ 欧安组织（OSCE）制定的选举观察手册认为，选举观察应当涵盖选举观察的原则、架构、准备、法律及制度文本分析、选前观察、选举管理部门监察、选民登记和选区划分评估、政党和候选人登记监察、竞选活动监察、投票、计票、选举结果监察、传送和宣布观察报告等方面的活动。④ 选举观察起着非常重要的作用，特别是在那些向民主转型的国家，选举观察及其所发挥的监督作用既能够让疑虑重重的公众对整个选举过程的公正与否有一个基本的判断，又能够增强选民政治参与的效能感，促进他们依靠法律和政治途径来解决冲突，而不是诉诸暴力。⑤

我国宪法规定："全国人民代表大会和地方各级人民代表大会都由民主选举产生，对人民负责，受人民监督。"⑥ 这是选举观察和监督活动的宪法依据。选举法规定："全国人民代表大会和地方各级人民代表大会代表的选举，应当严格依照法定程序进行，并接受监督。任何组织或者个人都不得以任何方式干预选民或者代表自由行使选举权。"⑦ 这是进行选举观察和监督

① 刘政：《中国历史上第一次规模巨大的普选》，《中国人大》2002 年第 12 期。
② 中国选举制度改革研究课题组：《建立中国人大选举观察制度》，世界与中国研究所，http：//www. world – china. org/newsdetail. asp？ newsid = 3355。
③ UN, *Declaration of Principles for International Election Observation and Code of Conduct for International Election Obsevers* （New York：the United Nations，2005），p. 6.
④ OSCE, *Election Observation Handbook* （Warsaw：OSCE/ODIHR，2005），pp. 7 – 81.
⑤ 中国选举制度改革研究课题组：《建立中国人大选举观察制度》，世界与中国研究所，http：//www. world – china. org/newsdetail. asp？ newsid = 3355。
⑥ 《中华人民共和国宪法》，第 3 条。
⑦ 《全国人民代表大会和地方各级人民代表大会选举法》，第 34 条。

活动最直接的法律依据。但是法律上所规定的选举监督，其监督的主体——人民——并不是一个可操作性的规定，如何监督即监督的程序及具体方式也缺少法律规定。观察员到了选举观察点的时候，选举工作人员也提出了这个问题。与此同时，他们也隐含地道出了建立中国选举观察制度的必要性，有工作人员说："你们来看，我们什么都不敢动了。"① 也就是说，如果有切实可行的法律依据以及比较成熟的选举观察制度的话，中国的选举操纵就可能无处遁形了。

本次上海区县、乡镇人大代表换届选举观察的规划始于 2011 年 3 月下旬，到 2012 年 5 月下旬基本结束。选举观察以上海市杨浦区五角场镇作为主观察点，虹口区、嘉定区、宝山区、松江区、浦东新区和崇明县的部分地区作为辅助观察点。

杨浦区下辖 11 个街道办事处和五角场镇人民政府。11 个办事处都是区政府的派出机关，只选举区级人大代表。五角场镇属于一级政府，是杨浦区唯一选举区级人大代表和镇人大代表的单位，因此五角场镇的选举观察具有重要意义。研究人员组织了 9 位研究生、6 位本科生共计 15 人作为观察员进入五角场镇选举委员会办公室及各选举工作组和选举工作小组进行选举观察。

为做好选举观察，研究人员共组织了三次选举观察培训。每次培训都针对下一阶段的主要任务而展开，增加了选举观察的实效性。

二　叠床架屋式的选举工作机构

选举工作机构并不像选举法和地方人大代表直接选举实施细则规定的那样简略。可以这样说，宪法、选举法、实施细则构成了一个祖孙三代似的法律体系，但是在具体实施过程当中，都是尽量以孙法取代父法和祖法。由于缺乏独立性，选举工作机构成了一种各种实权部门都想参与其中并且随时准备从中分一杯羹的一口大锅。也正是由于这种组织形式，使得选举工作机构成了一种一直在协调各种选举矛盾的"选举争议协调委员会"。② 当内部权力竞争、矛盾纷呈的时候，就由把关者根据情势的需要而不是法律的规定随

① 某街道办组织科长随口说出的一句话，2011 年 9 月 16 日，观察员 WXX 记录。
② 上海某区选举委员会主任，2012 年 1 月 6 日，观察员 QXX 记录。

机进行应变和处理。

根据观察，五角场镇的选举管理和组织机构按照管辖范围从大到小降序排列，至少包括以下 12 个组成部分。

1. 中共中央。

2. 中共全国人大常委会党组。

以上两个机关是掌管整个人大代表选举进程的点火装置。其过程大致如此：中共全国人大常委会党组研究确定人大代表选举的时机成熟后，随即向中央发出关于全国县乡人民代表大会换届选举工作的请示报告，中央研究批准以后，以当年中发文件的形式转发中共全国人大常委会党组关于做好全国县乡两级人民代表大会换届选举工作的意见，这就是县乡人大换届选举正式启动的标志，2011 年就是以中发 4 号文《中共中央转发〈中共全国人大常委会党组关于做好全国县乡两级人民代表大会换届选举工作的意见〉的通知》的形式批转的，通知要求各省、自治区、直辖市党委，中央和国家机关各部委，军委总政治部，各人民团体党组认真执行并要求各级党委高度重视，加强领导，精心做好工作，保证县乡换届选举工作的圆满完成。随后全国各地的县乡人大换届选举陆续启动。从这种发动选举的形式来看，换届选举是党的重要工作之一，其直接责任团体则是各级党委及党组。

3. （上海）市人大常委会。

4. 市设区县乡镇选举工作委员会。

5. 区、县选举委员会。

6. 乡镇选举委员会。

7. 区县、乡镇选举委员会办公室。

本次人大代表换届选举，在市人大常委会的领导下，上海市设立了（市级）区县乡镇选举工作委员会（这是一个新设的管理机构，往届人大代表换届选举没有这个机构），指导区县和乡镇人大代表的选举工作。区县和乡镇分别设立选举委员会。区县选举委员会由 15～29 人组成，由各政党、各人民团体和有关主管部门的人员参加。区县选举委员会组成人员，由区县人大常委会任命。

区县选举委员会组成人员主要涵盖区委组织部、宣传部、区纪委、区政法委、区人大常委会、区人大办、区政府办、民政、财政、公安、检察、司法、工会、妇联、团委、各民主党派区委主委和副主委等。区选举委员会一般由 1 名主任、3 名副主任（其中 2 名分别兼任选举委员会办公室主任和副主任）和 20 多名委员构成。下面是杨浦区选举委员会组成人员表。

表 1　上海市杨浦区选举委员会组成人员表 *

主任	CXX	区人大常委会主任、党组书记
副主任	CXX	区人大常委会副主任、党组副书记兼选举委员会办公室主任
	YXX	区人大常委会副主任,区总工会主席、党组书记兼选举委员会办公室副主任
	QX	区委组织部副部长、区编办主任
委员（以姓氏笔画为序）	WXX	区民政局党委书记、局长
	WXX	区委政法委副书记、区综治办主任
	LX	区政府办公室主任
	LX	区财政局局长、党组书记
	LXX	区委宣传部副部长、区新闻办主任
	LXX	区人大常委会代表工作室主任
	SXX	区司法局党委书记、局长
	YXX	区人民检察院副检察长
	LXX	九三学社区委副主委,区科委副主任、区信息委主任
	LXX	区纪委副书记、监察局局长
	WX	台盟区委主委,上海交通大学医学院附属新华医院中医科主任
	WXX	农工党区委主委,区老年医院院长
	ZX	区公安分局政委
	ZXX	区人民法院副院长
	ZXX	区总工会副主席
	CX	致公党区委主委,同济大学环境科学与工程学院环境科学系主任
	SXX	民进区委主委,区教育局局长
	JXX	区妇联副主席
	HXX	区委办副主任,区委政策研究室主任
	HXX	区委统战部副部长、区侨办主任
	HXX	民革区委副主委,上海弘凌机电设备有限公司董事长
	HX	民建区委副主委,定海路街道办事处副调研员
	CXX	团区委副书记
	HXX	区人大常委会办公室主任
	DXX	民盟专职副主委兼秘书长

　* 观察员 QXX 收集整理。

　　乡镇设立的选举委员会，在区县人大常委会的领导下，主持本级人大代表的选举。乡镇选举委员会一般由 1 名主任、3 名副主任和 10 余名委员组成。杨浦区五角场镇选举委员会由下列人员组成（见表 2）。

表 2   五角场镇选举委员会组成人员表 *

主任	LX	镇党委副书记
副主任	ZX	副镇长
	CXX	党委委员、副调研员、居民区工作部部长
	WXX	副调研员、人大专职工作人员
委员 (以姓氏 笔画为序)	ZXX	五角场(集团)有限公司党委副书记
	SXX	总工会副主席
	YX	党委委员、党群工作办公室主任
	ZXX	社会事业发展办公室主任、宣传统战负责人
	ZXX	副调研员、纪委副书记
	HXX	社会治安综合治理办公室主任科员
	YX	派出所所长
	HXX	社会服务和社会保障办公室主任
	CXX	副调研员、综合党委副书记

* 观察员 QXX 收集整理。

经镇党委研究，五角场镇又成立了由镇党委书记、人大主席 NXX 任组长的镇选举工作组（源于上海选举法实施细则的规定），全面负责这次区、镇人大代表换届选举工作。与此同时，从镇纪委、党政办、组织科、宣传科等部门精心挑选人员作为镇选举委员会办公室成员，并成立了组织组、事务组、秘书组、宣传组、联络组、登记组等六个工作小组，由处级干部任组长，实行责任到岗，分工到人。

8. 选举工作组及选举单位（不同于间接选举的选举单位）。

9. 片区党委。

10. 居委会。

11. 选区选举工作小组。

12. 选民小组。

上海市区县人大代表选举期间，经区县选举委员会批准，街道、乡镇、企业、事业单位或者有关主管部门均设立了 5～13 人的选举工作组，作为区、县选举委员会的派出机构，负责所辖选区的两级代表选举工作。

在街道和乡镇，一个选举工作组包含数个选举单位，而那些在街道和乡镇管辖权范围之外的大型企事业单位，一个单位本身就构成一个选举单位。

在这样的选举单位中，也设有选举工作组。所以选举工作组和选举单位既有相同之处，又有不同之处。

选举单位的设置是单位中国的特色。这里的选举单位不同于人大代表间接选举时的选举单位。间接选举时，区县以上的各级人大是上级人大代表的选举单位。这里的选举单位一般是以某大型企事业单位或者某党委系统为基本依据而建立起来的方便管理的"组织"，一般一个选举单位包括 3 ~ 5 个不等的区级人大代表选区。选举单位的构建有利于候选人提名时不同组织之间"以大吃小"格局的形成，这既有利于组织意图的实现，又方便了选举操纵。①

比如上海科技管理学校选举单位，由上海科技管理学校、上海水产集团总公司党校、上海海洋大学高职学院等单位联合组成。② 这个选举单位下辖三个组织，这样就大大增加了代表候选人选择的自由度。再如五角场镇某区级人大代表选举单位是将某大型企业和学校、居民小区等数个单位组合成一个选举单位，代表候选人就分别由企业和学校来出，这样就轻而易举地挤掉了居民小区的代表权。

杨浦区全区共有 36 个选举单位和 134 个选区。可以这样说，选举单位建制的主要目的就是方便管理和组织操纵。

片区是介于乡镇和居委会之间的一个准政府机构。一个片区下辖 5 ~ 7 个居委会。在五角场镇，片区是区人大代表选举单位（大选举单位），居委会是镇人大代表选举单位（小选举单位，此处大小选举单位不同于上述 36 个选举单位，这里是对区、镇代表选区的简称）。五角场镇共有 2 个企业选区、7 个片区即共 9 个区人大代表选区和 43 个居委会，63 个选举镇人大代表的小选区，763 个选民小组。镇党委书记、片区党委书记、居委会党总支书记是换届选举的第一负责人。

上海市在乡镇人大代表选举期间，经乡镇选举委员会批准，村民委员会、居民委员会、企业事业单位可以设立 3 ~ 5 人的选举工作小组，负责本选区的选举工作。选举工作小组由区、县选举委员会委托选举工作组批准，报区、县选举委员会备案。

选区成立选举工作小组，由有关单位派员参加，负责本选区的选举工

---

① "以大吃小"这个表述是某街道办光工委书记所言，2011 年 9 月 26 日，观察员 BKK 记录。
② 《上海科技管理学校选举单位认真组织人大选举工作》，2011 年 10 月 14 日，http://www.sfgc.com.cn/html/news/news/22753.html。

作。选举工作小组的组成人员主要包括居委会党总支书记、居委会主任、镇派机关联络员、民警和居委会一名工作人员。以表 3 为例。

表 3　五角场镇区镇人大代表选举工作教师公寓（居民区）选举工作小组组成人员名单*

组成人员	姓名	现任职务
组　长	LXX	居委会党总支书记
副组长	QXX	居委会主任
组　员	CXX	镇党委委员、副调研员、居民区工作部部长，镇机关下派联络员
	LX	民警
	LXX	居委会文教人员

* 观察员 WX 收集整理。

选民小组是选举工作的最基础性管理机构。一个选民小组一般由 40 位左右选民组成，选举工作发动的时候，由居委会指定 1～2 名临时召集人召集选民，当选民被召集在一起的时候，多数通过鼓掌通过的形式使这些临时召集人成为选民小组长和副组长。选民小组长要及时通知居民楼组长（有不少小组长本人就是楼组长），请后者召集选民参加会议并花费一些必要的钱用于"统一思想"上。①

根据要求，一定要在每个选民小组配备一名居委会干部，以便全程跟踪选举活动。为了避免一些不必要的麻烦，各选举单位、选举工作小组、选民小组等要分开分块开会，由各居委会书记亲自主持，按时间节点紧密排块，尽量缩短开会时间，布置好任务之后会议随之结束。会议通知要到位，至于选民来不来是选民自己的事。②

下面是整个选举组织架构的简图。从总体上来看，整个选举管理机构根本就不是一个中立的组织者，而是一个上级意志的执行者，甚至有些组织机构还是法律上没有的。徐汇区选举委员会一位领导说，目前这种架构就叫做"党委领导，人大主办，各方配合"。值得注意的是，这些管理机构都是选举观察员能够看到的显性管理机构，至于没法看到的隐性管理机构到底有哪些，只能等待更进一步的研究去发掘了。

---

① 某居委会片区书记讲话，2011 年 10 月 14 日，观察员 WX 记录。
② 某街道办书记讲话，2011 年 9 月 21 日，观察员 WX 记录。

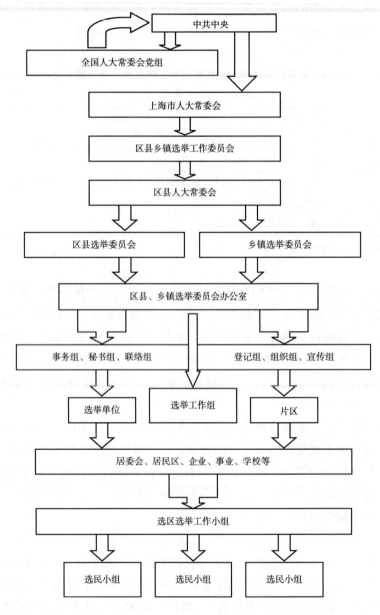

图1　上海区县乡镇人大代表换届选举管理机构模式图

从具体操作过程来看，选举法及实施细则上讲的是一套，做的是另外一套；领导讲的是一套有关民主选举的冠冕堂皇的话，做的是另一套处处以设置民主选举的障碍为目的的事情。可以这样说，整个选举组织架构几乎成了一个表面秩序依然、内部纷争不断、矛盾不时涌现、民主处处切断的奇妙结合体。

三　选民登记乱象

选举法及实施细则将选民登记放在选区划分之后。实际上这会给选举工作带来很大麻烦。大多数地方都是按照选举法的规定将选民登记放在选区划分之后，也有一部分区、县先登记选民再划分选区。

这次选民登记贯穿了"三为主"的原则：有工作单位的以单位为主，退休无单位的以居住地为主，企业注册地与经营地分离的以生产经营地为主。总体上是以单位为主，这样主要是为了方便管理。

在选民登记之中，观察员发现主要存在以下几个方面的问题。

一是选民登记的人口基数标准不一。

选举法第二十六条规定，选民登记按选区进行，经登记确认的选民资格长期有效。但是选举法并没有规定选区的选民是按照常住人口还是按照户籍人口来计算。比如五角场镇常住人口为 17.89 万，户籍人口为 10.49 万，按照户籍人口登记的选民仅有 53868 名。如果按照常住人口来登记选民的话，差不多要达到 10 万名选民（因为以农民工为主体的流动人口大多是符合法定年龄标准的成年人），前后相差近 1 倍。就这样绝大部分流动人口就被剥夺了在流入地的选举权和被选举权，实际上在流出地他们的选举权也基本没有保障，更遑论被选举权了。

目前因为各方意见不一，流动人口的选民登记主要以户籍地为主并采取委托投票的形式，但是流出地却希望他们到居住地登记。现在是按照户籍人口而不是按照常住人口分配代表名额，主要是由更深层的原因——户籍制度加上经济利益等方面的原因所造成的。虽然部分选区也派人到农民工户籍所在地去开居住地资格转移证明并为部分流动人口参选创造了条件，但这主要是帮助这些企业的老板当选人大代表所采取的临时措施。比如在虹口区，非户籍人员非常多的象山集团，选举办协助企业为外来人员集体办理居住地资格转移证明，为象山集团转移过来几千人选其老板当代表。

二是选民登记主体控制严格，有可能剥夺部分选民的资格。

选民登记的主要工作包括两个层面，一是登记录入，二是检查核对。

在录入阶段，绝大部分选民都没有机会主动登记，基本上都是各单位负责登记并在选民不知情的情况下决定是否将其列入选民名单。按规定要把选民登记公告贴出来，要求选民网上登记，但是选民大多认为代表选举没有意义，因此很少有人去主动登记。徐汇区的一位居委会书记说，通知发出后，最后时间快截止了，只有两个人进行了网上登记。因此，绝大部分选民登记均非选民主动地自愿登记，基本上都是被动地被单位登记。居委会选民名单录入工作基本上都是由居委会的工作人员来完成的，不对外公开，也不接受协助。

自主参选的选民（一般称作独立候选人）对于选民登记比较关心。当然，选举组织部门对于独立候选人的选民登记更加关心。不过他们采取了种种措施，尽量不让独立候选人成功地在有可能当选的选区进行选民登记而已。

浦东新区的独立候选人刘生敏参加了三次代表选举。刘在选民登记时，他不知道自己在哪里登记，先被登记在某一选区。按照规定，27 日为选民登记时间，刘先生在网上进行登记时，网上显示他的户口所在地为花木街道，而且上面的地址只写了门牌号，没有具体的街道地址，而刘先生的实际户口所在地为塘桥，花木街道的工作人员打电话给刘先生说因为刘的户口所在地不在花木，就把刘先生的登记给删掉了，但刘先生网上查询后，显示的却是登记成功。这样的结果就是刘先生既不能在花木街道参选，又不能在塘桥参选，即丧失了选民资格。后来刘先生通过给市委领导、全国人大写信和向法院投诉的方式终于获得了在居住地进行选民登记的机会，但是选委会还是成功地阻止了他当选，最后刘获得了 31 票。静安区的独立候选人王正是一名私营企业主，拥有 17 家工厂，1 万多名员工，选委会为了避免他的员工选他，将他登记到了和静安区法院、检察院工作人员在一起的选区。

检查核对的主要目的是排查"剥权人员"。然而到底哪些人员属于剥权人员局外人却不得而知。因为参与排查筛查剥权人员的部门实在太多，包括党委、人大、政协、财政局、人事局、民政局、信息委、公安局、检察院、法院、综治办、监狱、国安、妇联、宗教办、××办、街道办和居委会等20 多家部门。

因为上一届（2006 年）有近 200 个剥权人员参与选民登记，至少 70～80 人登记成功，鉴于上一次的经验，所以这一次对于剥权人员的控制特别严格。比如某区 2006 年的选民登记率为 96.54%，参选率为 84.46%，到了 2011 年选民登记率为 95.84%，参选率为 83.76%。选民登记率与参选率均下降了。据说市领导看了这个数据很不高兴，因为这种登记率与参选率的"双降"有可能让外界理解为民主的含量下降了。但是选举工作人员解释个中缘由之后，领导的面部表情就阴转晴了，因为"过关了"。据了解，这一次选举，各区县乡镇均出现了这种登记率与参选率"双降"的趋势。[①]

三是选民登记技术标准不一，不少地方出现了"漏登、重登、错登"等现象。

虽然选举办在进行信息录入与核对工作时，会将发现信息有误的表格反馈至居委会再行填写，以确保"不错、不漏、不重"。同时针对本次人大换届选举选民登记的新技术要求，由信息委牵头，组织街道、镇相关干部进行 POS 机使用培训。但是仍然出现了一些"漏登、重登、错登"等情况。观察员发现了以下几种比较常见的情形：①户口已迁出数年在外就读的，社区还在登记其选民资格并发放选民证。②已毕业回上海数年，或自谋职业、或自主创业、或档案挂靠在人事代理或劳动代理机构的，部分人没有获得选民登记机会，也未拿到选民证。③有些退休人员既被登记在社区投票，又被登记在原单位，并且在社区与原单位都得到了去参加投票的通知。④由于人、户分离，人、企分离，单位经营地与注册地分离（三个分离上海总体上约占 50%）等原因给选民登记带来的困难，某区 1 万多家注册的单位，参选的仅有 1000 多家。⑤各区虽然主要按照户籍人口数来进行选民登记，但是为了争取更多的代表资源，所使用的标准却大不相同，比如现在流出人口比较多的静安区，是按照 1997 年户籍人口数来计算的，因为那时候静安区的户籍人口数较多。而流入人口较多的杨浦区、虹口区、嘉定区、浦东新区则尽量采用较新的户籍人口数据，这样就有可能增加代表名额。

四是"四不像"似的选民登记比较常见。

选民登记与选举法的规定分流，少数选民被登记在与"居住状况、生产单位、事业单位、工作单位"四类法定划分方式均不符的选区。这

[①] 某区人大常委会办公室主任语，2012 年 3 月 26 日，观察员 QXX 记录。不过据观察员了解，实际的选民登记率和投票率远没有选举委员会公布的那么高，一般来说，选民登记能达到 50% 就不错了，高登记率和高投票率是最后做出来的数据。

样做一是为了方便戴帽选举和组织提名，比如将某单位党委书记登记到与以上法定标准均不符合的选区，每个区这样登记的选民并且能够获得组织提名因而能够成功当选代表的有 40～50 人不等。二是为了提高选民登记的工作效率。为了提高工作效率和掌握实时实有人口数，不少选区甚至反其道而行之，放弃网络登记，目的是将即时实有人口数精确到一个星期，这样每调整一个人口数居委会领导干部有 1 元钱的奖励，因为显得"准确了"。因此也出现了重复登记，有一个小区 5000～6000 人重复登记了，还有一个区级单位身份证号有 20 多万对不上，估计也是制造出了一些身份证号，因此至少也有 20 多万元被官员因选民登记而自肥了。

值得一提的是，有的单位认真使用了 POS 机进行选民登记，这样就挤干了水分，使得基层官员没有办法谎报，既防止了重复登记，又提高了效率，还便于选举工作机构掌握进度，提高了参选率、登记率的准确度，但是这种情形因为断了某些官员的财路，所以能不能进一步推广，还有待进一步观察。

再如，为了掌握更多的资源，各选民登记单位都不会忘记与之有各种关系的领导，有一位领导有四个单位登记了其选民资格。企业登记选民主要涉及代表候选人的构成，大多是党员还是非党员的问题。

从总体上看，选民登记没有一个统一的标准，而是根据怎样有利于组织选举就怎样登记选民。如果发现与代表名额分配情况表等登记的情况不同，党委工作人员也不会过分在意，登记和实际情况可以不符，党委和相关单位、企业等可以通过总体内部协调来解决。

四　选区划分及动态调整

一般来说，选区划分先根据乡镇街道编制进行行政切割，然后按照居委会再进行行政切割，接下来按照居住地和单位再进行必要的切割，最后再由选举委员会根据需要进行动态调整。调整的结果就出现了联合选区、混合选区、独立选区等这些选举法里根本就没有出现的选区划分方式。根据上海人大代表直接选举实施细则，机关、团体、企业、事业单位，产生一名以上代表的，可以划分为一个或者几个独立选区；选民人数少且性质相近的机关、团体、企业、事业单位，可以几个单位划为一个联合选区，也可以和其所在地居民委员会、村民委员会划为一个混合选区。实际上，各区都是以联合选区和混合选区为主，约占选区总数的90%，以独立选区为辅，约占选区总数的10%。这样也方便了选举委员会"从总体上把握"。

人大代表选举历来就没有选区范围和人大代表名额分配的公告。这些都是选举委员会内部掌握的，因为选区不时会有一些调整，主要目的是规避那些具有竞选倾向的独立候选人，使他们搞不清自己到底属于哪个选区。不公开人大代表名额分配的主要目的就在于可以根据形势发展的需要将那些戴帽代表调整到他们能够保证当选的选区，同时也可以规避独立候选人。比如选举委员会发现某选区独立候选人是共产党员，就会安排本选区选举工作小组选举一位非党员从而轻而易举地将独立候选人的参选梦击碎。

五角场镇在本次人大换届选举工作中同步开展区、镇两级人大代表选举工作。大选区划分为123～131选区选举区代表（大选区），其中123、124是企业选区，125～131是居民区选区，共7个片区。每个片区管辖居委会5～7个，共43个居委会（小选区）。大选区产生区代表；小选区产生镇代表。区、镇代表选区编号规则不同。区用三位数表示，镇用五位数表示。比如区为125选区、126选区。镇为大套小，比如125-01选区，125-02选区等。

按照选举法及实施细则的规定，本行政区域内各选区每一名代表所代表的人口数应当大体相等。但是在实际运作过程中，根本就没有严格执行这一规定。上海的选区划分采用了"基数+户籍人口数+大小街道协调"的基本原则来划分选区，并且尽量把单位和居委会混在一起，多搞联合选区和混合选区，以便"以大吃小"。

复旦大学的两个学生选区，7000～8000人选1个代表，教工选区2000人选2～3个代表，街道也基本是2000～3000人选1个代表，企业可能7000～8000人甚至上万人也是选1个代表，这样看来，选民和代表的比例差距可以达到7～8倍甚至更多，根本就不是什么大体相等。

据某区选举办的一位领导所言："各选区选情不同，使用的选区划分技巧也不同，这样的结果就是没有悬念的选举。"这显然违背了公平选举的原则，也是对公民平等选举权的践踏。

对于那些人户分离的选区来说，很多情况下选民不知道自己到底属于哪个选区。在梅花村，观察员观察到人户分离的现象比较严重，观察员问了在户外的一些居民，直到投票前三天，他们也没有几个知道自己到底属于哪个选区。到了投票日，就有一些选民到投票站去闹，对于选区划分提出质疑，但是居委会书记和选民小组长、楼组长早就做了准备，对于那些来闹事的人逐个进行解释，后来总算说服了他们回家。

整个选举过程中共有五个公告：选民名单榜公告、初步候选人公告、正式候选人公告、选民名单补正榜公告、当选代表公告，但就是没有至关重要的选区的具体范围和人大代表名额分配的公告。这显然是一个避实击虚的策略。表面上看起来好像很有序，很民主。实际上给给人们看的都是无关紧要的内容，关系民主核心与本质的东西大都秘而不宣。

五　候选人提名及代表名额分配

候选人提名包括初步代表候选人提名和正式代表候选人提名。在推荐初步代表候选人之初，镇党委书记兼人大主席就强调：要确保组织下派的候选人选举成功。

2011 年 9 月 16 日，五角场镇组织各选区工作小组、选举单位负责人和联络员举行了区、镇人大代表换届选举组织工作培训会议，明确了人大代表候选人提名推荐阶段的主要工作任务、要求和注意事项。培训会议结束后，各选举单位立即召开选民小组长动员会议，结合实际，对选民 10 人以上联名推荐区、镇两级人大代表候选人工作进行了部署，层层落实。

成立选民小组的第一步是确立谁是选民小组临时召集人。某些代表名额给谁，这都是事前"戴帽"的，各选民小组召集人开会就是为了"统一思想"。分块区，按时间节点召集选民，目的就是为了"统一思想"。在居民区，选民按楼栋 40~50 人分为一组，由楼组长或组团式服务的指定"志愿者"担任临时召集人。选民小组选民数差别较大，平均 40~50 人，最多750 多人。事前指定的召集人将各组选民召集在一起。

选举委员会要求，这些召集人必须做到心中有数，认清到底让谁做陪衬人员以后再召集选民开会。在确定陪衬人员时，一定要核对清楚是党员或非党员；一定要找能够"统一思想"的、"说得通"的人（平时比较活跃的人，例如那些主动而非指定的"志愿者"等尽量不能让他们成为陪衬者）；一定要注意陪衬人员的姓氏笔画是不是在居委会主任的姓氏笔画之后（镇代表选举），要确保主任最终成为当选者。在区代表选举之中，本选区内职位最高的候选人一定要排在代表候选人名单的第一位，其他代表候选人的姓氏笔画要比排在第一位的代表候选人渐次增多。

临时召集人召集选民参加选民小组推荐会。选民小组推荐会有两项议程：第一项是推选各选民小组组长，实际上不少选民小组就是默认选民小组临时召集人为小组长，也有少数选民小组临时召集人没有成为选民小组长。选民小组长的产生一般是由小组的某位选民提名，经鼓掌通过。第二项是推荐初步代表候选人，那些没有当上选民小组长的召集人一般首先会让小组长提议推荐谁做初步代表候选人，小组长大多会先征询选民的意见再提出推荐人名单。但是绝大多数居委会选区的选民和小组长都不会主动去推荐，这时候召集人就会推荐几个人，然后问大家是否同意。没有人反对，就代表赞成。也有相当一部分选区（主要是居委会选区）选民小组长的产生方式是：默认各居民楼楼长为选民小组长。在没有告知其他选民的情况下，直接通知楼长来参加选民小组长会议。

选举组织部门强调，要精心组织，做好提名推荐初步代表候选人的工作。部分单位在向选民介绍初步代表候选人应当具备的资格时，明确提出要选举什么，不能选举什么。显而易见的是，初步代表候选人介绍颇不规范。比如某些居民小区，可以明显看出，到场人数不足选民小组人数的1/3，而且多数是老年人。多数选民根本不清楚也不关心推荐候选人的过程与程序，大多是选民小组长按照上级要求的推荐人让选民签字同意。多数选民对此没有异议，他们认为政府推荐的候选人是好的，还有部分选民认为无论选谁都无所谓。当然也有少数选民对此提出异议，要求介绍候选人的基本情况等，但由于人数较少，基本上没有得到组织人员和选民的回应，也就根本无法影响内定候选人的推荐。

譬如，浣纱四村属于杨浦区第129-40选区，按要求要选出1个非党员的候选人。组织上安排了SXX（汉高集团董事长）和XXX（延吉幼儿园园长）为区代表候选人，ZXX（居委会主任）为镇代表候选人。在推荐过程中，出席的选民一般都是七八十岁以上的离退休老年人。组织者把定好的候选人名字写在推荐表上，除了少数人以外，基本上都签了字表示同意。

华东政法大学的一位辅导员负责学生选区的选举。他说，他是按照上面传递给他的信息，然后到下面来召集选民的，他对这种做法也觉得不妥，但是上面要让他们必须执行下去。据这位老师说，组织选举活动既耗时又耗力，代价很大，但是"实际效果很清楚，上面是有指向的。这些候选人是内定的，我们尽量去实现上面的要求"。这位辅导员说，候选人提出来后早就和我们辅导员说好了，宣传的时候要注意，但是只能口头通知，没有正式的文件。他认为，虽然说这是一个不真实的选举，但是形式很正式，所以很多人就说这是"假选举，真形式"，这可把我们执行的人害死了。所以选举法规定得越严密越细致，对于执行的人、搞形式的人来说就越是苦不堪言。投票的很多大学生是第一次参加选举，对于他们以后的影响非常大，等投完票他们对于制度的信任立即就丧失了，而且我们执行的人对制度的信赖也大大降低。

选民10人以上联名推举初步代表候选人，先推荐区代表候选人，再推荐镇代表候选人。在推荐过程中，居委会出席的选民一般都是老年人。组织者把定好的候选人名字写在推荐表上，然后请选民签字。绝大部分选民甚至都没看清楚候选人的名字就匆忙签字了事。观察员询问选民为何这样匆忙签字，选民们说：这不都定好了吗？选谁还不都是一个×样？

以下述三个观察模块的推荐会为例：第一块包括第1、2、28、29四个选民小组，共有选民168人，实际出席35人；第二块包括第3、4、5、6四个选民小组，共有选民193人，实际出席40人；第三块包括第7、8、9、10四个选民小组，共有选民159人，实际出席24人。总体来看，选民出席率一般在15%～20%，最少的只有选民小组长1人出席，少数可以达到80%以上，最多可以达到100%。镇初步代表候选人提名时代表候选人基本上都是居委会主任。

9月16日至20日，五角场镇选举区人大代表的9个大选区和选举镇人大代表的63个小选区的763个选民小组完成了初步代表候选人的推荐工作。10月26日，区、镇人大代表初步候选人名单在同一天分别张榜公布。各选民小组再次分别召开选民会议，根据初步候选人公告名单，讨论代表候选人情况，进一步听取选民意见。

2011年10月27日至11月13日这一段时间都属于推荐确定和介绍代表候选人的。主要工作包括：动员发动、组织选民推荐代表候选人；酝酿、协商、讨论、确定正式代表候选人；宣传和介绍正式代表候选人。

下面是几个小区（以居委会为主的选区，产生镇代表）从初步候选人到正式候选人的数量：A 小区初步候选人是 5 人，正式候选人 1 人。B 小区初步候选人有 13 人，正式候选人有 1 人。C 小区初步候选人 1 人，正式候选人有 1 人。D 小区初步候选人 4 人，正式候选人为 0 个。

下面是选举区代表的某选区的情况。

某（片）选区：有选民 7000 多人。

第一次，根据本选区的情况，推荐初步候选人，比如本选区教育、企业占的比重大，希望每个行业都能推选代表。在推选的过程中，各个行业都非常积极地推举自己的代表。比如中学教师就认为应该多选老师做代表，小区的除了大力推举居民代表外，还认为附近的几个幼儿园对小区发展太重要了，他们大力推荐幼儿园老师做代表，企业则认为企业界为该镇的发展做出了非常突出的贡献，应该多推选企业界的代表，这样一来，推出的初步候选人有 30 多个。

第二次，选区选举工作小组把各个选民小组长召集到一起，再次重申对候选人的条件要求，不可能三个候选人都是企业或者教育或者小区的，大家要再做考虑，这样第二轮推上来，人数就减少到 18 人，但任务依然很重，因为正式候选人只有 3 人。

第三次，把每一个企业、学校、居民小区的联络员都召集在一起，大家协商。结果联络员都互不相让，学校的老师解释说自己推选的校长、老师非常优秀，得过很多大奖，工作、人品都很优秀，绝对要推上去；企业的联络员说自己的老板对员工多么关心，为杨浦纳税多少，也一定要推上去；相对而言，小区里倒很老实，没有太费力争取。经过激烈的争论和协商后，到了 4 个人，但是正式候选人只有 3 人，最后，居民小区又做了让步，3 个正式候选人企业 1 人，教育行业 2 人。企业的 1 人主要是因为本选区必须要有一个非党员，不得不选他。

从初步候选人到正式候选人酝酿协商的基本规则是：

一是受本选区候选人结构的限制，就是一定要寻找符合条件的对象。比如根据要求，甲选区要有 1 名企业代表，乙选区要有 1 名非党员代表，丙选区要有 1 位女代表，等等。在选区中要选出什么样的人，上面都已经安排好了。因为之前就有一个计划，民主党派占多少，中国共产党党员占多少，各种身份应该占多少，等等。如果选委会认为选区候选人结构不符合要求，就要求重新安排。

二是候选人的参政议政能力，比如愿不愿意为选民服务，有没有时间为选民服务，身体状况是不是允许，等等。

三是虽然并没有公开的明确要求，必须在某选区把某个人必须选上，但是某个由上级"戴帽"的代表如果在甲选区经过做工作也选不上的话，就会将其调整到最有可能当选的乙选区，这些调整一般来说都是需要动脑筋做工作的。某选区的书记说："我问过街道领导，某某人是不是一定要确保成为候选人"，当时在场的街道领导和工作人员没有人回答她。但是如果一定不能确保的话，也不会有强制的命令或者要求，只不过将这个"戴帽"代表候选人调整到另一个选区而已。

据一位人大机关工作人员透漏，今年选举投诉最多的是选民"不知道正式候选人怎么产生"。主要是协商程序不规范，协商范围很小，协商结果不通报，选民没有知情权。从初步候选人到正式候选人的确立，在酝酿协商会议上，只有选民小组长和选举委员会的组成人员能够参加会议。在这个协商会上，大量不符合要求的初步代表候选人会被轻而易举地拿下来。这一次杨浦区人大代表选举，选民提名的初步候选人经过各单位选举工作小组筛查后（没有被筛查前的选民推荐的初步候选人总数无从得知）还剩下2684名，再经过"反复讨论、协商"，最后确定正式代表候选人454名，被拿下的超过83%。至于如何酝酿、讨论、协商选举法则没有规定。更有甚者，为了控制提名，有的部门干脆连协商也省掉了，不让人家提名，自作主张。

上海规定政党与人民团体提名不能超过15%，所提名的候选人每一个区40~50人不等，只限在区里提名，不会放到选举单位和选区提名，这些组织提名的代表候选人基本上都是拟任新一届政府的各党政机关要员。组织提名只放在有把握的选区，思想活跃的单位比如复旦大学、同济大学等是不会放进来的，有把握的大多属于乡镇和街道，也有的街道在接到组织提名的候选人之后感到不满，选举委员会的领导就会给其单独做工作，如果实在做不通，就另换一个选区。每一个区出现这种做不通工作的数量都很少，基本上为1~2人。

组织上安排区、镇代表候选人的时候，上级会电话告知片区书记应选候选人的名字，这是这一次选举观察看到的落实组织提名的新方式，以往大多是在各乡镇街道党委书记、党工委书记或者街道办主任、副主任参加的选举工作预备会议上，由人大常委会的副主任直接读出各单位应选组织提名的代表名单，让与会人员直接记下来并提出保证当选的要求。如确有必要调整，则由一位负责选举的人大常委会领导给相关选举单位负责人进行一对一的协商，局外人是看不到的。

选举法第三十一条规定，选民小组讨论、协商，根据较多数选民的意见，确定正式代表候选人名单；对正式代表候选人不能形成较为一致意见的，进行预选，根据预选时得票多少的顺序，确定正式代表候选人名单。选举部门的工作人员有人指出，选举法的规定是有问题的，比如什么是较多数？一个人算不算较多数？而对于代表候选人不能形成一致意见的，采用预选最好，也最公正，但问题的关键是没有办法把握预选的结果，最主要是担心有的独立候选人出来预选，当然，没有专门的预选经费也是问题之所在。

这一次候选人提名，不论初步候选人还是正式候选人，都对那些独立候选人颇为忌惮。观察员提及这个问题的时候，有四位党总支书记都说在其管辖的小区内，没有独立候选人，原因是因为所有想参选的人都在组织推荐的范围内，怎么会有独立候选人呢？他们认为出现独立候选人的情况是想参选的人不知道自己属于哪个单位才会独立去参选的。还有几位书记回答，"如果出现独立候选人，这就存在着拉票的问题，是不合法的呀。"据了解，各区都对这个问题十分谨慎，主要是没有哪个区县，哪个领导愿意承担这个风险。不过，这一次上海出现的几位独立候选人，各区除了采取一些必要的防范措施防止其成功当选之外，"始终没有动他们"①。

关于一些独立候选人借用网络宣传自己，观察员采访了一位人大官员，这位官员说："网上宣传，公开宣称参选毫无意义，只会对他们自己有害。网上看的不是选民，自己的选民看不到自己在网上写的东西。要想当代表，就要为选民做事。把这些独立候选人放进正式候选人也当不上。"不管这位官员说的是不是真心话，但是他所说的"要想当代表，就要为选民做事"确实是一句大实话，但是这句话不能理解为"当了代表，就必然为选民做事"。

初步候选人提名的时候，所有的选民包括独立候选人都有机会参加提

---

① 某区选举办主任语，2012 年 3 月 26 日，观察员 QXX 记录。

名。但是到了正式候选人提名的闭门协商会时，所有的候选人都没有机会参加。选举组织机关定谁就是谁。所有的选举观察员均提出申请参加正式候选人提名会议，但是绝大部分都遭到拒绝（15 个有 14 个遭到拒绝）。多数拒绝方式比较委婉，有的拒绝方式颇不友好。只有一位观察员参加了嘉泰小区和海上硕和城两个地方推选正式代表候选人的选民小组长会议（两处程序一样）。会议上，先由选委会派到选区的一位组织人员按照顺序挨个简要介绍候选人，然后让选民小组长举手表决并通过。在公布正式候选人名单之前，除了这次举手之外，没有任何提出异议的机会。据另一位浦东新区某街道选举办公室工作人员介绍，他们连举手表决都没有。组织人员念了一下正式代表候选人名单，然后问各选民小组长有没有意见，结果没有一个人发言，组织人员说，好的，协商就这样了，大家都同意，随后就散会了。

镇代表选举的初步代表候选人提名，人大代表候选人基本上是居委会主任。到了正式代表候选人提名的时候，某片区书记收了一份材料，要求其交至上级部门审核，其中包括选民对某居委会主任列为正式候选人的意见及选民签名。据了解，有 30 余人签名反对，90 余人怕惹麻烦不敢签。选民将反馈意见交给书记，还要求书记写了收条，证明材料已交至其手中。

在选举观察中，观察员发现了指定正式代表候选人的现象。但是当研究人员向选举委员会求证时，他们否认这种指定。并说："没有调查就没有发言权"。确实，选举观察员经过了调查，所以有发言权。

所有的观察员都可以明显地看出，在选举工作中，各级领导压力十分大，唯恐在选举中出现不可控因素。基本上当选的镇人大代表都是居委会主任，区人大代表是镇政府下派的人选。这说明党委、政府对于整个选举工作都进行了严格的控制。以相关工作时间为例，观察员发现选民小组推荐代表候选人会议的时间、正式候选人见面会甚至投票日都是在工作日，这就使得很多人无法亲自完成这些事务，只能放弃或是找人代投。比如，周五推荐出候选人名单并公示，周一即确定候选人名单，所以选民基本上没有时间提出异议。

正式代表候选人确定以后，就要填写正式代表候选人推荐表，这个推荐表是一个统一的标准，模式如下：

表 4　正式代表候选人推荐表

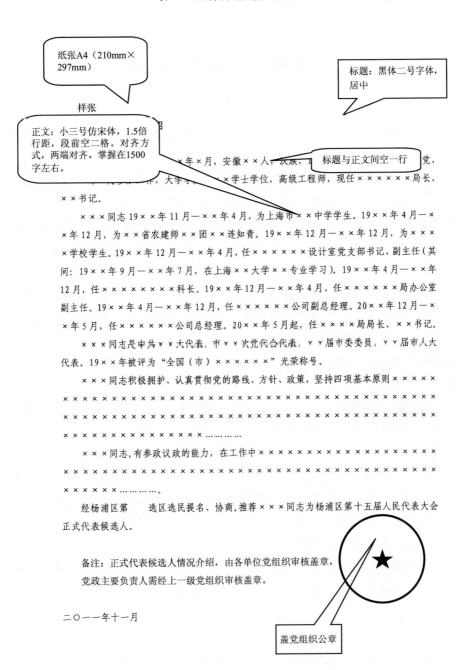

纸张A4（210mm×297mm）

样张

正文：小三号仿宋体，1.5倍行距，段前空二格。对齐方式，两端对齐。掌握在1500字左右。

标题：黑体二号字体，居中

标题与正文间空一行

　　×年×月，安徽××人、×族、……党，……，大学……×学士学位，高级工程师，现任×××××局长、××书记。

　　×××同志19××年11月—××年4月，为上海市××中学学生。19××年4月—×年12月，为××省农建师××团×连知青。19××年12月—××年12月，为××学校学生。19××年12月—××年4月，任×××××设计室党支部书记、副主任（其间：19××年9月—××年7月，在上海××大学××专业学习）。19××年4月—×年12月，任×××××科长。19××年12月—××年4月，任×××局办公室副主任。19××年4月—××年12月，任×××××公司副总经理。20××年12月—××年5月，任×××××公司总经理。20××年5月起，任×××局局长、××书记。

　　×××同志是中共××大代表、市××次党代会代表、××届市委委员、××届市人大代表。19××年被评为"全国（市）××××××"光荣称号。

　　×××同志积极拥护、认真贯彻党的路线、方针、政策，坚持四项基本原则×××……………。

　　×××同志，有参政议政的能力，在工作中×××××××××××××××××××××××××××××××……………。

　　经杨浦区第　　选区选民提名、协商，推荐×××同志为杨浦区第十五届人民代表大会正式代表候选人。

　　备注：正式代表候选人情况介绍，由各单位党组织审核盖章，党政主要负责人需经上一级党组织审核盖章。

盖党组织公章

二〇一一年十一月

很明显，这个正式代表候选人介绍处处体现出了党组织对于代表选举的控制。从标题的"同志"到最后的公章落款——党组织公章——就可以看出这一点。

六 代表候选人与选民见面会

选举法第三十三条规定："选举委员会根据选民的要求，应当组织代表候选人与选民见面，由代表候选人介绍本人的情况，回答选民的问题。但是，在选举日必须停止代表候选人的介绍。"

可见，选举法并没有明确规定应当介绍初步代表候选人还是正式代表候选人。选举法的规定实际上就是默认都可以介绍。不过选举组织部门为了减少不必要的麻烦，只是组织了正式代表候选人与选民见面（当然并非所有的选区都组织选民与代表候选人见面了），并没有组织初步代表候选人与选民见面而已。

五角场镇介绍正式代表候选人有两种方式：一是以宣传展板的形式介绍正式代表候选人；二是通过正式代表候选人与选民见面会的形式介绍正式代表候选人。正式代表候选人的宣传介绍工作——宣传和资料，由镇选举办宣传组统一制作。正式代表候选人介绍的展板使用与上述正式代表候选人推荐表相同的格式。

关于正式代表候选人与选民见面会，规定：若代表候选人本人因工作等原因未能出席，则不介绍，不提问。并且还有一个特别注意事项：选举工作领导小组应对候选人自己开展的"竞选"活动予以制止，比如发放宣传资料或赠与礼品等。16日投票日当天，应停止一切宣传活动。但是投票地点统一印制的展板却不在此列，这实际上也与选举法关于"在选举日必须停止代表候选人的介绍"不符。这说明并没有停止一切宣传活动，停止的只是选举组织和管理部门不愿见到的宣传活动。

观察员所观察到的代表候选人与选民见面活动，绝大多数选区都只安排了一次，少数选区没有安排。个别选区比较活跃，虹口区的某选区组织了9场见面会，组织人员作风非常民主，候选人畅所欲言，选民热情高涨，组织人员没有向选民提出任何意向性的要求。

下面是杨浦区人大代表正式候选人见面会的一个案例。

时间：11月11日（周五）9:00~9:30

地点：复旦实验中学礼堂

主持人：H×

责任人：H××

指导员：L××

陪同领导：L××、C××

与会者：各居委会选民共 50 人左右。

一、主持人介绍。

浣纱片区人大代表名额为 2 名，正式代表候选人为 3 名，按姓氏笔画为邹××、沈××、徐××。

二、介绍正式代表候选人和正式代表候选人自我介绍。

三、正式代表候选人回答选民提问（问题围绕选举工作和如何履行代表职责）。没有选民提问，这个环节很快就过去了。

会后有人提出异议：1. 沈××作为候选人，为什么不来？2. 徐××已经当了 5 年的代表，提出了什么议案，为人民解决了什么问题？

事后，回到办公室，片区书记接到一个电话，说起见面会的情况，说提问环节很快就一带而过，让人没有机会提问，事后有人提出疑问，她回答说："没关系的了。"可以看出，在整个见面会中，片区党委书记都比较紧张，恐怕出什么乱子，但最后顺利结束，她也就放心了。

在另一场区代表候选人与选民见面会中，不是选民而是选民代表与正式候选人见面。整个活动大约持续了半小时。片区党委书记简要介绍了区人大代表候选人之后，3 个候选人进行自我介绍，40 个选民代表参加会议，代表着 20000 多名选民。选民代表基本上是选民小组长。有提问环节，但是没有人提问。

五角场镇人大代表候选人见面会，居民区定于 12 日（周六）下午，机关单位定于 11 日下午，参加人为选民小组长和选民代表，其中选民小组长一定要出席。

五角场镇代表候选人和选民见面会基本情形如下，参会选民多为选民小组组长和副组长。首先，由主持人简单介绍正式候选人的基本情况，其次，由正式代表候选人进行自我介绍。最后，有提问环节，但是选民小组长和选民代表普遍不积极，较少提问题。候选人大多是通过定期走访选区和开座谈会的形式来了解社区民情。

在同济大学，各选区正式候选人与选民见面的时间是 11 月 14 日（周一）。值得一提的是，这不属于一个公开的见面会，只是选民代表主要是选民小组长和选举观察团派出的观察员等人参加。见面安排见表5。

表5　同济大学人大代表候选人与选民见面会安排表

同济大学杨浦区人大代表候选人与选民见面会安排				
选区	主持人	时间	地点	正式代表候选人
005	彭××	11 月 14 日 14：00	城市规划学院 D 楼 5 楼 D2 会议室	马×× 康×× 韩　×
006	陈××	11 月 14 日 15：30	土木学院 桥梁馆 101 报告厅	陈×× 姜×× 熊　×
007	李×	11 月 14 日 15：30	环境学院 明净楼 121 报告厅	丁×× 尹×× 相　×
同济大学嘉定区人大代表候选人与选民见面会安排				
20	柳××	11 月 14 日 12：30	嘉定校区 同心南楼 124 会议室	史　× 张×× 岳××

资料来源：同济大学校长办公室，2011 年 11 月 8 日。

必须指出，这个见面时间安排得很不合理，因为根据课程作息时间表，14：00 正在上第五节课，15：30 正在上第七节课，星期一课多，学生们几乎都在上课，所以没有办法参加。嘉定校区虽然是 12：30，但是学生 11：40 下课，然后去食堂吃饭，饭后差不多就 12：30 了，从食堂走到见面地点一般也要 15 分钟，所以等你走到了，见面会也该结束了。在 006 选区，候选人与选民见面会上有一个学生提问：为什么多交网费了，网速却慢下来了，候选人没有正面回答。观察员告诉研究人员，这位候选人负责学校的后勤建设包括网站建设。

七　投票计票与秘密写票处的使用

2011 年 11 月 16 日，杨浦区全区 36 个选举单位 60 多万选民在 134 个选区投票。在 454 位正式代表候选人中选举区人大代表 330 人（上届 329 人）。

五角场镇区代表选区共 9 个，镇代表选区 63 个，投票点 127 个。选举产生 22 名区代表和 107 名镇代表（总数 109 名，预留 2 名供新一届领导班子调整备用），五角场镇选民 53868 名，参加投票的 49915 人，投票率达到 92.66%。直接选出杨浦区第十五届人大代表和五角场镇第十八届人大代表。根据研究人员查询的结果，五角场镇当选代表的主体构成主要涵盖镇机关工作人员、离退休干部、镇属企业主要负责人、"两新"组织主要负责人和居委会主任等。

五角场镇的投票方式一共有三种，一是投票站，以选民小组为单位，多是直接通知选民来投票。二是选举大会，若选区全体选民参加，则当场开票，当场计票。如果大多数选民参加，则规定开票时间开票计票。三是流动票箱，由于这一次有要求必须控制流动票箱的使用，五角场镇仅有 2 个流动票箱，包括监狱和一家公司，每个流动票箱配有 3 名工作人员。

由于要求一定要保证高参与率、高投票率，所以各选区大多采取了一定的措施。在五角场镇，选民凭选民证领选票，一个选民证可以领到一块芦荟香皂。由于某些选区投票可以拿到钱，所以如果选民不能亲自投票的话，也绝不放过委托投票的机会。在嘉定区某街道选民投票可以拿到 10 元钱，宝山区宝钢附近的某选区可以拿到 30 元，大众汽车公司某投票站则可以拿到 50 元。

在浣纱三村、浣纱四村投票现场，有的选民不知道怎么画选票，工作人员就会告诉他们。但在告诉的过程中，某投票站的一位工作人员就直接点在第一位候选人的格子里，说："在这画圈就行。"这确实有一种潜在的导向作用。在同济大学第 006 选区第 10 投票站，有位学生失望地说选票上的人她一个也不认识，而选举只能在那三个人中选，另一位学生问她："那你投票了吗？""投了，随便画了两个圈。"观察员在这个投票站发现，投票现场工作人员说话极具诱导性，她会对选民关于如何投票说"画两个圈"，并且绝口不说"打叉并写出你的候选人，不在上面画圈"。一位选举观察员也在这个投票站投票，笑着说："我一个也不认识他们，也不知道他们会为我做些什么事情，还是打两个叉叉吧！"一位选举工作人员瞟了这位观察员一眼并轻轻说："正常人都会画圈，谁会打叉？"观察员问道："你选他们啦？""选了。""哦，那你认识他们吗？""认识啊，人家可是学校领导人，谁不认识？"听到这句话，观察员很高兴地问她："那他们认识你吗？知道你吗？"她很尴尬地回答："不认识。"①

　　同济大学有两个学院的同学大部分没有自己去投票，班长发短信问赞同候选人与否，或者是否提出另选他人。其他的内容就由工作人员捉刀了。同样的情况出现在复旦大学的一个学生选区，选举投票日当天，只来了4个辅导员，其他选民都没来，在辅导员的要求下，不少学生才发来了短信进行投票。观察员询问这个选区的选民，选民说对这两个同学都不了解，怎么投票？观察员又询问了两位正式候选人，他们都是学生，出乎意料的是，这两位同学根本就不知道自己怎么就糊里糊涂地成了正式候选人。起初他们不愿意当候选人，经辅导员耐心做工作才勉强接受。

　　复旦大学本科生某选区的投票出现了戏剧性的一幕，第一次投票，两个正式候选人都没有过半数，另选他人栏出现了苍井空（日本女优）、陈冠希（香港"艳照门"核心人物）等人并且得票率相当高。还有的学生投"郝庄严"，因为选举宣传帖有"投好庄严的一票"。

　　在嘉定区某投票站，观察员发现选票上前面两个候选人下面画有横线。当选民问投票站工作人员选谁时，投票站工作人员说选画线的那两个就可以了。

　　实际上，即使没有选举工作人员的诱导，选票的设计本身也有某种诱导投票的嫌疑。比如将选举委员会最希望当选人的姓名按照先后顺序印在选票上，如果是三选二，选民有一种倾向，往往是圈前两个，在最后一个上打叉。并且选票上人的排名很有讲究。比如代表候选人根据要求是按照姓氏笔画来排名的，但是为了让意向候选人当选，会将代表候选人在不同的选区内进行调整，让那些最希望当选的人在选票上总是排在第一位，次希望当选的人总是排在第二位，以此类推。这样就有最大可能保障意向候选人当选。观察员发现，得票率最高的人，一定是在该选区内职位最高的人。最隐秘的是"戴帽"代表，这样的人肯定能够保证高票当选。

　　选举法第三十八条规定："选举时应当设有秘密写票处。"观察员发现，有的投票站设有秘密写票处，有的投票站根本就没有秘密写票处。

　　四个居民小区的秘密写票处的情况如下：

　　A 小区有 1300 多位选民，有 1 个投票站，设有秘密写票处 1 个，这个写票处和领票、投票的地方不是同一个房间，有 5 人到秘密写票处去写票。B 小区有选民 754 个，设投票站 1 个，秘密写票处有 1 个，是和投票点隔开的。投票当天，没有人进入秘密写票处。C 小区有 860 名选民，设有 2 个投票点，每个点设有 1 个秘密写票处，投票当天，有 2 人到秘密写票处填写。D 小区有选民 236 人，设有投票点 1 个，秘密写票处 1 个，只有 1 个选民进去。

　　有的投票站秘密写票处就在离票箱不远的桌子上贴了张纸，实际上根本没有起到保密作用。

　　关于委托投票，观察员发现，这一次投票，选民口头委托的多，书面委托的少。由于投票日是在工作日（周三），所以基本上都是家里的老人来代表全家投票，对于这种情况，工作人员称是不需要填写委托书的（实际上违背了选举法）。在某投票现场，观察员没看到委托投票书，后来在观察员的要求下，工作人员给了 3 张委托书。委托投票有时很多，有个女子代替 9 个人填选票，有一个妇女一人投了 14 张选票。没有人指出这是违法的。有的是提前给委托书，有的是投票后才填委托投票书。

　　选举观察员发现，计票方式也存在不少猫腻。在投票大会，一般会当场点票、唱票、计票。但是投票站的计票就没有那么标准。譬如，在一个投票站，一位工作人员自己拿了一张纸，统计了一下代表候选人所得的票数，没有唱票，也没有监票人，这位计票人共统计了 3 次，每次的结果均不一样。实际上，按照要求，一个投票站一般至少应当有 6 位工作人员：一位主持人（部分投票站有两位），1 位监票人，2 位计票人，其他 2 位工作人员。观察员要求跟随几个没有当场唱票和计票的投票站工作人员到汇总处观察计票结果，均遭到拒绝。

　　实际上，由于多数选区的投票站不止一个，就有可能给选票汇总统计工作留下做手脚的空间。下面是 007 选区的投票站设置一览表，可以看出，一个选区的投票站和投票单位都很多。并且由于投票站分得比较细，就造成了各个部门自己内部投票，主持人几乎都是各单位的书记或者党政要害部门的领导人，工作人员几乎认识所有的选民，也给选民的自由投票带来了不少压力。

表6　杨浦区第 007 选区人大代表选举投票站设置一览 *

编号	单位	主持人	投票站地址
1	环境学院	张　×	明净楼 114 室
2	航力学院	朱××	彰武路校区东大楼 200 室
3	海洋学院	林　×	海洋楼一楼大厅
4	物理系	考××	物理馆一楼大厅
5	声学所	汤××	声学馆 102 室
6	数学系	李××	致远楼 107 室
7	化学系	吴××	化学馆 241 室
8	上海铁大电信设备有限公司	王××	上海市闸北区 天目中路 267 号 9 楼
9	同济大学出版社	王××	赤峰路 2 号 1 号楼 大会议室
10	同济大学建筑设计院有限公司	范××	四平路 1230 号报告厅
11	职教学院	徐　×	中德大楼二楼报告厅
12	图书馆	卫××	图书馆一楼大厅
13	沪西图书馆	王××	沪西图书馆一楼大厅
14	电影学院	钟　×	中法中心 A102 室
15	产业人才交流中心	俞××	行政楼 408 室

* 同济大学校长办公室:《同济大学人大代表选举投票站设置安排》, http: //
news. tongji. edu. cn/themes/1/userfiles/download/2011/11/8/tlcmp0txgqk9hsj. doc。

在选举委员会, 观察员发现选票的份数正好是选民的 2 倍。"一套投票
使用, 一套备用。"一位选举委员会副主任说。但是这套备用的选票会不会
用来做手脚就不得而知了。

在某个投票站, 观察员还发现选票准备不足的情况。这个投票站有选
民 307 位, 而选票只有 295 张。当观察员问及此事时, 工作人员说不知道
为什么选票不够。这位工作人员还说, "反正 (选民) 不会全来, 不够也
没事。"

当选的代表基本上都是各单位党政主要负责人。因为人大只公布当选代
表编号比如 001 号是谁, 002 号是谁, 并不公布其具体职务, 所以当选代表
的具体身份构成是较难弄清楚的。观察员到五角场镇选举委员会去索取, 却
被告知, 按照规定, 只公布当选代表姓名和代表编号, 不公布当选代表职务
和联系方式。

观察员收集到了五角场镇部分镇代表的身份。

表7　五角场镇部分当选镇代表的身份一览表*

编号及姓名	工作单位及职务	编号及姓名	工作单位及职务
1. N××	五角场镇党委书记、人大主席	9. K××	五角场汽销工会主席
2. C××	五角场镇经济科科长	10. C××	长海工贸总经理
3. W××	五角场集团党委书记、董事长、总经理	11. S××	万兴汽车办公室主任
4. J××	五角场集团常务副总经理	12. Q××	万兴汽车总经理
5. T××	五角场集团物业一分公司业务负责人	13. Z××	国泰市场常务副总经理
6. C×	繁江酒楼副经理	14. T××	翔鹰工贸总经理
7. T×	大桥出租经理	15. X××	晓宝仓储总经理
8. X××	房产公司总经理	17. C×	弘森大酒店董事长

　　* 观察员 Q×× 收集整理。

　　下面以同济大学为例，看一下同济大学在杨浦区、嘉定区当选的区人大代表。

表8　同济大学当选区代表一览表*

姓　名	职　务
丁××	同济大学校长助理,同济大学建筑设计研究院(集团)有限公司总裁,同济科技股份有限公司董事长,共产党员
尹××	同济大学环境科学与工程学院副院长,农工民主党员
张××	同济大学材料学院建筑材料研究所所长,群众
陈××	同济大学党委常委,常务副校长,共产党员
岳××	同济大学嘉定校区党工委副书记,共产党员
韩　×	同济大学建筑与城市规划学院院长助理,群众
康××	同济大学生命科学与技术学院副院长,共产党员
熊××	同济大学土木工程学院副院长,民盟盟员

　　* 观察员 Q×× 收集整理。

　　可以看出，无论是镇代表还是区代表，没有一个是工人或者普通劳动者。

　　选后档案处理也存在着一些问题。人们能够看到的所有档案都是事后做出来的，不是原始状况的复现。因为根据规定，相当一部分原始资料包括使用的电脑硬盘要全部由专门的粉碎机焚毁、销毁。归档资料不符合档案规定的要修改使之符合档案规定。有一位人大常委会负责人说，"我知道这样做违法，我不做，这是档案留着的，你经得起检查吗，每一届都要把上一届的档案拿出来抄写的。"当观察员询问其所具体指何事违法时，这位负责人说，选举（操纵，操纵这两个字是观察员从话音中听出来的）的材料。再进一步追问，就不再回答了。

关于这一次选举，某区人大一位领导说，上海换届选举实施细则比较完整比较详细，不少内容被选举法采纳，但是这只是说明实施细则文字上没问题，实际上执行起来问题太多，只好变通执行。在选举的实际工作中，有很多工作只是走走程序而已。有的领导对法律的认识不统一，打折扣、理解有误、执行不力、明知违法也在坚持的现象大有人在。还说这次实施细则的修改上海明显保守了，好多问题没有细化，主要原因是修改者吃不准领导的意图，还有主要领导不懂选举民主的重要意义。

几位片区党委书记表示，这次选举是史无前例地重视，在工作过程中，他们是严格按照街道的培训材料来进行的，大家都绷紧了弦，格外地小心，这些平时主持会议非常娴熟的老书记们，这一次在开会的时候，就只能按照上面提供的材料读，生怕弄错一个字出问题，因为镇党委书记说过了："选举是政治任务，要格外重视，所有的行动都要统一按照文件要求规范操作，不允许有任何自选的创新动作，谁出问题谁负责。"参与选举的组织部门非常担心会有人扰乱选举，发生问题，他们担心会因为组织不力而丢掉官职或者饭碗。而基层党组织只是执行任务，缺乏必要的民主意识。

许多知情人士都说，要等到退休以后才肯出来说话接受访谈。事实上也证明了他们的担忧不是多余的。选后观察员对于部分选务工作人员进行了访谈，他们都非常谨慎，生怕说错一句话，说错一个字。还有的比较老练的选务工作人员干脆拿出选举工作时的文件逐字逐句地读。倒是那些独立候选人对于观察员的访谈特别热心，只要有可能，他们就绝对不会拒绝观察员的访谈。

八　结论

改革开放以来，我国所进行的数次地方人大代表换届选举，总体上呈现出一种不断向民主选举演进的趋势，但是在发展的过程中，不时伴随着某种民主倒退的迹象。通过这次选举观察，研究人员发现，这一次地方人大代表换届选举，主要存在着以下几个方面的问题。一是选举管理机构还不是一个独立、公正、透明的机关，对于选举过程的观察和监督也存在不少困难，这样选举管理机构的政治公信力就大打折扣了。二是选举管理机构对于整个进程的控制达到了空前严格的程度，这种控制某种程度上造成了选举民主发展的倒退。三是选举法及其实施细则还存在着一些明显的缺漏，使得选举管理部门获得了比较充分地选举操纵的机会。四是选民登记和选区划分都没有一个统一的法律准则，也为选举管理部门提供了广阔的选举操纵空间。五是候选人提名不透明，宣传介绍不充分，大大影响了选民对政治参与的积极性。六是投票计票环节猫腻太多，这就使得整个选举结果有失公正。综上所述，人们盼望的这一次民主选举渐进发展的道路并不平坦，没有随着社会的发展呈现出一种必然上升的趋势，可以说在民主选举发展的过程中，出现了某种短暂性的间歇甚至回流，可见我国选举民主的发育还有很长的路要走。

"独立候选人"与当代中国政治发展

罗大蒙[*]

摘　要：自 2011 年至 2012 年底的县乡两级人大代表换届选举中，已涌现出了许多"独立候选人"，在网络和现实中都引起了极大反响，其存在合法性遭到相关部门的质疑。"独立候选人"的出现并非偶然，而是公民权利意识觉醒、维护合法权益需要、推进我国民主政治建设的愿景以及"微博"等网络平台的兴起等因素共同作用的结果。"独立候选人"对我国的政治发展具有极为重要的意义，它不仅培育了公民的民主精神，锻造了公民的民主能力，为我国的民主政治发展提供了不竭动力，还促进了我国人大制度的改革和完善，保证人大民主的实现，进而推动我国政治体制改革进程。同时，"独立候选人"通过人大这一制度平台进行有序政治参与，符合我国"维稳"需求，有利于保持我国政治秩序的长期稳定。

关键词：独立候选人　当代中国　政治发展

一　"独立候选人"现象及其概念释义

2011 年 4 月初，江西新余市钢铁厂内退女工刘萍女士通过微博宣布自荐参加新余市渝水区人大代表的选举，并为此走上街头发表参选演讲。

---

* 罗大蒙，四川文理学院社会科学系教师，研究方向为当代中国政府和政治。

于是一石激起千层浪，不仅引起新余市政府的极大震动，将新余市推向了风口浪尖，而且在网络上引起了巨大反响，激起了以"独立候选人"身份参选县乡两级人大代表的小高潮。5月25日，中国社科院研究员于建嵘首先透露了成都作家李承鹏将要参选人大代表的消息。随后，李承鹏在微博上进行了确认，表示将严格遵守我国宪法和法律规定，组成参选班子，在9月份参选其户口所在地——成都市武侯区人大代表。李承鹏的参选声明，引起其290多万网络粉丝的关注和热议。同日，中国作家协会会员夏商也通过微博宣布参选上海静安区人大代表。随后，我国民间不断涌现"独立候选人"。广州市民、天涯社区商务运营总监梁树新宣布参选番禺区人大代表；《中国日报》总编辑助理、专栏作家五岳散人（姚博）宣布参选北京昌平区人大代表；中国政法大学副教授吴丹红宣布参选北京海淀区人大代表；媒体人徐春柳宣布参选北京东城区人大代表；深圳市一名高二学生刘若曦也在自己微博上发布了参选人大代表声明。此外，还有江苏常州企业员工何鹏、浙江杭州从事房地产营销策划的徐彦等多位人士，宣布将参选所在地的人大代表。据统计，截至2011年6月初，公开宣布参选各地区、县人大代表选举的"独立候选人"就有30～50人。

"独立候选人"在我国民间的普遍涌现，引起我国高层领导及媒体的关注，并作出了回应。据2011年6月8日中央电视台报道，全国人大常委会法工委负责人就县乡人大代表选举进行答问，称我国的县乡人大代表候选人，只有由各政党、各人民团体和选民提名推荐的"代表候选人"，经协商或经预选确定的"正式代表候选人"。没有所谓的"独立候选人"，"独立候选人"没有法律依据。就此为民间人士参选人大代表的热潮泼了一盆冷水，"独立候选人没有法律依据"成为媒体的主调，各地也以此为依据，尽显其能，千方百计阻止"独立候选人"参选人大代表。已公开宣布参选人大代表的人士迫于各方面的压力不得不放弃，或难以进入候选人名单。

其实，独立候选人的出现并不是2011年才出现的新鲜事物，早在2003年，北京、深圳等地就出现以"独立候选人"身份参选人大代表的案例，其中也不乏成功者，在2003年深圳市福田区人大代表换届选举中，"独立候选人"、海归硕士王亮就在福田区29选区以1308票击败正式候选人，高票当选。① 而从 2011 年 7 月份开始到 2012 年底是我国县乡两级人大代表换届选举年，将涉及选民 9 亿多人、将选举产生县乡两级人大代表 200 多万人，是我国政治生活中的一件大事，事关全国人民的选举权和被选举权及其切身利益。全国人大常委会法工委负责人却以"独立候选人没有法律依据"草率地否定了民间参选热情，全国各地也设法堵住"独立候选人"参选人大代表的口子。因而，为了保证"独立候选人"的被选举权，首先有必要在法理上为"独立候选人"正名，寻求"独立候选人"的法律依据，为"独立候选人"释义。

所谓"独立候选人"只是一种民间叫法，以区别于政党和人民团体提名的候选人，其实际含义是指"在人大代表直接选举过程中，没有经政党和团体提名推荐，而是经过自身努力获得选民联名推荐的人大代表候选人"②，即是指"选民十人以上联名推荐的人大代表候选人"。从严格的法律条文上而言，人大代表并不存在"独立候选人"，但并不能以此推出"独立候选人没有法律依据"的结论，更不能以此作为打压独立候选人的借口。县乡两级人大代表实行直接选举，是我国公民履行选举权和被选举权的重要途径，根据我国宪法和选举法规定，除依法被剥夺政治权利的人之外，中华人民共和国年满十八周岁的公民，不分民族、种族、性别、职业、家庭出身、宗教信仰、教育程度、财产状况、居住期限，都有选举人大代表和被选举为人大代表的合法权利和自由。"独立候选人"参选人大代表同样是宪法和法律赋予的合法权利，"独立候选人"的产生严格地遵守了我国选举法的规定。据《中华人民共和国全国人民代表大会和地方各级人民代表大会选举法》（以下简称《选举法》）第二十九条规定，"各政党、各人民团体，可以联合或者单独推荐代表候选人。选民或者代表，十人以上联名，也可以推荐代表候选人"，也就是说我国人大代表候选人有四种来源，即一是各政党单独提名，二是各人民团体单独提名，三是各政党、各人民团体联合提名，四是十人以上选民联合提名。独立候选人就是指选民十人以上联名推荐的代表候选人，"也就是说，'独立候选人'只是'独立参选人'或'民间候选人'的另一种说法，是与'政党候选人'和

---

① 邹家健：《深圳福田区人大代表举行换届选举，独立候选人王亮直接参选高票胜出》，《中国青年报》2003 年 5 月 21 日，第 8 版。

② 莫纪宏：《切实保障选民的"被提名权"》，《人大建设》2011 年第 7 期。

'团体候选人'并列的候选人。'独立候选人'、'政党候选人'和'团体候选人',都不过是争取获得'正式代表候选人'资格的候选人。'独立候选人'只不过是'独立提名'或'独立参选'的另一种说法。"① 根据 2010年 8 月修改的《选举法》第二十九条的规定,"各政党、各人民团体联合或者单独推荐的代表候选人的人数,每一选民或者代表参加联名推荐的代表候选人的人数,均不得超过本选区或者选举单位应选代表的名额"。这一规定实际上也为"独立候选人"的存在提供了法律依据,因为"由选民直接选举的人民代表大会代表的,代表候选人的人数应多于应选代表名额三分之一至一倍"(《选举法》第三十条),即在进行县乡两级人大代表选举时应实行差额选举,每一选区除了有"政党候选人"和"团体候选人"之外,还必然会有至少一名由选民十人以上联名推荐的代表候选人,即民间的所谓"独立候选人"。全国人大常委会法工委负责人的发言显然是无视我国《选举法》的规定,各地对"独立候选人"的打压不仅是在践踏我国公民的尊严,更是在践踏我国宪法和法律的权威。声称"独立候选人没有法律依据",表面上是在维护我国法律的权威地位,实际上却是借纠缠于"独立候选人"的字面含义,达到阻止我国公民进行有序政治参与,行使公民权利,维护合法权益的目的。

二 "独立候选人"现象出现的原因

"独立候选人"作为一种政治现象在县乡两级人大代表换届选举中的涌现并非偶然,而是多种因素共同作用的结果。

1. 首要原因:公民权利意识觉醒,要求参与政治生活

"独立候选人"现象的出现并非偶然,而是由于我国的广大民众内在的民主需求,引发了其参与政治生活的愿望。我国自 20 世纪 70 年代末实行改革开放以来,逐步打破计划经济的藩篱,社会主义市场经济的阳光开始照耀祖国大地。与市场经济相伴随的是自由、民主、公平、正义等价值理念在人们心中达成共识,成为人们思考政治生活的主要理念和衡量政治行为的主要标准。而我国在广大农村地区和城市社区实行的农村村民自治和城市社区自治也培育了公民的民主精神、锻造了公民的民主能力,民主

---

① 方绍伟:《否定"独立候选人"值得商榷》,中国选举与治理网,2011 年 6 月 9 日。

也逐步内化为我国公民的一种现代政治生活方式。① "独立候选人" 现象的出现正是这种民主价值理念在现实层面的应用，反映了公民权利意识的觉醒。

李承鹏在 2011 年 5 月 26 日接受《羊城晚报》专访时说，他参选人大代表的原因是为了实践自己的公民权利，"我首先作为公民，应该实践自己的公民权利。被选举权是国家赋予我们的'武器'，如果一次都没使用过，将让我情何以堪？我也想尝试一下自己能否成为合格的人大代表。"② 网络红人崔文璐被网友问到为什么要参选人大代表时，他称："现在我是河南提倡民主微博第一人，全国 90 后提倡民主选举独立参选人，为了民主，捍卫公民的公平公正，以及民主人权！"③ 广州市人大代表曾德雄指出，选举权和被选举权是法律赋予我们的基本权利，"独立候选人" 参选人大代表的热潮 "反映了当今时代公民意识的成熟，是中国民主社会的进步"；广东启源律师事务所的邬德律师认为，微博达人自荐参选人大代表是公民参政议政热情的一次爆发。"参选人大代表是法律赋予我们的权利，只要愿意，符合法律规定都可以参选"；梁树新也表示 "参选是我的权利"。④ 同时，他们的参选声明也得到了广大网友和民众的强烈支持和呼应。

选举权和被选举权是宪法和法律赋予我们的法定权利，参选县乡两级人大代表是公民行使权利的最重要途径。但由于我国受封建传统文化的影响根深蒂固，"臣民政治文化" 在人们心中依然扎根甚深，加之，新中国成立后实行的计划经济体制，更加抑制了人们处于朦胧状态的权利意识的觉醒，公民权利意识又在新中国沉睡了三十多年。改革开放后，人们的权利意识渐渐从沉睡中苏醒过来，要求行使宪法和法律赋予的公民权利，参与政治生活，影响政府政治行为。其间也屡次掀起了民主小高潮，推动我国政治制度的不断完善。但总体上，县乡两级人大代表选举依然在平静中进行，而今年县乡两级人大代表的选举，公民表现了前所未有的参选热情，公民的民主意识和民主能力也表现得相当理性和成熟，这既是我国公民接受基层民主训练的结果，也是公民对社会政治生活长期观察和思考的反映。

---

① 蔡定剑：《民主是一种现代生活》，社会科学文献出版社，2010。
② 洪启旺：《微博红人李承鹏要参选》，《羊城晚报》2011 年 3 月 20 日，A06 版。
③ 《公民自荐参选人大代表风，网络红人积极参选》，中国时刻网，2011 年 5 月 29 日。
④ 朱小勇：《微博宣布参选代表两人回应热点话题》，《信息时报》2011 年 6 月 1 日，A18 版。

2. 直接动因：通过人大这一制度平台维护自身合法权益或公共利益

利益引导政治，利益延伸到哪里，民主就会跟到哪里。公民的民主精神和民主意识同样也受利益的引导，维护合法权益的需要会激发民众参与政治生活的热情，在维权式参与中，他们也会努力寻求制度化政治参与渠道的帮助。广大民间独立候选人参选人大代表正是由于他们要借助人大这一制度平台维护自身或公共的合法权益。在我国，民主政治还未建立起来，公民社会还刚刚处于发育阶段，国家政治依然主导着现代社会生活，公民的法定权利和利益在这种政治主导一切的格局下难以得到有效保障，随时都有被以国家利益或公共利益之名侵害的风险。而我国公民的申诉和政治参与渠道还很不畅通，受到侵害的公民利益不能得到有效救济，这就一方面导致官民矛盾日益突出，各地群体性事件频繁爆发，严重威胁到社会稳定，但另一方面，受到民主精神浸染的广大民众，也越来越理性，他们也在努力借助制度化的渠道维护权益。人大制度是我国的根本政治制度，人民代表大会既是国家权力机关，也是民意代表机关。县乡两级人大代表是由公民直接选举产生，是公民能够借助的最有效的维权平台。广大维权人士以 2011～2012 年县乡两级人大代表换届选举之机，以独立候选人身份参选人大代表，其动因正是出于维护自身权益或公共利益的考虑。

刘萍是江西新余市钢铁厂的一名内退女工。按照新余钢铁厂的退养规则，男 55 岁、女 45 岁要从该厂内退，今年 47 岁的刘萍在 2010 年初的时候被钢铁厂内退，工资也从每月 1900 元降至 450 元。刘萍作为一位单身母亲，每月 450 元的收入很难维持日常的正常开销，更难以养育正值考大学的女儿。为此，刘萍多次找到企业管理层，希望新余钢铁厂能给内退职工 660 元/月的最低工资保障，但是遭到拒绝。在生活压力之下，刘萍开始了诉讼和上访的生涯，她多次进京上访，并两次将钢铁厂告到法院，但是法院并未受理。一年多的奔波劳累虽然换来了"新钢"所有内退职工的最低工资保障和"新钢"职工延缓三年内退的政策，但其间，刘萍因为上访也被拘留，甚至被非法拘禁。正是在这个过程中，刘萍认识到作为一名普通工人维权太难，代价太大，她希望能够寻找到代价较小的维权方式。在和维权律师的交流中，刘萍发现拥有人大代表身份不仅可以维护自身权益，还能通过制度内渠道表达民意。于是刘萍便开始着手准备竞选其所在地渝水区的人大代表，并于 2011 年 4 月在微博上发布了参选声明。[①] 自

---

① 中国选举制度改革研究课题组：《以刘萍为例对江西新余人大代表换届的选举观察》，世界与中国研究所网站，2011 年 7 月 5 日。

称"鼠族一只"、与城管斗智斗勇的小贩楼智杭表态参选人大代表也是出于维护自身合法权益的需要。梁树新参选广州市番禺区人大代表的初衷也是为了以人大代表的身份维护弱势群体的利益。他在接受记者采访时说,是一个人实名求助10年无门,最终采取偏激手段解决问题的个案触动了他,他的新浪微博上"几乎每天都会收到私信的求助,有'求申冤'的,有生病无钱治的,各种各样,看了很难受,有些我不知道应该如何帮助他,只能一一地安慰、回复。我希望成为人大代表后,能把这些求助都收集起来,然后交给相关的处理部门,起到搭桥作用,最终为他们解决问题"①。

3. 重要原因:"微博"等新型网络媒介的出现为其提供了平台

2011年"独立候选人"参选人大代表与以往不同之处在于,"独立候选人"基本上是利用网络,特别是"微博"首先发布了其参选声明,从而得到了众多粉丝和网友的关注。微博等新型网络媒介的出现,为他们表达参选意愿、凝聚人气提供了良好的平台。据相关媒体报道,李承鹏是2011年最早通过微博方式表示参选当地的人大代表的;随后,著名博客达人五岳散人(姚博)、中国政法大学副教授吴丹红、上海作家夏商、北京新启蒙研究所熊伟,以及杭州市民徐彦、梁永春等纷纷在微博上表示将参选当地人大代表。另从一些微博和博客等信息来源得知,还有媒体人徐春柳宣布参选北京东城区人大代表,天涯社区高管梁树新先生宣布参选广州番禺区人大代表,深圳市民罗志渊先生宣布参选龙岗区人大代表,深圳市高中学生刘若曦同学也已决定参选深圳市福田区人大代表。②另外,我国民间通过微博的方式对独立候选人参选表示支持态度的人也非常多。

随着网络的普及,"网络问政"成为近年来公民参与政治生活的重要方式,而自2010年微博兴起以来,微博便以其巨大的影响力渗透到公民的社会生活之中。据中国互联网络信息中心(CNNIC)在2011年7月19日发布的《第28次中国互联网络发展状况统计报告》显示,截至2011年6月底,中国网民规模达到4.85亿,微博用户数量以高达208.9%的年增幅,成为用户增长最快的互联网应用模式。③微博在很短的时间内已成为汇聚民意、

---

① 尹辉、郭晓燕:《广州微博名人梁树新参选天河区人大代表》,《新快报》2011年5月28日,A06版。

② 童之伟:《计划政治荒原上燃起的市场政治星火》,中国选举与治理网,2011年6月6日。

③ 中国互联网络信息中心:《第28次中国互联网络发展状况统计报告》,中国互联网络信息中心网站,2011年7月19日。

反映民情的重要平台。民间独立候选人之所以采用微博的方式发布其参选声明,一方面,正是微博巨大影响力的反映,他们微博参选会得到众多网友的支持,这样他们就不再是孤军奋战,而是会得到众多网民的支持和鼓励,会为他们的参选提供巨大的精神动力,同时也可以借助微博的强烈传染性,带动更多的人参选人大代表。另一方面,微博参选的兴起也是现实政治参与渠道不畅的反映,我国现实的政治环境依然还不那么宽松,对民间人士参选人大代表还有诸多的限制,他们的参选声明如果不首先在网络上得到关注和支持,在现实中便更难以获得响应。网络环境相对宽松、自由,独立候选人可以在网络上发布竞选声明,主动联系所在选区民众,宣传自己,寻求支持者……而这些在现实政治环境中都是不允许的。

4. 内在愿景:对我国政治现状,特别是人大现实处境的强烈不满,希望借助人大这一制度工具影响政治,推动我国政治民主化进程

参选广州市番禺区人大代表的独立候选人梁树新曾表示,正是我国人大代表制度的现状促使其作出参选人大代表的决定,"我们很多人甚至不知道人大代表是谁,谁代表了我们。这是很奇怪的现象!为了改变我个人的无力感,我人生第一次做出这样重大的决定!"① 他希望能够做一个合格的人大代表,并以人大代表的身份,替选民发出自己的诉求,争取正当的权益,反映民意和表达民意,最终让民意参与决策。决定参选广州市荔湾区人大代表的独立候选人、知名评论员万庆涛在 2011 年 5 月 30 日接受《羊城晚报》记者采访时公开表示,"我们都对现实有很多不满,那么最直接的办法就是参与进去,改变它!"万庆涛被记者问道"怎么会有参选人大代表的念头?"时,回答说:"我是一名评论员,也是一名监督者。对于社会上发生的很多事,都会作评论、提建议。但有些政府部门听意见,有些根本就毫不理睬。有时候,会感觉自己很无力。而我国的法律,赋予人大代表监督一府两院的工作,还能提出议案改变现状,权力很大。我参选,是为了能够更好地做成一些实事。"② 但人大代表存在着严重缺位、不履职现象,"市民真正想解决事情的时候,不知道找谁去解决,在过去很长一段时间里、重要民生事件中都存在人大代表缺位现象"。他希望通过自己参选人大代表改变这种现状。

我国的宪法和法律虽然赋予了人大至高无上的职权,"一府两院"都要

---

① 朱小勇:《微博宣布参选代表两人回应热点话题》,《信息时报》2011 年 6 月 1 日,A18 版。
② 李春晰:《与其坐而论道不如进入体制做实事》,《羊城晚报》2011 年 5 月 31 日,A17 版。

由其产生，对其负责，受其监督。但人大代表多数都出官员兼职，"官员代表"在人大代表中占有绝对比重，造成在现实中人大对"一府两院"的监督职能难以得到落实。而人大作为民意代表机关，受人民群众委托代行国家权力，县乡两级人大代表又是由人民直接选举产生，理应能够更好地反映民意，集民智，解民忧，维护人民权益。但在人大代表选举过程中存在诸多"猫腻"，致使真正能够代表人民群众利益的人难以当选，充斥人大队伍的多是"四手代表"——走访选民握握手，听听报告拍拍手，选举表决举举手，人大闭会挥挥手。具有公共精神和公共意识的"独立候选人"宣布参选人大代表，正是出于改变这种现状的愿景，希望通过自己的努力把人大真正建设成为名副其实的国家权力机关和民意代表机关，实现人大民主，进而推动我国政治民主化进程。

三 "独立候选人"对当代中国政治发展的意义

民主是一种现代生活方式，民主可以为人类造福的价值理念已在世界各国人民心中形成了基本共识。民主也必然会成为中国政治发展的未来走向。民主的首先前提和保证是每一个公民都有自己独立的人格，都能够根据自己的意志进行选择。"独立候选人"参选人大代表正是这种独立人格精神的体现，它对当代中国政治发展的影响将会极为深远。

1. 培育了公民的民主精神，锻造了公民的民主能力，为我国民主政治发展提供了坚实的基础

民主，对我们研究者来说是一种高深的理论，但对民众来说，就是民主精神和民主能力问题。民主精神的培育和民主能力的锻造不能仅仅通过在书斋里研读经典著作获得，更重要的是在民主生活和民主实践中习得。理论是灰色的，而生活之树长青。让民众经受民主生活的洗礼，让他们在生活中培育民主意识，在行为中遵循民主程序，在实践中锻造民主能力，这样民主才会真正地内化为公民的一种精神、素养，民主才会成为一种现代生活方式，为人民造福，为我国的民主政治建设提供不竭动力和坚实基础。

"独立候选人"参选人大代表，不仅是公民民主意识觉醒的结果，更是进一步培育公民民主精神，锻造公民民主能力的一次民主训练。正如郁德律师所言，"'微博参选热'是一种民主的训练，它的价值在于通过民主选举的训练，去唤醒更多公民的意识，并且有利于完善选举机制"①。梁树新也坦言，选上与否并不是最重要的，重要的是"这一次参选对我个人、对我的微博粉丝、对我身边的朋友来说，都是一堂非常难得的公民训练课"②。"独立候选人"的参选过程就是一场实实在在的民主过程，他们在参选过程中会更加关注民主知识和民主程序，更加具有公共关怀。他们本身就具有改造中国政治过程、推进我国民主政治建设的愿景，因而也更加愿意按照民主价值和民主程序办事。同时，他们也会对广大民众及其支持者普及民主知识，宣传民主价值，民众的民主热情更会被他们所带动，从而会有更多的人参与到民主实践之中，民主价值在实践中得到升华，公民的民主能力在一次次的民主锻炼中得以提高。我国宪法和法律规定的法定权利，在公民的民主斗争中便会早日实现，社会主义的优越制度也会早日被激活，社会主义民主便不再是空洞的理论说教，而变成实实在在的生活方式，中国的民主政治建设也不再停留在研究者的书斋里，而是走向实践层面，得到纵深推进。

"独立候选人"的参选，也许只是在历来平静的人大代表换届选举中激起的一朵小小的浪花，只是一次"民主事件"，在目前的政治环境下还不足以影响选举的结果，但正是由于这些"敢冒天下之大不韪"的民主斗士们一步步地向自由、民主、公平的掘进，中国的民主政治目标才有了新生的希望，让亿万中国人民过上民主的生活不再是遥不可及，民主的火炬才会被点燃，并在中国大地上传递。

2. 民众的民主需求诱致了人大制度变迁，推动人大制度的改革与完善，提高人大的制度化水平

"独立候选人"主动、自愿地参选人大代表是民众民主需求的反映，说明民主意识觉醒的民众不再满足于被操控的民主，希望把民主变成受自己掌控的权利，把法定权利变成现实权利。人大制度是保障人民权益的根本政治制度，人民代表大会是实现人民合法权益的法定机构，人大代表，特别是由人民直接选举产生的县乡两级人大代表是人民的直接利益代言人。因而，人民群众更加寄希望于通过政治参与影响人大制度，推进人大制度的改革与完善，把其真正地建设成为代行人民意志的国家权力机关。

自新中国成立以来，人大制度虽已在我国运行了近六十年，但当我们回

---

① 朱小勇：《微博宣布参选代表两人回应热点话题》，《信息时报》2011 年 6 月 1 日，A18 版。
② 朱小勇：《微博宣布参选代表两人回应热点话题》，《信息时报》2011 年 6 月 1 日，A18 版。

顾人大制度的发展历程，可以发现，无论是制度的确立，还是制度的破坏，都是依靠国家强制力，自上而下的制度变迁过程，人民的意志在这个过程中并没有得以体现。简单地说，就是在过去五十多年的人大制度变迁过程中，并不是民众的民主需求诱致了人大制度变迁，而是国家主导下的强制性制度变迁。强制性制度变迁，由于有国家强制力作后盾，在制度缺失阶段，能够有效地弥补制度供给的不足，降低制度供给成本和组织成本。依靠国家强制力建立的制度必然要求以强制力保证实施，民意便会被湮没，民主便无从体现。没有民意基础的制度供给，一旦强制力弱化，制度便容易遭到破坏，其摩擦成本和实施成本将会十分巨大。因而，要想改革和完善我国的人大制度，并进而巩固我国的人大制度，就需要从民众的民主需求中寻求内在动力。"独立候选人"参选人大代表就为人大制度化提供了良好契机。

亨廷顿认为衡量政治之制度化水平有四个标准，即适应性、复杂性、自主性和内聚力，并与之成正比例关系。[①]"独立候选人"对人大制度改革的意义正在于会进一步提高人大制度化水平。第一，从适应性上来看，"独立候选人"的出现本身就是对我国人大制度的挑战，会提高人大制度适应环境挑战的能力。同时，由于"独立候选人"都是具有公共关怀、并怀有对人大制度进行改革的强烈愿景的民主人士，他们如果能够进入人大，会对人大制度提出许多有益的改革意见，提高人大制度的存活率和人大职能的适应性。第二，就复杂性而言，"独立候选人"要求把人大建设成为真正的国家权力机关的呼声，以及广大民众对人大制度提出的诸多改革措施，都会有利于人大机构建设，促使人大代表明确职责，促进人大会议完善议事规则和程序，提高人大制度复杂性和制度化水平。第三，"独立候选人"进入人大，有利于提高人大的自主性。独立候选人一般都是具有公共关怀、公共精神的民主人士，他们能够反映人民群众的公共利益，他们如果能够参选成功，就会提高人大摆脱受利益集团或私人利益操控的能力，同时，人大也可以进一步完善自身的运作过程和运作程序，在应对来自政党、政府内部的压力时，能够按照既定的规则和公共利益行事。第四，由于独立候选人进入人大在一定程度上可以改变人大受来自政党、政府和利益集团内部操控的局面，提高自身的自主性，因而就为人大获得强有力的内聚力提供了重要保证，"自主

---

① 〔美〕塞缪尔·亨廷顿：《变化社会中的政治秩序》，王冠华等译，上海人民出版社，2008，第10～18页。

性是获得内聚力的手段，使组织形成某种独树一帜的精神和风格"①。

3. 独立候选人进入人大，有利于人大民主实现，从而推动我国政治体制改革进程

近年来为了推动政治体制改革，我国从中央到地方都进行了有益的探索，既有以党内民主带动人民民主的路径，也有以基层民主逐步上推实现上层民主的尝试，也有以社会民主倒逼国家民主的构想，但政治体制改革依然是"改而不动"，传统的政治体制依然根深蒂固。政治体制改革的目标就是要在我国建立现代民主政治，民主，是政治体制改革的导向和核心。因而，要在我国推进政治体制改革，不能期望寻求既有政治体制之外的路径，而应当探索从体制内部实现突破，以宪法和法律的既定制度安排为支撑，从而撬动整个政治体制的神经，实现民主政治的目标。人大制度是我国宪法和法律规定的国家根本政治制度，人大作为国家权力机关的宪定地位也具有至高无上性，并且宪法和法律也赋予了人大绝对的职权，如果能够实现人大民主，以人大民主为抓手，逐步在现实中实现人大的宪定地位，则国家政治体制改革便有望实现突破性进展，社会主义民主政治目标也会渐露曙光。

要实现人大民主，首先，应当在人大选举方面实现民主，只有人大代表真正是按照公正、公平、公开的民主选举程序由人民群众自己选举出来的，才会真正代表人民群众利益，自愿接受人民群众监督，并认真履职，监督"一府两院"的工作。"独立候选人"参选人大是实现人大选举民主的重要方式，王占阳表示，"独立候选人参选人大代表的意义在于，可以促进提名程序的民主化，候选人提名通过自由提名来进行是一个发展方向，不仅是独立候选人要经过自由的提名，而且组织提名的候选人也都应逐步实现自由提名与组织提名相结合。"② 其次，"独立候选人"若能够成功进入人大，会有利于活跃人大，改变人大代表"代而不表"、"表而不代"和"不代不表"的不作为现象。再次，"独立候选人"会致力于改革人大的议事规则和表决程序，使人大严格按照民主程序办事，并加强对"一府两院"的监督，促使人大的宪定职权落于实处。

---

① 〔美〕塞缪尔·亨廷顿：《变化社会中的政治秩序》，王冠华等译，上海人民出版社，2008，第 18 页。

② 王占阳、梁士兴：《独立候选人参选有利于社会稳定》，中国选举与治理网，2011 年 6 月 2 日。

4. "独立候选人"通过人大这一制度平台进行有序政治参与，符合我国"维稳"需求，有利于保持我国政治秩序的长期稳定

"独立候选人"参选人大代表往往被地方党政部门看做是不稳定的因素，是对党领导体制的挑战，他们会使出浑身解数阻止"独立候选人"参选和当选。比如，新余的刘萍自宣布参选人大代表后，就多次被当地领导人约谈，明确告诫不要参选人大代表，新钢党委书记的要求是"好自为之"，新余市政法委书记的要求是"不要踩法律的底线"，市国保支队队长的要求是"不要和境外媒体联系"，最后新钢设材部书记则劝阻刘萍"不要搞了嘛"。[①] 他们把独立候选人的参选看做是"洪水猛兽"和"严重敌情"。

不可否认，独立候选人的参选会给这次全国范围内的人大代表换届选举带来管理上的困难，但不能以此来否定独立候选人存在的积极意义，更不能通过政治打压的方式遏制公民精神的成长。我们应当看到，独立候选人参选人大对改善党和国家领导方式，解决社会矛盾，创新社会管理，稳定政治秩序的积极建设意义。

首先，独立候选人参选人大代表有利于改善党和国家领导方式，加强党的领导，巩固党的执政地位。"独立候选人"无论出于维权的需要，还是出于美好的政治愿景参选人大代表，而没有采取极端的方式，事实本身就说明他们并不是要自绝于既有政治体制之外，相反，却反映了他们对党和国家领导地位的认同，希望借助于既有的政治力量和制度资源，实现由宪法和法律保障的权利。他们对"一府两院"的监督，会有利于改善党的执政环境，提高民众对党领导的认同度，党的执政地位便会得以长期巩固。

其次，独立候选人参选人大代表有利于创新社会管理方式，解决社会矛盾，改善社会治理状况。"独立候选人"的出现说明我国公民的民主素养和民主精神已有很大的提高，公民社会建设也渐趋走向成熟。而公民社会本身就是一种有效的社会管理机制，有利于国家与社会的良性互动，在国家与社会的合作治理中实现社会的有效治理。"独立候选人"还能够有效地集民智、解民忧，使民众的利益诉求得以有效上达，使国家政策得以走出高墙，走向民间，实现官民之间的良好沟通，社会矛盾，特别是官民矛盾便能得以解决，社会治理便得以改善。

---

① 中国选举制度改革研究课题组：《以刘萍为例对江西新余人大代表换届的选举观察》，世界与中国研究所网站，2011 年 7 月 5 日。

最后，独立候选人参选人大代表有利于提高政治制度化水平，提高政治制度应对环境挑战的能力，保持政治秩序的长期稳定。亨廷顿认为，一个国家的政治稳定依赖于政治制度化与政治参与之间的比率，如果一个社会要保持政治稳定，当政治参与提高时，政治制度化的能力应进行相应提高，否则就会导致政治动乱。[①]"独立候选人"的出现反映了民众的政治参与需求正处于扩大阶段，对民众扩大的政治参与需求不能采取压制的态度，而应顺应民意，以此为契机提高政治制度化水平，这样才有利于政治秩序的稳定。正如上文所分析，"独立候选人"的参选在制度的适应性、复杂性、自主性和内聚力方面都有利于提高人大的制度化水平，从而可以认定，"独立候选人"是保持政治秩序稳定的调节剂，是国家长治久安的有利因素。

四　结语

对"独立候选人"现象，我们应当具有一个大国本应具有的包容与豁达的心态，以发展的和长远的眼光去看待，看到他们对国家民主政治发展所具有的积极意义，去引导和规范他们的行为，保证他们在国家法律和制度框架内活动。只有一个包容的国家，才会激发民众的活力和创新精神，才会实现社会主义物质文明、精神文明、政治文明的繁荣，才会体现社会主义制度的优越性，增强民众对党和国家的热爱；也只有一个活跃的社会，一个得到民众最多认同的国家，才是一个真正稳定的社会和长治久安的国家。中国的政治发展在"独立候选人"及其背后的亿万支持者的共同努力下才会稳步地朝民主的目标迈进，民主政治才会真正地为人民造福。

---

① 〔美〕塞缪尔·亨廷顿：《变化社会中的政治秩序》，王冠华等译，上海人民出版社，2008，第60页。

政治稳定

转型进程中的中国社会政治稳定：
新模式与新战略*

唐皇凤**

摘　要：维稳模式是一个国家治理模式核心特征的集中体现，展示了一个转型进程中的国家的治理困境，而维稳模式的转型则明确昭示着一个国家政治建设的基本趋向。中国的社会政治稳定是一种刚性稳定和压力维稳，具有明显的运动式治理和组织化调控的色彩。这种维稳模式具有明显的内在困境，集中体现为政治风险大，维稳成本高，有不断被异化和内卷化的趋势。有序推进政治民主化进程，构建公平正义的现代国家制度体系，构建多中心的合作治理模式，实现中国维稳模式的现代转型，是转型中国长治久安的治本之策。

关键词：维稳模式　治理困境　科学稳定观　合作治理

随着社会转型进程的逐步深入，中国的改革开放事业已进入制度调整、体制变革与机制创新的关键阶段，经济体制深刻变革，社会结构深刻变动，利益结构深刻调整，思想观念深刻变化，人民内部矛盾日益凸显，群体性事件与各种信访活动逐年上升，对安定团结的政治局面构成了不同程度的挑

---

* 本文受 2010 年度国家社科基金一般项目"城市新失业群体政治心态的实证研究"（项目编号：10BZZ003）和 2010 年度武汉大学自主科研项目"变革社会政治稳定的心理基础：基于中国社会弱势群体政治心理的实证研究"（人文社会科学类新兴交叉项目）的资助。

** 唐皇凤，武汉大学政治与公共管理学院副教授。

战。如何顺应时代潮流，重构中国的维稳模式，有效维护利益大分化与制度大变革时代的政治稳定，成为当前中国国家治理与政治建设的重大历史使命。

一　中国维稳模式的内涵与基本特征

"维稳"是一项有着中国特色、被提升到治国安邦层面、带有极强政治色彩的重要工作。在现行的维稳工作格局中，核心的工作任务是调适和管控各种社会利益纷争，平息各种社会不满情绪，有效维护社会政治秩序。党的十六大政治报告第一次把"维护社会稳定"作为单独的一部分内容予以集中论述；而党的十六届六中全会决议进一步明确"积极预防和妥善处置人民内部矛盾引发的群体性事件，维护群众利益和社会稳定"，意味着化解利益矛盾和解决社会冲突、维护群众合法权益开始成为"维稳"工作的重要内容；党的十七大政治报告将"完善社会管理，维护社会安定团结"放在一起论述，"维稳"开始被明确为"社会建设"方面的工作。因此，有学者认为"维稳"工作的发展历程是一个从单一强调"稳定压倒一切"，到"正确处理改革、发展、稳定三者之间关系"，再到大力推进民生建设、突出维护群众权益的变化发展过程。[①] 党的十七届四中全会通过的政治决议提出"发展是硬道理、稳定是硬任务"，并要求各级党政领导干部"切实抓好发展这个第一要务、履行好维护稳定这个第一责任"，"维稳"工作被提升到前所未有的高度。中国维稳模式就是中国的执政党和政府为了维护国家长治久安以及安定团结的政治局面，确保基本政治制度的长期延续和社会政治秩序的长期稳定，应对和化解社会转型期的各种人民内部矛盾和社会政治不稳定因素，进而形成的针对社会政治稳定问题的基本判断，以及为有效解决威胁中国社会政治稳定的潜在风险与危机而提出的一系列行为选择、工作机制、公共政策、制度安排、体制创新和战略部署。其主要特征包括：

第一，中国的社会政治稳定形态是一种刚性稳定。中国的稳定是一种"刚性稳定"，主要是指中国的政治和社会结构缺乏必要的韧性和延展性，没有缓冲地带，执政者时刻处于高度紧张状态，企图运用一切资源来维系稳

---

① 参见容志、陈奇星《"稳定政治"：中国维稳困境的政治学思考》，《政治学研究》2011年第5期。

定。而与之相对的"韧性稳定"不仅是分权开放的、动态的、和平而有序的，而且是可以自我修复的。中国的稳定以社会绝对安定作为管治目标，把一切抗议行为如游行、示威、罢工、罢市、上访等行为都视为无序和混乱，都采取一切手段进行压制或打击。在刚性稳定下，社会管治的方式总是简单化和绝对化，非此即彼，非黑即白，经常把民众正当的利益表达当成是对社会管治秩序的破坏。① 在刚性稳定的思维下，各级官员非常容易出现一种"不稳定幻象"，总有一种中国目前的社会矛盾和社会冲突越来越尖锐，社会政治稳定局面越来越严峻的感觉。在这种不稳定幻象的刺激作用下，社会政治稳定问题被无限地加以放大，整个政治体制对任何矛盾和冲突都极为敏感，社会上的任何"风吹草动"都可能被扣上危及稳定的"帽子"而遭到横加干涉，乃至野蛮压制。危害国家和社会安全的暴力犯罪被认为是不稳定，由于失业问题、医疗及养老保障问题、环境污染问题、腐败问题等引起的矛盾与冲突也一概被认定为不稳定因素，乃至为了维护所谓的"稳定"而人为地封锁重大公共安全信息来源，所有的一切工作都为"维稳"工作让路，甚至不惜牺牲国家长远的改革和发展利益。事实上，尽管我国目前存在许多矛盾和冲突，但中国社会有很大的弹性空间，执政党和政府具备足够的权威资源和调控能力，酿成大的社会危机和政治动荡的可能性并不大。刚性稳定追求绝对的社会秩序，往往以国家强制力为基础，以意识形态控制、思想政治教育、重点对象实时监控等为手段，把一切社会抗议行为乃至法律允许的利益表达行为都视为无序和混乱，采取一切手段进行压制或打击。这种社会政治稳定模式可能蕴藏着巨大的社会风险，极易引发民众与政府的直接对立和冲突。

第二，中国维稳模式的运作机制是一种压力型体制。我国目前的维稳机制主要是一种压力维稳机制，其体制支撑则是与中国政治和行政体制相适应的压力型体制。压力型体制是指在中国政治体系中，各级党委、政府为了加快本地社会经济发展，完成上级下达的各项命令和任务，而构建的一套把行政命令与物质利益、职位晋升刺激相结合的工作机制的组合。② 压力型维稳机制由三个部分组成：（1）维稳工作数量化的任务分解机制。作为各级党委、政府"第一责任"的维稳工作往往千头万绪，涉及方方面面，十分复

① 于建嵘：《抗争性政治：中国政治社会学基本问题》，人民出版社，2010，第38～39页。
② 杨雪冬：《市场发育、社会成长和公共权力构建》，河南人民出版社，2002，第107页。

杂。为了搞好综治维稳工作，需要动员各方面的力量，并把维稳工作任务进行精细化的分解，如越级上访、集体上访和群体性事件等的数量控制指标等。各级党委一般根据上级的要求，并结合本地区的维稳工作实际，首先把本地区维稳工作的目标和任务进行具体的量化分解，通过签订责任状的形式层层下派到下级组织和个人，要求在规定的时间内完成各种任务指标。（2）物质化的多层次评价体系。在具体问题的解决过程中，中国发展了各部门共同协作与参与的问题解决机制。常规方式是党委、政府各部门的工作围绕维稳的工作计划和工作重点进行日常工作安排，在完成来自上级的临时性任务或工作的时候，则从各部门抽调人员或者整个部门集中采取行动。同时，完善各种考核激励机制，对于完成指标任务的组织和个人，除了采用授予先进称号这样传统的精神奖励之外，还增加了包括提级、提资、提拔、奖金等物质奖励。（3）严格追究的领导责任制。领导责任制就是各级党委、政府把抓好综治维稳工作，确保一方平安，作为各级党委、政府和各部门党政领导干部的任期目标之一，并同党政领导干部的政绩考核、晋职晋级和奖惩直接挂钩。并且，在维稳工作中实行"一票否决"制，对所属地区、部门和单位及维稳主要责任人，因对维稳工作不重视，措施不落实，导致出现重大不稳定事件，造成严重后果，而对其被授予综合性荣誉称号、评先授奖、晋职晋级资格予以否决。2009年7月12日《关于实行党政领导干部问责的暂行规定》发布，规定了七种对党政领导干部实行问责的情况，其中两种直接和群体性事件有关，标志着维稳问责开始明晰化和具体化，并且日益规范化和制度化。

第三，中国维稳模式往往呈现出运动式治理的特征。在"维稳压倒一切"的观念主导下，由于对维稳工作的重要指标实行"一票否决"，维稳往往牵动着官员的每一根神经。为了完成维稳工作任务，地方官员往往采取"人民战争"、"群众动员"的方式，呈现出典型的"运动式治理"的特征。运动式治理是传统社会主义时代中国最常见的一种国家治理方式，这种国家治理方式以执政党在革命战争年代获取的强大政治合法性为基础和依托，通过执政党和国家官僚组织有效的意识形态宣传和超强的组织网络渗透，以发动群众为主要手段，在政治动员中集中与组织社会资源以实现国家的各种治理目的，进而达成国家的各项治理任务。① 运动式治理作为实现特定政府工

① 唐皇凤：《常态社会与运动式治理——中国社会治安治理中的"严打"政策研究》，《开放时代》2007年第3期。

作目标的一种治理工具，在转型中国的国家治理实践中屡见不鲜。为了解决一些比较尖锐、比较突出的矛盾和冲突，各级党委、政府以垂直命令、政治动员的方式，在某些特定的时期集中调动力量、配置资源，有效化解社会政治不稳定因素，运动式治理已成为一些地方政府运用最为广泛的维稳工作方式。这种模式往往具有行政主导、不计成本、"一刀切"、"一阵风"等特点。作为一种非常态的治理方式，它往往追求一时功效，更多地依靠权力或权宜措施，但很难形成制度化的累积效应。面对复杂而琐碎的、以利益冲突为主的社会矛盾时，容易陷入"治标不治本"的困境。运动式治理长期延续的根本原因是中国国家治理资源的贫弱，常规化的治理体系由于缺乏足够的资源支撑而很难有效运转起来，在特定的历史条件下，通过运动式治理来维护社会政治稳定是不得已而为之的权宜之计。

第四，中国维稳模式的本质特征是一种组织化调控。在特定的中国情境下，组织化调控是指通过党的组织网络和政府的组织体系，并在组织建设和组织网络渗透的过程中不断建立和完善执政党主导的权力组织网络，使社会本身趋向高度的组织化，最终主要通过组织性的力量来实现国家治理目的的一种社会调控形式。① 在中国维稳模式的构建过程中，各级党组织发挥了核心主导作用，通过执政党的人事控制权，在各级党委系统内设立权威性的维稳工作综合协调机构和工作机构，并不断强化原有机构的维稳功能并提升其政治地位，以实现体制内资源的集中与动员。在各级党委、政府维稳工作机构体系中，各级维稳工作领导小组和维稳办、各级党委政法委和社会管理综合治理委员会和综治办充当了"统揽全局、协调各方"的核心作用，除依靠武警、警察、民兵这些压制性力量，还大量设置"维稳中心"、"维稳工作站"、"应急管理办公室"等组织机构，由地方重要领导亲自担任负责人，并雇用相当数量的专职人员进行维稳工作，健全、庞大的维稳机构体系正在形成。群众工作室、维稳信息中心、人民调解委员会、矛盾纠纷调解中心等组织网络体系不断延伸到街道办和村（居）委会等基层组织。如在福建、江苏、浙江等民营企业发达的地区首倡的"综治维稳进民企"，目前已在全国普遍推开，企业内部也设立了维稳办公室。广西贵港的 5 个县市区全部建立了群众工作部，74 个乡镇（街道）全部建立了群众工作中心，1148 个村

---

① 唐皇凤：《社会转型与组织化调控：中国社会治安综合治理组织网络研究》，武汉大学出版社，2008，第 60 页。

（社区）全部建立了群众工作站，县乡两级维稳工作平台专门从事维稳工作的人员 600 多人、村级维稳信息员 3500 多人，维稳工作力量渗透到了基层的每一个角落。① 虽然各地都建立起了庞大的专职维稳机构和维稳队伍，但从实际工作效果上看，不少地方的维稳运行机制建设科学化、制度化、规范化水平依然不高，体现出较为明显的应急性、波动性、补漏性、随意性和形式性。在中国社会转型过程中，原有的动员体系日益弱化，社会与单位调控体系日益蜕变与衰微。日益分化的社会结构迫切需要制度来规范社会主体的行为，转型期的秩序维持与秩序建构迫切需要以普适的、抽象的国家法律、制度来实现"抽象化的国家治理"，并且通过塑造现代性的"规训"主体来安定人心秩序，实现社会秩序与人心秩序的有机连接。以控制为主导的组织化调控必将让位于以"规训"为主导的制度化调控。

第五，中国维稳模式的具体手段带有明显的暴力压制性和经济利益补偿性特征，以政治、行政手段为主。在"稳定压倒一切"的刚性稳定的政策指导下，地方政府形成了"上访等于不稳定"的思维定式。不少地方苛求基层"不能出事"，不发生群体事件，无大规模上访，无人进京上访就叫"稳定"，并以此为重要指标评价干部能力和政绩。一些地方只要辖区内发生"进京上访"、"非正常上访"事件，当地政府主要负责人就被一票否决。② 这种严苛的倒逼问责机制，使得有些地方政府频繁动用国家专政工具甚至勾结黑恶势力，采取诸如截访、殴打、拘留、罚款、劳教、判刑、连坐以至于公然在北京雇用私人保安公司开设"黑监狱"等手段压制上访群众，严重侵犯了他们的各种合法权益，甚至造成上访群众人身和精神的巨大伤害。为了维护社会政治稳定，地方政府一般会采用"胡萝卜加大棒"的办法：一是"花钱买平安"，"人民内部矛盾用人民币来解决"；二是不惜动用包括警力等在内的暴力工具，强行将群众的上访和要求压制下去。某些地方政府为了降低各种非正常上访数量对地方党政官员仕途的消极影响，针对某些多年的老上访户或者缠访对象，不惜花血本进行经济利益的收买，无原则地一味迁就，而不寻求问题的根本解决。有的地方党委、政府存在简单化、片面化与官僚化思维模式，将"维稳压倒一切"、"维稳是第一责任"简单

---

① 莫小松：《维稳力量渗透基层每个角落　广西贵港三级维稳工作平台畅通群众诉求》，《法制日报》2009 年 12 月 24 日。

② 王梅枝：《试论从刚性维稳向韧性维稳的转变》，《党政干部学刊》2010 年第 4 期。

解读为只要不上访不出事就是稳定，潜意识中就把社会弱势群体合理合法的利益表达和维权行为认为是"和政府过不去，对着干"，为此而经常使用警察等专政工具进行威吓和压制，高压维稳，造成警民对立。暴力维稳正在严重伤害政府机关在群众中的形象，逐步侵蚀着执政党的政治合法性基础。因此，目前的暴力压制型维稳和经济利益收买型维稳，不仅可能加大治理成本，加剧地方治理危机和政治风险，而且使得基层社会高度政治化，稍有不慎即引发社会政治不稳定因素。

改革开放 30 多年来，中国基本实现了相对平稳的社会转型，不仅实现了政局的长期稳定，而且确保了宏观政策体系的基本连续性，以及政治领袖集团代际更迭的有序性，长期的政治稳定有力地保障着中国经济社会的快速发展。从这个意义上讲，中国所创造的"经济"、"政治奇迹"是中国维稳模式有效性的重要证据。另一方面，与政权稳定性并存的则是近年来维稳成本一路攀升，人们开始深刻感受到现行维稳模式的结构性缺陷与弊端所带来的切肤之痛。社会转型进程中的各种不稳定因素犹如一个挥之不去的梦魇，成为悬在许多地方党政领导者头上的达摩利克斯之剑，时刻拷问着中国执政者的政治智慧。

二　中国维稳模式的内在困境

中国维稳模式的运作使中国社会日益陷入一种"维稳的怪圈"，各级政府将大量的人力物力财力用于维稳，但社会矛盾和冲突的数量非但没减少，反而不断增加，在某种意义上已经陷入"越维稳越不稳"的恶性循环。① 中国维稳模式的内在困境主要体现在：

第一，维稳工作内涵泛化，极易引发政治风险。在不稳定幻象的催化作用下，在压力型维稳模式的强力推动下，地方政府很容易风声鹤唳、草木皆兵，形成一种社会政治不稳定的恐惧感，任何正常的、鸡毛蒜皮的小矛盾、

---

① 在中国，社会不稳定的恶性循环体现为：越是要强调社会稳定、强化维稳工作，政府特别是基层政府就越是不能容忍民众的利益表达；民众越是缺乏有效的利益表达，社会中的利益格局就越是倾斜，尤其是底层群体受到的损害也就越大；利益格局越是倾斜，利益矛盾和冲突也就越尖锐，不满情绪也就越强烈；由于正当的利益要求受到压制，一些群体或个人就只能采用体制外的方式、有时甚至是暴力的方式来表达和发泄不满，于是导致社会矛盾越加激烈；而社会矛盾越是激烈，政府就越是要强化维稳工作。孙立平、沈原等：《以利益表达制度化实现社会的长治久安》，《领导者》2010 年 4 月。

小冲突都可能被认定为影响不稳定因素的大问题与大事件，社会政治稳定固化为一种没有任何冲突和矛盾的绝对的静态稳定。为了达到这种静态、绝对稳定的目标，在中国现行的政治、行政体制下，很容易导致维稳工作内涵的扩大化和泛化，以及维稳工作的功能异化。一方面，中国目前的"维稳"工作经常忽视对公民参与和利益诉求的制度化吸纳，社会政治不稳定对象和问题极易被"泛政治化"和意识形态化，大大压缩了各利益相关者之间民主协商与政治妥协的可能空间，加剧了不稳定问题的治理难度。随着大量社会问题的政治化，造成社会的各种经济问题、管理问题、法律问题和社会民生问题都指向政治领域，都要求政府予以包揽和解决，减缓了政府职能转变的进程，使得中国政府长期陷于"体制性的职能超载"而无法自拔，这无疑是一个相当危险的信号。另一方面，很多官员不能用"平常心"看待社会冲突，为了维稳不惜一切代价，经常运用暴力手段维稳。政府忙于应付而忽视其正常的工作职责，社会管理和公共服务职能弱化，人民的社会不满情绪日益集聚。事实上，基于利益的社会冲突具有很大的讨价还价空间，其政治风险是不大的。而在现行的维稳模式下，维稳工作很容易陷入一种"摁下葫芦浮起瓢"的恶性循环和"越维稳越不稳"、"治标不治本"的怪圈。

　　第二，维稳工作本身经常被异化，中国有不断滑入"维稳陷阱"困局的趋向。维稳陷阱就是对维稳手段与维稳目的的本末倒置，把本来只是一时手段的维稳当做了目的，导致维稳扩大化、产业化，从一时的权宜之计趋于凝固、趋于常态，使维稳的经济成本和社会成本不断攀高而至无从遏制。[1]目前，一些地方的维稳工作已经明显出现了"异化"现象。虽然各级政府投入维稳的人力、资金及精力越来越多，但是社会矛盾和冲突并没有因此而明显减少，社会政治稳定的形势仍不容乐观，维稳面临着越来越大的工作压力，维稳的边际效应逐渐递减。主要表现为：[2]（1）维稳理念的异化。一些地方政府和官员的维稳思维存在重大误区，将维稳看做是纯粹的政治任务，将社会政治稳定理解为绝对的"稳定太平"和表面的"风平浪静"。因此，在处置社会矛盾的过程中，常常将民众正当的利益表达与社会政治稳定对立起来，将维权与维稳对立起来，甚至将人民内部矛盾上升为刑事化、意识形

---

[1]　笑蜀：《维稳社会成本高企值得关切》，《南方周末》2010 年 6 月 3 日。

[2]　徐行：《中国维稳模式误区：异化与挑战》，《人民论坛》2010 年 9 月下；封丽霞：《应纠正地方维稳工作中的"异化"现象》，《学习时报》2011 年 3 月 7 日，第 5 版。

态化的政治问题。（2）维稳政绩考核功能的异化。维稳作为一项重要的政绩考核指标，异化为官员"维稳压倒一切"的现实考量，很多基层官员把绝大部分精力集中于应付与维稳相关的事项上，如截访、销号、拘留、罚款、劳教、判刑等控制性手段上，而不去思考如何解决群众的利益诉求和政治不稳定的大量社会问题。（3）维稳功能异化。维稳从手段变成了目的，甚至嬗变为一些地方政府非法行政和维护部门利益乃至私人利益的借口。政府往往采取简单化和绝对化的社会管治方式，事后补救多于事前预警，头疼医头，脚疼医脚，重堵轻疏。往往通过压制和牺牲弱势群体的利益表达，来实现短期内的社会稳定。并且经常轻率地滥用警力，高压维稳，结果不仅无助于矛盾化解，反而造成警民对立、干群对立，引发社会矛盾和冲突。（4）维稳方法异化。一是领导方式的异化，不是通过民主法治的手段和建立长效的治理机制，而是异化为"首长挂帅"、"部门参与"、"全民动员"的运动式治理方式。二是治理方法的异化。对不稳定因素，特别是突发性群体事件，不是疏导情绪、听取民意、耐心解释、化解矛盾，依法办事，按规章按程序解决，而是异化为镇压、驱散、限制、跟踪、截访等。并且，处理社会矛盾排斥民主法治的方式，有明显的"去司法化"特征。在处置征地拆迁、国企改制、职工下岗等重大问题时，一些地方寻求"法外解决"，导致社会矛盾的处理"非规则性"和"非终局性"。总之，一些地方在维稳工作中偏离法治的轨道，习惯于用行政方式代替司法方式、以个人权威取代法治权威、以权代法。这不仅严重增加了化解社会矛盾的成本，助长了民众的机会主义心理。

　　第三，维稳工作逐步陷入内卷化的泥沼，长期在暴力维稳和无原则的利益收买之间徘徊，与民主法治的现代治理模式相去甚远。维稳的内卷化是指各地不断增加维稳人力、物力和财力投入，但在一定程度之后，其边际产出和收益是递减的，甚至是负的，如更多的侵权、更多的群体事件等。近年来，随着"维稳基金"在各级政府中的普遍设立，"花钱买平安"的"权宜性治理"方式也普遍起来，就是所谓"人民内部矛盾用人民币解决"。在实际操作中，往往只凭负责官员的个人判断，其所体现出的政府行为明显缺乏原则性和规范性，往往忽视、扭曲甚至排斥法律的作用。现行维稳模式的暴力性与利益收买性，与制度化的人权保障及中国的法治化建设进程相悖。近年来，在维稳工作中滥用权力、胡乱作为的现象不断被媒体曝光。一些地方政府在维稳工作中所采取的手段和措施，完全是非法行政，侵害公民权。很多地方官员将维护社会稳定与加强法治权威对立起来，认为维稳与法治是一组悖论，要维稳就不能讲法治，讲法治就难以维稳。一些地方甚至常常超越现行法律规定，采取"围堵"、"非法拘禁"、"游街示众"、"公审大会"、将访民"劳动教养"或"被精神病"等非法治化的方式来解决社会矛盾。这些做法只能暂时压下冲突，根本不能真正解决矛盾和问题，而且对法律、对政府的公信力都会造成极大损害。事实上，牺牲民主、法治与人权，突破法律与政策底线的维稳，只能是"表面"而低层次的稳定，最终因缺乏坚实的社会基础而轰然塌陷。而以民主法治、公平正义的治理方式解决社会政治稳定问题，不仅能走出维稳模式内卷化困境，也是实现国家长治久安的战略选择。

　　第四，天价维稳可能诱发贫困地区政府的财政危机。目前，地方政府在"维稳"开支中存在明显的地区差别，越是发达地区，经费投入越多。以2008年为例，广东省在公检法司和武警方面的投入就接近400亿元，而宁夏则只有19亿元。上海在社会保障方面的投资接近340亿元，而西藏仅仅有28亿元。上海只有6.34%的年财政收入用于公检法司和武警的支出，而宁夏这一比例则高达28.4%；在社会福利开支方面，上海只有14.2%的财政收入用于社会福利，而宁夏则达到惊人的91.6%。这些数据表明，落后地区在"维稳"方面的经济压力，要远远大于发达地区；更大的财政压力意味着很多省份是因"维稳"而负债经营。① 2009年我国公共安全方面的财政支出增加了16%，而2010年8.9%的增幅已超过国防开支增幅，总金额亦逼近后者，高达5140亿元人民币，2011年则首次超过了国防开支。如果不改变现有的维稳工作方式，维稳成本无疑将会成为各级地方政府和社会的一个日益沉重的负担，一个上访对象拖垮一个乡政府的现象已经屡见不鲜。

　　第五，维稳工作基层组织网络运转和功能发挥的失灵直接影响了组织化调控的绩效。组织化调控意味着国家治理绩效取决于组织功能发挥的程度，组织绩效是国家治理绩效的基础和保障。在国家治理体系中，基层基础结构居于关键地位，直接决定了国家治理的效能。而现实的情况却是，由于集权机制导致的财权向上集结，而事权又不断下放给基层政府和基层组织，基层组织面临着权责严重失衡的尴尬局面，不仅挫伤了其工作积极性，也在不断

---

　　① 谢岳：《中国天价"维稳"模式需改变》，新加坡《联合早报》2010年10月28日。

诱发基层治理危机。同时，由于市场经济条件下人们行为动力机制的变化，既缺钱又缺人的基层组织很难有效地运作起来，充分地发挥其治理功能，基本处于悬浮状态，极大地损害了组织化调控体系的治理绩效。现行的维稳模式极易导致矛盾纠纷化解的责任与权力、资源之间的错位。"维稳"压力往往被科层体制传递到其最末端，即最基层的政府和"准政府"。相较于更上级政府来说，他们的确占有"信息优势"，对具体情况和对象更为了解，但从制度上看，处于科层最低端的他们又占有明显的"权力劣势"，即其决策权和可资动员的资源相对来说是很有限的，甚至已有"碎片化"的倾向。一方面是横向之间的碎裂，如垂直管理部门分割了县乡两级政权的部分社会治理权；另一方面是纵向之间的碎裂，如基层决策权的有限。因此，有近四成的受调查官员发出"因体制、机制问题，地方官员常常两头受气"的感慨。[1]

中国目前的这种维稳模式，不仅严重增加治理成本，而且破坏社会的是非观、公正观等价值理念，在道德与制度正义上削弱了政府形象。而为完善市场经济和构建和谐社会所必需的一些重要的制度性和体制性的改革，也往往由于担心造成不稳定而被束之高阁。一些必要的改革措施因此错失时机，导致失衡的社会利益格局迟迟得不到有效调整，既得利益集团不断坐大，形成固化的社会阶层结构，阻碍改革事业的深化。因此，深刻反思现有维稳模式的困境与弊端，超越现有维稳模式的局限性，实现维稳模式的现代转型，是确保中国长治久安的关键。

三　构建中国社会政治稳定的新模式

有学者以经济发展程度与公民满意度为指标，认为由于目前中国经济与社会发展的非均衡性过大，以及政治上的表达渠道拥塞，社会政治不稳定主要是一种"高经济发展程度低公民满意度"类型，即"拥塞式不稳定"。[2]同时，目前中国的刚性稳定模式是借助权力的垄断性，把所有对权力的冲击

---

[1]　王慧：《官场中的维稳烦恼》，《领导文萃》2010年第24期，第85~88页。

[2]　在这种模式下，经济较为发达，财政收入及人均GDP也相对较高，但整体的经济发展成果并没有有效转化为民众对政府及其行为的满意度，政府合法性程度较低。王军洋：《稳定与不稳定的政治区隔及其演变规律——深入观察群体性事件发生机理的宏观视角》，《战略与管理》2011年第7/8合编期。

都视为不稳定的因素而予以打击，是一种维稳成本畸高、政治风险极大的维稳模式。因此，有序推进政治民主化进程，构建公平正义的现代国家制度体系，实现中国维稳模式的现代转型，是转型中国长治久安的治本之策。

第一，科学的稳定观是构建转型中国维稳新模式的理念基础。稳定并不单纯意味着对社会的有效管控，现代社会的稳定应该是一种和谐与有机的稳定，一种基本满足了人民群众物质文化需求基础之上的稳定。科学稳定观是坚持以人为本、动态、公正、民主、和谐、可持续的法治稳定观。[①] 科学稳定观是实现社会长治久安的必然要求，稳定观的现代转型主要体现为：（1）从简单的"管控人"转向真正的"以人为本"。"以人为本"是科学稳定观的核心。"人民看到稳定带来的实在的好处，看到现行制度、政策的好处，这样才能真正稳定下来"。[②] 传统稳定观过于强调通过对人的社会控制而实现稳定，以国家本位和社会本位为出发点，强调对人的限制与约束，而忽视人的主体和核心地位。科学稳定观是以人为本的稳定观，以满足和发展人的各种物质文化需要作为一切稳定工作的出发点和归宿点，它服务于人的自由而全面发展这个最根本的目的。（2）从机械稳定转向有机稳定。机械稳定观把稳定理解为一个静态的过程，认为压制就是维持现有秩序的最佳手段，总是采用"头痛医头、脚痛医脚"的被动应急式治理以缓解社会矛盾和冲突。在有机稳定观看来，不稳定是社会矛盾运动过程中的不平衡所致，稳定是整个社会政治系统的动态平衡，关键是从制度与机制上实现对不稳定问题的有效治理。要从根本上维护稳定，必须提升公民社会的自治水平，建立一种社会自我化解与消融矛盾与冲突的机制，尤其是利益协调机制与民主协商机制。同时，通过对社会政治系统的制度创新，特别是对各种社会政治不稳定因素的调节机制的创新，以实现稳定而均衡的发展，最终实现有机的稳定。（3）从静态稳定转向动态稳定。"静态稳定"就是禁止人们做任何危及稳定的事情，以堵为主。这种稳定往往通过对社会内部实行严密的政治与行政控制，以牺牲经济发展、社会活力与公民的合法权益为代价而实现，是一种社会基础相当脆弱的稳定模式。而"动态稳定"就是鼓励公民有序的政治参与和合法的利益表达，并适时进行制度调整与政策改进，以疏为主。这种稳定既是一种发展与稳定共存的状态，也是一种具有灵活性和适应性的相对稳

---

① 胡鞍钢、胡联合：《转型与稳定：中国如何长治久安》，人民出版社，2005，第 76~95 页。
② 邓小平：《邓小平文选》第 3 卷，人民出版社，1993，第 355 页。

定；既是一种有着局部变化而全局相对不变的大局稳定，也是一种通过对局部变化的制度化调节而保持全局稳定的动态平衡，以实现渐进式的平衡态改善，不断达致一种更高层次的稳定与平衡状态。树立科学的稳定观，意味着我们需要正确看到社会政治冲突的积极作用，同时正确处理改革、发展与稳定的关系，在政治稳定的前提条件下深化改革与促进发展，把最广大人民群众的根本利益作为正确认识和处理改革、发展与稳定关系的结合点，注重提高改革决策的科学性，增强改革措施的协调性，通过改革与发展来实现动态的、更高层次的稳定。

第二，公平正义是中国维稳新模式的价值之基。正义是社会制度的首要价值。在一个正义的社会里，平等的公民自由是确定不移的，由正义所保障的权利决不受制于政治交易或社会利益的权衡。① 社会公正是政治稳定的价值基础，是一种支撑社会政治稳定极其强大的内在心理力量。社会公正是人的基本权益需要，有助于人民维护和发展其政治、经济、社会和文化权利。一个社会越公正，生活于其间的人们就越有正义感，维持这种制度的欲望就越强烈，促进社会政治稳定的力量随之也将日益强大，毋庸置疑，其社会政治稳定性必然很高。对于构建中国新的维稳模式而言，最关键的乃是各项国家治理制度价值准则的选择与确定。以公平正义为准则，构建现代治理体系是中国社会长治久安的根本。首先，牢固确立公民权平等的制度基础。通过制度和政策的调整与改善，实现每个人生存、发展机会的平等化，同时，大力推行公共服务均等化，尤其在就业、教育、医疗、社会保障等领域，真正做到"以人为本"。其次，大力推进社会分配制度的改革，公平分配收入和财富，抑制和缩小收入差距，纠正社会不平等和社会不公正。一方面，积极而稳妥地消除一切阻碍社会流动的体制与机制障碍，建立充满流动机会的、富有弹性的、公平开放的现代社会结构，为社会政治的长期稳定提供结构性的支撑条件。另一方面，加强反腐败的制度建设，努力消除一切有违机会公正的体制和机制障碍；统筹效率与公正、机会公正与结果公正的关系，统筹城乡之间、地区之间、经济与社会之间的发展与稳定，加强社会安全网建设和国民收入的二次分配再调节制度建设，防止社会的两极分化，不断减少社会不公正现象，从源头上不断减少社会不公正感的滋生，逐渐实现社会政治的和谐稳定。

---

① 〔美〕约翰·罗尔斯：《正义论》，中国社会科学出版社，1988，第1~5页。

　　第三，高效合法的公共权威是中国维稳新模式的主导力量。强能力政府在一定发展阶段是保持政治稳定的必要条件。在发展中国家的现代化过程中，巩固政治权威和强化政府能力是维护政治稳定的有效途径。政治是否稳定与政府控制社会能力的强弱有关，政府控制社会的能力弱化，是导致发展中国家政治不稳定的基本原因。在中国，社会经济分化的速度远远高于社会同化与整合的速度，在现代国家制度体系、市场机制和契约性社会纽带发育尚不成熟的现实条件下，国家保持充沛的权威合法性资源，强化政令的有效贯彻，是维护社会政治稳定的基本途径。也许更为重要的是，政治稳定必须要有一个具备强大凝聚力的政党作为政治体制的核心主导力量。一个强大的政党在现代民主制度的规训下，会不断地向制度化方向发展，成为联系社会各派力量的纽带，从而为政治稳定和有秩序的变革提供关键的支撑力量。近代中国政治发展的鲜活实践表明，实现超大规模社会的平稳转型，非常需要一个能够定型社会结构的主导力量，中国共产党作为这种结构性的主导力量是历史选择的结果。坚持中国共产党的领导，不断提升其治国理政的能力，是超大规模社会实现有序而平稳的制度转型的基本保障。加强党的建设，凭借执政党的政治权威保持政治稳定，是维系社会转型期政治稳定的中国经验。在中国的现代化进程中，政治秩序的安排首先依赖于坚强有力的政党领导。因此，全面提升执政党建设的科学化水平，推动中国共产党自身的适应性调整和现代转型，在回应社会挑战、化解社会危机的过程中不断实现自身的理性化与现代化，在不断增强体制弹性和制度学习能力的基础上，实现理性、民主而高效的国家治理，才能真正实现社会和谐与政治稳定。

　　在构建高效合法的公共权威的过程中，基层政权建设是基本着力点。现代国家建设的基本特征在于国家政权组织对基层社会的强力渗透，力图用外生性的控制网络来实现对整个基层社会全面而实质性的治理，在汲取与动员资源推进现代化与获取基层社会的政治支持之间寻求动态平衡。在压力型体制下，中央政府逐级转移维稳工作压力，实际上科层体制的末梢——县乡两级党委、政府承担着最为重要的维护社会政治稳定的功能。对于维稳工作而言，属于典型的"漏斗形"模式，也就是上面有千条政策，万种精神，但是具体的工作落实，最后还是会像漏斗中的水一样，一滴不剩地流到最基层。但在权力与资源的流向上，却是一个类似"抽油烟机"的模型，上级政府集中了大量解决实际问题的权力与资源。大力加强基层政权组织建设，对于夯实维护社会政治稳定工作的基础，具有重要意义。为此，必须做好三个方面的工作，首先是抓好党的基层组织建设；其次是加强基层专门力量建设，加大对基层公安政法机关人、财、物的投入，确保基层专门力量开展工作的基本条件，使之真正成为"维护一方平安"的中坚力量。最后是加强基层群防群治组织建设，坚持专群结合、综合治理，有效整合和利用各种市场和社会资源，充分调动方方面面的力量，努力减少矛盾、缓解矛盾、解决矛盾。

　　第四，多中心治理与合作治理是中国维稳新模式的核心要素。处于社会转型期的中国，社会结构纷繁复杂，利益格局多元化，各种价值观念交叠共存，为了实现和维护自己的利益，各方利益主体进行着日趋激烈的利益博弈，达成政治共识的难度越来越大。在这个过程中，矛盾和冲突的出现是不可避免的，只要这些矛盾和冲突能够得到有效解决，产生社会政治不稳定的可能性就会大大降低。中国政府之所以会陷入维稳怪圈，其根本原因还是在于当前治理模式存在问题。因此，面对维稳困境，除了要祛除不正确的稳定观外，必须推进社会治理模式的改革和创新，限制政府权力，改变以行政权为主导的一元化治理，积极培育非政府组织，实现国家—市场—社会三者之间的合作治理，形成多中心治理模式，才能从根本上实现社会的长治久安。政府要向社会放权，清晰界定其职能边界，不要把应该通过司法等其他方式解决的矛盾，也纳入到政府的职能当中。同时，充分发挥社会舆论、伦理道德规范对人们行为的影响，重新确立一套被人们广泛认可的社会主义核心价值体系和道德规范，为社会政治稳定奠定坚实的社会心理支撑。培育现代公民社会，促进社会组织的成长与壮大，在社会自治的基础上提高其自我管理和化解矛盾冲突的能力，逐步建立和完善"党委领导、政府负责、社会协同、公众参与"的社会治理格局，不断巩固和强化中国政治稳定的社会基础。

四　有效维护中国社会政治稳定的新战略

　　有效维护转型期中国社会的政治稳定，无外乎三种基本思路。第一种是社会中心论的思路，主张充分借助市场组织与社会自治组织的力量，通过基层维稳力量的市场化与社会化来解决社会政治稳定问题。对于一个公民社会组织化和制度化程度都不高的社会，这种维稳模式的构建需要相当长的时间，目前还不适合成为构建中国现代维稳模式的核心进路。第二种是制度中心论的观点，强调制度建设在国家治理模式中的核心地位，认为制度调整与制度变革应该是构建中国现代维稳模式的重中之重。对于一个民主法治传统基础相对薄弱的国家，一个对法制和制度缺乏足够信仰的国家，这种思路可能导致的后果就是：虽然颁布了很多制度，但制度大都处于"悬浮"状态，或者不能落地生根，成为规范人们行为的现实力量；或者制度徒有虚名，不能有效地运转起来，处于不停的"空转"状态，制度被高度形式化和仪式化。第三种是国家中心论的观点，认为中国维稳模式现代化的基本出路在于长期坚持党委、政府的主导，提升地方政府的治理能力，认为提高中国政治体制化解社会危机与利益矛盾的能力才是当前中国维稳模式转型与重构的根本。这种思路具有很强的现实合理性，但也需要汲取前两种模式的合理之处，形成一个层次清晰、相互促进、良性互动的有效维护中国政治稳定的目标体系，并以科学合理的配套措施以有力支撑近期、中期和长期目标体系的实现，并渐进实现中国维稳模式的现代化与理性化。

维护中国政治稳定的近期目标是以系统的顶层设计为基础，以提升地方政府治理能力为重点，有序开展基层维稳体制与机制的调整与创新。主要措施包括：

（1）优化现行的维稳工作体系及其运行机制。目前我国政法委、综治办、维稳办、信访局等多头开展工作，分工不明，职责不清，影响维稳工作的实效性。各地维稳工作的先进经验昭示人们，我们应该成立一个专职的维稳机构，将政法、综治、维稳、信访等多方力量实行有机整合，合署办公，构建综合治理的大平台，实现一个窗口服务群众、一个平台受理反馈、一个流程调解到底、一个机制监督落实。这个"大综治"格局实行一把手负责制，同时由一名副主任专职负责，按岗定责，责任到人，实现管理方式由过去粗放式管理转变为精细化管理。将原来的几个部门合并后，重新划分职能，将该综合部门分设为三个机构：预防机构，主要负责预警信息搜集。掌握维护稳定的工作情况和信息，发现各种问题隐患以将其消灭在萌芽状态，并总结推广先进的维稳经验。执行机构，主要负责矛盾纠纷调处。负责将群众的信访问题转交给相应部门处理，督办督促各部门解决问题。实行联席会议制，若问题涉及多个部门，则由该机构组织各部门联合解决。当出现群体性事件时，联席会议小组广泛协调和充分动员各种治理资源，迅速果断处理各种突发性危机事件。监督机构，根据执行部门的工作档案，对重大问题进行追踪复查，全程监督问题解决的过程，确保各种维稳制度和政策的实施效果，并把各部门问题解决的质量与部门的工作绩效和奖惩挂钩。重要的是，这种监督机制不是简单沿袭传统的压力型维稳思维，不是实行一票否决制，而是根据问题解决的情况进行科学合理的评估。在此基础上，建立决策指挥、社会预警、控制处理、协调配合、安全保障、责任奖惩等工作机制，逐步建立起权责明确、相互配合、高效运作的维稳机制。

（2）加强决策过程中的社会风险评估机制以及"第三方"调解平台建设，培育真正具有社会公信力的"第三方"调解组织。积极探索与全面推行社会稳定风险评估机制，尤其在城市拆迁、土地征用、道路改造、项目审批、企业改制破产重组等涉及群众切身利益的工作中，在重大决策作出前、重大工程上马前、重大改革实施前，对是否损害群众切身利益、是否违反国家法律政策、是否可能引发群体性事件和公共安全等不稳定因素实行社会稳定风险评估，以实现社会矛盾的源头治理，进而大大降低社会政治不稳定的危机与风险。同时，积极探索建立各种领域和各个行业的第三方调解组织，不断提升第三方调解组织的社会公信力和利益协调能力。以各级司法部门、卫生部门、劳动与社会保障部门、工会组织牵头成立的法律援助服务中心、医患纠纷调处中心、劳动仲裁调解委员会、民工维权服务中心等第三方调解组织，在民事调解、医患纠纷、劳资纠纷、民工维权等领域开展卓有成效的调解工作，有效发挥第三方调解组织的作用，以提升地方政府化解重点行业社会矛盾纠纷的能力，降低社会政治不稳定的风险。

（3）加强社会宣泄机制与社会心理干预机制建设，大力推进社会管理创新。社会宣泄是普通民众的一种特殊参与形式和利益表达方式，有效的社会宣泄机制是政治稳定的重要阀门。当社会成员向政府提出利益要求，并希望得到充分的满足时，要有一定的渠道进行利益表达。如果没有适当的渠道表达，就可能造成心理上的压抑和不满，积怨日甚，最终会引起社会动乱和政治不稳定。因此，我们要广开言路，充分运用公共信息沟通与发布的桥梁与平台，建立健全社会沟通网络，如人民信访制度、党政首长接待日制度、热线电话交流制度、电子信箱回复群众来信制度，做到上访与下访相结合、上情与下情相交流，使社会成员有话可说，有气可出，不满情绪得到宣泄，有效消除社会误解，不断调整民众的社会心理和行为，稳定的政治局面就可以得到维护。建立一个正常的社会宣泄和安全预警机制，释放人们心中积压的不满，各级党政领导机关要接受群众监督，对群众提出的问题及时解决，对政府暂时无法解决的问题，也要讲明原因，寻求谅解，达到消除不稳定隐患的目的。并且，为提高基层干部做群众工作的能力和水平，各级政府可以统一出资培训一批具有国家心理咨询师资格的社区心理咨询人员，构建相对完备的心理咨询服务网络。同时，建立社区心理咨询平台，并将心理咨询机制引入信访维稳工作，采用心理关怀手段疏导上访人群的心理问题，以解决信访疑难案件。更为重要的是，推进社会管理创新是维护中国政治稳定的基础性工程。因此，分类推进社会管理工作和社区建设，大力推进流动人口及重点人群服务管理创新、重点精神病人治疗管理创新、大调解体系创新、虚拟社会管理、社区矫正及刑释解教人员管理创新、两新组织服务管理创新、校园安全防范管理创新、社区服务管理创新、突发事件应急处置管理创新等社会管理体制的变革与创新，尽可能减少社会不稳定、不和谐因素，就能够防患于未然，为中国的政治稳定奠定坚实的基础。在社会管理创新的过程中，不仅需要不断增强政府的监管能力，也需要不断疏通和拓展公民的民主参与渠道，把各种新生的社会力量吸纳进入政治参与过程。

维护中国政治稳定的中期目标是围绕科学发展与社会和谐两大主题，实现治理理念与治理制度的变革与重构，实现政治控制机制的现代转型。主要的配套措施包括：

（1）科学发展的关键是加快经济发展，增加社会财富的积累，并实现经济发展方式的转变。经济发展与政治稳定之间并无必然的联系，经济发展既可以促进政治稳定，也可以破坏政治稳定。经济发展是维护社会政治稳定的根本条件，通过发展经济，可以把收入分配的蛋糕做大，使更多的人能分享到经济发展的成果，也可以创造更多的就业岗位，并缩小城乡差距和区域差距。而且，如果人们能够从经济增长中享受到实惠，他们就会有满足感，就会增强对现行社会政治制度的认同感，从而促进社会政治稳定。当然，单纯依赖于经济增长的政治稳定往往是不可靠的。因为经济发展的自身规律和周期性波动使得任何一种经济体都不可能永远保持高速增长，经济不景气乃至经济危机内生于经济发展过程之中。因此，要使经济增长真正发挥出政治稳定的基础性作用，就必须实现经济发展方式的转变，以包容性增长实现社会的公平正义。我们需要打破行业垄断，要加快出台相关法律法规，依法禁止和防止各种行政性垄断。并且，构建一种经济发展的正向动力机制，通过合理的社会财富分配机制把由经济发展带来的物质资源转变为支持政治体系的政治资源，强化和巩固中国政治稳定的经济基础。健全税制，充分发挥税收的收入调节功能，如调整计税的时间依据；实行以累计税为主的税收制度；必要时开征巨富税、财产税和遗产税，以限制按资分配的比重。严格个人资产和收入登记制度，把名目繁多的工资外收入纳入工资之内，加快收入货币化的进程，并逐步纳入法制监督轨道。社会保障不仅是社会公平的"调节器"、经济发展的"减震器"，而且是社会政治的"稳定器"。国家必须建立多层次的社会保障体系，包括国家基本保险、企业补充保险和个人保险等，加快从"单位保障体制"向"社会保障体制"的过渡步伐，尽快建立和完善个人养老保险、失业保险、医疗保险，尤其是尽快建立失业保险基金，并逐步使之法律化、制度化和规范化，切实保证低收入者或无收入者的基本生活，尽可能地减少社会政治不稳定的风险人群的数量规模，纾缓他们的社会不满情绪。

（2）积极拓宽公民制度化的参与渠道，充分发挥各种民意代表机构进行利益表达和利益聚合的功能。一个社会能否给予不同利益主体公平表达自身利益的机会，并做出合理有效的回应，对于纾解社会怨气、化解社会利益矛盾具有十分重要的意义。突发性群体事件和恶意报复社会的严重违法犯罪案件的发生，很多是在利益受到侵犯、纠纷没有排除、矛盾没有化解的情况下演变而来。因此，必须畅通表达渠道，倾听群众声音，及时为人民群众排忧解难，简单压制截访，堵塞诉求通道无助问题的解决。堵只会搁置甚至激化矛盾，但矛盾解决不了，久之必然酿出事端。疏才是正道，将问题解决在基层，将矛盾消灭在萌芽状态，有利于降低维稳成本，也有利于社会和谐。基层稳，社会稳。目前，中国社会各阶层利益表达主体不成熟；利益表达机会不均等；利益表达作用不平衡，亟须加强社会利益表达和利益聚合机制建设。因此，建立和完善利益表达机制，疏通民主参与渠道，充分发挥现有的各级党代表、人大代表、政协委员的利益表达和利益聚合功能，是维护中国政治稳定的重要途径。需要加强某些阶层、尤其是社会弱势群体的利益表达意识；确保平等化的利益表达权利；拓展多元化的利益表达渠道；实现公民理性化的利益表达方式；建设高度法治化的利益表达制度等。加强对公民政治参与的正确引导，提高公民政治参与的理性程度，约束非理性的情绪型参与。一方面，要积极引导公民在认识自己的政治权利和自由的基础上，也要认识到自己应承担的义务，把权利和义务统一起来；另一方面，也要引导公民正确认识我国的国情，使公民的参与行为符合社会主义民主政治建设和维护政治稳定的需要，尽可能减少和避免影响和破坏民主政治进程和社会政治稳定的参与行为。总之，加强公民政治参与的制度化建设，在推进社会主义民主政治的进程，维护政治稳定方面具有十分重要的意义。

（3）稳步实现政治控制机制的现代转型，以实现政治稳定和社会和谐。政治控制机制是指运用法律、政治权力、政党等力量将政治体系中各种政治主体的思想和行为纳入一定轨道的机制。对处于社会转型期的中国而言，国家能力远大于社会能力，强国家—弱社会的格局十分明显，社会的自组织能力和基层民众的自治能力都比较弱小，执政党和政府是构建公共秩序的主导力量。在这个阶段，完善的政治控制机制和强大的政治控制能力是中国社会和谐与政治稳定的重要前提。实现我国政治控制从传统向现代的转型，一是需要强化法律控制的主导地位，尤其要加强政府行为的法治化，从而使政治控制主体具有较高的权威性与公信力。二是政治控制应以保护和实现公民的民主权利为先决条件，重视社会活力和人的主动性和积极性的发挥，稳妥增强政治的开放性和包容性，稳步提高公民权利的制度化水平，合理引导公民的有序政治参与，在政治发展的过程中构建现代政治秩序。三是提升主流意识形态和社会主义核心价值的社会引领能力，利用大众舆论的政治倾向性实施有效的社会控制。加强舆情控制与引导，完善政府信息的公开发布机制，与社会民众保持畅达的信息沟通渠道。四是改变传统的单向度控制方式，建构起人民与政府之间双向互动与有机协作、民主与权威相配合的社会治理方式。综合利用道德、文化、教育、经济、社会等多种社会控制手段，以便为政治控制的实现创造良好的实施条件，以积极的方式实现国家和社会的和谐稳定和动态发展。

维护中国政治稳定的长期目标是构建以公平正义与民主法治为核心价值支撑的现代治理体系。制度正义作为调适社会成员基本经济利益与政治权利关系的规则框架，不仅可以有效预防社会成员不满情绪的集聚，而且对改善社会基本结构、调适社会利益关系、促进社会和谐与政治稳定具有至关重要的作用。具体而言，必须在以下几个方面努力：

（1）社会分配公平公正是政治稳定的基础，社会主义公平正义的实现是维护中国社会政治稳定的根本前提。中国发展的现实经验一再昭示我们一个简单的道理，单纯的经济高增长无法带来安全感、人心稳定和社会政治稳定，只有公平的增长才会带来社会政治稳定，不公平的增长则往往是政治不稳定甚至动荡的根源。中国社会今日的诸多社会政治冲突，必须通过政治体制改革和政治制度的转型才能得到成功解决和控制。因此，及时启动收入分配体制改革，缩小收入差距，纾解社会阶层尤其是低收入阶层的怨气，是维护中国社会政治稳定的重要举措。中国是发展中国家，人均资源短缺，资源和利益分配的矛盾比较突出，如果在分配上有失公平，很容易导致矛盾的激化。贫富悬殊过大，给社会心理的冲击强烈，容易引起非理性的"仇富"心态，而通过犯罪手段熨平差距就成为危害社会安定的一个破坏性因素。如果一个社会长期突破分配伦理的极限，必然引发社会政治动荡。充分发挥国家在收入分配中的调节功能，建立与社会主义市场经济相适应的社会财富分配调控体系，必须坚持以按劳分配为主体、多种分配方式并存的原则，体现效率优先，兼顾公平，把国家、企业、个人三者的利益结合起来。国家通过有关法律与经济政策，为地区、行业、企业和劳动者参与平等竞争创造良好的环境。对于在市场经济条件下发展不利的某些职业的从业人员偏低的效益和收入给予必要政策倾斜和补贴。逐步取消各种现存的汇差、价差、利差、配额和权力垄断的市场资源，堵塞各种漏洞，保证分配领域有一个正常的秩序，保护合法收入，调节过高收入，取缔非法收入，为完善转型时期收入分配机制奠定坚实的基础。既妥善处理好国家、集体、个人三者利益关系，又兼顾城乡之间、东西部之间、不同利益群体之间的利益关系，使收入差距趋向合理，防止两极分化，实现社会公正，确保中国政治稳定。

（2）加强现代国家制度建设，增强国家制度容纳和解决社会冲突的能力，坚持用民主法治的机制和手段治理社会政治稳定问题。政治系统的稳定是相对均衡的状态，它服从于政治发展的总体目标。当政治过程发生积极变化时，政治系统也必须改革自身不适应发展的结构，并在持续的调整过程中建立新的均衡状态。因此，要克服非制度化政治参与给政治稳定带来的负面影响，就应该不断提高政治制度化水平，因为它标志着一个政权执政能力的高低与强弱。加强现代国家制度建设是民主化过程中防止政治动荡，保持政治发展的有效途径，政治稳定取决于政治制度化和政治参与之间的协调互补、良性互动关系。仅有政治参与的扩大而无政治制度化的发展，或者政治参与速度大于制度化建设速度，原有的政治制度往往不能适应不断扩大的各种全新的政治参与要求，政治的平衡状态即被打破，政治参与可能成为政治秩序的破坏力量，引发政治不稳定。要最大限度地避免政治不稳定，必须在政治参与发展的同时，提高政治制度的复杂性、自主性、适应性和凝聚性，增强国家制度容纳和解决社会冲突的能力。对于当下的中国而言，通过推进现代国家制度建设维护政治稳定，首先是变革维稳体制，改变目前的压力型维稳体制，积极推进维稳治理机制的改革，加快法制化建设，真正落实宪政体制下的公民权利，充分满足民众的参政意愿，切实保障公民有序的政治参与，才能使国家的长治久安有可靠的保障。其次是逐步实现政府职能的转变。政府是社会管理的主体，当然也是维护社会政治稳定的重要力量。新的中国稳定思维应该是避免政府在社会矛盾中处于首当其冲的位置，强化政府作为规则和程序制定者以及矛盾调节和仲裁者的角色，促进民间组织的发育，形成化解社会矛盾和社会冲突的社会性机制。但是，这一政府职能的转变并不意味着政府推卸和放弃维稳的职责，恰恰相反，政府要提升从根源上解决社会政治稳定问题的能力，通过建设高效能的服务型政府，把公共服务和社会管理放在更重要的位置，努力为人民群众提供方便、快捷、优质、高效的公共服务。最后，有序加强民主法治建设。借助法律规范公民政治参与行为，加强对公民政治参与的引导。在尊重宪法和有关法律对公民政治权利规定的前提下，建立必要的法律制度，用法律规章的形式对公民政治参与的内容、范围、方式予以规定并确定下来，做到有法可依，有法必依，用法律来调整、规范公民的政治参与，使公民的政治参与经常化和秩序化，最终实现公民依法参与政治。坚持用民主法治的机制和手段治理突发性群体事件和公共安全事件，民主法治建设是维护中国长治久安的根本。

（3）培育合理的现代社会阶层结构，夯实中国政治稳定的社会基础。世界现代化进程的历史经验表明，两头小中间大的"橄榄形"社会阶层结构最有利于维持社会政治稳定。这种结构意味着社会中间阶层的规模大，社会的大多数成员处于社会的中间阶层，分享着社会的大多数财富；而社会上层和社会下层的规模都比较小，意味着财富在社会各阶层中分配比较合理，贫富差距较小，大多数社会成员经济收入较多、生活安定，他们对社会基本制度和主导价值观的认同感很强，对社会的不满情绪很少，是维护稳定的结构性力量。就目前来说，中国的执政党与政府迫切需要重新整合经济、社会资源，在各阶层之间的利益关系中找到新的平衡点，有效协调各阶层的利益关系，让社会各阶层共同分享社会经济发展的成果，构建合理的社会阶层结构。党和国家的社会政策要偏向于社会弱势群体，以国家的权威来平衡强势阶层与弱势阶层的政治、经济、社会权利。制定相应的调节性社会政策，逐步建立和完善通畅的社会流动机制。必须改革任何阻碍社会流动的制度和政策藩篱，如有步骤地改革城乡分割的户籍制度，消除农民工的就业限制政策；建立开放的社会结构和公正公平的社会流动机制；消除就业人事方面的制度障碍，增强个人社会流动中的自致性因素，逐步消除各种向上社会流动的身份资格限制等，保证社会上的各种地位、角色和发展机会能够向所有社会成员开放；保证社会各阶层之间的边界不固定化、有形化和身份化；调整和创新公共资源配置机制，实现公共资源的公平而合理的配置。在市场经济社会中，国民教育是促进经济增长、矫正各种社会不公平的起始条件，是保证社会机会结构相对公平最重要的制度设置。因此，要建立公正配置公共教育资源的制度，制定提高普通社会成员（尤其是弱势群体）的竞争能力和技能的教育与培训政策。不断加大区域之间财政转移支付力度，通过缩小区域差距，消除不同地区的人们因区域差距而造成的机会不平等。建立有效协调各阶层利益的机制，国家通过相关的制度和政策，建立起完整有效的以财政税收和社会保障制度为主的社会再分配体系。通过利益协调保证绝大多数社会成员享受到改革开放和经济发展带来的成果，保证社会成员的尊严、基本生存和发展的权利，使每个社会成员的生活水准和发展能力随着社会发展的进步而不断得以提升。

（4）构建社会主义核心价值体系，塑造公民的现代政治人格，有力支撑中国社会的政治稳定。政治人格是一种复合的成品，是政治主体在政治文化和现实政治环境的双重影响下而逐渐发展起来的一种持久性的心理特征的总和。它既包括形而上的政治道德、政治品格、政治操守，也包括形而下的政治技能。[①] 任何一种政治统治，为了维持它的稳定和发展，都要大力培养公民政治认同感。在中国社会转型进程中，积极塑造公民的现代政治人格，逐渐实现国民政治人格的现代转型，为政治稳定奠定深层的社会基础，是中国政治发展的重要使命。现代政治人格意味着公民的政治评价以实际效用为主，政治行为趋于理性化，采取合理、合法的手段来表达自己的利益诉求。并且，公民的自主和独立意识增强，能够对一系列的政治行为和政治事件进行独立思考，作出客观判断。同时，公民意识不断增强，积极主动参与国家的政治生活，积极支持配合国家大政方针和公共政策的有序和有效执行。要培养塑造公民的现代政治人格，关键是构建社会主义核心价值体系，用共同的政治理想信念激励人们，增强人们对政治体系的认同感和对未来政治发展的信心，为中国政治稳定奠定坚实的合法性基础和社会心理基础。同时，培养塑造公民的现代政治人格，必须不断完善政治社会化渠道，提高全民族的政治文化素质。如加强对大众传播媒介的引导和控制，牢固确立主流政治文

---

① 舒绍福：《政治人格塑造与领导力提升》，《学习时报》2010 年 7 月 13 日。

化的主导地位，积极维护和保护主流政治文化。积极加强社会主义精神文明
建设和思想政治工作，灌输和强化对现行政治制度和国家政权的支持与认同
态度，培养人们坚定的政治信仰、价值、态度，增强全民族的向心力、凝聚
力和政治共识。社会主义的核心价值是"社会公正"和"人民当家做主"，
如果这些核心价值在制度上得不到真正落实，就无法发挥我们社会主义制度
"民心所向"的"政治优势"，也就无法维护我们发展所需要的"政治稳
定"的前提。

　　总之，维护中国政治稳定的根本措施应该是优化社会结构，改善某些社
会分配不公和制度不正义的状态，对社会不平等的深层结构进行坚持不懈的
纠偏与矫正，让所有阶层共享改革开放的实惠与成果。基本取向是培育与扩
大中产阶层的比重，保护底层阶级的社会生存，用制度约束上层精英的寡头
化与分利化。执政党与政府如何实现其超越性与公正性，在保持政治稳定的
同时，通过有效的政治发展构建良善的政治秩序，是中国国家建设亟待解决
的课题。

五　基本结论

　　中国的社会政治稳定是一种刚性稳定和压力维稳，具有明显的运动式治
理和组织化调控的色彩。执政党与国家主导社会秩序的建构，同时充分利用
各种新兴的市场组织与社会组织资源，通过组织化调控的方式，构建完整而
相对严密的"社会控制之网"，不断拓展国家治理空间是保证超大规模社会
相对平稳转型的主要历史经验。目前中国的维稳模式具有明显的内在困境，
集中体现为政治风险大，维稳成本高，有不断被异化和内卷化的趋势。我们
亟须大力发展社会生产力，有效转变经济发展方式，从根源上解决影响社会
政治不稳定的利益冲突；同时，推进公民有序的政治参与和强化民主法治建
设，改善政府管理和有效预防腐败，提高政府效能；逐渐提高基层社会的组
织化水平和增强其自治能力，优化社会治理，稳步推进国家治理模式的转型
与重构；倡导价值观念多元化的同时，培养社会主义核心价值体系，整合传
统文化和现代文化、本土文化和外来文化的冲突，合理指导人们的社会政治
行为。更为重要的是，有序推进政治民主化进程，构建公平正义的现代国家
制度体系，构建多中心的合作治理模式，实现中国维稳模式的现代转型，是
转型中国长治久安的治本之策。

　　社会政治的稳定源于制度体系和价值体系的稳定，源于社会的结构性稳定。中国要塑造一个稳定与发展的未来，就必须下决心推进社会结构性改革，改革社会的不公正现象，改革政治行政体制以约束权力，建立健全社会公共生活领域，发展社会组织，落实人民群众的"基本权利"。在社会转型的背景下，通过国家调控体系的重组与再造，在平衡各社会主体之间利益关系的基础上，以社会管理创新促进社会和谐与政治稳定，达成社会秩序、政治秩序与人心秩序的维系与有机统一，进而构建与新的经济形态相适应的秩序形态，建设文明的政治秩序，是中国国家治理和政治建设的根本历史使命。

运动式治理的限度与民主的角色定位[*]

——长沙市 F 社区文明城市创建考察

刘 伟 杨启帆^{**}

摘 要：随着社会结构与环境的急速变化，运动式治理在其传统形态基础之上逐步完成了自我演进。通过更强有力的社会卷入和持久机制建设，新型运动式治理能够填补正式治理系统在某些方面的不足，将系统绩效提升到一个新的高度。然而，面对急剧增长的治理任务和日益复杂的治理环境，单一治理系统的超负荷运转亦难以满足治理客体的消费需求。社会机能的良性运转要求第二个公共物品供给主体的出现——非正式治理系统。它通过实现"国家"和"社会"两者间的有效互动和联系，分担正式治理体系的压力，以提升其绩效及合法性。民主提供了通往这一良性运转状态最重要的路径，即自主和自治。

关键词：运动式治理 社区 民主 绩效 自治

一 问题的提出

在可查阅的历史中，有关民主的定义、价值、形态、发展过程的争议层

---

* 本文是武汉大学"70 后"学者学术发展计划（人文社会科学）的成果，得到"中央高校基本科研业务费专项资金"的资助。

** 刘伟，武汉大学政治与公共管理学院副教授，华中师范大学政治学研究院在研博士后，兴趣领域：基层政治与当代中国政治；杨启帆，复旦大学国际关系与公共事务学院硕士生。

出不穷。回溯至遥远的古希腊，民主曾作为一种邪恶的存在饱受谩骂，被认为是杀死苏格拉底、构建暴民政治的首恶；时至近代，随着反专制与民族独立运动风起云涌，关于民主的评价才开始走向"理性"。但即使在一百年前，民主也只不过充当着"龙套"角色，从未占领过政治意识形态的中心舞台。

然而，民主却以巨人的姿态统治了后半个 20 世纪。它赢得了两次决定性的胜利（二战和冷战），击溃了两个无法与之共存的敌人（轴心国和苏联），形成了两个综合实力超强的支柱（美国和西欧），无与伦比地扩充了版图（第二波和第三波民主化进程），构建了自己的逻辑体系（民主理论）和宗教情结（专制者亦不敢公开反对），乃至"终结了人类的历史"。民主不再是简单的政治学概念，它成为学说、机制乃至信仰。它所构筑的一系列价值与事实，成为新时代最激动人心的存在之一。充分享受民主带来富足精神与物质生活的人们自感荣耀，甚至都开始不再满足于此；而在其对立的那个世界，那里的人们仿佛无时无刻不在绞尽脑汁，仅仅为了一张前往民主世界的通行证。

那么，民主到底是不是一种更好的生活方式或者治理模式？作为一种西方色彩浓烈的政治价值，民主会不会与中国特定的社会环境相排斥？它又能否在专制传统浓厚的东方也升华为一种机制乃至情结？

本文力图通过研究全国文明城市创建运动对长沙市 F 社区各方面的影响，考察运动式治理模式的绩效，解释运动式治理折射出的宏观治理体系的内在逻辑及其绩效的本质特征。通过对"民主"和"绩效"这一对概念的重新探讨，本文最终希望提供一个思考框架：民主作为一种意识形态可能缺乏普适性，但它作为一种治理方式和生产方式却存在普适性。现代社会超大规模的治理任务要求进一步开发宏观社会系统治理的潜力，"国家"作为这一系统中有限的部分，其单个效能难以维系整个庞大社会的健康运转。本文主要的设问包括：运动式治理为什么能够赢得积极的反馈？这种治理模式的绩效如何，这种绩效的形成逻辑是什么？为什么说运动式治理模式及其所包含的逻辑缺乏发展前景？在治理模式转型和变迁的过程中，民主扮演的角色是什么？民主会增加还是降低系统的治理绩效？民主究竟是不是一个必需品？

本文旨在为"什么构成了民主真正的力量"提供思考途径，并非试图寻求一种改良现状的对策，对民主化进程本身的内容和方向暂不讨论。在现存的政治社会环境下无法实验"民主"的事实，决定了我们难以证实民主在特定环境下的适应性。与自然科学相比缺乏实验的条件和可能，这是社会科学的阿喀琉斯之踵。然而这并非意味着本文选题没有价值。通过对现有治理体制及逻辑的探讨和质疑的确不能就此证明另一种治理思路的有效性，但这种讨论和质疑本身就是证明过程的第一步。中国处于政治和社会转型最关键的时期，任何讨论无所谓"正确"，只要能提供一种思考路径都将是建设性的。

选取文明城市创建运动作为观察的对象，是因为这一运动乃是当前中国转型时期整体治理模式的缩影：一方面，行政力量依旧起着统治性的作用，官僚集团、广泛的动员、集中整治行动在治理过程中依旧扮演重要角色；另一方面，各种机制和制度建设又正在健全之中，市民参与的程度和范围都在持续扩大。文明城市创建运动如同一般运动式治理缺乏民主的特质：市民没有权利决定所在城市是否参与其中，创建预算和决算都不接受市民监督，市民以"被动员"而非"自主参与"的方式卷入运动，信息的透明度缺乏保证，社会独立组织缺乏参与空间……但同时文明城市创建运动又绝非一般意义的运动式治理，各项资源的投入都以一套完善中的逻辑和机制在进行，它带来了运动之前从未存在过的"绩效"。这一进步得到了广泛的认可和赞扬，提升了治理系统自身的合法性。但本文却将提出质疑：这样一个治理系统是否达到了"理想的绩效"？

在确立这个方向后，选取社区作为文章的立足点就顺理成章了。首先，中国社区机构面临的治理困境事实上也是整体治理系统缺失及环境复杂化的折射，作为最基层的一级，这种困境更加具体和鲜明，也因此更具研究价值；其次，社区作为文明城市创建运动的桥头堡，承接了最繁重也是最重要的治理任务，参与了最深层次的互动和联系，是观察这一运动自身最直观、最准确的窗口。在这一窗口的后面，或许隐藏着中国现代政治转型趋向的答案。

二　方法与概念

本文所采用的材料包括：F 社区相关档案，长沙市文明办下发的相关文件，社区干部谈话记录及相关学术著作及论文。受限于观察对象的单一性和资料的匮乏，本文试图采用简单的实证研究，配合逻辑说明、图表分析和数据统计等方法。本文还运用了社会资本和集体行动等理论。

有两个重要的概念需要解释。

文明城市创建运动。文明城市创建运动的渊源最早可以追溯到 1996 年中共十四届六中全会上发布的《关于加强社会主义精神文明建设若干重要问题的决议》，这一文件标志着文明城市创建运动相关工作开始被纳入议程。全国性的文明城市创建运动到目前为止共进行了三次，三批文明城市分别在 2005、2009、2011 年公布。文明城市创建运动拥有完整的测评体系，包括基本指标和特色指标。基本指标反映文明城市创建运动基本情况，分为"政务环境"、"法治环境"、"市场环境"、"人文环境"、"生活环境"、"生态环境"、"创建环境" 7 大项 119 个小项；特色指标反映城市文明创建工作的特色、城市整体形象，共 4 个子项。长沙文明城市创建运动从 2002 年前后启动创建程序，在 2011 年第三批文明城市中成功当选。

社区（Community）。社区是复杂的社会经济政治文化综合体。它充当着国家、社会与个人之间的桥梁，为公民自主性养成提供土壤和营养；它又是治理机器深入基层的管理触角，成为城市公共物品供给系统中的最小单位。世界卫生组织（WHO）1974 年给社区的定义是：固定地域范围内的社会群体，其成员有着共同的兴趣，彼此认识且相互往来，行使社会功能、创造社会规范，形成特有的价值体系和社会福利事业。这一概念更偏向于从社会自治视角解读社区。社区具有多个解释角度，它并不仅仅存在一个正式或非正式的机制，同样是一种文化结构。一般认为，社区形成的四大要素包括：社区居民、地域、社会互动、社区认同。

三　社会转型中的社区问题

1. 社区的角色

在变迁的社会中，社区承袭了单位制瓦解和管理体制改革后转移的职能，被认为是与市场经济和现代社会结构紧密联系的变革性成果。不过，中国社区的成长始终处于一个缓慢的状态，各种机制建设没有成熟，文化纽带依然脆弱。也即是说，中国没有真正意义上的现代社区。在角色、功能及治理对象上，社区仍旧面临着难解的命题。也正是这些命题，困扰了社区转型的思路，削弱了社区居民的认同，造就了社区治理的低效。

社区生活是什么样的？社区的角色设定是什么？理论上的答案极为简单。社区是居民实现自治的有机系统，其正式自治组织（居民委员会）并非地方政府系统中的一个次级机构，而是与地方政府相互独立的城市基层社会自治主体。① 社区传统和社区情感是维系社区运转的核心纽带，社区生活

---

① 徐勇、陈伟东等：《中国城市社区自治》，武汉出版社，2002，第 229～230 页。

具有典型的民主生活特征——居民有参与或不参与的自由，但即使如此，他们也热衷于在公共生活中展现自我。然而，中国从体制到文化彻头彻尾与民主绝缘，这一根本性现实决定了社区缺乏独立于正式治理系统之外的可能性。社区作为一个以社区机构和居民为载体的自助和互动系统，其运转却由第三方统治性的力量进行掌控和维系。用通俗的话语概括，社区理应是一个自主服务者，但它在现实中却是一个承接意志和命令的执行者。

这种角色矛盾首先体现在组织结构上。在中国城市社区自治体系中（见图1）的社区治理机构一级，党组织和社区自治组织存在相互独立、共同协调的关系。而在实质上的权力结构中，社区党组织和居民委员会的领导核心基本是一体的。社区主任一般兼任社区党组织书记，社区居民委员会（主要正式自治组织）核心人物（主任、副主任）的产生得益于由社区党组织主导的居民大会，这使得参与者自身同时也充当着规则制定者的身份；至于社区其他委员，虽然相关立法规定社区管理人员需出自本地，然而较低的社区忠诚感和工资福利水平等因素使得这一目标无法实现。社区干部由上级街道进行管理和调整，身份一般非本地居民，其利益代表能力值得怀疑。

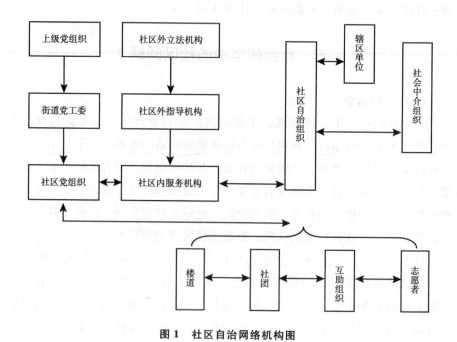

图1　社区自治网络机构图

资料来源：何金晖：《中国城市社区权力研究》，华中师范大学出版社，2010，第36页。

　　其次，财政作为社区运转的基础，也直接构建社区自身的角色。在预算方面，根据社区规模的差异，运作预算在 21 万 ~ 27 万元之间浮动（未算入文明城市创建专项资金①）。社区资金除小部分来自社区所有土地或店铺的租赁费用，其余绝大部分都来源于正式预算，其使用和流动都受到上级行政单位节制，社区没有充分的自主权。在这一过程，居民能扮演监督者的角色，但缺乏监督者的权力（比如居民大会不能惩罚社区主任不负责任地使用资金），这一权力行使属于上级行政机构（街道）的职能。从社区组织结构和互动过程综合来看，社区内部居民非正式自治组织所扮演的角色重要度并不大，受制于其资金稀缺性和人员非专业性的特点，社区实际上的运转由社区主任和委员组成的正式"自治组织"承担。

　　平衡性力量的缺失使得社区整体运转呈现出垂直辐射的结构，缺乏平面层次的互动和联系。这种结构形态有利于运动式治理的实现，它使得治理者拥有强制动员的能力，治理对象却没有不接受强制动员的权利。"居委会处于政府和居民之间，自治功能不能实现，导致其法律地位悬空，不能体现居民主体意识和参与意识，因而难以得到社区认同。居委会对上过于依赖，不能深入居民中去，造成政府权威在基层的丧失。"② 社区不能有效代表和关注其治理对象的利益，意味着两者间纽带根本上的断裂，这致命性地削弱了居民的社区认同和归属感。居委会看上去更像是一个执行而非服务性的机构，它控制社区运转的资源、与行政部门协调执法、办理居民相关业务，也因此既无能力亦无意愿实现居民自主。

　　最后，集团特性也影响了社区居民自治体系的作用发挥。从规模上说，社区③相较于居委会是个组织更大、联系更松散的集团。曼瑟尔·奥尔森认为："在一个集团范围内，集团收益是公共性的，即集团每一个成员都能共同而且是均等地分享它，而不管其是否付出了成本。集团收益的这种性质促使每个成员都想'搭便车'而坐享其成。集团越大，分享收益的人越多，为实现集体利益而进行活动的个人分享份额就越小。所以在严格坚持经济学关于人及其行为的假定条件下，经济人或理性人都不会为集团的共同利益采取行动。"④ 社区居民缺乏自主行动激励的一个原因，在于其不付出成本即

---

①　独立于预算之外、为文明城市创建运动专门设立的资金。
②　何金晖：《中国城市社区权力结构研究》，华中师范大学出版社，2010，第 33 页。
③　见图 1，这里指楼道、社团、互助组织和志愿者等居民主体的总称。
④　〔美〕曼瑟尔·奥尔森：《集体行动的逻辑》，陈郁等译，上海人民出版社，2003，第 5 页。

可获利，更在于其不会因不履行理想公民的职责而受到惩罚（因为不履行的人太多了！）。社区的领袖们都拥有不错的职业和家境，参与社区协调工作对其而言仅仅起到锦上添花的效果，无论出于个人荣誉心理还是社区责任感，都难有动力充当一个合格的社区利益整合者和代表者。这从反面不合时宜地强化了居委会在这一角色上的作用。

作为一个"接口"，社区居委会将社区整体纳入国家行政管理体系的范围之内，转变了其理念上的身份与结构。这种特质削弱了社区的自主性。社区并非不存在自治，并非不存在社区文化，只是这些色彩都被紧密而强大的行政力量湮没，其自治角色变得异常模糊。

2. 社区的功能

转型中社区所面临的另一个难题在于其功能在变迁过程中的扩展遭遇了不对等的自身条件。用另一话语解释即是，社区能力实现了不健康的伸展，使得其面临的治理任务远远超过其治理能力。这一问题主要来源于以下因素。

R. 帕特南在其光辉著作的前言中，曾提及任何转型阶段都难以逾越的矛盾：制度创新和路径依赖。前者指"对制度进行革新，以提高其绩效"；而后者指"历史的惰性对制度变迁有着巨大的影响"。中国基层政治结构变迁所遵循的历史路径是"单位—街居—社区"。计划经济体制转型和单位制的瓦解导致单位职能的外移，街居制进行了相应的承接。"现代企业制度的建立、事业单位分类管理制度的推行以及机关单位后勤体制的改革，使得各单位将自己原来承担的政治行政职能、社会保障职能剥离出来，回归给政府和社会。在我国社会中间性组织不发达的情况下，街居体系几乎成了唯一的接受主体。"[1] 后来，随着中国城市化进程的加深和相应管理体制的改革，街居制逐步向社区系统进行过渡，管理重心进一步分散和下移。原有实行"条条"管理的很多部门将任务下放到街道和社区，给基层层级增加了诸多新的管理内容。"区级政府和各职能部门的漏斗效应[2]将大量事务漏到社区一级，社区却没有相应的能力来承接这些事务。"以 F 社区为例，社区基本管理力量包括 9 名社区干部和社区雇用的一些人员（如保洁员），排除近百名注册或非注册志愿服务人员，实际上参与日常管理的社区工作人员在 19～

---

23 人之间浮动。① 社区共有常住居民 3112 人。在排除浮动数较大（< =
10000）的流动人口后，受管理人口比最小约为 1∶148.1。也即是说，在这
一假设下，一位社区工作人员需要管理 148 个人口单位。这里尚未讨论居民
素养、文化程度和家境等因素的干扰，仅仅使用人口作为治理难度的唯一衡
量标准，至少能从某种程度感受与其能力不对称的任务量。

与之对应的是两个财政数据。从社区层面上看，按照社区级别不同，预
算资金在 21 万 ~ 27 万元之间浮动（F 社区为 24 万元）；从社区工作人员的
收入看，社区主任一级在 2700 元左右，社区干部为 1700 元上下，其他雇用
人员在 1000 元以下。据长沙市政府 2012 年最新公布的数据显示②，市城镇
居民年人均可支配收入为 26451 元，平均每月可支配收入 2204.25 元，城区
最低月工资标准为 1020 元。进行比较后可以看到，除了社区主任级别人员
以外，其他人员都处于全市平均水平以下，社区部分雇用人员甚至无法达到
最低工资标准；③ 而全市城镇居民家庭年人均食品支出 6389 元，相当于一
般社区干部 3 个半月和社区雇用工半年的工作收入。这些数据都在社区繁重
而单调的工作中得以放大，必然会削弱社区人员的积极性，同时也削弱了社
区的治理能力。对社区干部们来说，低廉的工资和极少的福利在繁重的治理
任务面前着实缺少吸引力，投入和产出的差距使其不能自己地产生幻灭感
（正如 F 社区一位工作人员所抱怨的那样："从早到晚没个空闲，工资低得
很，一个字，累！"），这种幻灭伴随其偏大的年龄、较低的文化水平④又进
一步挫败其公共使命感，使得社区干部们在重压之下往往对工作产生懈怠和
冷漠。总的来说，社区不仅在财政和人员编制上受制于上级组织，而且缺乏
独立的行政执法权与完全的行政管理权，只能接受各职能部门的委托或者仅
仅充当行政职能"传递者"的角色。

赫拉克利特说过，人不能两次踏入同一条河流。借用这种哲学，社区也

---

① 关于志愿者的问题，在社区中的注册志愿者一般由社区干部和比较积极的居民组成。非注
册志愿者是指在社区活动遇到人手不够的情况下，由注册志愿者通过人际关系、亲情等方
式发动的"暂时性"志愿者。社区工作人员之所以存在浮动现象，是因为浮动的部分主要
是社区雇用工，这部分人具有较大流动性。
② 资料来源：长沙市政府门户网站，2012 年 2 月 24 日。
③ F 社区雇用了一位失业人员专门铲除小广告，其月工资为 600 元。这是该社区里面调查到
的雇用人员最低工资。
④ F 社区 9 名工作人员中，年龄最大为 49 岁，最小为 26 岁，40 岁以上共 5 人，30 ~ 40 岁为 3
人。除 1 人是大学本科学历外，其余 8 人为专科学历。

不可能两次面对同一个治理对象。社会变迁带来社会环境急剧的变化，既给治理提供了力量，也带来了问题。中国宏观上已步入老龄化社会、城市自然环境恶化、城市化进入新一轮热潮、流动人口激增等，这些问题都存在于改革开放之后，极大地复杂了社区治理环境。社区缺乏事实上的自主，这一因素恰恰是应对复杂治理环境、增强社会整体运转机能并实现真正常规治理关键性的要素。在理想状况下，1∶x（x < =1）的治理无疑远比1∶x（x 远大于1）要优越。无法到达这种理想治理状态自有现存治理系统自身的逻辑和利益要求，这里将不再增加无意义的讨论。此处的结论是，中国社区在角色和职能上的双重矛盾，既源于整体政治社会文化环境，反过来又强烈地改造了这种环境。其负面影响目前在强大既存治理体制的支撑下未被进一步放大，但终将显露出来（在后文中将进一步论述）。在常规治理依旧处于遥遥无期的状态下，运动式治理成为一种重要的补充治理方式。随着实践和理论不断发展，运动式治理也开始自我进化的过程。新运动式治理（暂且这么称呼）保留了旧逻辑的核心观念，但改善了功能和效率；它未能也无意扭转上述矛盾，但削弱了其消极影响。

四　运动式治理的新发展：F 社区的个案分析

F 社区位于长沙市核心商圈偏北的地方，有些其貌不扬。如果不循着贯穿长沙南北的 F 路仔细寻找，很难发现其隐匿在居民区中的办公地点。在租赁来的办公室里，9 位社区干部管理（另一个说法叫服务）着面积约为 0.14 平方公里的区域和 1362 户户籍人口。当然，社区委员会面临的治理任务绝不仅仅如此。近万人次的流动人口、各色公共设施、百余家单位和店铺都使社区干部们殚精竭虑。而在文明城市创建运动的大幕开启后，社区不仅要将资源投放到日常的社区治理上，同时也必须在文明城市创建的第二战场上不遗余力。

当创建年①来临，在全市性创建文明城市运动动员大会开始前数月，相关的政策精神就已经传达到长沙 473②个大大小小的社区③。以 F 社区为实

---

① 长沙并不是年年都创，所谓持续十年也是指保持创建机制。创建参选年份为 2005、2009、2011 年。

② 资料来源：长沙社区网，http：//www.2shequ.com/。

③ 文明城市创建运动中的社区存在检查排位序列，主要包括必检社区、重点社区和其他社区三个层次，受检概率随这种次序递减，相应的资金和行政支持也渐少。F 社区并不属于必检社区序列，但因其重要的地理位置和多文化设施（博物馆、展览馆等）聚集，属于重点检查社区行列。

例，整个文明创建活动的运作过程如下。1月上旬，社区文明创建领导小组开始出台本社区《文明创建工作计划》，制定年度文明创建的目标、任务及相关措施。1月到4月中旬，宣传和动员工作以各种形式在社区内部进行。F社区工作人员不仅要自行组织文明创建相关主题活动，由上级分配的活动和任务也要同时进行。在这一过程中，街道和区级文明办会进行相应的督察和协调工作。4月下旬，随着各种大型集中整治行动的开始，整个城市的资源都开始投放到文明创建活动的轨道，F社区的任务开始实现和社区外组织的联动：区、街道、社区干部开始进入居民区进行大规模的宣传，市级政治人物在各种场合为创建运动造势，媒体开始大规模报道相关新闻、先进人物和事迹……这些活动会一直持续到8月底9月初的"国检"。"国检"临近意味着长沙进入了文明创建最关键的时期，所有工作人员都强制减少休息时间，无条件投入创建工作，迎接最后的考核。这一阶段的任务事无巨细，在"无死角"的严厉标准下，市政府各级机构动员所有力量，F社区也开始动员所有居民以各种形式参与到创建运动中来。社区的志愿者服务队和义务巡防员轮班执勤，相关行政机构与社区建立直接联系渠道准备随时应对突发事项。直到中央文明办下派检查小组离开，文明创建的机器也没有彻底停止运转，各色机制都保持较高水平的常态化运作。

文明城市创建运动究竟存在何种程度何种性质的影响？从不同层面、视角和利益位置看待，都会有截然不同的回答，但是毫无疑问，结论将是复杂乃至矛盾的。文明城市创建运动并不是如"严打"那般传统意义上的运动式治理。它拥有了一些新的要素，而这些要素带来了不同。

1. 文明城市创建运动的绩效——变化中的F社区

有关文明城市创建运动绩效的反馈，最直接来自于针对三个主体的调查。社区内部调查主体包括：社区干部、居民和私人经营者。在F社区内，社区干部和社区居民身份并不重合，而经营者和居民有较大重合。之所以有必要把后两者区分开来，是因为考量到经营者利益诉求与一般居民存在巨大的反差。居民往往不付出成本就能分享文明创建带来的公共效益，而经营者则要付出一定代价（特别是整治行动中）。这种利益反差决定性地影响了其观点。

针对F社区在文明创建活动成果的调查反馈由长沙民政学院专业人员进行，形式为问卷调查，在创建运动的不同阶段共进行了三次。调查对象包含100名随机抽取的居民，调查地点主要在社区公共地带和居民住宅区。调查结果通过数值选项（1~7）显示对治理行动的满意程度。F社区居民的反馈总体满意度（6~7）始终在七成以上（71%、83%、88%），一般认可（4~5）占据了余下的大部分（25%、14%、11%），表示不满意（1~3）的份额很小（4%、3%、1%）。调查不足的一点在于，调查人员未将社区经营性场所人员和居民进行有效的分类，这在一定程度上影响了结果的准确性。不过至少从一般性居民的总体反映看，文明创建运动得到了社区居民重要的支持。

针对社区干部的调查主要是以访谈形式进行。本文主要受访者是社区专干L女士，她参与了社区文明城市创建运动中的绝大多数活动，是社区重要的组织参与者。在问及文明城市创建运动中居委会干部、居民和经营者态度的时候，她这样说道：

> "像我们这样的工作人员当然很累，文明创建高峰时期要求随叫随到，检查时更是要无死角，包干到人，从早上七点到晚上八九点都没有休息。但我们平时交谈时，还是觉得文明创建搞比不搞好得多，社区确实在各方面都比以前要好。比如各种设施齐全了，一有什么问题相关部门反应和行动更快了，在公共场合抽烟乱吐乱扔的现象明显少了，社区活动也更加丰富了，虽然很累但也觉得值。这一点居民们也许相当同意。虽然他们中除了小部分外都不太主动参加活动，需要宣传动员，但基本保持一种支持的态度，很配合工作。至于经营者，影响当然会比较大，各种违章和乱扔乱排放行为都是禁止的。不过我们社区也有相关措施，会和他们提前进行沟通。对于流动摊贩还设有固定的买卖场所。毕竟社区环境好了，他们的生意相应也会更好。只要抓住了这一点，他们还是会理解配合的。"

同一个问题交给其他几位干部，他们的观点类似：又累又苦，但成就感不低，和之前做过的诸多不了了之的任务相比，文明城市创建运动带来了更真实的满足感。总体而言，关于文明城市创建运动的反馈，主要的主体都倾向于积极。不能否认，在调查方法上仍存在着诸如设问简单、调查范围偏小、对象区分不科学等不利因素，但文明城市创建运动的绩效同样不可否认。它通过数个路径实现了较高水平的社区认同，影响并强化了治理绩效。

2. 社区互动与参与

在影响社区互动和参与方面，文明城市创建运动动员机制与一般运动型

治理的不同之处主要有两点。首先，动员的广度和深度更大。文明创建
"无死角"的标准要求社区将力量延伸到家庭单位，进行强制性和席卷式的
宣传和动员。中国社区内一般存在两个区域。作为单位制的历史遗存，单位
住宅和普通民居是区分管理的。单位住宅的人口主要来自于同一个组织，以
"院落"为主要聚集形式，拥有近似的身份和更高的社会地位，其内部联系
的紧密同外部联系的松散相互作用，实际上形成了一个半封闭的社区集团；
而普通民居以租赁房、旧宿舍为主要形态，多为社区一般居民和流动人口，
在背景和生活方式上同样存在巨大的差异。身份与文化的巨大差距事实上割
裂了社区，而文明创建活动缓和了这种张力。它通过一个单一的目标（创
文明城市）和众多开放性活动（如社区文艺展演），为缺乏共性的人群提供
了有效的聚合力，强行冲开了社区内部的文化和身份壁垒。比如 F 社区举
办的文明创建市民论坛，这一活动要求社区干部、居民代表和单位代表多种
身份人员的参与，提供了很好的交流和沟通平台。

其次，文明创建活动的治理任务囊括社区治理的所有方面，从运动的过
程到结果都牵涉社区每一个个体的利益（虽然有大有小），任何一种力量的
不参与都将使得社区治理难以前行，这种聚合利益的存在能够有效拉近身份
和意识上的差别。良好的社区互动与一定水平的社区参与对于社区治理绩效
的提升有着不言而喻的影响。这种影响既表现在居民对社区事务与功能认知
的深入，又表现为其社区意识的加深和情感纽带的加强。它通过深化社区作
为一个完整现实及精神的存在，将个人利益和社区利益有机地捆绑起来，使
社区每一个"单位"将整体的使命理解为自我的使命。

3. 社区财政

关于中国基层自治组织治理存在的两大矛盾，在前文中已有讨论。首
先，自治组织的身份是居民实现自治的载体，但其运作资金和资源均来源于
上级行政机关供给并接受其控制；其次，转型中的自治组织承接单位制瓦解
的转移职能和社会变迁中不断发展的治理任务，但其治理能力和资源存量与
其治理任务的繁杂性不成正比。文明创建运动没有解决第一个矛盾，却弱化
了第二个矛盾的影响。如前文所述，长沙市社区序列共有三级，F 社区这类
中等社区每年约有 24 万元预算，大型社区预算在 27 万元及以上，小型社区
在 21 万元及以下。从规定预算看，长沙市社区预算预估差最小为 6 万元。
一个不可忽视的因素是，大型社区往往包含大型单位，由于这些单位不仅承
接了部分职能，而且能够提供一定水平的资源支持，使得大型社区治理任务

一般没有小型社区烦琐，这在另一个层次上放大了预算差距带来的影响。文明城市创建运动通过设立文明创建专项资金，在纵向比较上极大提升了社区预算，在横向比较上实现了一定程度的资源均等化。理论上，大型社区同样拥有申请拨款的权利，但因其地理位置多为中心社区，基础设施水平和人口素质都相对较高，治理任务难度实质上偏小；加之严格的审查机制，故而缺乏灰色运作的空间。而中小社区面临多种治理难题，在能力和社区环境上存在实质上的缺陷。这样"没有上限"的文明创建专项资金大多流入了中小型社区，并在完整的监督机制下实现了较有效的使用。对于社区干部们来说，福利也通过资金的丰富得到了加强。节假日补贴的增多和年终福利（比如集体旅游、过年时数额诱人的红包）的存在激励了其工作的能动性。这加强了社区的治理能力，提升了社区组织的管理效率，最终强化了社区在居民生活和意识中的存在感。

4. 动员结构

文明城市创建运动在结构上的作用主要体现在人事结构上（见图2）。事实上，在各级横向层面，这种变化并不明显。如图2所示，各级主要公务人员（党委、行政一把手）兼任各级文明办主任，其他公务人员任副主任或者委员职务，这属于一种行政序列内职务的平移，不会对整体运转产生大的影响，关键性的变化在于纵向结构。整体系统添加了垂直方向的联系路径，主要包括市级公职人员联点街道一级、市下辖事业单位联点社区一级、街道副主任联点社区副一级。这三条路径的添加实质上缓解了社区一级治理过程中的人员压力，实现了人力更优化的配置，协调了各机构各单位的联合行动力。

如图2中显示的那样，街道一级得到了市级直接的支持，其报告和资金申请不必再经过区一级；同时它和区级的职能单位建立了直接联系，不必经受区政府的掣肘。图中圆圈部分表示社区一级的治理编制。以F社区为例，社区常规管理人员共9人；而在文明创建体系内，加入了街道一级分管社保的副主任1人及联点办公人员6人，这使得单个社区可动用人力达到了原有的178%。在此基础上由街道副主任统管，社区主任负责具体执行，又将街道和社区的互动提升到一个新的水平。从全市整体的权力结构看，街道、社区一级的作用得到了强化，分权治理在一定程度上实现了其目标。因其作为基层组织天然的敏感度和同治理对象更近的距离，使得治理系统的整体效能亦得到了提升。

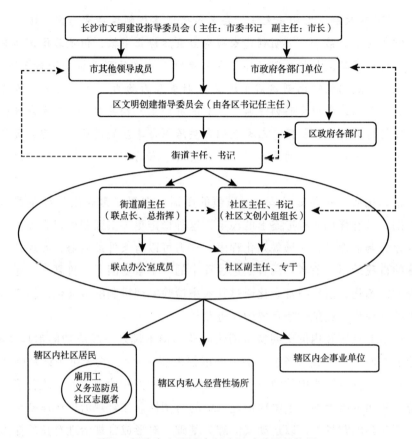

图 2 长沙市文明城市创建运动动员结构图

图表来源：作者制作。

5. 机制常态化

文明城市创建运动和传统运动式治理最大的不同之处在于：运动不再是短期内无规律的单纯重复做功。它包含一种机制，而且这种机制存在可持续性（尽管未能达到常规治理的要求）。这是新运动式治理最显著的特征。

在 2011 年入选全国文明城市后，长沙市各项创建机制中的绝大部分依然保持运转。[①] 其中最重要的机制包括垂直联点机制和不定期/定期检查机制，在时间和空间两个层面上力保文明城市创建的成果。在采访 L 女士时，她这样说道：

[①] 全国城市每隔 4 年有一次摘牌检查，没有通过检查的城市将被取消文明城市称号。这可能是机制常态化形成最重要的外部作用力。

"市政府下发相关文件，要求各项创建机制保持常态化，这并不是空头支票。第一，文明创建专项资金虽然停止下拨，但是总体预算有所扩大；第二，与相关职能部门在创建时期建立的联系机制进行了保留，这使得我们能够比创建前更迅速地调集人力物力，更好地完成治理任务；第三，各项文明创建监督机制没有停止，相关职能部门定期进行检查将情况反馈给社区，而大型综合整治在每季度的最后十天都会进行一次。这次政府所下的决心可以说是前所未有的。"

常态化从某种意义上是一个谨慎的用语，它与"常规化"存在着本质的差别。常态强调一种形态上的稳定，这种稳定更多由强制性权力提供；而常规化强调治理进入一种规则化程序，权力可以有条件地撤退，实现社会惯性化的自我治理。前者是后者演进过程中的一个量变因子。机制常态化实现治理的常态化，治理的常态化通过其效率检验实现机制的常规化，最终形成治理的常规化。这是一条重要的演进路径。

包括 F 社区在内的文明城市创建运动不得不说是一场成功的治理实验。不论最终城市是否成功当选（诸多城市都未能选上），它无可否认地强化了社区在城市权力结构中的地位，提升了其治理能力和治理效率，改善了社区环境，从而本质上加强了整体治理系统的协调性。在常规治理运作缺乏空间和资源存量的背景下，以运动式治理为基础、对形成常规治理有益的探索是必要的。缺乏这种基本的尝试，在超大规模治理任务和逐渐觉醒的公民意识压力下，僵化的治理系统必然走向解体。然而，新型的运动式治理最终的归宿依旧可疑，因为它不止改变了逻辑，同样也保留了旧有的逻辑。很难判断治理逻辑中两个自我矛盾的部分之中哪个将决定未来政治发展的走向，而这也是下文需要解决的问题。

五　新运动式治理的绩效缺失

"新运动式治理"相较于旧运动式治理，在以下四个方面得到了改善：社区参与/互动、财政、动员结构和机制，这种改善主要在力度、资源调配和延续度三个层面，这使得变化后的治理系统更有绩效。然而绩效是一个比较性的概念，它主要包含两个层次的概念。（假设基本需求得到满足）在纵向比较上，高效率的治理模式要求生产较前模式而言更丰富更优质的公共产品，这是绝对绩效；在横向比较上，高效率的治理模式要求较其他模式实现更优化的投入产出比，这是相对绩效。就两者间的关系而言，实现后者是实现前者的充分不必要条件（排除整个国家只投入一个单位资源这类极端的情况）。在假设公共需求永远大于公共供给的条件下（实质上不言而喻），只有同时满足这两个层次的需求，才能接近于可能存在的帕累托效率①。

　　如上一部分所讨论的，新运动式治理的绩效首先提升了治理系统公共物品生产的能力，这表现为基础设施完善、社区环境改善、机构管理效率增强等。但考量到第二个层次，社区治理是否实现了"更佳绩效"存在疑问。第一、二个层次的单一优化意味着"改善"，共同优化则意味着"最优"的可能。针对一种治理模式的评价，后者比前者更有价值——因为一如前文所说，在不刻意伤害社会正常需求的条件下，实现了更优化的投入产出比一定能在原有基础上实现更大的产出，但实现更大产出并不必然需要这种比例——它通过资源"无效率的挥霍"同样可以实现。"改善"和"最优"（仅指横向比较上的）之间根本性的差异，在于治理模式自身有无释放理论上的潜力。投射到治理模式的具体问题上，则是有无实现国家和社会两个系统之间的良性互动。

1. 社区自治的改善绩效与最优绩效②

　　改善绩效往往依靠不成比例的投入支撑。因为绩效的第二个层次是第一个层次的充分不必要条件，这意味着它是众多实现第一层次路径中更艰难的一条，不受短期理性选择的垂青。集中性的投入能够短时期内增强治理的效能、延续治理的效果，这是因为公共物品不存在边际递减的效应。供给和需求的差异决定了这种效果延伸的时间，需求的生产不需要考虑物质基础，而物品的生产则受制于资源存量。当公共物品供给持续低于需求一段时期后，生产系统的有效性才会因超过心理承受极限受到质疑，改善绩效在这时终止。得益于这种时间差效应，资源投入得越多，所造成的改善效应越大，越

---

①　指资源分配的一种状态，在不使任何人境况变坏的情况下，不可能再使某些人的处境变好。在本文的语境下，指假设预期需求供给永远高于实际需求供给的条件下，通过绩效的不断优化使实际需求供给无限接近于预期需求供给，并得以维持这种状态。

②　我们曾在前文讨论治理绩效存在的两个层次：生产更丰富优质的公共产品和更优化的投入产出比。我们把同时实现了两个层次的绩效称为最优绩效，只实现前一个层次的称为改善绩效，未实现任何一个层次的称为零绩效。而最优绩效和改善绩效都是正绩效，治理模式在两个层面全面的缩减意味着负绩效。

能掩盖资源使用的不合理程度，但对体系叮持续运转的潜力伤害也越大（实质上是负债经营），治理体系的健康度在不断降低。在一个绩效峰值过后，治理环境可能以加速度的趋势急剧恶化。

改善绩效实现的另一个重要因素是距离红利。距离红利反映了居民接受变化的距离问题，这使其对绝对绩效和相对绩效的判断产生了偏差。对于第二个层次的绩效，社区居民既不关注也缺乏敏感。社区实体变化比资源投入的合理度更为直观和贴近生活，公共产品供给的产量和质量比生产流程中展现的理性"暂时"更重要，前者的短期效应更为显著。能够不付出"成本"而获得了收益，即使不行动也没有损失，当行为体需求在第一个层次已获得足够的满足，他没有必要过度关注第二个层次的影响，尽管他存在这样的使命——其事实上的"成本"乃是缴纳税收，只是因时间差的问题①让居民们忽视了这一事实。环境改善带来的感受显著大于其对政府不合理投入的感受，这使得在一定时期内，绝对治理绩效能对真实绩效产生掩饰作用，直到系统的低效伤害了信任。改善绩效在上述两个因素影响下，能够在一个持续的时期发生影响，但这并不能阻止系统绩效随后逐步向零或者负绩效转化。

运动式治理实现的是改善绩效，因为它达到了第一个层次，却没有完成第二个层次。新运动式治理通过机制常态化实现了效能的强化，然而未改其运动式治理的本质特征。J. 汤森在讨论中国制度化运动的悖论时谈道：改革意味着生活的常态化，但它却以运动的方式进行。也即是说，动员方式本身与其治理的环境、目标产生了分歧。在一个社会力量不断发展、公民意识逐步凝聚的有机社会里，单纯依赖于国家垄断公共物品的生产既不现实也不经济。它能够维持一段时期，然后走向功能性的衰退。

让我们再回到 L 社区的例子。在文明城市创建运动中，社区实现的变化主要表现为"更丰富的公共产品输出"，比如自然环境、社区便民设施以及机构服务效率等方面，但这并没有改变其不良的投入产出比。投入的资金实际上可观，但在整体资源的利用方面存在着巨大缺陷，造成资源投入结构性的缺失——在社区创建运动中，社区机构超负荷运转，治理潜力开发殆

①　以货币易货大部分时间是同时进行的，就算不是也存在一些纸面证明；但税收的征收和投入往往是异时的，也没有纸面证明增加其存在感。

尽；但社区居民和社区非正式组织的自治潜力开发是低水平的，其参与程度仍旧偏低。自治的缺乏致命性地降低了治理效率，治理漏洞只能通过正式机构人员和金钱无限制地堆砌进行弥补，实质上预支了未来发展潜质，也透支了系统自身的现有能力。运动式治理能够缓解集体行动的困境，但不能彻底解决这一问题。

在文明城市创建时期，F 社区人员工作时间从每日早上 7 点直至每日夜间 20 点。考虑到社区工作人员无一人居住在本社区，在路途中耗费精力也十分严重。即使存在职能部门的配合，社区内部人员编制较之前更为富足和合理，社区依旧处于超负荷的运转中。在采访 L 女士的过程中问及其所面临的最困难的工作时，她略显疲惫地回答：

> "应该是检查卫生方面的问题。因为上级的要求是无死角，所以可以说怎么都弄不完，毕竟以前累积的问题太多了。我们都是轮班去检查，带着人一个角落一个角落地搜。区里面市里面那些检查人员尽专盯着这些死角看。"

这只是其治理难题的部分。社区常住和流动人口过多，而住宅又多为租赁和集体宿舍，私人领域被极大地压缩，不成比例扩大的公共领域由此发生了"公用地悲剧"，增加了治理的难度。就像在一个大学四人寝室内，分开购买小垃圾桶的寝室往往洁净，因为这区分了个人责任；而即使拥有一个共用的大垃圾桶（比四个小垃圾桶的容量还大）也无益于环境的改善，因为这模糊了个人责任。在一个范围内（大垃圾桶的臭气没有达到令人无法忍受的程度），人的理性迫使其不会有所行动（倒垃圾和清理周围散落的垃圾）。集体利益的公共性决定了集体成员在享用和维护两个方向采取投机的态度。要么形成机制均衡地分割责任，要么不行动等待搭便车，但后者可能才是最理性的选择。

面临超级复杂的治理环境，自治是最优的选择。它将治理对象全部转化为治理主体，调整了治理者与治理任务之间的不对称，在模糊了身份差异的同时界定了新的个人责任。然而在理想上自治程度最高的社区层次，自治基础依然十分匮乏。在 2011 年 F 社区有档案记录的 18 项大型的社区活动中，没有一项由居民身份人员发起或组织；在 F 社区共计 40 人的注册志愿者中，包含了 9 名社区干部；其余的 31 人中，只有 5 人在 25 岁以下，3 人的身份是学生。① 注册志愿者身份并没有和日常生活有机地联系起来，反而成为社区动员体制的一部分，每每在特殊意义的时刻才会出现（比如学雷锋月的某一个周末）。志愿者的志愿活动有些讽刺性，并非源于自身的意愿，而是被动地接受社区的安排。社区的社团建设也极其滞后。市民学校更多是一个由社区委员们主导的政策宣传组织（比如计划生育），教授内容"国家色彩"更浓而"社区色彩"较淡，并不以提升居民社区归属感为根本使命；社区也成立了社区服务团、邻里督管会、创业者同盟、爱心救助会等非正式团体，不过缺乏定期机制的活动和过多召集性质的会议削弱了社团的功能。这些组织均由社区委员担任理事长，活动的方式以由上而下的动员和召集为主。社团偏重于功能行使，忽视了独立价值的熏陶，没有为居民提供公共意见交流和表达的场所。当然社团的经费也极其紧张，每年的拨款仅有数千元，大多社团成员的家境也不允许其负担社团费用。L女士再次表达了一种力不从心：

> "社区说大不大，但说小也不小，主要任务还是太烦琐了，吃喝拉撒几乎无所不管，社区经费又只能雇用那么多人手。就算有志愿者，能够常常参与其中的也就那些老人，他们虽然热情但毕竟力量不够；年轻人多有自己的工作和学习，根本发动不起来。"

L女士始终认为社区已经尽力，缺失的是社区居民的主动参与。事实上，她忽视了一个重要问题，即体制提供的秩序对治理对象的影响。哈耶克将社会秩序区分为"自发的秩序"和"人造的秩序"。他认为"自发的秩序"的形成与协调必定涉及一般性规则的讨论。如果要达到社会的自我协调，那么社会秩序的参与者就必须共用某些规则并且严格遵循这些行为规则。相反，"人造的秩序"则是一种命令和服从的等级关系，在这种关系中，命令详尽地规定了每个成员的具体活动。治理系统对资源的过度垄断伤害了民间协定的效力，因为后者不具备权威且不能自我保护。这一结果导致社会资本的巨量流失，而在帕特南的心中，这是实现治理绩效关键性问题之一。

---

① 这里之所以强调年轻人、学生的身份，是因为他们是志愿者理想上的组成部分。他们年轻而充满活力，而且志愿活动对其价值形成及成长有重要意义，有利于社区精神和文化的延续性。

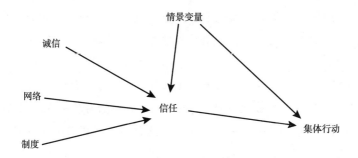

图3　信任、社会资本形式及达成集体行动的联系 *

* 详见 E. 奥斯特罗姆《社会资本的含义及其与集体行动的联系》，
载周红云主编《社会资本与民主》，社会科学文献出版社，2011。
图表来源：作者制作。

社会资本一般指普通公民的民间参与网络，以及体现在这种约定中的互惠和信任的规范。R. 帕特南生动地描述道：

> "这些自发出现的组织，与其说代表了一种理想的利他精神，不如说反映了一种实用主义的未雨绸缪。处境相同者愿意齐心合作，以抵御社会迅速变迁所带来的风险。互助的核心是实用性的互惠：你帮我，我就帮你。让我们一起面对那些任何单独个人所无法应付的问题。"①

社会资本的丰富直接意味着治理难度的降低。因为在这样的环境下人们的信息收集渠道和沟通方式更为透明和多元化，每一个单位人都与一个小群体直接联系，不行动和过度行动都会使行为体付出巨大的代价，例如被所在群体孤立——合理行动则会收获巨大的收益，这种反差使行为体本身不愿逾越规则，从而抵消了集体行动的困境。在考察意大利南北地方政府的绩效治理时，帕特南认为其绩效差产生的原因不在于是否存在社会联系，而在于这种联系的具体形态——北方的落后源于垂直的依赖和剥削性联系，它不利于社会资本的积累，造就治理绩效的低下；南方横向的互相合作联系则相反，它是其治理绩效远胜北方的重要因素。而中国社区社会资本缺乏的重要原因之一，来源于"文化大革命"等旧运动式治理对约定和互惠规范毁灭性的破坏。国家力量没有节制地进入市民社会，确立其垄断性的规则和掌控，事

---

① 〔美〕罗伯特·D·帕特南：《使民主运转起来》，赖海榕译，江西人民出版社，2001，第161页。

实上消弭了治理对象集体自我生产和规制的能力，增添了实现自治的难度系数。新运动式治理事实上强化了前一种联系（垂直体系），后者（横向互助联系）在理想情况下不过是一个"不自觉力量的产物"。

至于什么决定了运动式治理模式的取向，本文认为在"治理资源匮乏条件下的理性选择"并非全面的解释。任何一种治理模式事实上存在着自我逻辑，这种逻辑是模式自我生产和发展的源泉。逻辑造就了一种治理模式的优点和缺点，最终决定了其"绩效"。新运动式治理实现了逻辑的转变，只是这种转变并不是完整意义上的，其治理效率得以改善，但无法达到最优。运动式治理的逻辑实质上折射了整个治理体系的逻辑。体系自身不否认机制常态化是治理常规化的起点，但仍旧视单一行政系统的主导为实现转变的唯一力量，排除社会力量的参与。也就是说，它抑或未能清楚地意识到，现代社会的治理任务已不是一个简单强大的行政系统所能承受得起的。从另一个维度说，即使它能够意识到这点，其固有逻辑也决定了其难以实现自我转化，因为这种转变必须以让渡垄断权力为代价，存在使整体系统崩溃的风险，集团理性将成为最大阻力。威权体制拥有统治性的资源存量，但这种垄断恰恰决定其不可能拥有统治性的治理能力，除了自我降解似乎别无他法。这就是运动式治理及其承载体制在逻辑上的病因。

2. 新运动式治理的旧式逻辑

运动式治理是一个特定社会下特定意义的词汇。在世界各国的政治生活中，运动作为一种参与形式普遍存在，但一般而言，其动力来自于大众的利益或理想诉求。如果运动成为一种治理方式，那么其动力趋向主要是由上而下，也即是国家通过运动的方式达到其特定的治理目标，这要求国家具有至少是威权的性质。有论者认为，运动式治理"以执政党在革命战争年代获取的强大政治合法性为基础和依托，通过执政党和国家官僚组织有效的意识形态宣传和超强的组织网络渗透，以发动群众为主要手段，在政治动员中集中与组织社会资源以实现国家的各种治理目的，进而达到国家的各项治理任务"[①]。在同一篇文章中，他将运动式治理定性为"一种治理资源贫乏条件下国家解决突出社会问题的理性选择"，认为任何国家治理方式和政策选择都受制于当时国家治理资源的存量和结构。而这种集中有限国家治理资源在短时期的释放，在另一个方面，也是"国家权力重要的再生产和再扩充机

---

① 唐皇凤：《常态社会与运动式治理》，《开放时代》2007 年第 3 期。

制"，它延续并维系着现有政治秩序的合法性。运动式治理最根本的定位，是在国家治理能力不足的前提下，对国家治理能力一些"外部救济和边际改善措施"。这里有数个疑问。作为"理性选择"的运动式治理折射出深深的无奈之感，但在这种选择背后，存不存在某种必然性的逻辑或者信念在驱使？国家治理资源的贫乏是否也是这种逻辑自身造成的困窘？

一方面，当代中国面临着规模前所未有的治理任务，这一现实来源于以下三个方面：首先，中国自身的国家规模和人口数量从根本上决定了其治理的难度，加上发展不平衡、人口成分复杂等问题，又进一步放大了种种矛盾。其次，中国处于剧烈的社会转型和时代变迁过程中，国家所累积的一套管理体系和经验难以紧跟治理任务的变化速率，社会文化和心理也尚未能成熟而理性地对待这种变化。正如孙立平所言，中国社会在诸多方面都存在着"断裂"和"失衡"，公共治理危机和公民价值危机凸显，社会利益由有机整体走向分裂和对立。最后，社会问题的产生具有几何级增长速率，因为其不仅存在影响的公共性（辐射范围广），而且任何一种处理机制自身同样附带社会风险，解决问题的手段同样能够制造问题；在其对面，治理主体能力的增长却是数量级的。能力主要来源于人力和财政的投入、机制改革等行为，但无论是人力、资金或者部门编制的改善，其效用都难以应付日益复杂的治理环境，更遑论在系统输入和输出上产生的时间差。

新运动式治理的逻辑认识到治理能力改善的重要性，却无意也不能使其达到"最优"。它不愿承认也不能承认的现实是，治理能力和治理任务存在的根本性差距。承认这个现实将危及整个系统的崇高形象，不承认这个现实将会导致不计成本的政治许诺，同样将伤害体制的生存，这是中国当前治理体系面临的哥德巴赫猜想。在布尔迪厄的视角中，权力是一种能"自我行动"的存在，他认为任何权力"都不可能满足于仅仅作为一种权力而存在，它不可能仅仅作为一种没有依托的力量，一种失去了存在理由的力量……它必须为自己的存在和存在形式寻找理由，至少使人们看不出作为其基础的专制，进而使合法性受到认同……理性国家制度根本特征乃在于国家能够以各种各样的理由掩盖其统治实践和制度的专制性，从而使各种'理性化'机制越来越有效"①。确如一些学者的见解，运动式治理是一个理性考量下的选择，它通过大规模资源的调动和短期内显著的治理效果展现治理体系依旧的高效

① 转引自唐皇凤《常态社会与运动式治理》，《开放时代》2007年第3期。

和美妙，这种"展示"削弱了人们的不满，但每一次运动的时效都会逐步缩短。就像任何疫苗都会使病毒产生抗体，大众也会产生"审美疲劳"。

整体治理机制的羸弱并非单纯出于资源的匮乏，理念自身也是重要的问题。中国作为专制色彩极其浓厚的国家，强国家弱社会的状态延续了数千年，强者文化内化成民族整体潜意识的一个部分，从精英到大众都不同程度地接受了这一现实。中国数次重大的政治社会变迁中始终未改浓烈的强者色彩和强者文化①，这不仅影响了政治体制，也影响了政治发展。精英集团自信于强大国家能够创造一切，大众对此也并不异议。迷恋国家和缺乏自省进一步加强了国家，削弱了社会。

广义社会（国家）系统由两个狭义部分组成：正式的"国家"组织和非正式的"社会"组织，体系的绩效来源于两个部分的平衡互动。即便在某些特定的历史发展阶段，一个部分的合力将高于另一个部分，它们也必须接受一个可控的范围。而本文的基本观点是：强社会（狭义）才能强国家（广义）。在现代以前的长时期内，大型国家的治理实际上都是依赖于社会自身，即便是专制国家也是如此。在古代中国广袤的土地上，国家控制了城市和富裕地区，而绝大多数的农业土地则为村落所控制，国家通过和地主乡绅精英合作实现有效统治。工业革命后，国家治理资源急速增加，短时期内超过了治理任务的最大需求，国家的治理能力迅速提升，社会自治的空间被极大缩减。而进入现代后，随着治理任务以更大的速率增长，国家治理体系已经不堪重负，重归社会自治的条件和空间是存在的。也只有社会自身能完善正式治理体系的不足。它模糊了治理对象和治理主体的差异，将所有治理对象转化为治理主体，决定性地实现了理想中的治理效率（$1:X$，$X<=1$）②。

至于为什么国家排斥社会在治理中的作用，是因为其假设社会和国家之间的博弈是一种零和运动：社会的衰弱能提升国家的效率，社会的强大会阻碍政策的执行，社会的利益即是对国家利益（或者说官僚集团利益）的伤害。在中国政治精英的语境中，社会是个危险的词汇。社会力量的成熟发展

---

① 中国每每面临重大政权更替和社会变化节点时都缺乏容忍和妥协，胜者书写的历史没有败者的容身之处。如毛泽东的诗词所言："宜将剩勇追穷寇，不可沽名学霸王。"这仅仅意味着一个时间段内的"彻底"。而在一个更长的时期内，社会将承担这种简单选择带来的代价，比如仇恨与怨愤；它需要更大的付出去弥合"不妥协"造就的历史裂痕，比如已经错过的最好统一时机。

② 这个表述的意义是，在最小的范围内（$X=1$），实现个人对个人的自治；在最大的范围内（$X=-\infty$），实现最大同意的规则和信念对个人的治理。

意味着国家的"权威"面临巨大的挑战，两者的博弈始终处于"你增我减"的状态。国家和社会同样可以看成大型的利益集合体，其不同在于规模和组织程度。有组织的国家通过垄断精英输入和紧密的科层制，被认为能更好地判断利益所在，而相反社会更庞大的规模和无组织决定了其必将陷入集体行动的困境，缺乏判断力和行动力。"社会利益"由国家来定义，任何自发的利益判断及其行为都将是"不合理"的。

而社会（狭义）拥有判断其利益的能力，因为这种利益实质上再简单不过：做好自己并且不妨害他人。社会和国家之间并非完全呈现零和博弈的状态。当其中一种利益凌驾于另一种利益之上时，运动可能是零和的；当社会（广义）的利益凌驾于以上两者之上时，运动是正和的。

综上所述，新运动式治理通过一系列重大改变，制作了一剂新的"防腐剂"，使治理效果的"保鲜期"更为长久。但它依旧没能从根本上转变治理思路。它所做的仅仅是强化了治理机器本身，也就是实现治理能力数量级的增长，并未显著拉近与治理任务要求的差距。它在一定程度上扩大了社会参与，但却通过动员而非自主参与的形式，这没有从根本上改变治理系统僵化、缺乏弹性的现实。既存体系的理念认为"国家"是利益的最好判断者和执行者；同时作为垄断性集体，其自利行为同样会被社会所伤害。这种偏见和自私是其不愿"分享权力"最根本的原因。

从纵向和横向两个角度实现最优的治理绩效，其路径是合理配置国家和社会的权力对比，区分私人与公共领域的基本界限，实现社会的自治。作为自治体系最核心的单位，社区的虚弱既折射出行政系统（国家）的强大，也反映了社会自主力量的积弱，这种不协调造就了绩效的缺失。对于正式治理系统而言，最急需的是转变其僵化的治理逻辑，提升社会自主性力量在治理中扮演的角色，分担治理压力，不断地自我调整和演进。毫无疑问，本文最后将要论证的是，只有民主才能提供一条实现治理最优化（常规治理）、稳健而有效的道路，它将因其绩效而非价值实现"普适"。

六　民主：常规治理的首要特征

治理（Governance）是一个现代色彩的概念，它与"管理"（Management）存在不同。这一差异主要是前者暗含民主色彩，而后者仅仅要求"权力"影响的存在。M. 韦伯通过"传统权威"、"法理"、"克里斯玛"三条路径区分了统治的合法性建构问题。一般而言，其中的"法理"路径更偏向丁"治理"的内涵。而进一步界定常规治理，则要通过将其与运动式治理对比得出。

常规治理与运动式治理存在三个差异。从治理的结构看，常规治理主体和对象存在平等的关系，治理主体与治理对象之间不是单向度的管理与动员，而是两者间的互动与共同参与；从治理的延续看，常规治理将治理的机制与精神框架固定下来，建立起权威性的激励与惩罚机制，个体理性行动为机制和规则所约束：遵守规则将获得激励，违反规则将受到惩罚，规则制定者和遵守者在这点上没有差别；从治理的角色看，治理客体的身份逐步向自治的主体转化，它不仅为治理系统所影响，也能反作用于系统，它在政治发展中起到建设性的作用。治理主体也不再固守旧有逻辑，通过分权和转变服务职能既实现治理绩效，同时也稳定延续集团的利益。在常规治理机制下，社会不存在"断裂"或"失衡"，每个单位和个人都扮演着适合其特点的角色，各司其职不逾越界限，社会运转潜力得到最大程度的开发。

常态社会与常规治理是一对共生体。针对常态社会的定义，不同的学者有不同的看法。唐皇凤认为社会的常态化主要表现在国家的治理方式上。这样一个社会最基本的特征，是"以阶级斗争为动力、以群众运动为主要表现形式的政治运动作为国家工具逐渐退隐，社会冲突基本上被'法制'所规驯，国家开始把所有社会问题的治理日益纳入科层化的组织体系"[①]；李培林从规则的角度来说明常态社会，他将其描述为"社会变迁按照一定已有规则进行的社会"，强调社会的变革和转型所遵照的制度路径；陈潭则将常态社会的特征归纳为"制度规范"、"社会理性"、"政局稳定"三个方面，前两者实现了后者。本文认为，常态社会与常规治理是一对契合的产物，前者描述的是治理的成果、后者描述的是治理的过程。通过在一个非常态社会进行常规治理，从而达到一个常态社会的状态，是现代国家成功转型的基本路径。常规治理是一种优化的治理模式，由良善的制度规制、充满自主和公共精神的人来共同运作。

一个规模超大的现代国家，始终面临着治理任务和治理能力的现实差距，治理绩效与任务—能力之差呈反比，并影响国家秩序及合法性的构建。戴维斯在研究革命问题时通过整合心理学和经济学两种范式，发现系统绝对的绩效并不足以引发动荡和革命。"在贫穷的社会里，人们使用物质和精神能量来

---

① 唐皇凤：《常态社会与运动式治理》，《开放时代》2007 年第 3 期。

生存，其结果是抑制任何与生存无关的活动。"① 人的理性能够忍受绝对贫穷的现实，但无法忍受相对贫穷的折磨，即使客观而言他们生活得比从前的自己更好。如图 4 所表达的那样，实际的需求支持事实上一直在增长状态，但长期的增长同时拉高了社会预期，后者不会随实际增长的减缓而停滞。图中 A 点的位置并不固定，它可能引导一个向下的弧线，同样可能是一个继续向上的弧线，只是其边际增长小于预期需求支持。当 G 与 g 的差距达到一个"不可接受"的程度（无法计算），治理系统的效能将因致命性的怀疑而面临崩溃。戴维斯将其概括为 J 曲线，他的核心观点是：面临突如其来的经济下滑，人民的期望难以做相同的调整。"由于突然下滑，实际社会经济发展状态和过去足以永续的期望相比，意义已经不大"。正式治理系统通过改革实现绩效可能的最大化，并不代表宏观社会系统实现了绩效的最大化，因为非正式系统自身同样有生产公共物品的能力，而且远比正式治理系统的潜在总值要强。只是因其相对无组织的特性，这种生产力受到了遏制。大型国家的正式治理系统（比如政府）在潜力殆尽时，面临预期与绩效不可接受的差距，寻找新的生产主体是维持其合法性唯一的路径。而这个生产主体恰恰是社会自身。

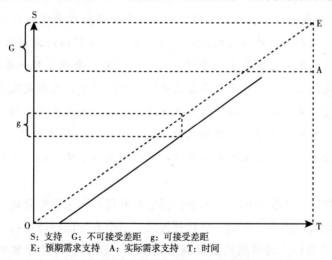

S: 支持　G: 不可接受差距　g: 可接受差距
E: 预期需求支持　A: 实际需求支持　T: 时间

图 4　预期的差距：预期和实际需求支持的关系

图表来源：〔挪威〕斯坦因·拉尔森：《政治学理论和方法》，
任晓等译，上海人民出版社，2006，第 238 页。

---

① 〔挪威〕斯坦因·拉尔森：《政治学理论与方法》，任晓等译，上海人民出版社，2006，第237 页。

所以，民主的实现才意味着常规治理的实现，没有民主就没有常规治理。常规治理所仰赖的常态社会及其运作逻辑，都要求实现社会公共生活最广泛的社会参与和自我治理，即实现事实上的民主。民主并非能够仅仅用投票率来定义（例如一个国家公民投票率在五成以下，它就不民主了），而是由社会的自治程度来定义——在遵循整体社会基本规则的条件下，单位人能够在多大程度上以个体的理性做出选择？单位组织能够在多大程度上以个体的理性做出决策？这种选择与决策是否能和整体规则机制自身形成良性的互动？这种互动通过信息的高水平流通、机制的完善和社会资本的有效积累，将最终突破集体行动的困境，最大限度地整合社会利益，从而达到治理的理想绩效。民主最深刻的力量，即来源于它强大的社会整合力。它通过细致的利益和责任界定，完成了对断裂中社会最深度的弥合，从而生产出更丰富的社会资本。民主的价值逃脱不了争议，但作为一种公共生产方式，民主的绩效将帮助它超越种族、民族、国家、组织的界限，最终统治世界。

亨廷顿在其著作《第三波》中提出了这样一个问题：

> "如我们所知，在民主的水平与经济发展的水平之间存在极高的相关性。把产油国作为特例放在一边，世界上最富裕的国家除新加坡外，都是民主国家；世界上几乎所有最穷的国家，除印度和一两个特例外，都不是民主国家。处于经济发展中间层次的国家，有些是民主国家，有些不是民主国家。然而，相关性并不证明某种因果关系。因此，我们面对的一系列问题是：经济增长造就了民主，还是民主造就了经济增长？还是经济增长与民主化都是另外一个原因或独立变项的产物？"[①]

相关性的确不能证明因果关系，但它是发现这种关系的开始。经济增长对民主的积极作用不言而喻，亨廷顿提供了三个有价值的理由：

a. 公民意识。经济增长提高城市化水平、识字率和教育水平，促进公民意识的觉醒，开始组织团体表达利益诉求和促进群体影响力。

b. 资源供给。经济增长意味着拥有更丰富的公共和私人资源可供分配，社会冲突的概率下降、妥协和宽容更有利于促进利益。

---

① 〔美〕塞缪尔·亨廷顿：《第三波——二十世纪后期民主化浪潮》，刘军宁译，上海三联书店，1998，第6~7页。

　　c. 治理任务。经济增长造就了一个更为复杂的经济体系，国家难以实现对经济体系的控制。治理任务难度的增加削弱了国家控制，为社会独立权力中心的成长提供了空间。

　　有学者质疑，经济增长往往加剧收入不平等，一个不平等的社会恰恰谋杀了民主的可能性。关于这点，亨廷顿做出了一个不可能更好的回答。他认为，这种不平等的加剧只是一个短期现象。"从长期看，经济增长将导致更平等的收入分配。民主与彻底的经济平等是不相容的，这种平等只有在一个压迫性的独裁政权之下才可能实现；但是，民主同财富和收入的巨大不平等也是不相容的。经济增长最终会降低这些不平等，也将促进民主的出现。"①

　　那么民主对绩效的作用呢？回答这个问题的第一步，又回到了本文绪论开头提出的另一个问题：民主是什么？

　　民主的古典意义太过遥远，并不适宜于解读现在时。20 世纪关于民主的种种讨论基本可以归为三个常见的着眼点：政府权威的来源、政府所服务的目的和组成政府的程序。通过前两个着眼点和第三个着眼点作为界定途径的分歧，关于民主的讨论逐步分化为古典民主和精英民主的碰撞。J. 熊彼特的"另一种民主"理论结束了这场战争，他认为民主属于政治决定的制度安排，在这样的安排里，个人通过赢取人民手中的选票而得到做出决定的权力，大众只能决定哪一个精英（Elite）统治，不能决定是否由精英统治。精英民主通过其可怕的现实经验击败了古典民主，后者被认为是乌托邦式的理想。本文无意表明赞同以上两种解读的一个。正如一些学者所做的那样，在讨论民主的时候注重两种概念的区分：经验上的和理想的。本文不在意这种区分，本文意在瞩目民主制度和文化下所蕴涵的自主精神。这种精神在民主环境下养成，界定了民主的核心含义，并最终实现了民主的绩效。

　　R. 帕特南在《使民主运转起来》的导论中这样问道：为什么有些民主政府获得了成功而有些却失败了？显然这是由绩效所决定。民主政府不过是巩固民主成果重要的部分，它自身并不意味着实现了民主的绩效。民主的绩效和民主政府的绩效不是同一个概念，后者可以通过全面性、内在一致性、可靠性和预期性来评价，甚至能借用数据统计和分析进行精确的界定；前者则缺乏计量工具和方法。可以确定的是，民主是整个社会的运作机制，亦是

---

① 〔美〕塞缪尔·亨廷顿：《第三波——二十世纪后期民主化浪潮》，刘军宁译，上海三联书店，1998，第 7 页。

整个社会的精神信仰。它包括由上而下和由下而上两个方向的互动与平衡，优化了国家和社会两种力量的边界走向和权力比重。从现实角度看，即通过强健社会机能实现整体机制更有效的运作。帕特南在实证研究意大利地方政府改革 20 年后发现，北方远比南方更有活力、治理更为有效的原因出自于一种长期养成的公共精神："这些公共精神发达的地区，尽管在一个世纪前经济并不特别发达，但在经济表现和政府质量上却稳步地超越了那些公共精神不发达的地区。公民传统惊人的应变力，证明历史具有力量。"① 公共精神的留存和累积就意味着一个根本上更强健的社会，而公共精神的基础即建立在一个利益和责任归结到个人单位、以自我治理和自我完善为特征的"最小社会"，因为每个单位（人、组织）秉承的理念相似，故而更能深刻地相互理解和尊重，从而实现社会资本良性的累积和丰富。如研究所示，意大利北方城市共和国传统完成了社会资本的原始积累，充分保留和加强了社会整体的横向联系，促进了公民平等与地区责任感，通过参与和自主的扩大实现了良好的治理效能；而南方强烈的专制王国遗留因素，使得整体社会长期处于一种垂直"依附—庇护"体系的秩序下，现代"臣民"依旧通过选票换取政治利益，寻租和腐败无处不在，治理效能低下。前者实现了自治，也便实现了民主；后者没有实现自治，空有民主的躯壳。这是两地绩效差距不断拉大的根本原因。

综上所述，民主的绩效来源于其自治的基本内涵。民主通过自治将被治理者整体转化为治理者本身，模糊了身份的差异，有效界定了利益和责任，根本上强化了治理体系的能力。一如帕特南对其实证调查结论的总结："对于民主制度的绩效来说，至关重要的要素是普通公民在公民社会中充满活力的群众性基层活动。这项研究的主要教训是，民主的改革者必须从基层开始，切实鼓励普通公民之间的民间约定。"② 通过扩大性的参与，公民开始在社会中扮演"有意义"的角色，国家和社会的互动逐渐走向良性，在各自运作的同时加强了协调。正式治理系统是社会系统的一部分，其绩效并不代表整个社会系统的绩效。只有整个社会系统都有效地运转起来，治理绩效才能达到一个前所未有的高度。在这一过程中，民主是最好的催化剂和路由器。

① 〔美〕罗伯特·D·帕特南：《使民主运转起来》，赖海榕译，江西人民出版社，2001，第189 页。

② 〔美〕罗伯特·D·帕特南：《使民主运转起来》，赖海榕译，江西人民出版社，2001，第2页。

七　结论

本文并非意在如何界定民主，但关注其内涵（自主、自治）如何影响其绩效，并通过这种思路阐明一个观点：民主具有普适性，这种普适性来源于其生产方式特征而非意识形态特征。

对民主普适性的怀疑主要来源于：它是一个西方价值。这意味民主的建立有其特定的历史和社会环境，这种环境本身不存在普遍性，故而民主同样不具备普适性。怀疑是有道理的。民主的形成是历史必然性和偶然性综合作用的产物。有些国家顺利地建立了民主政体，而有些国家的民主实验遭到了失败，另外一些国家对民主嗤之以鼻，这种反差足以在不同的历史和社会环境中得以寻根溯源。然而同样显著的是，这种怀疑存在着偏见。因为民主不仅仅是一种价值，同样是一种生产方式：它不仅生产精神产品，同样生产物质产品[①]，而且比任何其他生产系统的绩效都要优越。民主在一个时期遭到失败并不是其自身的不成熟，而是社会实验环境的不成熟[②]；民主化进程中对社会秩序稳定度的冲击，恰恰是一种对既存制度及政治文明的考验和变革性动力——一个真正稳定的秩序必然有能力容纳压力[③]，将其转变为自我进化的动力，而不是被压力所摧毁。民主治理终将实现其无与伦比的绩效，是因为它比任何其他体系都更忠实于"人"的作用，而不是瞩目于某个"统治者"、某个寡头集团、某个精英组织。民主真正的灵魂所在，不在于其多数压倒少数的简单法则，不在于其健康活力的公民参与，甚至不在于其能否确保公平正义；而在于个体、社会集团、组织乃至国家对自身价值与责任的确认，在于其对自身及所处环境的反思力。民主通过"人"的自治和自我机制的规限，将个体利益、局部利益与整体利益高度整合，从而为实现"最优绩效"奠定关键性的社会基石。民主作为一种生产方式和机制，而不是一种意识形态，是超出文化、国家、民族、种族界限的。

F社区的文明城市创建运动提供了一个思考路径。治理系统在运动式治

---

① 本文认为民主也是一种物质生产方式，是因为其产品——社会资本在成熟后不再以人的意志为转移，开始具有物质性。

② 因为社会本身就是现实的，而民主天然就是理想的。

③ 〔美〕阿伦·利普哈特：《民主的模式：36个国家的政府形式和政府绩效》，陈崎译，北京大学出版社，2006，第215～219页。

理中得到有力强化，社会反馈也良好，只是这两个指标不足以将这种治理方式转变为范例。本文在最后两部分通过距离红利、投入产出比和预期/实际需求的 J 曲线等概念和分析界定了改善绩效的虚幻性。新运动式治理没有彻底修正正式治理系统的旧有逻辑——它没有主动引入社会自主性力量参与治理，这决定了其不论通过何种方式改革自身的效率，都会与几何级增长的治理任务相矛盾，不切实际的承诺将伤害社会的期望，直至削弱系统的合法性；而通过有效而有序地引入社会自主性力量参与治理，宏观系统的绩效和稳定性都将得以强化，正式系统作为一个利益主体自身的权益也能得以延续和保留。针对小规模的治理对象，单一的专制性力量通过强有力的行动足以掌控，民主或许可有可无；但在一个大规模治理对象面前，民主将是一个必需品。

当代中国政府"运动式"治理模式的解释与反思

杨志军[*]

摘　要： 治理理论讨论的开放性和模糊性并没有遮蔽和掩盖其旺盛的学术生命力，中国政府治理模式在相当程度上重新诠释了治理理论的新内涵，建构了全球治理的新模式，是治理理论国际化和本土化的有机结合。当代中国政府"运动式"治理模式以改革开放时代下的后全能主义政治形态为背景，以专项治理的方式进行迅疾治理，可细分为扫黄打非、网络网吧的专项整治活动，重大安全事故专项治理，生态环保治理行动，地方政府招商引资和整治黑车行动，行政管理体制改革五种类型，主要目的是维护社会稳定、树立政府形象和建构国家权威。这种治理模式表现出偶发性全能主义的特点，具有强烈的运动式治理取向，在重大紧急突发性事件上具有泛政治动员化的倾向，在一些影响恶劣、久拖不决、积重难返式的社会问题进行专项治理上则表现出泛经济化的倾向，在特定的问题和时间段内发挥了不可替代的实践效能，但是其依靠强势行政发动和过度张扬工具理性的"制度化运动悖论"在网络化治理格局中劣势明显，需要回归常态政治，在反思运动式治理的基础上，探索真正的治理转型之道。

关键词： 运动式治理　偶发性全能主义　常态政治　制度化运动悖论　治理转型

---

* 杨志军，上海交通大学国际与公共事务学院博士研究生，主要研究方向为公共行政与中国政治、政府治理与公共政策、社会运动与社会管理。

　　治理作为从 20 世纪 90 年代初流传至今的全球性理念和实践，已经成为一种新的政治运行方式和公共事务管理手段。但是治理并不是一个抽象的哲学概念，而是对现实世界的高度理论概括和总结，这种总结必然可以通过具体的现象、行为与方式得以体现，其内涵也必然在各国的公共管理实践中得到新的充实，中国也不例外。在这里，探讨当代中国政府"运动式"治理模式，不能回避两个关键问题：其一，治理与统治脱胎于不同的政治语境和政治生态，为什么治理理论在中国会被给予不同的理解，中国政府的治理模式到底在多大程度上能够反映和体现治理理论的国际化？其二，应该怎样阐释改革开放以来中国政府"运动式"治理模式？这种治理模式的总结应该怎样通过类型分析和机理解析来加以证实？这种模式一定就是好的吗？围绕这些问题，本文展开详细论述。

一　"运动式"治理模式提出的逻辑背景

　　英语中的治理（governance）一词源于拉丁文和古希腊语，原意是控制、引导和操纵。长期以来它与统治（government）一词交叉使用，并且主要用于与国家的公共事务相关的管理活动和政治活动中。1995 年，联合国全球治理委员会对治理做出了如下的权威界定：治理是各种公共的或私人的个人和机构管理其共同事物的诸多方式的总和，它是使相互冲突的或不同的利益得以调和并采取联合行动的持续过程。它既包括有权迫使人们服从的正式制度和规则，也包括各种人们同意或认为符合其利益的非正式的制度安排。它有四个特征：（1）治理不是一整套规则，也不是一种活动，而是一个过程；（2）治理过程的基础不是控制，而是协调；（3）治理既涉及公共部门，又包括私人部门；（4）治理不是一种正式的制度，而是持续的互动。① 可以说，这是一种以公共利益为目标的社会合作过程，国家在这一过程中起到了关键但不一定是支配性的作用。所以，从这一意义上讲，治理实质上是一种合作管理。

　　面对治理概念、理论和模式讨论的开放性和模糊性特征，面对治理理念越来越广泛地运用到政治学、经济学、社会学等各个领域的旺盛学术生命力，有人坦陈，"今天的国际多边、双边机构、学术团体及民间志愿组织关

---

① 俞可平：《治理与善治》，社会科学文献出版社，2000，第 4～5 页。

于发展问题的出版物很少有不以治理作为常用词汇的。"① 或者这种现象亦如学者杰索普所言:"过去15年来,它在许多语境中大行其道,以至成为一个可以指涉任何事物或毫无意义的'时髦词语'。"② 不过,需要注意的是,治理作为一个从西方国家学术界引进的概念具有其产生的社会政治背景。其中最重要的一点是:治理是西方社会在民主制度、法治和公民社会的发展已经相当完善之后的一种政治运行模式,它是完备且充分的民主时代的产物,在发达国家的运行模式还与各行为主体具有较高的政治参与能力、民主意识和公民精神等因素有关。不仅如此,国外的治理指标非常重视政治和行政过程中的输入阶段和过程阶段的价值取向。如果我们仅仅关注政策输出阶段而忽视了前两个阶段,那么就无法回避政府绩效是"为谁服务(或谁决定服务方式)"、"如何服务"以及"由谁评价服务"等这样的基本价值问题。因此,许多西方学者设计的治理指标未必会完全适合测量中国的治理现状,治理理论的中国化研究是摆在国内学者面前的一项亟须开展的工作。③

再者,从汉字的词源理解来看,治理有四种语境解释:(1)管理;统治;得到管理、统治。如《荀子·君道》:"明分职,序事业,材技官能,莫不治理,则公道达而私门塞矣,公义明而私事息矣。"《汉书·赵广汉传》:"壹切治理,威名远闻。"《孔子家语·贤君》:"吾欲使官府治理,为之奈何?"等等。(2)指理政的成绩。晋袁宏《后汉纪·献帝纪三》:"上曰:'玄在郡连年,若有治理,迁之,若无异效,当有召罚。何缘无故征乎?'"(3)治理政务的道理。清严有禧《漱华随笔·限田》:"蒋德璟出揭驳之:'……由此思之,法非不善,而井田既湮,势固不能行也。'其言颇达治理。"(4)处理;整修。如:治理黄河。④ 因此,本文在进行论述时,

---

① 〔法〕辛西娅·阿尔坎塔拉:《"治理"概念的运用和滥用》,《国际社会科学》(中文版) 1999年第2期,第105~112页。

② B. Jessop, "The Rise of Governance and the Risk of Failure," *International Social Science Journal* 50 (155) 1998: 29-45.

③ 例如俞可平教授主持的联合国开发计划署项目"中国治理评估框架"就正在积极地从事中国治理指标体系的研究,其主要成果在《中国治理评估框架》(发表于《经济社会体制比较》2008年第6期)一文中得到了集中的体现。另外,南开大学周恩来政府管理学院马得勇博士(毕业于韩国首尔大学)也在试图廓清国外治理理论及指标体系的真实内容,从而探寻出对构建中国治理指标体系的若干启示。具体请参见马得勇《测量治理:国外的研究及其对中国的启示》,《公共管理学报》2008年第4期。

④ 来源于《汉典》中的解释,网址:http://www.zdic.net/cd/ci/8/ZdicE6ZdicB2ZdicBB332730. htm。

如若涉及治理理论则是采用国外的治理内涵，如若在谈到中国政府具体的治理模式时，则指称的应该是治理在汉语语境中的上述四种含义，两者相辅相成，并不矛盾，在此特作一说明和澄清。最后，所谓政府治理模式，简单地说，就是政府用怎样的手段来行使社会管理的职能，是政府治理理念、治理制度和具体的治理方式的总称，它们都处于动态的发展过程中。政府治理模式创新实质上就是伴随着社会、政治、经济、文化的发展——尤其是政府、社会、市场力量的变化，不断地优化政府治理的理念和工作路径，它是政府制度创新的重要内容。

当我们回溯历史，探究20世纪中国社会的政府治理状况时，尤其是当我们探讨政府管理的一般性领域时，我们会发现种种社会悖论的特征：精英治国而无须涉及政治平等；公民治理而无须有公民社会；商业资本主义而欠缺独立的城市政体；社团性自由（例如行会）而不必是个人自由权；诉讼性的法律文化而只有很小的法律专业；异议者和抗议者反暴君的各类聚会但却在天命专制政体的面前，等等。中国帝制时代的政治、律令和哲学结构在1911年后已基本被抛弃，20世纪则成了一个竞争的世纪，试看到底什么将取代传统的结构。①

20世纪80年代以来，我国政府在实现有效国家治理的基础上，确保了平稳的制度转型，逐步构建起适应社会主义市场经济基础的具有中国特色的新型政治秩序，这种政治秩序的核心可以用"综合治理机制"来概括。因此，有人认为，综合治理机制是中国现代化过程中执政党与政府力图弥补社会资源总量不足的一种外部救济措施，是一种相对有效的资源动员和集中机制。其产生的背景是针对改革开放后体制外资源日益增生的社会现实，在国家治理资源依旧匮乏的条件下，执政党与政府试图通过综合治理机制把各种体制外的市场资源和社会资源纳入国家治理体系。在旧的治理体系中不断引入新的治理要素（如法制和各种现代治理技术），不断拓展国家治理空间，从而构成庞大的综合治理制度体系和组织网络。它集中体现了执政党与政府为了应对社会问题而主动推进中国国家治理方式变革的历史过程，日益成为转型中国治理所有社会问题的主导性模式。②

① 柯伟林：《认识二十世纪中国》，香港《二十一世纪》双月刊2001年10月号，第114~124页。
② 唐皇凤：《社会转型与组织化调控——中国社会治安综合治理组织网络研究》，复旦大学博士学位论文，2006，第10~11页。

自从综合治理第一次通过社会治安工作借用到社会科学以来，现在已经频繁出现在党和政府对各种社会问题的解决策略和政策宣言之中，成为一个非常强势的"政策话语"与"政策修辞"，似乎所有的社会问题非纳入综合治理框架之中不可。如社会治安问题、青少年犯罪问题、禁毒问题、信访问题、腐败问题、人口与计划生育问题等。由此我们似乎可以看到，正是在国家治理结构和模式转型的过程中，政府主导着"经济调节、市场监管、社会管理和公共服务"四个方面的运行规则和秩序变革，运动式治理在很多时候成为综合治理机制形成的一条主线，而政府所采取的运动式治理又是在综合治理的框架下才得以贯彻和执行。

更进一步，如果把这种综合治理框架下的运动式治理与中国改革开放以来的制度变迁结合起来，我们将会有趣地发现：中国社会发展迅速并在总体保持基本稳定的态势下，经济、社会和政治制度变迁之间呈现出一种非均衡结构（经济制度结构、社会制度结构和政治制度结构）之间非共时的变迁顺序，但却实现了制度动态均衡的结果。正是在这种具有中国特色的渐进性制度变迁的背景下，"一项以社会权利为核心的制度变革，其所采取的方式却是国家政权的积极干预和行政权力的强力支撑。"[①] 也就是说，在社会权力与政府权力互动和双向运行的机制还没有完全建立起来的前提下，社会权力的获得是政治权威主动外放的结果，有些还来自于政府改革的"溢出"效应，具有鲜明的"规划性"特征。这种变化本质上是外生型的，而不是内源型的。既然这些权力的获得是政治权威主动外放的结果，那么在理论上政治权威随时都有收回的可能，这从根本上决定了这样的治理模式具有内在的"运动"属性。由此便形成了"运动式"治理模式产生的根源。

二　"运动式"治理模式的内涵厘析与界定

运动式治理，作为一种治理实践，它长期存在于中国政治社会中，但是作为一种治理理论和模式的提炼和总结，近些年才开始被提上讨论的议程。从相关文献的分析来看，"运动式"治理模式的研究主要围绕两条线来进行：一是以抨击地方政府的运动式执法为主而代之以常规管理；二是由于2003年的"非典"事件，危机管理凸显出来，运动式治理的思想又若隐若

---

① 林尚立等:《制度创新与国家成长：中国的探索》，天津人民出版社，2005，第500页。

现于危机管理（应急管理）的相关著作中。2004 年 6 月 23 日，《中国青年报》刊登了刘效仁的文章《淮河治污：运动式治理的败笔》，运动式治理作为一个名词第一次见诸报端，但是作者并没有对其进行全面的理论阐述。

经过认真查阅国内所有关于运动式治理的文献资料，可以发现，目前只有冯志峰在对"运动式"治理模式研究的文献资料来源、作者构成、设计领域、态度分析及研究缺陷进行分析后对运动式治理的内涵作了明确的界定：运动式治理是指由占有一定的政治权力的政治主体如政党、国家、政府或其他统治集团凭借手中掌握的政治权力、行政执法职能发动的维护社会稳定和应有的秩序，通过政治动员自上而下地调动本阶级、集团及其他社会成员的积极性和创造性，对某些突发性事件或国内重大的久拖不决的社会疑难问题进行专项治理的一种暴风骤雨式的有组织、有目的、规模较大的群众参与的重点治理过程，它是运动式治理主体为实现特定目标的一种治理工具。① 但是笔者认为，要将运动式治理作为政府治理模式来加以看待和分析，上述内涵界定具有很大的缺陷性。

其一，没有明确"社会政治主体、政治权力主体"和"政治基体"三者在国家权力结构呈现和运行中的具体关系。运动式治理涉及的主要对象是政府公共管理部门、社会（社会组织、传统媒体、社会媒体）还有公民，如果不阐明政治主体、政治基体以及国家（包括政治系统）等相关概念之间的关系，就无法深入地理解其时代性、客观性和行动特征。

现代政治学理论认为，政治主体即是政治行为者。有人将政治主体划分为两个层面：一是"社会政治主体"；二是"政治权力主体"。② 另外一种

① 冯志峰：《中国运动式治理的定义及其特征》，《中共银川市委党校学报》2007 年第 2 期，第 31 页。
② 所谓"社会政治主体"是从广泛意义上对政治主体的一种理解。相对政治环境而言，一般社会成员都是主体，也就是具有一定的政治认知、具备政治人格和政治参与意识的人；从现代法制社会的角度看，社会政治主体对于自身的权利和义务应当具有相当明确的自觉。这种意义上的政治主体的具体表现形式是多种多样的，包括个体的公民、群体的社会政治组织等等，诸如政党或利益集团组织。所谓"政治权力主体"是对政治主体的一种狭义的理解。相对运作中的政治权力以及政治权力宰制范围内的一般社会成员而言，执掌和操作政治权力的成员构成政治主体。这种意义上的政治主体主要包括最高统治集团和政府官员，以及在政治权力运作中处于执政主导地位的政党或政治集团。换言之，政治权力主体指的是政治系统中的掌权者，相对政治制度、政治设施和政治输入输出过程而言，他们的主体地位和支配作用是显而易见的。参见葛荃《政治主体思维的缺失与重构——关于建构当代中国政治哲学的一个思路》，《中国人民大学学报》2003 年第 5 期，第 88 页。

理解是把政治主体视为政治基体的代理人，由政治家、公民等政治个体中的先进分子及诸如政党等政治组织构成，他们"把那些认识到的根本利益转化为明确的政治目的，并努力把它转化为国家意志，掌握、利用或影响国家权力来为自己所代表的政治基体的根本利益而进行的政治活动"①。而政治基体则是指那些在某种共同的基础或一定的社会关系前提下自然地形成的，并在一定的社会历史条件下虽然具有根本利益却没有实际政治行为的群体。②

由此可以看出，政治主体、政治基体与国家权力共同组成政治系统的三大要素，政治系统整体功能的实现就是要满足政治基体的根本利益，三者相互联结、不可分割，是实现这种整体功能不可或缺的必要条件。但政治主体与基体作为政治系统中的两大变量因素，二者的地位是交错存在的。"同一政治主体在这一政治关系中是主体，而在同时存在的另一种政治关系中又是客体。而且在实际政治过程中，同一政治关系模式中主体和客体也是可逆的。"③ 准确地说，连接两者的纽带是国家权力的分配与再分配。在考察运动式治理的内涵时，不能绕开或逃避作为政治行为的主体——政府是如何运用必要的手段和方式作用于政治行为的基体（或可曰客体）——大众或者社会组织，并达到某种预期政治效果和产生相应的社会影响。当人与人、人与组织、人与社会，乃至组织与组织、组织与社会、组织与国家发生冲突并影响到社会的团结、政治的稳定和国家的发展的时候，就需要有一种凌驾于社会之上的权威性力量设计出一整套能为社会所接受的政治制度和价值观体系来缓和冲突，把冲突控制在规则的框架内，使政治主体与政治基体的利益博弈合法化、秩序化，从而实现政治过程的有序运动，维持动态的政治平衡和政治稳定。很显然，有时候"法律的和政治的安排或制度，是解决源于利益差异的冲突的工具"④。

其二，没有比较运动式治理和政治动员在产生背景、作用方式和范围等方面的差异性。运动式治理和政治动员是两个极易混淆的概念，如果在

---

① 金东日：《论社会变迁的根源》，《延边大学学报》（社会科学版）1994 年第 3 期，第 39 页。
② 金东日：《论社会变迁的根源》，《延边大学学报》（社会科学版）1994 年第 3 期，第 39 页。
③ 李景鹏：《权力政治学》，黑龙江教育出版社，1995，第 22 页。
④ 〔美〕文森特·奥斯特洛姆：《复合共和制的政治理论》，上海三联书店，1999，第 47 页。

内涵里面不弄清楚两者的区别，那么要很好地研究前者将是一件困难的事情。

　　所谓政治动员，从一般意义上是指"获取资源（在这里是指人的资源）来为政治权威服务的过程"①。有人认为，政治动员是国家和政党为了组织社会力量实现当前主要目标，促进公民的政治参与，开展广泛的政治宣传教育的社会活动。② 很显然，这样的定义未免过于简单和狭隘。也有人将政治动员理解为"精神动员"，指一定的政治主体，如政党、国家或政治集团，运用通俗化、生动化的形式、方法、途径，自上而下地激起本阶级、集团及其他社会成员的积极性和创造性，引导他们自下而上地参与社会活动，以实现特定政治目标的行为和过程。③ 还有人借鉴新制度经济学的观点，摆脱过去机械的"传统—现代"二分法，以中共十一届三中全会为界，将发生在之前的政治动员称为强制性政治动员，发生在之后的政治动员称为诱致性政治动员。并详细阐述了两者不同政治动员方式的区别、政治合法性与路径分析。④ 暂且不讨论这些定义的科学性和规范性，但有一点应该必须明确，那就是"动员"仅指一种与现代民族国家国防事务有关的政府行为。⑤ 政治动员更多的体现是一种阶级概念或者可以描述为"政治权威对公众行为的某种诱导或操纵"。⑥ 它与本文所要探讨的运动式治理至少存在两方面的根本不同。

1. 产生背景不同

　　政治动员发生在国民党政府统治时期以及毛泽东时代，例如，1933年，国民党在"收复区"——江西创制和推行特种教育，其目标是在发展乡村教育的同时，对民众灌输国家意识及国民党的意识形态和道德观念，激励民众参与政治的热情，最终目的是要民众对国民党政权以及各项政策

---

① 〔美〕詹姆斯·R·汤森等：《中国政治》，江苏人民出版社，1996，第77页。

② 李征：《简论"政治动员"》，《河海大学学报》（哲学社会科学版）2004第2期，第11页。

③ 张新萍：《论中国现代化进程中的政治动员》，《中共福建省委党校学报》1999年第12期，第41页。

④ 徐彬：《论政治动员》，《中共福建省委党校学报》2005年第2期，第21～24页。

⑤ 在现代汉语中，"动员"是指把国家的武装力量由和平状态转入战时状态，以及把所有的经济部门（工业、农业、运输业等）转入供应战争需要的工作。来源于本词典编写组：《现代汉语词典》，商务印书馆，1996，第303页。由此把动员理解为上述意思并不难。

⑥ 孔繁斌：《政治动员的行动逻辑——一个概念模型及其应用》，《江苏行政学院学报》2006年第5期，第80页。

的最大限度的认同。① 根据学界的研究，"政治动员"一词最早出现在1931 年湘赣革命根据地《第一次全省区以上主席会议决议》中。之后在毛泽东时代，"文化大革命"的爆发将政治动员推向应用的极致，并且在实践过程中其功能与目标之间出现了偏差。改革开放之后的政治动员则更多地集中于对突发性的自然灾害事件的处理。② 在政府层面，运动式治理是在改革开放后开始频繁出现；在学术层面，则是在 20 世纪 90 年代以后才开始引人注目。

2. 发挥作用的范围和形式不同

"长期以来，中国共产党都将政治动员作为革命、执政和治国的基本方式和手段，党的执政方式因而被抽象为动员模式，动员也被认为是中国政治生活的一个明显特征。"③ 政治动员的基本特征可以概括为：鲜明的阶级性、典型的国家性、广泛的社会性和形式的多样性。其方式大致有：传媒式动员、树立典型式动员、教育动员以及会议和文艺动员等。而处于威权政体下的执政党精英群体在政治动员中的集聚资源的象征符号则更为明显，如"圣化"动员议题、制造偶像崇拜、强化舆论管制等等。总之，政治动员中的议题选择和议题建构，是要体现动员主体自上而下的单方意志，最终形成政治精英们预期的集体行动。由此看来，在以经济建设和社会建设为双轴的和平发展时期，严格意义上的政治动员方式较多地应用于重大自然灾害事件，如四川汶川特大地震、甘肃玉树地震等。在政府管理的四项基本职能过程中，政治动员色彩在逐渐地消退和减弱，而以政府而不是以政党领袖或权威为主体发起的运动式治理逐渐成为处理社会公共性事件的主旋律，两者发挥作用的范围和形式是迥然不同的。

其三，没有对"运动式"治理作为一种政府治理模式的主要内容进行归纳和分类。"运动式"治理模式的表现形式多种多样，内容也是丰富多彩的，但是不对其进行系统的类型学分析和运行机理解析，会给人一种华而不实的感觉，这绝不是笔者吹毛求疵，而是学术研究的严谨性要求使然。

---

① 周晓东、卫静春：《从政治动员的角度看南京政府时期江西特种教育》，《南昌高专学报》2008 年第 1 期，第 116 ~ 118 页。

② 详见张晓磊《突发事件应对、政治动员与行政应急法治》，《中国行政管理》2008 年第 7 期。

③ 王景伦：《走进东方的梦——美国的中国观》，北京时事出版社，1994，第 112 ~ 113 页。

　　尽管郎友兴提到，"以运动式方式解决问题，对中国人来说是最熟悉不过的事。人们常常从各种媒体上看到像'扫黄打黑专项斗争'、'消防安全专项治理'这样的'集中整治'、'专项治理'、'零点行动'新闻报道。"① 并且也有人分析过这种运动性"广泛存在于政治生态的微观领域，如整治社会治安的"严打"、网吧整治、淮河治污零点行动、地方政府招商引资等"②。但是没有一个研究者对其具体内容作一细致的归纳和划分，有鉴于此，本文将运动式治理的主要内容总结为以下五个方面。

　　1. 扫黄打非、网络网吧的专项整治活动

　　"扫黄打非"的全称为"扫除黄色出版物、打击非法出版活动"，全国"扫黄打非"工作小组办公室成员由中共中央宣传部、国务院办公厅、中央政法委、中央编办等 21 家有关部门和单位组成。工作小组的具体职责有 15 项，主要集中于制定法律法规，调查研究出版物市场态势和制黄贩黄、非法出版活动的动向，市场监管，组织、协调和指导相关集中行动和专项治理等方面。③ 近年来，较有影响力和代表性的专项整治活动有：整治"四假"（假报刊、假记者、假记者站、假新闻）专项活动、全国集中销毁侵权盗版及非法出版物活动（2008 年、2009 年）、反盗版天天行动等。

　　在网络网吧的整治方面，重大的事件有：2004 年 2 月至年底，由"全国网吧专项政治工作协调小组办公室"领导的全国网吧等互联网上网服务营业场所专项整治行动在全国范围内轰轰烈烈地展开。2009 年 1 月 5 日，国务院新闻办、工业和信息化部等七部委召开电视电话会议，部署在全国开展整治互联网低俗之风专项行动。截至目前，专项行动已经连续公布了八批曝光网站名单，各项整改措施相继出台，引起了强烈的社会反响。

　　2. 重大安全事故专项治理

　　自从 2003 年 "非典" 以来，我国进入了重大安全事故的频发时期，而一系列的专项治理行动主要集中于煤矿瓦斯爆炸等突发性事件，尤其是以山西煤矿为代表的煤矿瓦斯爆炸已经成为新闻媒体报道的热门话题和百姓熟知

---

①　郎友兴：《中国应告别 "运动式治理"》，《同舟共进》2000 年第 1 期，第 29 页。
②　单鑫：《多维视角下的中国运动式治理》，《湖北行政学院学报》2008 年第 5 期，第 11 页。
③　详细介绍见中国扫黄打非网，网址：http：//www.shdf.gov.cn/portal/org_ function.html。

的社会问题。儿乎每一次大的爆炸发生后，以国家安全生产监督管理总局和国家煤矿安全监察局为代表的中央部门都要在第一时间深入惨案现场进行指挥，开展救援和调查工作。

最近几年，重大的安全事故有蔓延开来的趋向，涉及食品安全、公共安全、交通安全、工程安全等方面，其中最具有代表性的事件有：2003年12月，中石油川东钻探公司发生"井喷"，造成重大人员伤亡；2004年，安徽阜阳奶粉事件；2005年哈尔滨松花江水体被污染事件；2008年山西省临汾市襄汾县新塔矿业有限公司尾矿库"9·8"特别重大溃坝事故；2008年石家庄三鹿集团三聚氰胺奶粉事件等。每次发生这样的重大事件后，国务院以及相关部门就会迅速组建调查组，奔赴灾害发生地，进行深入调查，然后掀起行政问责风暴，采取整顿措施。

3. 生态环保治理行动

生态环保治理行动方面比较典型的事件有：从1994年5月24日正式宣布治理淮河污染，到1998年1月1日零点以前实现淮河流域工业企业废水达标排放的重大战役，简称为"淮河治污零点行动"。紧随淮河治污"零点行动"，太湖治污"零点行动"在1998年年底启动。该行动的依据起源于同年初国务院发布的《太湖水污染防治"九五"计划及2010年规划》。该规划明确规定太湖治污由江浙沪两省一市分三个阶段共同完成，目标是在2010年基本解决太湖富营养化问题，湖区生态系统转向良性循环。但到目前为止，太湖治理成效不大，太湖"零点行动"也是无果而终。这两个事件堪称中国各级政府"运动式"治理的典型败笔。

另外，2004年5月至12月，国家环保总局、国土资源部、国家安全生产监督管理局三部门首次联合开展了矿山生态环境保护专项执法检查行动。2009年4月14日，环境保护部、发展改革委、监察部、司法部、住房和城乡建设部、工商总局、安全监管总局、电监会在北京联合召开2009年全国整治违法排污企业、保障群众健康环保专项行动电视电话会议，环境保护部部长周生贤出席并代表国务院八部门对2009年全国整治违法排污企业、保障群众健康环保专项行动进行了动员部署。

4. 地方政府招商引资和整治黑车行动

中国各级地方政府在政绩冲动和GDP崇拜的动力驱使下，纷纷组建各种形式的招商引资领导小组，开展招商引资专项行动。例如，山东省蒙阴县在 2008 年 10 月 31 日召开招商引资项目落地调度暨土地违法违规问题专项整治行动，目的就是要抓住当前招商引资的有利时机，组织专业队伍，抓紧走出去，捕捉招商信息和线索，加快在谈项目进度，努力提高招商实效，为 2009 年的招商引资工作奠定基础。安徽省无为县于 2008 年 3 月 27 日召开招商引资和优化建设环境专项行动。此项行动分为三个步骤：一、全面摸排阶段（4 月 1 日~4 月 30 日），二、打击处理阶段（5 月 1 日~6 月 15 日），三、总结提高阶段（6 月 16 日~6 月底）。核心目的就是要为招商引资创造良好的环境。

为了优良社会环境秩序迎接 2008 年奥运会，北京市在奥运会举办前，对影响城市环境秩序的各种问题进行分阶段整治。其中，黑车、非法小广告、无照经营以及流浪乞讨是这次整治的重点。此次环境秩序整治分为三个阶段，2006 年 1 月至 2007 年 6 月为全面整治阶段，2007 年 7 月至 2008 年 6 月为巩固阶段，2008 年 7 月至 8 月为规范运行阶段。整治的重点地区是奥运场馆周边、主要旅游场所以及五环路内的重点区域。

5. 行政管理体制改革

清华大学公共管理学院政府法治研究中心主任于安教授认为，根据国内外政府行政管理职能和行政管理体制不断调整的长期性特点，我国的行政管理体制改革，应当首先考虑区分长期发展战略和阶段推进目标。完全依靠运动式和革命性的机构改革并赋予其毕其功于一役的使命，已经不再适应现实需要。要从根本上解决行政管理体制改革的运动式特征。①

除此以外，徐增辉认为我国的行政审批制度带有明显的运动式特征，应该放弃运动式、指标式改革，着手从三个方面来全面加强制度建设：一是进一步完善行政审批集中办理制度、行政审批公示制度、行政审批听证制度等；二是建立行政审批项目的动态评估机制，对行政审批项目的实施情况适时进行评估，根据评估情况作出必要调整；三是研究建立新设定行政审批项目的审查论证机制，做好新设定行政审批项目与现行行政审批项目的衔接，避免出现新的多头审批、重复审批。②

中国政府治理模式有其独特的演进与发展逻辑，在相当长的时间段里都

---

① 于安：《行政管理体制改革应告别运动式》，《理论参考》2006 年第 6 期。
② 徐增辉：《改革开放以来中国行政审批制度改革的回顾与展望》，《经济体制改革》2008 年第 3 期。

遵循了全能主义（totalism）模式，全能主义意指"政治机构的权力可以随时地无限制地侵入和控制社会每一个阶层和每一个领域的指导思想"①。有人将其概括为四个方面的显著特征：（1）党、国家的一体性和政治中心的一元性；（2）政治权力的无限性和政治执行的高效性；（3）政治动员的广泛性和政治参与的空泛性；（4）意识形态的工具性和国家对外的封闭性。②在计划经济时代的全能主义治理模式下，政府通常扮演一种统包大揽的"家长"角色，属于典型的常发性全能。改革开放以来，我国政府治理模式表现出偶发性全能主义的特点，具有强烈的运动式治理取向：在重大紧急突发性事件上具有泛政治动员化的倾向，在一些影响恶劣、久拖不决、积重难返式的社会问题进行专项治理上则表现出泛经济化的倾向。近年来政府屡屡越权和错位侵入社会及公民，"担心信息开放会产生不良后果，于是'防火防盗防记者'；担心夫妻看黄碟会产生不良影响，于是派警察上门查抄；担心手机接受不良信息，于是替你'关机'；担心网络'很黄很暴力'，于是帮你的电脑安装'绿坝'"③。

本文认为，可对"运动式"治理模式作如下理解：所谓"运动式"治理模式，就是指由代表先进生产力，掌握、控制或利用国家权力的政治主体反映和综合并为一定政治基体的根本利益而奋斗所采取的一种自上而下式的政治行动。这种政治行动往往是对国内某些重大的突发性事件或一些影响恶劣、积重难返式的社会问题进行专项治理的迅疾治理过程，它以改革开放时代的后全能主义政治形态为背景，以政府的职能发挥为过程，带有明显的行政执法职能取向，主要目的是维护社会稳定、树立政府形象和国家权威。通常采取的操作流程是：事件出现→有关部门重视→成立专项治理领导小组→召开动员和宣誓大会→制定和采取治理方案→全面执行治理方案→检查反馈（通报和召开电视电话会议）→总结评估。同时，这一治理模式有五种类型：（1）扫黄打非、网络网吧的专项整治活动；（2）重大安全事故专项治理；（3）生态环保治理行动；（4）地方政府招商引资和整治黑车行动；（5）行政管理体制改革。

① 邹谠：《二十世纪中国政治：从宏观历史与微观行动的角度看》，香港：牛津大学出版社，1994，第3页。
② 郭坚刚、席晓勤：《全能主义政治与后全能主义社会的国家构建》，《中共浙江省委党校学报》2003年第4期，第15~16页。
③ 燕继荣：《变化中的中国政府治理》，《经济社会体制比较》2011年第6期，第138页。

表1　三种基本治理模式辨析

基本内容 ＼ 治理模式	传统计划经济时代的国家治理	改革开放时期的运动式治理	现代意义上的国家治理
治理中介	权威	权威＋制度	制度＋权威
治理方式	人治	人治＋法治	法治
治理手段	权威命令渗透 意识形态动员 各种政治运动	组织化调控为主 制度化调控初现	制度化调控为主 组织化调控为辅

　　在表1中，通过考察"运动式"治理模式和传统计划经济时代的国家治理以及现代意义上的国家治理作一比较，改革开放时期形成和发展起来的一种政府治理模式，其与传统计划经济时代和现代意义上的国家治理有着很大的区别，这种区别主要产生于时代的变迁所导致的国家治理形态的变化，透过三大基本内容——治理中介、治理方式和治理手段可以清晰地看出这种内在理路的渐变过程。

三　常态政治语境下的"运动式"治理模式反思

　　治理与革命是相互对立的。将革命时期的战争动员方式运用到政党掌握政权后的执政时期，就演变成用政治动员的方式发展经济。革命者倾向于把复杂的管理看做实现其目标的障碍，而稳定有序和优秀的行政机构则常常要对革命者决策冲动中的热情和缺乏技术专长泼凉水，政府的管理只有在一种允许制订长期计划、并拥有愿意为共同目标奋斗的优秀人才的正式国家治理体制中才能最有效地运行。[1] 新中国成立之后的很长一段时间，国家建设始终没能完全解决革命变革的冲动与经济对预测和稳定可靠的行政管理的需求之间的紧张关系，企图建立一种具有巨大能量和惊人的不稳定性的超常政治体制，认为群众中蕴涵着不可估量的生产潜力，通过组织和努力，就能把他们的劳动转化成资本。其典型口号是："鼓足干劲，力争上游，多、快、好、省地建设社会主义"；其强大动员力量的例子是：千百万只麻雀被认为是农业害虫和人民公敌，在1958年夏天被消灭殆尽。方法是人们站在屋顶上看到麻

---

[1] 〔美〕李侃如：《治理中国：从革命到改革》，胡国成、赵梅译，中国社会科学出版社，2010，第67～68页。

雀落下时就敲锣打鼓震天响，麻雀只好一直在天上飞，最后直到精疲力竭而死。改革开放后的中国也面临着一种制度化运动的悖论，即改革意味着中国生活的常规化，但它却是以动员的方式进行的。① 这种偶发性全能主义背景之下的"制度化运动悖论"，集中体现了中国政治发展与国家治理过程中管理常规化与制度理性化的困境。中国学者王沪宁认为，现有国家治理资源的贫弱直接决定了国家的治理方式与治理能力。任何社会的调控形式决不是个人好恶的产物，而是取决于社会资源总量所能允许的程度。② 言下之意是说中国超大规模社会与有限的社会资源总量存在着固定和长期的矛盾，这种需求满足和资源稀缺之间的紧张关系对治理手段的选择产生了直接的规定性。

　　上述两种观点能够解释运动式治理存在并发挥作用的制度与社会根源，但是这样一种治理模式的贯彻运用并不能一定自圆其说地证明其存在的合理性与合法性，换言之，被贯彻使用的治理手段就一定是合理的吗？作为一种不得已而为之的治理手段抉择，其意似乎有"我为人人，但人人不为我"的诉苦情衷，一方面，"运动式"治理模式被划分为 5 种类型分别加以运用；另一方面，其弊端又广受诟病，似乎陷入了一种"路径依赖"不可自拔的泥淖状态。有人对此一针见血地指出："运动式"治理模式缺乏稳定的制度基础，不存在有效的治理结构，由此凸显出诸多弊端：（1）不仅行政成本高，而且大多治标不治本，治理效果差。（2）容易滋生官僚主义作风，强化权力寻租行为。（3）容易违背法治原则，危害个人权利。（4）将对自发秩序与一般规则产生严重破坏。（5）将会削弱政府的公信力。③ 基于此，本文从常态政治的角度对"运动式"治理模式作两点反思。

　　第一，常态政治语境必然要求摆脱意识形态挂帅、平均主义为本、计划经济为体、群众运动为轴、阶级斗争为核的革命形态，必然寻求稳定有序、连续统一、精简效能的优秀行政机构，"运动式"治理模式体现出一种和平发展时期强势行政发动式的治理思维，忽视了转型社会主义时期国家基本制度结构对治理模式要求转型的必然性和必要性。

　　从"一阶初始条件"来看，传统社会主义体制下实行的是一种全能主义国家治理模式，国家通过意识形态、组织结构以及有效的干部队伍实现了

---

　　① 詹姆斯·R·汤森、布兰特利·沃马克：《中国政治》，江苏人民出版社，1995，第 283 页。

　　② 参见王沪宁《社会资源总量与社会调控：中国意义》，《复旦学报》1990 年第 4 期。

　　③ 王洛忠、刘金发：《从"运动型"治理到"可持续型"治理——中国公共治理模式嬗变的逻辑与路径》，《未来与发展》2007 年第 5 期，第 55～56 页。

对社会生活所有方面的渗透与组织，这种渗透的过程也许是现代化中不可或缺的政治动员过程。而在笔者看来，传统社会主义时期全能主义政治的内在治理模式就是政治动员，全能主义国家政权具有广泛而深入的对社会基层组织细胞和个人的政治控制力与政治动员力，政治动员也因此成为政治国家（PS）或政府汲取社会资源，从而建构稳定的国家秩序的主要方式。在全能主义政治时代，市场经济（ME）和公民社会（CS）受到极大的压抑，乃至毫无生长空间，但毕竟还存在一个以"克里斯玛"型权威为核心的、具有权威和强大行政能力的政治国家（PS）在政治动员的国家治理过程中能够提供基本的制度供给，从而维持一个主导性的国家秩序，保证政治系统将人民内部矛盾循环消解于国家范围之内。其关系如图1所示。

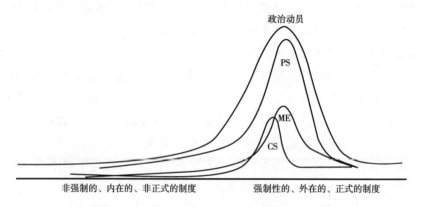

图1　全能主义国家治理模式下的国家秩序结构

注：CS：civil society 公民社会；ME：market economy 市场经济；PS：political state 政治国家。上图为笔者在张昕的模型基础上扩展而来的，参见张昕《转型中国的治理与发展》，中国人民大学出版社，2007，第58～59页。

从"二阶初始条件"来看，转型期的中国"已经进入有限多元化的后全能主义历史阶段"[1]，当代中国已经不再是原来意义上的社会主义全能主义体制（socialist totalitarian regime）。后全能体制作为实现本国现代化的权威杠杆，虽然在理论和实践中仍然具有较强的进行体制变革的动员能力，以及解决非常事件与危机的动员能力，但是由于社会监督机制的缺失所引起的弥散性腐败与无序化，又有可能反过来蚕食这种国家对资源的动员能力。同

---

[1]　萧功秦：《后全能体制与21世纪中国的政治发展》，《战略与管理》2000年第6期，第1页。

时，后全能体制缺乏支持现代国家治理模式规范运行的传统制度资源，结果使得不同的制度博弈主体难以适应市场经济与新型民主政治条件下新的制度结构与治理模式，从而产生了各种行为集聚的整体性失范与失序的问题。政府解决种种失范和失序问题时采取运动式治理，从而达到维护国家秩序的稳定结构，如图2所示。

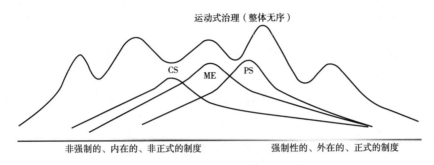

图2　后全能体制下的国家秩序结构

注：CS：civil society 公民社会；ME：market economy 市场经济；PS：political state 政治国家。上图为笔者在张昕的模型基础上扩展而来的，参见张昕《转型中国的治理与发展》，中国人民大学出版社，2007，第58～59页。

在上图中，PS曲线大幅度下降且无法继续包容CS和ME曲线，三条曲线呈波浪式的斜坡走势，CS曲线的峰值位于最低点，ME次之，PS最高。这表明，全能体制中的政府所具备的极强的制度供给和秩序治理能力遭受极度削弱，在政治、经济和社会等领域全面采用动员模式的情形已不复存在。在此过程中，尽管社会已经实现有限多元化，但其自发秩序的治理能力却遭受了严重破坏，市场与公民社会的自组织能力处于萎缩状态，在短期内无法成为整个国家的主导性治理手段，必然要经历一个相对无序的"强政府、弱社会"的制度重组过程。

第二，"运动式"治理模式过度张扬工具理性的用途，缺少对真实的世界作细致入微的人文关怀和理性思考，忽视了社会问题的多维复杂背景，更无视社会自主管理和自主治理的能动性与内在合理性，经常陷入"头痛医头、脚痛医脚"的显性治理困境，沦入"制度化运动"低效乃至无效化窠臼。

例如，就扫黄打非而言，指望扫几次"黄"打几次"非"就可以让非法出版物销声匿迹，这肯定是不现实的。但是"黄"和"非"在扫过和打过之后，依然每年有上亿件的非法出版物被收缴，这不能不叫人感到迷惑。按照《出版管理行政处罚实施办法》和《出版物市场管理规定》中的相关规定，"扫黄打非"针对各种违禁出版物、非法出版物和盗版出版物，指向各种违禁出版物、非法出版物和盗版出版物的出版、印刷、复制、发行行为。因此，其目标应该是打击侵权盗版，维护著作权权益。目前的"扫黄打非"行为在充分行使行政执法功能时，存在着"行政手段的震慑作用不够、刑事执法的威胁力没有充分发挥以及行政和刑事二种执法手段缺乏有效衔接"① 等问题，根本不能从源头上解决文化市场的健康问题。对于一个需要采取长效性的制度机制才能解决的问题，政府却反复用运动式的治理方式希望"毕其功于一役"，这种逻辑出发点在哪里，需要进行彻底的和清醒的反思。

又如，有相关报道指出，公共安全事故每年夺命 20 万。② 面对这样的惊人数字，让我们想到了近年来屡屡造成国人神经高度紧张并形成强烈社会冲击，引起激烈的舆论抨击和探讨的煤矿安全事故频发现象。政府在治理众多同类安全事故问题时，往往遵循"依法行政、预防为主、合理行政、行政效益和信赖保护"等基本原则，并同时采取下列路径：公共安全事件出现→有关部门重视→成立专项治理领导小组→召开动员和宣誓大会→制定和采取治理方案→全面执行治理方案→检查反馈（通报和召开电视电话会议）→总结评估。而这种解决问题的全过程顺序恰好真实地体现了运动式治理。我们看到，煤矿安全屡禁不止的原因除了煤矿开采技术低下和设备陈旧、从业人员安全意识较差之外，利益驱动和政策法规的监督规制力量较为薄弱才是根本原因。在利益驱动上，经历了这样一条传导链条：电荒→煤炭的需求增长→煤炭的价格飙升→超产成风→煤矿安全事故频发；在监管上，"官煤勾结"是煤矿安全的"死结"。如果不从这两点上来进行对策研究，以煤矿事故为典型代表的公共安全问题将始终得不到解决。

再如，2002 年 7 月 16 日，联合国《2002 中国人类发展环境报告》研讨会在北京举行，《报告》称，"中国正站在十字路口，如果延续既有的政策，

---

① 申家强：《对"扫黄打非"行政执法的几点思考》，《法制与社会》2009 年第 4 期（下）第 144 页。
② 《公共安全事故每年夺命 20 万》，《安全与健康》2004 年第 7 期，第 12 页。

将是一条'危险的道路'。"并进一步指出,"中国应走'绿色改革之路'"。近年来,工业发展中涌现出的一大批环保问题摆在我们面前,环境污染已经是事关全民族生死存亡的大事,这绝对不是危言耸听。我国当前治理环境采取的是一种行政赋权的强治模式。例如,在 2006 年 4 月发布的《国务院关于落实科学发展观加强环境保护的决定》中,中央赋予了环保部门三大"撒手锏":环境评价权、停产治理权、目标考核和责任追究权。三种行政权力环环相扣,形成较为完整的权力体系,改变了以往环保部门缺乏"尚方宝剑"和制衡能力的尴尬。因此,2008 年大部制改革中成功将"国家环保总局"升格为"国家环境保护部",力图在现实的政治框架内,让环保部门承担起独立于盘根错节的"边污染边发展"地方保护主义利益纽带之外、彻底贯彻中央长治意图的重任。但是,行政赋权的关键在于:作为一个典型的行政主管部门,环保部门要完成中央赋予的责任与使命,必须拥有足够的行政权威,才能在面对其他行政部门的不作为或乱作为时,行使具有真正威慑力和执行力的责任追究制度。而实际上环保权是一种设置虚化的行政监督权力,既定行政赋权的强治模式遵循的是一条利用设置虚化的监督权力来规制强势行政主体的道路,给运动式治理风暴提供了土壤。

四 结语与讨论

政府"运动式"治理模式表现在生态环境治理、"扫黄打非"、重大安全事故的治理、整治黑车等领域,这种模式期望在短时间内通过行政力量的横向联合和纵向推动,对某些重大的突发性事件或一些影响恶劣、积重难返式的社会问题采取一种专项迅疾治理手段,从而达到维护社会稳定、树立政府形象和增强国家权威的目的。问题的关键在于,目前中国行政系统仍然存在着"条条块块"的权力交错难题,职责同构已经使部门利益问题成为中央政策遭遇执行瓶颈以及掣肘于地方的根本原因。各级地方官员在以经济绩效为中心的政治晋升锦标赛体制中根本无暇顾及一系列中央反复倡导、多次强调的民生和民权议题,中央与地方在"全国性政治契约"① 中体现出的"经济增长和刚性维稳"的乌纱帽逻辑正在逐步侵蚀和消解政党科学执政

---

① 〔美〕李侃如:《治理中国:从革命到改革》,胡国成、赵梅译,中国社会科学出版社,2010,第 334 页。

领政、政府稳健有效行政的合法性基石。作为一种在政治权力主体外生溢出的政府治理模式，运动式治理实践效能的边界存在于强势行政主体职能萎缩和职责同构之中的社会性难题。其间歇性特点不仅存在解释和适用前提上的狭隘性，而且这种单一的自上而下式的政府行为在动员资源力量的同时，也面临着可怕的浪费资源及权力主宰的危险性。我们有理由相信，当历史的车轮驶入改革开放的历史新时期后，建立在社会转型基础上的国家转型应运而生，国家整体的秩序结构也相应地发生变化，进入结构重新调整的状态。在反思运动式治理的基础上，我们需要探索真正的治理转型之道。

新媒体能否促成中国的"进步运动"

张春贵[*]

摘　要：当前我国社会存在诸多与 19 世纪末的美国社会类似的问题，新媒体的发展也催生了与当年"扒粪运动"相仿的"网络问政"现象。由此许多学者期望，中国社会能通过新媒体促成一场美国式的社会"进步运动"，以推动社会的快速转型。不过，尽管新媒体在信息传播、思想启蒙、限制公共权力、加强社会活力等方面实现了较大突破，但由于新媒体自身的种种不足以及整个社会结构的局限，我们不能对其作用期望太高。我们社会的进步、转型，最主要的途径还是要通过加强执政党、政府与社会、民众的对话、协商，渐进、有序地实现。当然，在这个过程中，新媒体既是推动社会进步的重要力量，也是衡量社会进步的一个重要指标。

关键词：新媒体　"扒粪运动"　网络问政　社会进步运动

一些研究者认为，当前中国社会在某种程度上类似于美国社会 19 世纪末 20 世纪初的情形。如社会学家孙立平先生指出，19 世纪末的美国虽然经济繁荣，但政治上腐败严重、经济上寡头垄断、权力和资本勾结等现象普遍存在，整个社会生活没有规则、道德堕落。通过社会进步运动，美国社会溃败的势头得到遏制。他认为，当前中国也需要一场社会进步运动，以实现制

---

*　张春贵，清华大学人文社会科学学院哲学博士后，研究方向为政治学、网络舆情与社会管理。

约权力、驾驭资本、制止社会溃败的目标①，最终建立起一个公平正义的社会。

　　近年来，基于互联网技术的新媒体②在中国发展迅猛，在信息传播、思想启蒙、限制公共权力、促成民主对话、增强社会管理合理化等方面，已有不俗表现，并且还有很大潜力可挖掘。这在一定程度上带给人们某种希冀：新媒体能否推动今日中国社会的"进步运动"？毕竟当年美国的社会进步运动，就发轫于新闻界声势浩大的"扒粪运动"。

一　"扒粪运动"推动美国社会"进步运动"

（一）美国"进步运动"的背景

　　美国南北战争结束后，进入经济高速发展的"镀金时代"（The Gilded Age）。在这一时期，美国政府出台了各种鼓励工业发展和西部开发的积极措施，并与第二次科技革命相结合，实现了大国经济发展史上罕见的长期高速增长。1860年，美国工业总产值尚不到英国的一半，到1870年，美国人均GDP就达到英国的75.3%；1884年，美国的工业产值超过农业产值，成为工业国；1894年，美国工业总产值超过英国，跃居世界第一。城市化的步伐同时加快，从1860年到1910年，美国城市人口从621万增加到4464万，占全国总人口的比例由19.8%上升到45.5%。③

　　经济的快速发展给美国社会带来了丰富的物质财富，但并没有消除社会贫困现象，反而出现了物质增长与社会进步的"二律背反"，由垄断资本主义导致的社会分配不公和贫困化问题更加突出。

　　19世纪末，垄断组织兼并狂潮席卷美国工商界和金融界。1899年，美国垄断组织有185个，资本总额30亿美元，占全国制造业资本的1/3；全国铁路网在1901年已被六大垄断公司控制。据查理斯·斯布尔在1896年的

---

①　孙立平：《中国需要一场社会进步运动》，《经济观察报》2010年12月27日，第5版。

②　此处新媒体概念采用匡文波先生的界定，即"以技术上的数字化、传播上的互动性"作为新媒体的判定标准，包括手机媒体、微博、网站、搜索引擎、IPIV、博客、即时通讯、电子邮件、新闻组、电子公告牌等。参见匡文波《"新媒体"概念辨析》，《国际新闻界》2008年第6期。

③　黄贤全：《试论美国进步运动兴起的原因》，《西南师范大学学报（哲学社会科学版）》2008年第1期。

统计，1%的美国人占有近一半的国家财富，12%的美国人拥有近90%的国家财富。① 垄断组织破坏经济运行机制，使经济活动陷入无序状态。

广大工人、农民、移民和黑人日益陷入贫困的深渊。1890年，仅纽约市就有50万居民住在贫民窟。据著名社会活动家罗伯特·亨特估计，在19世纪与20世纪之交，美国至少有1000万人（约占总人口的14%）长期处于贫困状态。

旧的社会管理体制无法适应大型城市的发展，产生了许多新问题。在当时的联邦政府体制下，中央政府软弱无力，对州政府和大型工业企业听之任之，企业纠纷、劳资纠纷、城乡矛盾得不到解决，社会骚动和阶级冲突此起彼伏。19世纪末是美国工人运动的高潮期，如1886年的"五一"运动及秣市惨案、1892年荷姆斯特德钢铁工人大罢工、1894年普尔门城工人大罢工等。小资产阶级也不再追随两大政党，反映他们愿望的平民党运动蓬勃发展，遍及全国。

可见，19世纪末期的美国，确实就像列宁所批判的那样，由自由竞争阶段进入垄断阶段，资本主义经济日益腐朽，政治走向全面反动，整个社会陷入极大的危机中。

（二）"扒粪运动"推动社会进步

不过，社会矛盾和阶级冲突并没有按照自然规律继续发展。美国自建国以来就形成的、奠基于自由与民主原则之上的政治体制与政治传统，开始发挥其强大的自我改革作用。统治阶级内部的有识之士，即以中产阶级为主体的变革派，运用各种手段与力量（主要是政府权力），对美国的政治、经济与社会生活的诸多方面进行了广泛的调整与变革，消除社会弊端，缓和社会矛盾，阻止革命思潮蔓延，重建了社会价值体系和经济秩序。这就是美国的"进步运动"。

变革派能推动社会进步运动，与当时美国报刊业的发展密不可分。19世纪90年代，印刷业的发明创新使得印刷成本大幅度下降；普利策、赫斯特等报业大亨在美国推动"新新闻"运动，现代集团管理成为报刊业的主流，形成了一个低廉通俗、具有广泛读者群的报刊业。正是在此期间，美国开始出现一批以调查黑幕、揭发丑闻为己任的记者和报刊。他们致力于揭露

---

① 张准、林敏、周密：《中美两国经济崛起之比较》，《生产力研究》2009年总第22期。

社会阴暗面，迅速成为人们关注的焦点。普通公民的关注、黑幕揭露者的责任感以及大众杂志所提供的宽松平台，催生了轰轰烈烈的"扒粪运动"（也称"黑幕揭发运动"）。

"扒粪运动"的名称源于西奥多·罗斯福总统的一次演讲。罗斯福把这些揭黑记者比作英国作家约翰·班扬的小说《天路历程》中的一个反派人物。这个人从不仰望天空，只是手拿粪耙，埋头打扫地上的秽物。但被批评的记者欣然接受这个称号，自称"muckraker"（直译为"扒粪的人"），并衍生出"扒粪运动"、"扒粪记者"、"扒粪报刊"等名称。

"扒粪运动"历时十年，涌现出一批职业黑幕揭发记者和喜欢刊载黑幕揭发文章的通俗杂志，如《麦克卢尔》、《世界主义者》、《美国人杂志》、《人人杂志》、《汉普顿氏》等。在1903~1912年间，有2000多篇各种类型的黑幕揭发文章发表在这些杂志上。一些著名的作家也参与黑幕揭发运动，如弗兰克·诺里斯的《章鱼》、《深渊》等，对一些大公司的种种恶行作了生动、逼真的揭露。厄普顿·辛克莱通过实地调查，写出《屠场》一书，揭露芝加哥肉类工厂令人震惊的肮脏黑暗。据说老罗斯福总统从此不敢吃香肠，并促成政府通过食品卫生法。

"扒粪"运动唤起了人们的良知，促使社会猛醒，政府、公众开始与各种丑恶现象作斗争。具体表现为，涉及社会生活各方面的立法纷纷出台。

在政治领域实现了选举秘密投票制，保证投票自由；建立初选法，保证以选举人的意愿提名总统候选人和参议院议员；赋予政府更大的管理职能，扩大了总统权力，为完善以总统为中心的三权分立制奠定了基础；实现了妇女选举权，等等。

在城市管理体制改革中建立了城市经理制，既保证民主选举，又重视专业知识和管理技术。在经济领域确立了政府干预经济的原则，由政府监督和管理托拉斯，征收累进所得税和累进继承税，避免贫富过于分化。

建立社会正义立法，保护社会上的穷人、孤独无援的人，限制企业家雇佣童工。各州政府通过法令，延长中小学的学制，实行义务教育，6~15岁的儿童实行强迫义务教育，减少文盲。教会改革，强调教会应主要关心地上的事而不是天堂的事，应关心当今的社会改革的福利等。

（三）美国"进步运动"的历史经验

进步运动一扫美国社会的腐败，为20世纪30年代的罗斯福新政和二战后的经济社会全面进步奠定了基础，为现代美国的成长铺平了道路。正如学者雷颐指出的，"扒粪运动"是一场拯救美国的运动①。美国进步运动的历史经验说明，一个自由的新闻媒体对于社会进步非常重要。新闻媒体能及时反映各阶层对社会公正的诉求和建言，能沟通上下、官民和各阶层，代表理性和进步的力量；新闻媒体也是揭露腐败必不可少的工具，是腐败分子的克星。

当然，新闻媒体本身并不能推动社会进步，而要有一个相对独立的、富于良知和正义感的知识阶层来运用媒体推动社会进步，否则的话，报刊业的发达也不过是黄色小报流行的市场。

从更为根本的社会原因来讲，美国社会有一个强大的公共领域，并且社会与政府有着良好的互动。民意能够通过制度性渠道上升为法律，政府也能及时回应民众的诉求，从而积极推动社会改革。"扒粪运动"能够兴起并推动社会进步，这是最为根本的原因。

二　"网络问政"倒逼中国改革

今日的中国社会确实与百余年前的美国有很多相似之处。改革开放30多年来，中国经济发展驶上快车道，科技水平不断提高，工业产值迅速增长，实现了从传统计划经济体制向社会主义市场经济体制、从以农业为基础的传统农村社会向以工业和服务业为主导的现代城市社会、从封闭社会向开放社会的三重转变。

中国的社会发展也呈现出"二律背反"的特点，不仅存在当年美国社会的各种社会问题，如贫富分化、经济腐败、劳资对立、食品安全、医疗卫生等，而且还有诸多中国社会特有的问题，如"极左"意识形态终结造成的意识形态"真空"、宗教信仰与道德力量缺失、人口饱和、地区发展失衡、民族问题、环境污染，等等。特别是愈演愈烈的贪污腐败，严重影响了国家的现代化、民主化进程。不少学者忧心忡忡地警告，要防止陷入拉美化陷阱。

与美国不同的是，我们没有形成一个健全的舆论监督环境。传统形态的新闻媒体不仅远没有达到"第四权力"的境况，其舆论监督功能还深受权

---

① 雷颐：《拯救美国的"扒粪运动"》，《炎黄春秋》2002年第4期。

力的制约。尽管自20世纪80年代开始，我国的新闻事业有了很大的发展，但主要是数量上的繁荣，基本的管理理念、体制未改变。传统新闻媒体仍然是"党的喉舌"，秉持"正面宣传为主"的方针。而各级政府和部门的官员，往往把新闻媒体作为政绩的鼓吹者，"只准说好，不准说坏"，就造成了传统媒体批评报道难、舆论监督不力的状况。

随着互联网的发展普及，越来越多的人①通过新媒体参与社会事务，如了解新闻、传播信息、评论时事、发表政见等。由于新媒体具有传统媒体所不具备的许多特点，如传播主体的多元化、个性化、分众化，以及传播过程的互动性、便捷性、即时性、开放性、低成本等，社会管理部门很难用控制传统媒体的方法控制新媒体，因此新媒体成为民意表达最为顺畅的通道，当仁不让地承担起本应由传统媒体承担的舆论监督职能。许多人把新媒体称为报刊、广播、电视之后的"第四媒体"②，但就影响的深度和广度来说，新媒体在当代中国社会发展中所起的作用是第一位的，远远超过前三种媒介，并催生了一个令人容易联想起"扒粪运动"的词语：网络问政。

"网络问政"是党政机关和民众以网络媒体为平台、以政治信息传递为内容的双向沟通过程。它既指各级党政机关通过互联网了解民情、汇聚民智，以实现民主、科学决策，进而推动社会管理合理化的过程；也包括民众通过新媒体表达、传播对社会公共事务的情绪、态度和意见的行为。近年来，许多重大社会事件都是通过网络进入公众视野，发展成为网络舆情事件，并最终在广大网民的监督下得到妥善解决的。网络舆论对公共治理形成了强大压力，或多或少地改变了一些事件的走向，正如传媒学者祝华新先生指出的，"网民成为中国'最大的政治压力集团'"，"网络舆论倒逼中国改革"③。具体来讲，新媒体从以下四个方面改变了中国社会的政治生态。

（一）信息"守门人"失守与传播上的"蝴蝶效应"

信息是人类社会发展、进步的一个重要推动因素。在社会政治领域，信息传播的影响更是举足轻重。因此古往今来，无论什么样的制度，社会管理

---

① 据中国互联网络信息中心（CNNIC）发布的《第29次中国互联网络发展状况统计报告》显示，截至2011年12月底，中国网民规模达到5.13亿，互联网普及率达到38.3%。
② 也有学者把网络媒体作为"第四媒体"，把手机媒体称为"第五媒体"，本文对此不做区分，统称为新媒体。
③ 祝华新：《网络倒逼中国改革》，《中国改革》2012年第10期。

者都会努力控制信息的传播。正如传播学中的"守门人"理论所指出的，信息传播总是沿着含有某些"关卡"的渠道流动。这些"关卡"的"守门人"，根据公正无私的规定或个人意见、偏好，决定继续或中止信息在传播者与受众之间的传递，差别仅在于，不同体制下控制力度和具体承担者有所不同。

"守门人"不仅指记者、编辑等媒体从业人员，也包含政府相关管理机构。从宏观的角度看，媒体本身就是整个社会信息流通的"守门人"。媒体的发展，从报刊、广播到电视，传播的数量和力量都在不断扩大，但都未能突破"守门人"的传播模式，因为这几类媒体还都是由少数专业人士来操作的。

进入互联网时代，新媒体以越来越快的步伐，颠覆了信息传播的"守门人"模式。特别是"推特"、"微博"的发展，使人类社会进入了"自媒体"时代，彻底改变了传播格局。正如西方学者指出的："可敬的新闻业发现自己处在历史上的一个罕见关头，破天荒地，它的新闻守门人角色不仅被新技术和竞争力量所威胁，而且可能被它所服务的受众所动摇。"① 就是说，新媒体使得传统的专业媒体在信息获取方面，失去了对普通民众的优势，"守门人"地位被动摇了。

在对媒体控制较松的国家，新媒体带来的冲击不大。而在控制较为严格的国家，新媒体对社会秩序的冲击相当明显。如2010年底，突尼斯一名街头小贩抗议城市警察的粗暴对待，自焚身亡，意外引发了突尼斯人大规模的抗议风潮，并在阿拉伯各国引起连锁反应。阿拉伯世界的革命风潮固然有其深刻的社会根源，但新媒体技术在革命中所起的作用也是非常关键的，有学者甚至将其称为"推特革命"。

新媒体对我国传媒格局的冲击也很大。首先在传播速度上，新媒体远远超过传统媒体。例如微博，它的字数少、使用门槛低，每一个手机用户都可以成为事件和信息的收集者、编辑者、发布者，当事人在事发现场就可以进行传播。如2011年的"7·23"甬温线高铁事故，仅过了4分钟，网络ID为"袁小芫"的网民就发出了第一条微博爆料，比国内媒体在互联网上的第一条关于此事故的报道早了两个多小时。随后，众多事故幸存者纷纷用微博"直播"现场情况。在最初一段时间，微博成为人们获知事故进展情况

---

① 胡泳：《众声喧哗》，广西师范大学出版社，2008，第84页。

的主要渠道。

不仅如此，往往在传统媒体还未能就某些信息（即使不是禁忌话题）是否可以传播，以及如何传播做出决定的时候，在微博上早已经变成公共话题了。如2012年4月9日上午，央视主持人赵普发出微博："转发来自调查记者短信：不要吃老酸奶（固体形态）和果冻，尤其是孩子，内幕很可怕，不细说。"短短两行字，很快被网民转发13万次，引发民众对工业明胶的强烈关注。而6天后，央视《每周质量报告》的节目曝光"皮革废料所产明胶被制成药用胶囊"内幕时，已经没有这么强烈的轰动效应了。据上海交通大学舆情研究实验室对2009、2010、2011年影响较大的舆情热点事件的统计，微博首次曝光的比例依次为0%、16%、22%，呈现逐年上涨的趋势，说明微博已成为舆论风暴中心和事实上的主流媒体之一。

新媒体的传播者和受众也远远超过了传统媒体。据《第29次中国互联网络发展状况统计报告》显示，截至2011年12月底，我国有2.5亿网民使用微博。这么多的用户发出的信息几乎是无限的，也意味着，从源头上通过"守门人"控制信息传播几乎是不可能的事情。因此，只要允许新媒体存在，就意味着信息传播的最大化，麦克卢汉所说的"媒介就是信息"，从来没有像今天这么切合现实过。2012年4月26日，人民日报社社长张研农在复旦大学的演讲中指出，《人民日报》现在发行量是280多万份，而"微博女王"姚晨的粉丝有1955万。这意味着，姚晨每一次发言的受众，即便不算微博转发后的间接传播，也比《人民日报》发行量多出近6倍。① 他将姚晨称为"我们的'对手'"。拥有微博，以一人敌一社，可算作新闻业为"受众所动摇"的一个注脚。

新媒体也部分地改变了社会公共危机的来源。以前我们对一些自然灾害采取瞒报、"捂盖子"的方式处理，如2003年的"非典"。之所以能造成那么大的损失，部分原因就在于一开始采取了传统的封闭信息的做法。随着信息公开制度的形成和完善，重大自然灾害事件的新闻报道基本上"脱敏"了，通常情况下不会引发影响社会稳定的舆情反应。但那些与人事有关的事件，则越来越频繁地成为网络舆情事件的来源。一条微博、一张照片，甚至一句简单的留言，都可能在新媒体的放大作用下瞬间"引爆"，演绎成公共

---

① 张研农：《人民日报仍然是我国主流舆论的首席代表》，《东方早报》2012年4月27日，第B11版。

危机事件，这就是信息传播领域的"蝴蝶效应"。最典型的当属郭美美炫富事件，一个小姑娘，出于虚荣在微博上炫富，她的身份标签却意外引发了全民对于慈善管理体制的大问责。另外，一些在小范围内会被忽略的信息，经过新媒体的广泛传播后，形成了非常大的社会影响，如 2011 年几次提拔年轻干部的事件。自然灾害不常有，但人事的负面事件随时会出现。新媒体既擅长也热衷于报道此类事件，就造成了"电脑中国"与"电视中国"两种截然不同的形象。

（二）新媒体成为民意表达与思想启蒙的"网络舆论场"

新媒体不仅改变了信息传播格局，还在传统媒体形成的舆论空间外，为民众的意见表达、思想传播以及公共讨论，开辟出与传统"舆论场"迥异的"网络舆论场"。

即使在今天，普通人想要在报刊、杂志、广播、电视上表达意见，仍然不是一件容易的事。这不仅是由于上文所说的体制性约束，也是由于传统媒体的空间狭小，报刊杂志的版面、篇幅和广播电视的节目时间有限。人们想通过传统媒体发表意见，在个人能力、社会地位、文化水平等方面都有很高的门槛要求。

新媒体的兴起大大改善了民意表达渠道促狭的局面。网络空间不仅近乎无限，其言论尺度也比传统媒体宽松许多。在传统媒体不能说的话、不能谈的事，都可以在网络上讨论。更为重要的是，网络讨论天然平等，各种观点在网上都可以正面交锋，许多传统的权威人士都在网络上被打得"丢盔卸甲"。

民意表达的目的是影响现实。如果不能影响现实，则民意表达也没有多少价值。以此为标准，网络成为民意表达的有效途径始于 2003 年。这一年的孙志刚案、黄静案、刘涌案等，都是通过网络得到广泛传播并受到媒体极大关注，其中孙志刚案还导致了《收容审查条例》的废除。自那以后，网络民意越来越受到重视，许多社会事务都被搬到网络上来，大有取代上访的趋势。如 2010 年底清华大学法学院的博士生王进文，因其老家的住房被强拆，多方交涉并提起申请复议和行政诉讼，都没有取得满意的结果，遂转向网络。他于 2010 年 12 月在网上发表了致潍坊市委书记的公开信，对地方政府造成很大压力。2012 年 4 月，国务院法制办做出的行政复议决定，推翻了山东省政府就此项拆迁所做的裁定。

　　可以说，新媒体意外地为民意表达提供了一个广阔的空间，为不同群体、不同阶层、不同立场的人提供了沟通的平台。

　　新媒体也是民众思想启蒙的平台。我国互联网上论坛最早兴起于1999年。中国驻南联盟大使馆被炸事件发生后，人民网开设了后来改为强国论坛的社区，专供网民声讨西方国家。从那以后，民族主义一直是论坛的"主旋律"，并在2008年奥运会前后达到高峰。但随后发生的三聚氰胺奶粉事件，击溃了由奥运会的成功举办带来的自信与豪情，互联网上的议题越来越集中到中国社会的发展事务上。2010年的"9·18纪念日"前夕，新浪微博总编陈彤非常担心网民会有过激言论招来麻烦，导致微博关闭。但第二天，微博上讨论的都是宜黄自焚事件。有敏锐的媒体人马上感受到："今天是新浪微博创办以来最有价值的一天"。胡泳先生指出："风向在发生变化。当你的孩子不能喝上安全奶、不能坐上安全校车，当你出门就餐会吃上地沟油，当你居住的城市雾霭沉沉、你无从知晓PM2.5的真实含量时，你会更关心中国社会何处去、中国人民怎样才能幸福的问题，而不是打打杀杀的义和团主义。"①

　　新媒体带来了空前的思想多元化与信息公开化，在潜移默化或者理论交锋中，人们对历史与现实的看法有了很大改变。特别是一些没有直接现实针对性的思想性舆情事件，对人们的启蒙作用更大。如2011年9月11日，美国"9·11事件"10周年，中国的网络媒体纷纷推出相应的专题节目，密集报道美国政府在10年间所采取的种种人道主义措施，一时成为舆情焦点。据不完全统计，从9月11日至9月22日，相关话题的网民评论数共计144498条，其中博客数据21342条，论坛数据27652条，微博数据61272条，新闻跟帖34232条。不少当年因美国被袭而欣喜谩骂的青年在网上表达忏悔之意，如一位身在美国的匿名网民在网易跟帖中说："十年前，我还是一名高三学生，听到世贸（大楼）倒塌，心中虽然震惊，但却被身边同学老师那种雀跃情绪感染，跟着旁边的学生一起起哄，感觉不到一丝悲凉。十年后，我已经完成在美国的硕士学业，留在纽约工作，我开始认识外面的世界，学到了很多。站在这个地方，想起十年前的自己，可笑又可悲。周末我会去参加十年祭，为逝者默哀。"这个帖子受到广泛的支持、转发，不少网民也表达了类似的感触，忏悔成为互联网上关于此事的主题之一。

---

① 胡泳：《2011，中国网络舆论有"三大变化"》，《中国新闻周刊》2012年1月13日。

2011 年的类似事件还有苏联解体二十周年、哈维尔与金正日相继去世等。由于没有现实针对性，网络媒体在制作相关专题时受到的干涉较少，通过这种方式传达了一些新的思想。

（三）新媒体开辟了舆论监督和反腐败的"网络新战场"

对公共权力机构的监督是传统媒体的短板，新媒体在一定程度上弥补了这一缺憾，成为民众监督政府的利器。

新媒体可以打破时空限制，聚合起全社会对某些政府行为感兴趣的力量进行监督，监督视野覆盖了政府的每一个环节与细节，表现出大众化、日常化和多元化的特征，这是以往任何时代、任何监督形式都无法比拟的，真正实现了社会监督。如 2011 年 8 月，29 岁青年闫宁被提拔为河北省馆陶县委副书记、政府代县长，成为最年轻的县长。网民们发现，他在 3 年时间内 4 次升迁，12 年内转换了 10 个领导角色，纷纷在网上质疑。当事人经受巨大的舆论压力，数个月后不得不称病请辞。

类似情况，非止一端，而且政府回应、处理的周期也越来越短。2012 年 4 月，湘潭市岳塘区通过官方网站进行干部任前公示，其中拟选拔任用为发改局副局长的"90 后"女干部王茜受到网民的质疑。湖南省有关部门迅速展开调查，确认其提拔程序存在问题，很快王茜被撤销拟任职务，其父及多名官员去职。与此同时，2012 年 4 月，山西吕梁文水县女商人王辉被爆"15 年未上班吃空饷，竟变身副县长"。吕梁市委派出调查组进行了调查核实，省纪委、省委组织部等部门也迅速派出专门工作组赴吕梁市进行督查。4 月 28 日，山西吕梁市根据相关规定，免去王辉的副县长职务。

这两年，各地方政府换届频繁。一些曾因问责被免职的官员纷纷复出，也受到网络媒体的密切关注。现行体制尚没有比较严格的、明确的关于官员复出的程序规定，但可以肯定，随着网络舆情对这方面的关注、施压，相关的制度体系一定会得到完善。

新媒体也越来越成为民众反腐败的"利器"。传统的民众反腐败活动需要依赖一定的组织和渠道完成。在这个过程中，时间的拖延和信息的耗损不可避免，中间环节还可能遭受非正常干扰，往往使民间反腐败行动半途而废。借助新媒体，民众可以跨越诸多中间环节，一旦发现政府及其公职人员的腐败线索，便直接向嫌疑对象提出质询。如果对方不能及时做出合理解释，就有可能引发强大的网络舆论攻势。近年来，这种"面对面"的反腐败行动不仅创造了反腐败的新形式，而且也切实提高了反腐败的效力。如江苏徐州"一夫二妻区委书记"董锋、浙江东阳"公款按摩局长"韦俊图、广西来宾烟草局长"日记门"、河北王亚丽造假骗官案等，都是网民先在网络上曝光官员贪腐的线索，在广大网民跟进的过程中，纪检、司法机关介入调查的。

最为典型的当属周久耕的落马。2008 年 12 月 9 日，时任南京市江宁区房管局局长的周久耕接受媒体采访时，称要对低于成本价销售的楼盘进行查处。这一言论惹怒网民，周久耕一夜窜红网络，成为"人肉搜索"的对象。仅一周时间，网民就挖出周久耕抽 1500 元一条的香烟、戴价值 10 万元的江诗丹顿手表、开凯迪拉克车等。周久耕成为奢侈官员的代表。网民认为凭周久耕的工资根本不可能如此消费，向江宁区区长举报，要求彻查。最后，周久耕因受贿罪被判 11 年刑。

随着网络反腐声势的壮大，我国也出现了"我行贿了"等民间反腐网站。因短暂运营后出现的一些混乱现象，民间反腐网站很快就被关闭了，但其显示出的巨大潜力以及对纪检、监督机关的启发，不容忽视。

（四）新媒体提高了"社会力"

我国社会的"大政府、小社会"结构越来越受到诟病，社会建设的问题屡被学者谈及，"社会的生产"成为中国社会转型的一个基本问题。根据胡泳先生分析，自 20 世纪 70 年代末以来，研究者们曾寄望于从"非政府组织和第三部门中"、"脱离单位制的城市社区中"、"与社会转型相伴而生的城乡各种集体行为和社会运动中"寻找社会的生长点，但他认为，互联网是最有希望促进社会成长的力量："一个独立而富有参与性、抵抗性的公民社会正出现在中国的互联网上。与那些享有相对充分的政治自由的国家相比，互联网在中国的政治功能存在较大的不同。它不可能以一种戏剧性的方式改变中国的政治生活，但它可以增进建立在公民权利义务基础上的现代社会资本，导致独立于国家的社会力量的兴起和壮大。"①

新媒体对社会力的加强，首先是直接扩大了公民活动的社会空间。新媒体从其产生之初就表现出强大的社会动员能力。2011 年 1 月 25 日，于建嵘教授在新浪微博倡议"随手拍照解救乞讨儿童"，开博 10 余天就吸引了 57

① 胡泳：《2011，中国网络舆论有"三大变化"》，《中国新闻周刊》2012 年 1 月 13 日。

万多名网民回应，展开行动，形成声势浩大的民间打拐行动。

部分微博动员事件得到了政府的积极响应，出台了相关政策，形成政府和民间的良性互动。如"微博打拐"活动，由于民间行动的非专业性，经过一段时间后出现难以为继的局面。公安部及时出台相关政策，将打拐行动推动下去。2011年3月份，《凤凰周刊》记者部主任邓飞等500名媒体人发起贫困学童"免费午餐"活动，获得中国社会福利教育基金会支持，并最终促成了中央财政按照每生每天3元的标准，为试点地区农村义务教育阶段学生提供膳食补助政策的出台。

在甬温线高铁事故中，微博不仅最早发布事故信息，在后续的抢救活动中，微博也发挥了重要作用，如号召市民献血、召集运送伤员车辆、发布寻人启示等，都得到热心民众的积极回应。

其次，在舆论议题设置上，新媒体打破了专业媒体和政府主导的模式。普通网民随时可能客串一下"记者"角色，新媒体成为热门事件尤其是突发事件的信息聚集点，这使得网络舆情议题更加难以预测：谁也不知道下一个社会热点是什么。如2011年10月份广东佛山的"小悦悦事件"。这本是一起普通的交通事故，从传统媒体的眼光来看，并没有太大的新闻价值。但凄惨的现场录像被放到网上，立即引发无数网民的关注，由此引发一场关于道德的全民大讨论。

新媒体的速度优势，使其能在一定程度上摆脱公共权力的约束，构建起一个相对自由的公共讨论空间。一个事件或公共话题，在管理部门来得及反应之前被发布出来，几小时之内就会有上万人甚至是十几万人的围观、转发。在传统媒体上不能表达的观点，可以在新媒体上自由表达；很多事件的报道，在传统媒体还是个禁区，在微博上就已变成公共话题。即使设置了屏蔽词，网民还是可以通过一些隐语或以无厘头的形式来讨论或表达，如可以通过讨论阿拉伯世界的革命间接地表达对政治体制改革的诉求；可以通过台湾、香港的讨论表达对民主与法治的愿望；可以通过郭美美事件表达对红十字会的改革和监管，甚至可以通过"膜拜"苍井空表达对空虚道德教化的不满。

三　新媒体的局限

不可否认，新媒体自身也存在诸多局限。有的是自身固有的弱点，更多的则是外部制度环境制约造成的。这都在一定程度上影响新媒体推动社会进步的力度。

（一）网络谣言众多，垃圾信息泛滥，削弱其公信力

新媒体的自由度较高，信息海量，这既是其长处，也是其弱项。因为缺乏"守门人"的过滤，谣言借助新媒体传播更快、更有影响力，成为引发社会震荡、危害公共安全的重要因素。例如 2011 年日本大地震后，由谣言引发的抢盐风波，扰乱了市场秩序；2012 年 4 月份更是出现了"军车进京，北京出事"的谣言，造成极坏的政治影响，等等。

网络谣言泛滥还带累一些传统媒体陷入谣言风波，如"后妈虐童"、"艾滋女事件"、"金庸去世"、"上访村长被害"等谣言，都从网络进入到传统媒体。2011 年"国税 47 号文件"谣言在新媒体上爆出后，经过多家报纸转载、放大，以讹传讹，蒙骗了许多媒体，甚至包括国家级的电视台。这都深深地暴露了新媒体自身的缺陷，导致了人们对于来自网络的消息的天然质疑。

此外，由于新媒体信息"碎片化"表达方式，容易造成信息的泛滥失控，大量的垃圾信息反倒阻碍了正常的信息传播。而经过网络谣言"洗礼"的人们，也开始重新估量新媒体的价值，在一定程度上向传统媒体回归。

（二）群体极化与价值分裂，降低了新媒体的建设力

网络民意带有很大的情绪性和宣泄性，容易形成"群体极化"现象。所谓群体极化，是指群体进行决策时人们往往会比个人决策时更倾向于冒险或保守，向某一个极端偏斜，从而背离最佳决策。

人们借助新媒体参与公共事务时，更容易发生"群体极化"现象，程度也高于现实世界。当然，我们不能笼统说"群体极化"是"好的"或者"坏的"，因为正是有大量网民群情激奋、一致行动、持续关注，才推动了很多事情的解决。但群体极化确实也会给正常的政治行为与决策带来很大的压力，也容易形成"舆论暴力"。例如汶川大地震之后，一些捐款不够积极的个人或企业在网络上受到网民的严厉抨击。网民常常以极端化、情绪化的语言发泄其不满，动辄使用"人肉搜索"，给被搜索人带来精神负担和生活不便。力一出错，也无人承担责任。

新媒体也会加剧社会整体价值观的分裂与冲突。网络的开放，能最大限

度地吸纳个体的意见，为意见聚合提供方便；网络的匿名性则促进了网络言论的情绪化、非理性化的倾向。在这种情况下，每一种意见都能迅速在网上找到自己的"知音"和支持者，扩大自己的意见队伍。这也就意味着不同意见之间的鸿沟加大了，民意整合和达成基本共识的难度相应提高了。

这首先表现为网络骂战频频，最为突出的是"五毛"和"美狗"的骂战。在网上，一旦出现稍微敏感一点的话题，就会有"五毛"、"美狗"的骂战出现。此外，关于地域攻击的骂战也频频出现。这两种骂战主要集中在网络跟帖中，因此涉及比较敏感话题的消息时，网站往往采取关闭评论的做法。

如果说这两种骂战没有理论内涵、水平比较低，因而其对现实的影响可以忽略不计，那么近年出现的一些带有明显倾向的网站，分别汇聚了各种思想流派的理论家、作者，思想界的交锋显然更加剧烈。一些学者不仅以网站、博客、微博为阵地激烈地交锋，2011年还频现"砸场"、"微博约架"、"公审汉奸"等闹剧。

思想交锋对于繁荣文化有重要的促进作用，但对于社会管理来说，缺乏基本共识往往会引发现实矛盾的激化。特别是个别拥有众多粉丝的知名人物发表不当言论，造成的负面影响更大。如孔庆东骂港事件，引发香港市民的愤慨，部分港人通过社交网站组织到香港中联办抗议。香港各界知名人士，包括特首参选人都出面反驳和表态，在一定程度上导致了族群对立。

（三）网络民粹盛行，加大社会管理难度

互联网进入Web2.0时代，微博、WAP等新型传媒方便了人们参与社会事务，网民越来越趋向于年轻化和低学历化。这些网民对社会公共事件抱有很大兴趣，但缺乏足够的经验和知识进行理性判断和分析，也没有统一、完整的思想理论和意识形态做支撑，对事情的判断主要依靠直觉和惯性思维，习惯于简单化、泛道德化的批判，形成了网络民粹思潮。

从社会管理的角度看，网络民粹思潮的危害在于，它削弱了政府、精英的权威。网络民粹主义不仅具有传统民粹主义反政府、反精英的倾向，而且影响更大。经常出现这种现象：由于官员一句不当的话或一个偶发事件，很快便以星火燎原之势形成网络风暴，甚至造成现实中的群体性事件。

网络民粹思潮通常对政府持怀疑、否定态度。许多人抱着"你不辟谣我还怀疑，你一辟谣我反倒相信"的态度看待政府对许多事件的表态，对

政府辟谣常常做反面理解，例如 2011 年初浙江乐清钱云会车祸事件。尽管有比较允分的证据证明这是一起交通事故，但从一开始就有不少人相信，钱云会死于当地政府策划的谋杀，为此还造成警民冲突。在事件处理过程中，这种质疑声始终不断，使得事件的处理一波三折。

在网络上，精英一词已近乎贬义，即使在网络上成名的一些意见领袖也不例外。在钱云会事件中，一些较为活跃的知名网民组成"公民观察团"去现场调查，得出和官方一致的结论，便被网民骂成"五毛"。在药家鑫案件中，在电视节目中以"激情杀人"分析药家鑫作案动机的中国人民公安大学教授李玫瑾（她也曾分析谢业新自杀），受到了网络舆论的巨大压力。

网络民粹主义的存在有其合理性和现实依据。政府和精英并非不可以质疑。近年来一些政府部门缺乏应对网络舆情的经验，出事时，往往先是"捂盖子"，然后在越来越多的证据面前低头认错，最后用"临时工"等借口推脱责任。见得多了，网民自然就形成、强化了"阴谋论"思维。精英人士中，的确有很多是通过招摇撞骗、弄虚作假成名的，也有很多人明显是在为利益集团代言，需要对之质疑。但网络民粹主义往往把怀疑政府和精英的倾向推到极致，凡是和官员、专家、富豪有关的负面事件，都会激起条件反射式的反对和批判。在药家鑫案件持续期间，网络上充斥着大量的关于药家鑫的"家长有权有钱"，"药父身居我军军械采购要职，利益纠葛颇多，望中央军委彻查此人经济问题，肃清军械采购环节蛀虫"等传言，药案也被塑造成"草根与精英的较量"。在当下中国司法公信不足、社会矛盾突出的情况下，这些言论得到广泛传播，对药的父母造成伤害。

有效的社会管理离不开政府和精英的权威。当前我们社会存在诸多问题，如利益分配不公、贪污腐败严重、贫富差距扩大等，社会管理工作也存在诸多失误，但这都应该在党的领导下，通过有序、渐进的改革来推进。极端的网络民粹主义，往往夸大消极因素，彻底消解政府和精英的权威，导致政府与民众的裂痕加深，加剧不同阶层间的对抗，激化社会的矛盾和仇视，最终会影响到社会管理的成效和社会稳定的大局。

（四）新媒体缺乏与现实的体制接合渠道

除以上三点，新媒体最为致命的缺陷在于，其对社会政治的影响，目前仅停留在舆论压力的层面上。网民通过新媒体表达意见，形成网络舆情热点，能取得什么样的成效，往往取决于舆情的声势、规模的大小。多数情况下，热闹一阵也就过去了。

由于缺乏民意与社会管理体制接合、转化的渠道，有关部门对网上所反映出的民意，往往采取"你说你的，我做我的"的态度。如近两年在网络舆论压力下被撤职的官员纷纷复出，尽管网民对每一次复出都表现出强烈的质疑，但一点也没有影响更多官员的复出，无形中抵消了此前网络监督的实效。

新媒体具有的舆论监督与揭发腐败的功能，已成为维护社会公平正义的重要民间力量。但目前没有一部权威的法律对网络监督和网络反腐的程序、方式等做出明确的规定。一些专业的"网络独立调查人"和"民间举报网"等，合法性遭到质疑，并多被封杀。

四　新媒体当如何推动社会进步

新媒体存在以上所述诸多问题，从根本上来讲，反映了我们社会制度的结构性缺陷，即缺乏民意与政府行为间的接合渠道。尽管新媒体能够对执政者产生很大的压力，但这种压力要经过多个环节的转化才能真正产生作用。与进步运动时代的美国社会管理体制相比，这种差距就更加明显，因为美国"扒粪运动"所掀起的民意，可以直接通过议会进入立法程序，也可以通过大选的压力督促行政机关认真执行法律。

但这并不是说新媒体对社会进步无能为力，只是我们不能对之期望过高。要想发挥新媒体对中国社会进步的推动作用，需要媒体、民众、社会管理机构的共同努力。而就目前形势来说，后者所起的作用更为根本。

（一）新媒体运营机构需加强社会责任担当

媒体是社会公器。尽管在市场条件下，新媒体运营机构不可避免要追求经济效益，但只有那些处理好经济效益与社会效益的媒体才会真正成为有力量的媒体。有些媒体热衷于商业炒作，以经济利益来衡量社会事件的报道价值，以新闻的"可消费性"满足市场需要，甚至不顾媒体的社会责任，以传播谣言来吸引公众关注，这样的媒体肯定"行之不远"。

新媒体当充分发挥民意表达主渠道的作用，以客观公正的态度报道社会事件，正确引导事态的发展；也要利用技术优势和舆论优势，捕捉重大社会新闻题材，深入开展调查研究，配合网络民意揭示社会治理当中的深层次问题，为政府公共决策提供良好的信息管道和政策建议，从而在政府与公众之间架设互动的桥梁。

（二） 民众需加强媒介素养

就民众而言，通过新媒体发表意见是弥补政治参与不足的重要手段。在中国特定的文化传统和政治环境下，个人公开表达政治诉求具有很大的社会风险。新媒体的匿名性使得公众获得了较大的话语空间，这是新媒体受到民众热捧的关键因素之一。但也应警惕，公民滥用话语权的危害也不可小觑，尤其是那些违反公共精神和法律底线的观念，一旦被误导，就会产生公共危机和管理危机，导致社会公权力的失控。因此，提高民众媒介素养，理性、有序地参与公共事务的讨论，恰当地表达个人意见，是通过新媒体推动社会进步的前提。

（三） 社会管理者既要宽容、扶持新媒体的发展，也要加强对新媒体的引导

在当下社会环境中，新媒体发展壮大和发挥作用，最根本的是要取决于社会管理者如何看待、引导、应对新媒体。

首先，社会管理者既要鼓励网络问政，也要加强网络执政。

对于网络问政，社会管理者不应视作对权力的干预，而应视之为对公共治理的补益。社会管理者应鼓励民众通过新媒体参与到社会管理中来，并借助新媒体建立、加强与普通民众、民间组织之间在社会管理过程中的广泛对话、沟通，还可以通过新媒体协调行政运作，打破时间、空间、行政部门的层级以及社会成员的等级之间的限制，及时传达政府的施政意图、方针与政策，从而提高政府治理的反应能力和社会回应力。

提升网络执政能力，及时、合理地解决民众关注的重大问题，不仅会产生直接的社会效益，还会提升社会管理部门在公平、正义等价值层面的形象建构。

其次，既要支持网络民意表达，也要加强对网络思想阵地的引导。

民众利用新媒体发表个人见解，实现了私人领域与公共领域的融合。在这个平台上，民众的价值诉求通过整合、发酵，逐渐形成了新的价值观和舆论导向，客观上形成了思想的多元化，这对社会管理产生了极为深刻的影响。

在新媒体主导的信息传播环境中，社会管理者处于一个较为微妙的境地。这就要求，社会管理者要加强对网络思想阵地的引导，确保正确的舆论导向和维护国家的信息安全。社会管理者不仅要加强网络管理队伍的建设，更要改进工作方式、技巧、手段。在这一点上，决不能采取"鸵鸟政策"。

最后，既要借助新媒体加强社会建设，也要注意防控其带来的风险。

新媒体强化了民间社会的力量，逐步形成了有一定独立性的社会领域。这在一定程度上也加大了社会稳定的潜在风险。新媒体在推动社会冲突方面的能量，不仅在国外的社会革命中有所体现，在国内的群体性事件也屡有效验，如在厦门、大连的反PX项目活动中所表现的。这就要求社会管理部门加强对网络舆情的调研与应对，及时发现和消除民众的不满，把社会不稳定因素及时制止在萌芽状态中。

总之，新媒体的发展为当代中国社会进步提供了一个难得的契机。新媒体扩展了公共话语和民意表达空间，为社会管理创新提供了新的思路和机遇，使我们的社会政治生态有了一些明显改观，是推动社会进步的一股重要力量。

但是，由于社会文化传统和体制的约束，新媒体不可能像美国"扒粪运动"那样大幅度地推动社会进步。中国社会的进步，归根结底还是要在党的领导下，通过加强执政党、政府与社会、民众的对话与协商，渐进、有序地推进来实现。在这个过程中，新媒体又是一个重要的衡量指标。新媒体的发展进步，直接体现着我们社会的进步程度。

大学生眼中的中国政府
利比亚撤离公民行动

——基于问卷调查的分析与思考

张万坤*

摘　要： 2011 年 2 月以来，北非国家利比亚出现严重动荡和激烈冲突。为保护海外中国公民的生命安全，从 2 月下旬开始，中国政府迅速组织力量从利比亚撤离中国公民。到 3 月 5 日，我国在利比亚的 35860 位公民全部回国。这一被称为中国历史上最大规模的海外撤离公民行动引起了国内外的广泛关注。因此，为考察大学生群体对此次事件的态度与评价，本文以深圳大学为个案，通过问卷调查的方式来展开研究。调查结果显示，不论是从对利比亚撤离公民行动的态度上看，还是从对利比亚撤离公民行动的评分上看，绝大部分被调查大学生表现出对行动本身很强的支持度和对事件结果很高的满意度。因此，从某种程度上讲，这次调查研究可谓完善中国外交政策及其实践之现有评价机制的一次有益尝试。

关键词： 中国政府海外（利比亚）撤离公民行动　深圳大学学生　问卷调查

一　引言

随着我国改革开放的深入，我国公民及法人境外活动数量的不断增加，

---

* 张万坤，哲学博士，深圳大学管理学院公共管理系教师。主要研究领域为国际政治与中国对外关系、公共舆论与外交政策等。

涉及损害我国海外公民权益的事件也在相应增多。因此，保护在海外中国公民及法人权益在外交领域的重要性日益凸显，外交服务的职能范围亟待延伸。为了适应这一新形势，中国政府在新世纪提出了"以人为本，执政为民"的外交宗旨以及"外交服务意识"的理念，并把两者紧密结合起来开展领事保护工作。[1] 与此同时，外交部也强化了领事保护的组织建设工作。2006 年 5 月 29 日，外交部领事保护处正式成立；同年 8 月 23 日，领事保护处正式升格为领事保护中心。[2] 随即，外交部多次在中国公民出现紧急状况时开展领事工作。仅在 2006 年，外交部就先后实施了东帝汶、黎巴嫩、汤加等几起重大撤侨行动，并处理了多起中国公民在海外遭绑架等领事保护案件。而进入 2011 年以来，北非国家尤其是利比亚政局不稳，社会开始出现动荡和激烈冲突。为了保护海外中国公民的生命安全，从 2 月下旬开始，中国政府迅速组织力量从利比亚撤离中国公民的行动。到 3 月 5 日，我国在利比亚的 35860 位公民全部回国。此次行动被称为中国历史上最大规模的海外撤离公民行动，再一次体现了我国政府"外交为民"的宗旨和理念，并在海内外引起了极大的反响和广泛的关注。因此，为考察大学生群体对此次事件的态度与评价，笔者以深圳大学为个案，通过问卷调查的方式来展开研究；同时在此基础上，笔者期望能对中国外交政策的评价机制及其完善做一些思考。

二　调查方法与调查样本

深圳大学管理学院每学期都会开办一定数量的全校性公共选修课，而选择这些课程的学生几乎覆盖了深圳大学所有年级和专业，因此具有很强的代表性。考虑到这一特点，笔者决定从管理学院 2010～2011 学年第 2 学期所开的 24 门全校性公共选修课中抽取 5 门，并以这些课程的选课学生为调查对象并发放自填式问卷展开调查。问卷由任课老师在课堂上分发并当场回收，以保证问卷回答的质量。根据深圳大学教务处的有关信息，管理学院本学期共开设课程 235 门，其中 24 门为全校性公共选修课，占 10.21%。分发和回收问卷的基本情况是：调查时间为 2011 年 3 月 14 日，发放问卷 450

---

[1] 这是 2004 年 2 月 20 日时任外交部长李肇星在《中国外交/2004 年版》的序言（"外交部长序"）中提到的。参见中华人民共和国外交部政策研究室编《中国外交//2004 年版》，2004。

[2] 刘延棠：《中国的领事保护工作》，《瞭望新闻周刊》2007 年第 42 期，第 38 页。

份，回收问卷363份，占80.67%；同时有88名被调查者不知道本次中国政府从利比亚撤离公民行动，鉴于他们对本次行动的评价结果不具有参考意义，因此对这些问卷予以剔除。问卷使用 PASW（原 SPSS）软件并结合描述统计、推断统计（如 t 检验等）进行数据的录入、统计与分析。① 从有效问卷的性别构成看，男性占59.3%，女性占40.7%；从年级构成看，低年级（大一、大二）占71.8%，高年级（大三、大四）占28.2%；从专业构成看，理工类占56.5%，文科类占43.5%。

被调查的大学生群体对本次中国政府从利比亚撤离公民行动的关注程度普遍较高。共有53.5%的学生对本次行动表示"非常关注"（5.1%）或者"比较关注"（48.4%），另有46.6%的学生对此表示"不太关注"（44.0%）或者"完全不关注"（2.6%）。而从他们了解相关信息的渠道情况来看，如图1所示：

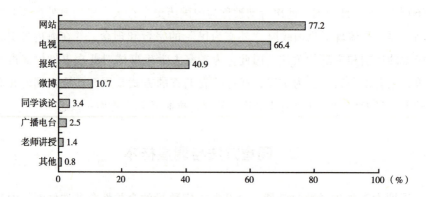

图1　大学生获取中国政府海外撤离公民行动相关信息的渠道*

资料来源：作者整理。

* 由于本题是多选题，因此各选项的百分比之和大于100%。

图1的数据显示，大学生群体大多利用网站和电视来获取中国政府海外撤离公民行动的相关信息，二者的比例分别为77.20%以及66.40%，报纸、微博紧随其后，分别占40.90%和10.70%。这样的结果也说明大学生了解

① 本次调查的顺利完成离不开深圳大学管理学院全校性公共选修课部分任课老师的大力支持与协助，他们分别是（按姓氏拼音排序）：陈文、高粱、李丽、罗汉洋。同时，钟偏零同学曾参与了相关数据的录入与分析工作。借此机会，笔者对他们以及所有参与调查的学生表示衷心的感谢。

相关信息的渠道并不局限于传统的电视、报纸等媒体，而是将传统媒体与新媒体（网络、手机等）相结合。

三　对利比亚撤离公民行动的基本态度

经统计，笔者总结出了大学生对本次中国政府海外撤离公民行动的基本态度有如下显著特点：

第一，大学生群体对本次我国政府从利比亚撤侨的行动支持度很高。当被问到"您是否支持本次我国政府从利比亚撤离公民的行动？"时，45.6%表示"非常支持"，47.4%表示"比较支持"，总支持比例高达93.0%；相比之下，对此表示"不太支持"或者"完全不支持"的比例则分别仅有2.6%和0.7%。

第二，大学生群体认为我国政府在本次从利比亚撤离公民的行动中所付出的人力、物力、财力代价是值得的。笔者在相关的问题中列举了部分与本次撤离公民行动有关的统计数据背景材料，由被调查者了解了这些材料后，从"值得""不值得"和"不清楚"三个选项中选择自己最认同的一项，并写出相关理由。统计后发现有86.0%的被调查学生认为付出这样多的人力、物力和财力是"值得"的，同时，部分学生还写出了他们各自认为"值得"的原因，其中的几种主要意见有："人的生命十分珍贵"（第223号问卷）、"生命无价，这体现了我国政府'以人为本'的理念"（第361号问卷）、"向世界展现一个负责任、为人民服务的中国政府"（第238号问卷）以及"保护我国公民的生存权是国家应尽的责任，这次撤离行动充分显示了祖国对同胞的责任，有力地维护了国家形象，是一次[①]最好的国家形象宣传片"（第181号问卷）；还有2.3%的学生对此表示"不值得"；此外，还有11.7%表示"不清楚"或"不回答"。

第三，大学生群体认同我国本次破天荒地派出军机和军舰参与海外撤离公民行动这一举措。共有72.5%的学生认为这一行动"好"，原因主要有："本次行动展现了我国社会主义制度的优越性以及为人民服务的宗旨"（第103号问卷）、"只要能保护人民安全，不论国家是以何种目的何种出发点开展行动都是可以理解的"（第006号问卷）、"展示我国军事力量，提高国家

[①]　此处应为"一部"，而非"一次"。——笔者注

形象"（第260号问卷）、"中国有能力有钱财，可以完成人规模撤离的活动，显示大国风范"（第290号问卷）；仅有5.4%的学生认为这一行动"不好"，当中的个别同学认为此举"有些高调与夸张"（第324号问卷），而对该问题表示"不清楚"或者"不回答"的比例较高，占22.1%。

四　对政府在本次行动中官方言论的基本看法

由于国家层面与个体（民众）层面在信息获取渠道、速度等方面均有较大差异，因此他们在获得同一事件的相关信息后所做出的反应也可能有所差异。特别是在诸如本次中国政府利比亚撤离公民行动这一类与公民切身利益息息相关的事件中，政府的官方言行是真正代表了民众的呼声，还是民众又一次"被代表"，某种程度上从侧面反映了行动的成功与否。为此，笔者设计了由10个官方在本次事件中言论组成的里克特十分量表，其中1分表示"完全不认同"，10分表示"完全认同"，要求被调查学生选出认为最认同的选项，这十个问题的基本统计结果如下：

表1　大学生对政府在本次言行中言论的基本看法

序号	描述	平均值	标准差
1	行动表明祖国永远是人民坚强而温暖的依靠	8.04	2.078
2	在此次行动中,中国政府表现出了应有的国际人道主义精神,向世界展示了中国负责任大国的国际形象	8.02	2.005
3	行动体现了中国不断增强的综合国力以及中国集中力量办大事的制度优势	7.69	2.083
4	行动顺利完成得益于中国的稳定发展	7.64	2.171
5	这次撤离行动让作为中国人的我感到自豪	7.59	2.300
6	行动体现了我国始终坚持"以人为本、执政为民、外交为民"的理念	7.53	2.240
7	这是军民团结协作、共同努力的结果,是全国人民关心和支持的结果	7.45	2.086
8	行动顺利完成证明了我们的外交队伍是一支关键时刻特别能吃苦、特别能战斗、特别能奉献的队伍	7.00	2.274
9	行动顺利完成是中国一贯奉行和平外交政策,得人心、朋友多的结果	6.92	2.397
10	行动顺利完成是党中央、国务院正确领导的结果	6.85	2.359

注：相关描述均由作者根据中华人民共和国外交部网站（http://www.fmprc.gov.cn/chn/gxh/tyb/）上的相关报道整理得出。

从表 1 的数据来看，大学生对上述官方言论普遍表示认同。他们尤其对"行动表明祖国永远是人民坚强而温暖的依靠"以及"在此次行动中，中国政府表现出了应有的国际人道主义精神，向世界展示了中国负责任大国的国际形象"两个描述表示出很高的认同度，平均得分均超过 8.00，分别为 8.04 分和 8.02 分。另一方面，笔者也针对不同性别、年级乃至专业的样本做独立样本 t 检验，但没有发现任何显著差异。

五　对我国本次利比亚撤离公民行动的总体评价

笔者还在问卷中要求被调查大学生对本次我国利比亚撤离公民行动给出总体的评价。具体看来有如下两个方面：

一方面，绝大部分大学生认为这次撤离行动成功。分别有 21.9% 和 74.8% 的学生认为本次行动"非常成功"和"比较成功"，两个比例之和高达 96.7%；而认为"不太成功"和"完全不成功"的比例则仅占 0.7% 和 0.4%，另有 2.2% 表示"不清楚"，均属于极少数。

另一方面，笔者还在问卷中设置了"若请您给本次中国政府海外撤离公民行动打分，您的综合评分是?"这一问题，由被调查学生自行写出他们给出的综合评分（取整数，最低 0 分，最高 100 分）。经初步统计，被调查大学生对本次中国政府海外撤离公民行动的综合平均评分为 83.39 分，属于比较满意的水平。

六　结论及思考

从前文的调查结果可以看出，被调查的大学生群体不仅对本次中国政府从利比亚撤离公民行动具有较高的关注程度，而且，从基本态度上也呈现出了支持度高、认同度高、肯定度高等三个显著特点。与此同时，在总体评价上，大学生群体不仅认为本次中国政府海外撤离公民行动非常成功，而且给予了较满意的高分评价。

本次问卷调查可能是国内第一次面向普通民众（本次为特定的大学生群体）的外交工作实践测评研究，也是中国外交研究领域中的一次新尝试。作为一种民意测评的形式，它尝试将外交部领事保护工作与普通民众（特定的大学生群体）的评价相结合。从某种程度上讲，这种给中国外交政策及其实践打分的形式，可谓对中国外交政策现有评价机制的一种有益补充。尤其是在"中国特色公共外交新局面"① 已经形成的情况下，这种尝试无疑会强化民意与外交的互动，对国家外交政策及其发展提供更强大的民意支持和合法性基础，也无疑会有利于提高"科学办外交"② 的能力和水平，并最终有利于中国的和平发展和中华民族的伟大复兴。

附录：

大学生眼中的中国政府海外（利比亚）
撤离公民行动调查问卷

今年以来，北非国家尤其是埃及、利比亚等政局不稳，社会开始出现动荡和激烈冲突。为了保护海外中国公民的生命安全，从 2 月下旬开始，中国政府迅速组织力量从利比亚撤离中国公民的行动。到 3 月 5 日，我国在利比亚的 35860 位公民全部回国。

为了了解大学生群体对此次我国政府海外（利比亚）撤离公民行动的态度和看法，我们特设计本问卷并展开调查，请您在对应的位置上打"√"。您在问卷中所提供的信息将仅被用于科研，我们会绝对保密，请您放心填写。非常感谢您的配合和支持！

深圳大学管理学院"大学生看世界"课题组

2011 年 3 月 13 日

A. 基本情况

A01. 您的性别：　　　1）男　　2）女

A02. 您的年级：　　　1）大一　2）大二　　3）大三　　4）大四

A03. 您的学院及专业（如有，请填写）：_____学院_____专业

---

① 杨洁篪：《努力开拓中国特色公共外交新局面》，《求是》2011 年第 4 期，第 44~45 页。
② 2010 年底，杨洁篪外长在接受记者专访时提出了"科学办外交"的命题，并指出应该"以理论创新为动力，不断丰富和发展中国特色外交理论体系，大力提高科学办外交的能力和水平"。参见刘水明、董力《中国外交迎难而上，开拓创新，大有可为》，《人民日报》2010 年 12 月 14 日。

A04. 您是否知道最近中国政府从利比亚撤离公民的行动？

　　1）知道　　　　2）不知道

A05. 您是否关注本次中国政府从利比亚撤离公民行动的相关信息？

　　1）非常关注　　2）比较关注

　　3）不太关注　　4）完全不关注

A06. 您获取本次中国政府海外撤离公民行动相关信息的渠道主要有哪些？（最多可选择三项）

　　1）电视　　　　2）报纸（含手机报）　3）网站

　　4）广播电台　　5）老师讲授　　　　6）同学谈论

　　7）微博　　　　8）其他（请注明）＿＿＿＿＿

B. 对本次中国政府海外撤离公民行动的认知与评价

B01. 请问您是否支持本次我国政府从利比亚撤离公民的行动？

　　1）非常支持　　　　2）比较支持　　3）不太支持

　　4）完全不支持　　　5）不清楚

B02. 在这次利比亚的撤离行动中，从2月22日至3月5日，中国政府协调派出91架次民航包机、12架次军机，5艘货轮、1艘护卫舰，租用35架次外国包机、11艘次外籍邮轮和100余班次客车，海、陆、空联动，开展了新中国成立以来最大规模的有组织撤离海外中国公民行动。2月23日起，中国政府派出由多部门组成的3个工作组，分别赴利比亚首都的黎波里及利比亚与突尼斯边境，东部和中部城市班加西、米苏拉塔，以及南部城市塞卜哈协助组织撤离工作。3月2日，我国掌握并有回国意愿的在利中国公民35860人全部撤出利比亚。3月5日，上述公民全部回国。请问，您认为中国政府在本次撤离行动中付出这么多的人力、物力和财力等是否值得？

　　1）值得，原因是（请简要填写）＿＿＿＿＿＿＿＿＿＿＿＿＿＿＿；

　　2）不值得，原因是（请简要填写）＿＿＿＿＿＿＿＿＿＿＿＿＿；

　　3）不清楚／不回答

B03. 您如何看待我国本次破天荒地派出军机和军舰参与海外撤离公民的行动？

　　1）好，原因是（请简要填写）＿＿＿＿＿＿＿＿＿＿＿＿＿＿＿；

　　2）不好，原因是（请简要填写）＿＿＿＿＿＿＿＿＿＿＿＿＿；

3）不清楚/不回答

B04. 您对下列有关本次中国政府海外（利比亚）撤离公民行动的描述持何看法？请在您认为合适的方框内打"√"。

序号	描　　述	评分（1 分代表完全不认同,10 分代表完全认同）									
1	行动表明祖国永远是人民坚强而温暖的依靠	1	2	3	4	5	6	7	8	9	10
2	行动体现了我国始终坚持"以人为本、执政为民、外交为民"的理念	1	2	3	4	5	6	7	8	9	10
3	这是军民团结协作、共同努力的结果,是全国人民关心和支持的结果	1	2	3	4	5	6	7	8	9	10
4	这次撤离行动让作为中国人的我感到自豪	1	2	3	4	5	6	7	8	9	10
5	行动体现了中国不断增强的综合国力以及中国集中力量办大事的制度优势	1	2	3	4	5	6	7	8	9	10
6	行动顺利完成得益于中国的稳定发展	1	2	3	4	5	6	7	8	9	10
7	行动顺利完成证明了我们的外交队伍是一支关键时刻特别能吃苦、特别能战斗、特别能奉献的队伍	1	2	3	4	5	6	7	8	9	10
8	行动顺利完成是党中央、国务院正确领导的结果	1	2	3	4	5	6	7	8	9	10
9	行动顺利完成是中国一贯奉行和平外交政策,得人心、朋友多的结果	1	2	3	4	5	6	7	8	9	10
10	在此次行动中,中国政府表现出了应有的国际人道主义精神,向世界展示了中国负责任大国的国际形象	1	2	3	4	5	6	7	8	9	10

B05. 您认为本次撤离行动是否成功？

　　1）非常成功　　　2）比较成功　　　3）不太成功

　　4）完全不成功　　　5）不清楚

B06. 若请您给本次中国政府海外撤离公民行动打分，您的综合评分是_____分。

（评分取整数，最低 0 分，最高 100 分。）

您对本次调查有何意见或建议？

_____

_____

★问卷结束，提交前请检查是否有漏答的题目，再次感谢您的配合！

一 国 两 制

"一中宪法"与"宪法一中"

——两岸根本法之"一中性"的比较研究*

周叶中　祝　捷**

摘　要：对两岸根本法的"一中性"进行比较分析，是研究大陆和台湾两岸政策的重要方式。实施于中国大陆的 1982 年宪法的"一中性"，遵循"从政治到宪法"的形成逻辑，体现了大陆当时的两岸政策，因而可以称为"一中宪法"。台湾地区现行"宪法"的"一中性"可掩盖其政治上的"非一中性"，由于其"一中性"仅具规范意义，并不必然导致"事实"上的"一中"，因而可称为"宪法一中"。尽管"一中宪法"与"宪法一中"都在形式上保留了"一中"，而且也都是两岸在根本法层次上的表述落后于现实政策的表现，但两者在形成逻辑、内涵和作用等方面均存在差异。理解两岸根本法之"一中性"的"同"与"不同"，对于弄清和把握大陆和台湾的两岸政策具有更加直接和现实的意义。

关键词：根本法　两岸关系　"一中宪法"　"宪法一中"　台湾问题

---

* 本文所指的"根本法"，是在"宪法是根本大法"的纯技术含义上对"根本法"一词的运用，用以指代事实上实施于中国大陆的 1982 年宪法和台湾地区现行"宪法"。至于台湾地区现行"宪法"的"正当性"，本文暂不讨论，而是赞同大陆学界的通行观点。需要说明的是，本文将实施于中国大陆、制定于 1982 年的《中华人民共和国宪法》简称"1982 年宪法"，其中若无特别说明，亦包括其后的四次修改；将制定于 1946 年、并在台湾地区仍然实施的"宪法"称为 1946 年"宪法"，对经过"宪政改革"修改后的"宪法"，本文称为"台湾地区现行'宪法'"。

** 周叶中，武汉大学法学院教授，博士生导师；祝捷，武汉大学法学院副教授，硕士生导师，武汉大学"珞珈青年学者"。本文系教育部规划基金项目"构建两岸关系和平发展框架的宪法机制研究"的阶段性成果。

2008 年 3 月以来，台湾地区领导人马英九多次依据台湾地区现行"宪法"，阐述对于"一中原则"的认识。由于马英九的阐述包含两岸间的敏感词汇"一中"，因而马英九对台湾地区现行"宪法"中"一中性"的强调，引发了岛内外各界的猜想和讨论。从源流上而言，根据台湾地区现行"宪法"强调"一中"，并非马英九的创造，而是台湾地区部分政治人物长期主张的一项"理念"，而且通过根本法体现"一中性"，也并非为台湾地区所独有。因为实施于中国大陆的 1982 年宪法，亦通过序言和有关条款体现了"一中性"。因此，基于 1982 年宪法和台湾地区现行"宪法"在大陆和台湾的实际地位，对两岸根本法之"一中性"进行比较研究，将有利于分析两岸关系和平发展的法理基础，并进而探讨"一个中国"在政治层面和法律层面的含义。

一　中国大陆的"一中宪法"

整理 1982 年宪法"一中性"的形成逻辑，可以发现，1982 年宪法的"一中性"是大陆两岸政策对法律作用的结果。但由于大陆两岸政策的灵活性，远远大于 1982 年宪法的灵活性，因而如果运用当前大陆的两岸政策去考量 1982 年宪法的"一中性"，则可以发现，两者之间在表述上又有所区别。

（一）"一中宪法"概念的提出

1982 年宪法的"一中性"延续了自 1949 年《中国人民政治协商会议共同纲领》（以下简称《共同纲领》）以来的"一中性"。根据《共同纲领》第 2 条，中央人民政府必须负责将人民解放战争进行到底，解放中国全部领土，完成统一中国的事业。从当时的历史背景而言，虽然该条在表述中没有出现"台湾"一词，但台湾显然被包括在"中国全部领土"之内，因而实现大陆与台湾的统一，无疑是"统一中国的事业"的一部分。值得注意的是，《共同纲领》第 2 条使用了"解放"一词，这与当时以"解放台湾"为主要内容的大陆两岸政策是相适应的。与《共同纲领》一样，1954 年宪法和 1975 年宪法，都没有关于"台湾"的规定，但从宪法规定的"维护国家统一"条款中，无疑可以推知 1954 年宪法和 1975 年宪法的"一中性"。新中国宪法中首次直接对台湾问题进行规定的是 1978 年宪法。1978 年宪法序言第 7 自然段规定:"台湾是中国的神圣领土。我们一定要解放台湾,完成统一祖国的大业。"根据该自然段的表述,1978 年宪法有关台湾问题的规定,一方面延续了前述三部宪法性文件的"一中性",另一方面仍然是以"解放台湾"为主要内容的大陆两岸政策的产物。1979 年后,大陆改变以"解放台湾"为主要内容的两岸政策,而改行以"一国两制"为主要内容的两岸政策。1982 年,大陆在修改宪法时,根据"一国两制"的构想,对1978 年宪法中有关台湾问题的规定进行了修改和补充。

1982 年宪法有关台湾问题的规定主要集中在序言第 9 自然段和第 31 条。1982 年宪法第 9 自然段规定:"台湾是中华人民共和国的神圣领土的一部分。完成统一祖国的大业是包括台湾同胞在内的全中国人民的神圣职责"。比较 1982 年宪法与 1978 年宪法的同一规定可见,"我们一定要解放台湾"一句被删除,同时增补了关于国家和公民统一台湾的义务的规定。① 宪法第 31 条规定:"国家在必要时得设立特别行政区","在特别行政区内实行的制度按照具体情况由全国人民代表大会以法律规定",从而为在台湾地区设置特别行政区提供了宪法依据。由此可见,1982 年宪法继承了前四部宪法性文件的"一中性",但在具体规定以及表述上,根据中国大陆新的两岸政策进行了调整。

由此可以得出一个基本结论:实施于中国大陆的宪法,其"一中性"是由同时期的大陆两岸政策决定的,宪法文本实质上是两岸政策的规范载体。可以说,对实施于中国大陆的宪法而言,其"一中性"的形成逻辑是"从政治到宪法",即先有政治上的"一中"结论,后有宪法的"一中性",政治上的"一中"导致宪法的"一中性",宪法的"一中性"又在规范上体现政治的"一中"。由此可见,1982 年宪法的"一中性",本质上是由制宪权(修宪权)决定的,因而是一个"立宪问题"。在此意义上,1982 年宪法的"一中性",可以被概括为"一中宪法"。

(二)"一中宪法"的含义

1982 年宪法以根本法的规范形式体现了以"一国两制"为主要内容的大陆两岸政策。对于 1982 年宪法的"一中性",可以运用规范分析方法,从以下两方面进行解读:

---

① 参见周叶中《台湾问题的宪法学思考》,《法学》2007 年第 6 期。

第一，1982年宪法的"一中性"兼顾事实和法理，在国家尚未统一的情况下，从法理上维护了"一个中国"的完整性。大陆对"一中"的使用，一直是在"事实"和"规范"两个层次展开的，即一方面肯定"一中"是事实，另一方面又通过"规范"形式肯定这一事实，而并非只将"一中"视为"规范"上的存在。1982年宪法通过序言第9自然段，将"事实"与"规范"紧密结合起来。第9自然段的前半句，通过宣示性语言，表明"台湾是中华人民共和国的神圣领土的一部分"，从而在事实上揭示了1982年宪法的"一中性"；后半句则为包括台湾同胞在内的"全中国人民"创设了统一台湾的义务。由此可见，1982年宪法不仅为其在事实上可以产生法律效力的中国大陆人民创设了统一台湾的义务，而且也为其在事实上还无法产生法律效力的台湾地区人民创设了统一台湾的义务。尽管这一规定的原初目的是为了体现中国大陆当时的两岸政策，[①] 但从规范角度而言，则使1982年宪法穿越海峡，对台湾地区的人民产生了法理上的拘束力，尽管这一拘束力在当时的历史条件下无法得以真正落实。通过事实和法理上的双重规定，1982年宪法序言第9自然段在国家尚未统一的情况下，表明了中国大陆对于"一中"的立场，并且使1982年宪法不仅是中国大陆的宪法，而且是效力及于台湾地区的"全中国宪法"。

第二，1982年宪法的"一中性"为大陆和台湾的政治关系进行了定位。根据1982年宪法第31条，全国人大在必要时，可以设立特别行政区，特别行政区依法可以实行不同于大陆的政治制度。宪法第31条通常被解读为"一国两制"的宪法依据。但是，从"一中性"来理解宪法第31条，还可以据此分析1982年宪法对大陆和台湾的政治关系定位。宪法第31条规定了设立特别行政区、实施"一国两制"的三项基本要件：其一，设立主体是全国人大；其二，设立条件是"必要时"，而这个"必要时"的判断权也属于全国人大；其三，设立特别行政区以及在特别行政区实施的制度，由全国人大以法律形式规定。由此可见，设在中国大陆的全国人大对于在台湾设立特别行政区、实施"一国两制"具有全权。另参考宪法第30条，台湾在没有设立特别行政区时，是中华人民共和国的一个省。由此可见，1982年宪

---

① 根据彭真同志所作的《关于中华人民共和国宪法修改草案的报告》，"叶九条"被专门提出，作为修改宪法的依据之一。参见彭真《关于中华人民共和国宪法修改草案的报告》，资料来源：http://www.people.com.cn/item/lianghui/zlhb/rd/5jie/newfiles/e1060.html，最后访问日期：2009年3月17日。

法对大陆和台湾政治关系的定位，是"中央对地方"的定位模式，即设在中国大陆的中华人民共和国政府是中央，台湾当局是"地方政府"，两者是中央与地方的关系。1982 年宪法的这一定位，与当时大陆对两岸政治关系的定位也是一致的。①

综上所述，"一中宪法"的含义是台湾是中华人民共和国的一部分，1982 年宪法的效力不仅在事实上及于中国大陆，而且在法理上及于包括台湾在内的全中国，中华人民共和国和台湾之间的关系是中央与地方之间的关系。

（三）"一中宪法"与大陆两岸政策的关系

从总体而言，大陆两岸政策基本上是在 1982 年宪法的框架内制定，体现了"一中宪法"的精髓，但在具体主张和制度设计上，又与 1982 年宪法文本体现出来的"一中性"有所区别。

第一，"一国两制"中的"一国"含义已经发生变化。1992 年，大陆和台湾通过海协会和海基会形成历史性的"九二共识"。在坚持"一个中国"原则的基础上，在事务性谈判中不涉及"一个中国"的政治含义。② 在"九二共识"的主导下，"一个中国"的政治含义让位于对"一个中国"原则的坚持，③ 两岸亦因而进入对"一个中国"含义"不争论"的阶段。1995年 1 月，江泽民同志在"江八点"中提出"台湾是中国的一部分"，而没有具体说明"台湾是中华人民共和国的一部分"，从而弱化了"中国"的政权符号性，而突出了"中国"的国家符号性。④ 2002 年的中共十六大报告又提出"大陆和台湾同属一个中国"，并为 2005 年的《反分裂国家法》、2007年的中共十七大和 2008 年的"胡六点"所肯定。目前，大陆在对台工作部分，已经不提"中华人民共和国"，而仅提"中国"。与此对照，1982 年宪法中"台湾是中华人民共和国的神圣领土的一部分"，在外延上显然要小于"大陆和台湾同属一个中国"。

---

① 1979 年全国人大常委会发表的《告台湾同胞书》、叶剑英同志提出的"叶九条"和邓小平同志在当时的一系列重要讲话，都包含"台湾当局是地方政府"的内容。
② 关于"九二共识"的形成、内容和争议，参见苏起、郑安国编《"一个中国、各自表述"共识的史实》，翰芦图书出版有限公司，2003，第 1～19 页。
③ 参见邵宗海《两岸关系》，五南图书出版有限公司，2006，第 341 页。
④ 参见周叶中、祝捷《论海峡两岸和平协议的性质》，《法学评论》2009 年第 2 期。

第二，"一国两制"的具体实现形式，从特别行政区制度向着议题化的方向发展。按照1982年宪法制定者的设想，特别行政区制度是实现"一国两制"构想的具体形式。香港、澳门的实践证明，特别行政区制度在实现"一国两制"构想方面，确有其制度优势。但是，台湾问题不同于香港、澳门问题，而更加具有复杂性，"一国两制"构想在台湾的具体实现形式因而也更加复杂。1995年"江八点"提出后，大陆对于以何种方式在台湾实施"一国两制"构想，采取了"议题化"的策略。"议题化"是指将在台湾实施"一国两制"的具体形式作为一项议题，由两岸通过谈判协商解决。通过"议题化"的方法，可以避免预设前提，使大陆和台湾就"一国两制"在台湾的具体实现方式及其相关问题"先谈起来"。经由"议题化"的处理方式，"一国两制"在台湾的具体实现形式，可能是两岸已经提出的模式，也可能是两岸在谈判中创造的新模式。总而言之，特别行政区制度已经不再是在台湾实现"一国两制"构想的唯一形式。

第三，用"中央对地方"定位大陆和台湾的政治关系模式被逐渐弱化，直至不再提及。1982年宪法制定一年后，邓小平同志考虑到台湾当局对"中央对地方"模式的可接受度，曾经提出以"国共两党谈判"代替"中央对地方"模式。[1] 1993年，台湾当局明确表示，不再接受大陆方面有关两党谈判的建议后，[2] 两岸之间的交流主要透过海协会和海基会构成的"两会框架"开展。此后，大陆不再用"中央对地方"定位两岸政治关系。2002年11月，中共十六大报告提出"大陆和台湾同属一个中国"的主张，从而缓解了台湾对于大陆的从属性。2008年12月，胡锦涛同志在"胡六点"中，用"政治对立"描述大陆和台湾当前政治关系的实质。根据"胡六点"的精神，大陆和台湾之间当前的政治关系实质是一国内部的政治对立关系，至于这种政治对立关系运用何种模式进行描述，则属于两岸谈判所要讨论的内容。

虽然大陆两岸政策发生了有别于1982年宪法文本的变化，但并不意味着大陆当前的两岸政策是"违宪"的。因为大陆当前的两岸政策在坚持"一中性"、坚持"一国两制"等根本原则和基本方向上，并没有违反1982年宪法的规定，反而是在新的历史条件下加强了"一中性"，强化了"一国

---

① 参见《邓小平文选》（第三卷），人民出版社，1993，第31页。
② 参见邵宗海《两岸关系》，五南图书出版有限公司，2006，第631页。

两制"实现的可能性。而且，即便是在具体主张和制度设计上的变化，也都可以通过宪法解释方式予以说明。当然，为了使1982年宪法的规定与大陆当前的两岸政策更具一致性，依据"从政治到宪法"这一"一中宪法"的形成逻辑，可以考虑通过修宪或者全国人大常委会释宪的形式加以解决。①

二　台湾地区的"宪法一中"

台湾地区现行"宪法"的"一中性"是通过"宪法"文本的表象，为"中华民国"或者"台湾"的"主权性"背书。当然，对台湾地区现行"宪法"的"一中性"应作辩证思考，而不应一概以"台独"斥之。

（一）"宪法一中"的形成

台湾地区现行"宪法"的"一中性"与"中华民国"在台湾的政治含义及其演变有着密切关系。可以说，不理解"中华民国"在台湾的政治含义及其演变，就无法真正理解台湾地区现行"宪法"的"一中性"。陈水扁曾用"中华民国到台湾"、"中华民国在台湾"和"中华民国就是台湾"，描述了"中华民国"的政治含义在台湾地区的演变过程。本文也拟按这一脉络，对"中华民国"的政治含义在台湾的演变作一简要梳理。

所谓"中华民国到台湾"，是指"中华民国"虽然在大陆丧失了"合法性"，但"中华民国"的"宪法制度"仍然在台湾继续实施，因而"中华民国"到台湾后继续"存续"。按照"中华民国到台湾"理论，"中华民国"退居台湾只是暂时的，因而当时的台湾当局将"反攻大陆"、"反共复国"作为其两岸政策的主要内容，或者至少在表面上维持追求国家统一的努力。"中华民国到台湾"主导下的"中华民国"的政治含义，集中体现在台湾当局"国统会"于1992年通过的"'一个中国'意涵定位结论"一文。根据该文的解释，"中华民国"是指1912年成立的一个"国家"，这个"国家"自1949年后丧失了在大陆的"治权"，并退居台湾，目前其"主权"范围包括中国大陆、台湾，甚至还包括早已独立的外蒙古，但"治权"仅及于台、澎、金、马，该观点目前仍是台湾当局的官方

---

① 参见周叶中《台湾问题的宪法学思考》，《法学》2007年第6期。

正式观点。①

所谓"中华民国在台湾",是指"中华民国"虽然成立于中国大陆,而且一度是全中国的"合法政府",但经由1990年开始的"宪政改革",已经"台湾化",因而"中华民国"已经是一个新的、台湾人的"国家"。1990年后,台湾地区开始所谓"宪政改革",在台湾实现了"中央"民意代表、领导人("总统")在台湾地区的直选,并建立"公民投票"制度、"精简"台湾省级建制,以及承认台湾地区少数民族的"宪法"地位,从而逐渐将"中华民国台湾化"。"中华民国在台湾"的观点,主导了台湾当局20世纪90年代后的两岸政策,其顶峰是李登辉的"两国论"。根据李氏对"两国论"的说词,"两国论"正是1990年后台湾地区"宪政改革"的结果,而这里的"两国"是指"在大陆的中华人民共和国"和"在台湾的中华民国"。②

所谓"中华民国就是台湾"的提法,始于民进党于1999年通过的"台湾前途决议文"。该"决议文"认为,"台湾"是一个"国家",依据"宪法",它的名字是"中华民国",③从而将"中华民国"作为"台湾国"在"宪法"上的"国号"。"中华民国就是台湾"的观点,在台湾又被称为"B型台独",以便与直接建立国号为"台湾国"或者"台湾共和国"的"A型台独"相区别。2007年9月,台湾地区一部分持"台独"观点的学者,拟定所谓"中华民国第二共和宪法草案",以通过"第二共和",将"中华民国"和"台湾"进行连接,实现"中华民国就是台湾"的主张。④

随着"中华民国"政治含义的演变,台湾地区现行"宪法"的"一中性"亦在发生变化。在"中华民国到台湾"主导下,1946年"宪法"的"一中性"体现为绝对的、排他性的"一中性"。依据1946年"宪法",不仅"中华民国"仍然维持对包括大陆在内的"全中国"的虚幻"法统",

---

① 台湾当局至少在形式上仍未废除"'一个中国'意涵定位结论"。参见台湾当局"国统会":"'一个中国'意涵定位结论",1992。

② 《德国之声采访李登辉答问全文》,资料来源:http://www.cass.net.cn/zhuanti/taiwan_1/comments/german.htm,最后访问日期:2008年12月25日。

③ 参见颜厥安《宪政体制与语言的困境》,载颜厥安《宪邦异式》,元照出版有限公司,2005,第152页。

④ 参见陈明通《"中华民国第二共和宪法草案"——〈前言与总纲〉论述》,"财团法人台湾智库"、"中华亚太菁英交流协会":"审议式民主——'中华民国第二共和宪法草案'研讨会会议手册",2007。

而且中华人民共和国也是"不存在"的。"中华民国在台湾"的观点，则改变了1946年"宪法"中具有绝对性的"一中性"，而是按照"一国两区"的思维，区分为"自由地区"和"大陆地区"，承认中华人民共和国在"大陆地区"的有效统治。然而，"中华民国在台湾"也没有从质的方面改变"中华民国"和"宪法"的连接，"中华民国"仍是中国在"宪法"上的一个"国号"，"中华民国"因而也可以简称为"中国"。

"中华民国就是台湾"的观点，使"中华民国"与"宪法"产生了质的连接："中华民国"不再是"中国"的一个政权符号，而是"台湾"在宪法上的符号，因而沦为"台湾"的一种生存策略。存在于台湾地区现行"宪法"上的"中华民国"，透过"宪法"的建构作用，成为"台湾"作为"国家"的一种"存在方式"。台湾学者颜厥安更为透彻地指出："中华民国"已死，只有"中华民国宪法"一息尚存。[①] 从"中华民国就是台湾"开始，台湾地区现行"宪法"的"一中性"开始被强调：依照台湾地区现行"宪法"，只有一个"中华民国"，也就是"台湾"，"台湾"是一个"国号"名为"中华民国"的"国家"。通过引据"宪法"的规定，主张"台独"的群体可以堂而皇之地主张"台湾"已经是一个"独立"的"国家"。如民进党所谓"台独"转型的核心要义，就是"台湾"（"中华民国"）已经是一个"独立"的"国家"，不必也不需要再宣告"独立"，任何改变"独立"现状的决定，都必须由全体台湾地区"住民"作出。[②] 按照此逻辑，"中华民国"不再是中国在"宪法"上的一个"国号"，而是"台湾"在"宪法"上的"国号"，"中华民国"因而不能简称为"中国"。这一结论并不仅仅是理论上的推演，在台湾实际上已经有了相应的立法实践。台湾当局在2000年2月前，一直沿用制定于1929年的"国籍法"。根据1929年"国籍法"的规定，取得"中华民国国籍"者，必须与"中国"产生连接，要么是直系近亲属或妻子为"中国"人，要么是在"中国"有住所。[③]但2000年2月，台湾当局全面修改"国籍法"，将"中国"的表述全部替换为"中华民国"，使"中华民国"至少在"国籍法"上与"中国"脱钩。

① 颜厥安：《宪政体制与语言的困境》，载颜厥安《宪邦异式》，元照出版有限公司，2005，第155页。

② 参见张凤山《论民进党的"台独转型"》，《台湾研究》2001年第4期。

③ 相关条文，参见台湾地区"国籍法"（1929年）第1条至第6条。

其实，"台独"分子的上述推演，并不符合台湾地区现行"宪法"的规定。根据台湾地区现行"宪法"的规定，其"一中性"并非是"一个中华民国性"，而仍然是"一个全中国性"。"台独"分子多以"宪政改革"为托词，说明"中华民国"已经"台湾化"。但若仅从文本上来考量，"中华民国台湾化"的说词，其实是曲解了台湾地区现行"宪法"。台湾地区现行"宪法"由两部分构成，一部分是 1946 年"宪法"的文本，另一部分是1990 年后"宪法增修条文"的文本。1946 年"宪法"制定于中国大陆，其"一中性"是比较纯粹的、绝对的，无须多言，因而本文的重点是对"宪法增修条文"的"一中性"进行分析。其一，"宪法增修条文"序言声明："增修""宪法"的目的是"为因应国家统一前之需要"，因而并未在根本法层面否定"一个中国"，也未否定"统一"，因此，从法理角度而言，"宪法增修条文"应是台湾当局在"国家未统一"前的"临时宪法"。其二，"宪法增修条文"虽然大量废止 1946 年"宪法"的规定，但这种"废止"并不是永久废止，而大多以"不受限制"、"不适用"、"停止适用"等名义出现，并无一条被明令"废止"，再结合整个"宪法增修条文"的"临时性"，1946 年"宪法"被废止的条文，应只是在"国家未统一前"的"临时废止"。其三，"宪法增修条文"本身亦体现了"一个全中国性"：首先，"宪法增修条文"将"全中国"分为"自由地区"和"大陆地区"，对于选举"中央"民意代表、直选"总统"、"公民投票"等事项，都明确规定在"中华民国自由地区"进行，并没有将"中华民国"和"自由地区"等同起来，体现了"一国两区"的思想；其次，"宪法增修条文"在"中央"民意代表部分设有"全国不分区"代表，虽然亦明确规定"全国不分区代表"也在"自由地区"选举产生，但代表的选举产生方式和代表本身的"代表性"毕竟不同，台湾当局亦是想通过"全国不分区代表"弥补"全中国"和"自由地区"之间的落差。① 综上分析，可以得出的一个结论是：台湾地区现行"宪法"并非是在"制宪"或"修宪"时，就将"中华民国"等同于"台湾"，至少从"宪法"文本上读不出这层含义。另外值得注意的是，"中华民国就是台湾"所依据的"宪法"文本和"中华民国在台湾"的"宪法"文本并没有发生变化。因此，两者之间其实是对"一个宪法"

---

① 参见廖元豪《论政治问题理论：论两岸关系宪法定位之可司法性》，《政大法学评论》2002年第 71 期。

的"各自表述"。①

　　至此，对台湾地区"现行"宪法的"一中性"，也可以得出一个基本结论：台湾地区现行"宪法"的"一中性"，是推定台湾地区各政党两岸政策的基本依据，持不同统"独"观点的人，都可以从"宪法"上的"一中性"获取政治资源，"宪法"上的"一中性"可以用于掩盖其政治上的"非一中性"，"宪法"上的"一中性"仅仅是规范意义上的，并不必然导致"事实"上的"一中"。由此可见，台湾地区现行"宪法"的"一中性"，基本上是通过持不同统"独"观点的人，透过对"宪法"的解释实现的，因而是一个"释宪问题"。在此意义上，台湾地区现行"宪法"的"一中性"，可以被概括为"宪法一中"。

（二）作为"最大公约数"的"宪法一中"

　　"宪法一中"并非全然没有积极意义。2005年2月，陈水扁和宋楚瑜达成"扁宋十项共识"，其中有一项是"依中华民国宪法所揭示的国家定位，即为两岸目前在事实与法理上的现状，此一中华民国主权现状必须受到两岸与国际社会的承认与尊重"。② 陈水扁、宋楚瑜在事后的记者招待会上，将"中华民国"作为"我们在国家定位的'最大公约数'"，陈水扁还声言："既然我们的国号叫做中华民国，中华民国的根本大法——'中华民国宪法'及'增修条文'，在没有改变之前都是我们要遵守的"。③ 宋楚瑜在2005年5月访问大陆回台后，也曾说"两岸一中"是"两岸各表一中、宪法一中"。谢长廷在2005年2月声言，"在宪法未改之前，行政院必须要遵守宪法"，"目前宪法体制确有'一中'架构"，因而他也主张"宪法一中"，但"这个宪法一中与中华人民共和国提出片面一中理论、主张'一国两制'截然不同，台湾无须自我阉割为中华人民共和国的一中"。④ 马英九

----

① 参见曾建元《一个宪法，各自表述：台湾宪法秩序中的"一个中国架构"》，《万窍：中华通识教育学刊》2006年第4期。

② 转引自曾建元《一个宪法，各自表述：台湾宪法秩序中的"一个中国架构"》，《万窍：中华通识教育学刊》2006年第4期。

③ 陈水扁："总统与新民党主席宋楚瑜会谈后谈话及记者会答问全文"（2005年），资料来源：http://www.president.gov.tw/php - bin/prez/shownews.php4，最后访问日期：2009年3月17日。

④ 转引自曾建元《一个宪法，各自表述：台湾宪法秩序中的"一个中国架构"》，《万窍：中华通识教育学刊》2006年第4期。

在任国民党党主席期间，也从遵守"宪法"的角度，强调对"一中"的坚持。马英九认为："国民党是台湾目前最大的反对党，要捍卫现有的宪法不被更动，因为现在的宪法是以一个中国为基础所建立的宪法"。① 马英九当选为台湾地区领导人后，又多次依据"宪法"，表明了他对于"一中"的肯定态度。马英九甚至认为，依照台湾地区现行"宪法"，大陆也是"中华民国"的领土。② 这个说法已经远远超过了"中华民国在台湾"的层次，而"仿佛"回到了按照"中华民国到台湾"诠释"中华民国"政治含义的年代。

从以上台湾地区部分政治人物的言论可见，遵守"宪法"，按照"宪法"理解和表述"中华民国"与"台湾"的关系，已成为台湾地区政治人物界定台湾"国家定位"的"最大公约数"。可以说，"宪法一中"已成为一个政治口号，是台湾地区持统"独"观点的人士对"国家"定位的最大公约数，持不同统"独"观点的人，都可以在"宪法一中"的符号下，进行"各自表述"。"宪法一中"之所以可以成为"最大公约数"，主要基于"宪法一中"有以下三方面的特征：

第一，"宪法一中"以"宪法"作为支撑其存在的基础，对于法治、宪政等理念已经深入人心的台湾社会，具有较强的说服力，容易使政治人物的观点获得选民认同。"宪法一中"的最大特色是各种对台湾地区现行"宪法""一中性"的理解，都可以从"宪法"中找到直接或者间接的依据。台湾地区政治人物一般从"遵守宪法"的角度出发，将"宪法一中"作为自己统"独"观的根据，并声言自己的统"独"观点，并不是意识形态作用的结果，而是源于对"宪法"的遵守和信服。这一"从宪法到政治"的思维路径，与台湾民众长期形成的法治、宪政等理念相契合。因此，政治人物通过"宪法"解释其两岸政策，也容易获得选民认同。基于上述原因，以及台湾选举政治的特点，多数政治人物都意图通过对"宪法一中"表示尊重和支持，来换取选民的支持。

第二，"宪法一中"可以借助"宪法"中所体现的"一国两区"思想，较大限度地包容不同的统"独"观点。从台湾地区现行"宪法"的文本来

---

① 马英九的这段讲话，是在 2006 年回答新华社记者时作出的。参见《马英九演讲 誓言捍卫一中宪法》，资料来源：http://cn.chinareviewnews.com/crn-webapp/doc/docDetailCreate.jsp？docid＝100138037，最后访问日期：2009 年 3 月 18 日。

② "马英九：大陆是中华民国领土"，《星岛日报》2008 年 10 月 8 日。

看，"宪法增修条文"以"一国两区"思想为确定大陆和台湾政治关系定位的主要指导思想，将"中华民国"分为"自由地区"和"大陆地区"，并于第 11 条（原为第 10 条）授权"立法院"另行规定"自由地区"人民和"大陆地区"人民的关系及其他有关事务。"一国两区"是"台独"理论从"一国"向"两国论"的重要节点，用"一国两区"思想来指导"宪法增修条文"的制定，本身就可以理解为是一种"台湾法理独立"的行为。但是，"一国两区"毕竟在形式上保留了"一国"，因此，持"统一"观点的台湾地区政治人物，也可以从中得到"宪法"依据。于是，"宪法一中"借由"一国两区"思想，既包容了强调"两区"的"独"派群体，也包容了强调"一国"的"统"派群体，因而成为双方竞相攫取的"宪法"资源。

　　第三，"宪法一中"区分了法理和事实，"一中"也随之分裂为"法理一中"和"事实一中"，这就给了持不同统"独"观点的人以选择空间。台湾当局 1992 年发表"'一个中国'意涵定位结论"说词，借用孙中山"权能分治"中的"主权"和"治权"概念，将"中华民国"对"全中国"的权力分为两个层次：在"主权"层次，该说词认为"中华民国"的"主权"及于"整个中国"；在"治权"层次，该说词认为"中华民国"的"治权"仅及于"台澎金马"。[①] 然而从孙中山对于主权和治权的描述可见，台湾当局在这份说词中实际上误用了"主权"和"治权"的概念。台湾学者曾建元认为，"治权"表达的只是一种统治权或管辖权的概念及事实，应该用"事实主权"代替"治权"，将"中华民国"的"主权"区分为"法理主权"和"事实主权"。[②] 根据曾建元的论述，所谓"法理主权"大致相当于"'一个中国'意涵定位结论"中的"主权"，而"事实主权"大致相当于"'一个中国'意涵定位结论"中的"治权"。但曾建元又认为，"事实主权"所表达的是比"治权"更为上位的概念，指的是"整个宪法秩序建立的国民主权基础"。[③] 随着"中华民国""主权"的裂解，承载"主权"的"宪法"亦随之发生裂解，"宪法一中"也被区分为"法理一中"和"事实一中"。前者是指仅仅存在于"宪法"规范上的"一中"，这个"一

---

① 参见台湾当局"国统会"："'一个中国'意涵定位结论"，1992。

② 参见曾建元《一个宪法，各自表述：台湾宪法秩序中的"一个中国架构"》，《万窍：中华通识教育学刊》2006 年第 4 期。

③ 参见曾建元《一个宪法，各自表述：台湾宪法秩序中的"一个中国架构"》，《万窍：中华通识教育学刊》2006 年第 4 期。

中"可以是指"一个中华民国"，也可以是"一个全中国"；后者则是存在于现实生活中的"一中"，多数台湾地区政治人物并不认为，这种"存在于现实生活中的一中"是"现状"，至多将其理解为"目标"。① 由此可见，"事实一中"中的"事实"只能从"全中国"来观察，这就与"事实主权"的观察点正好相反，因而"事实一中"只能理解为"事实上的一个全中国"。于是，"宪法一中"的含义包括"法理上的一个中华民国"、"法理上的一个全中国"和"事实上的一个全中国"三种选择，这样，任何一种统"独"观点，都可以从中获得需要的选项。②

正是由于"宪法一中"的开放性，所以我们对台湾地区政治人物的"宪法一中"言论应作辩证思考，不能因其含有"一中"而放松对其的警惕，也不能因其突出"中华民国"而否定其积极意义。就目前情况而言，"宪法一中"至少在形式上保持了"一中"，对于两岸关系和平发展的积极意义显然大于其消极意义。

三　"一中宪法"和"宪法一中"的比较

对两岸根本法之"一中性"的比较，可以归结为对"一中宪法"和"宪法一中"的比较。作为两种在两岸间具有代表性的"一中"观点，"一中宪法"和"宪法一中"的"同"与"不同"，都在根本法层面体现了两岸关系的特征。

（一）"一中宪法"和"宪法一中"的"同"

"一中宪法"和"宪法一中"最大的"同"，就是都至少在形式上通过根本法维持了"一中"，都没有违反"一个中国"原则，虽然两岸所指"一中"存在区别，但在总体上符合"九二共识"。这也是为何"一中宪法"和"宪法一中"不至于招致两岸过多反对声音的根本原因。当然，这个"同"

---

① 关于"一个中国"是"现状"还是"目标"，也是理解"一个中国"原则的重要内容，我们将另文论述，在此，暂同意大陆学者的公认观点。

② 至于是不是还有"一个事实上的中华民国"，我们认为这是不符合"宪法一中"的。因为"一个事实上的中华民国"，只能指在台湾的"中华民国"，这就会产生是不是存在"一个事实上的中华人民共和国"的疑问。如果后者存在，则是"两中"，而非"一中"；如果后者不存在，则"一个事实上的中华民国"其实可以为前三者所涵盖。

是显而易见的，本文不必再过多阐述。

如果从根本法的表述联系两岸关系现状，可以发现，"一中宪法"和"宪法一中"实际上表明两岸对"一中"的理解，都出现了政治理解和法律表述相互脱节的现象。而这一现象，也是大陆和台湾两岸政策与法律文本相互脱节的反映。不可否认，在两岸，政策的作用远远大于法律，法律（包括根本法在内）都是在政策指导下制定，目的是为了体现政策，以加强政策的规范性。但是，政策的灵活性又远强于法律文本的灵活性，尤其对根本法而言，不仅严格的修改程序制约了其修改，而且两岸关系方面内容的敏感性，也使大陆和台湾对各自根本法中有关两岸关系的内容不敢修改、不能修改。

中国大陆虽然已经对 1982 年宪法进行了四次修改，但都没有触动序言第 9 自然段和第 31 条。这显然已经不是"严格的修改程序"所能解释的，而只能从内容角度进行思考。1979 年后，大陆的两岸政策越来越务实，越来越灵活，"一中"的含义也逐渐从"中华人民共和国"演进为不具有政权意义的"中国"；大陆和台湾的政治关系定位，也从"中央对地方"向具有"平等"意味的"政治对立"发展，就连特别行政区制度也不必然是"一国两制"构想的唯一实现方式。这些变化，不仅体现在领导人的讲话中，而且也为《反分裂国家法》所肯定。那么，为什么中国大陆并不将 1982 年宪法中有关台湾问题的表述，按照当前大陆两岸政策进行修改，而是另外制定《反分裂国家法》，并且宁愿使《反分裂国家法》在具体表述上与 1982 年宪法有所不同呢？这其中关键的一点还在于 1982 年宪法的敏感性。考察 1982 年宪法序言的其他段落可以发现，1982 年宪法其实对"中华民国"和中华人民共和国的关系有着清楚的论述。1982 年宪法序言第 4 自然段指出："一九一一年孙中山先生领导的辛亥革命，废除了封建帝制，创立了中华民国"；而紧接着的第 5 自然段就说："一九四九年，以毛泽东主席为领袖的中国共产党领导中国各族人民……，取得了新民主主义革命的伟大胜利，建立了中华人民共和国。"在 1982 年宪法的制定者看来，"中华民国"虽然曾经存在，但是已经被中华人民共和国所取代，已经成为历史陈迹。这一观点不仅为 1982 年宪法所肯定，也为绝大多数中国人民（主要是大陆人民）和国际社会所普遍肯定。"中华人民共和国"是"中国"这个国家的政权符号，如果在根本法层面抛弃这个政权符号，将造成 1982 年宪法前后之间的矛盾，也会给外界以不必要的猜测空间，其影响范围甚至不止于台湾问题的论域。

由此考察台湾地区的情况可以发现，虽然台湾地区也进行了七次"宪政改革"，但都未从实质上对第一个"宪法增修条文"的"一国两区"进行修改。这也显然不能仅用"修改程序的严格性"来解释。从台湾地区领导人的表态来看，不修改"宪法一中"显然有着更多的考量。陈水扁在第一个任期的"就职演说"中，也声言"不将两国论入宪"、"不改国号"等，至于他后来的"修宪"、"制宪"言行，也主要是一种政治操作，难以真正落实。马英九非常重视"宪法"的作用，认为"行宪"优先于"修宪"和"制宪"，①并且表示基于"宪法"的"一中性"，要捍卫这部"宪法"。②"九二共识"后，尤其是"台湾法理独立"概念提出后，中国大陆对台政策的底线转变为台湾当局不通过法律方式谋求"法理台独"，而事实上承认台湾当局在台湾地区的有效管辖。因此，是否在根本法层面变动两岸关系方面的内容，也成为台湾当局两岸政策的底线。尽管"台独"分子主导时的台湾当局，利用种种方式将"中华民国台湾化"，但毕竟不敢直接对"宪法"的相关部分进行修改，以防止因触碰底线而导致两岸关系的彻底破裂。台湾地区第七个"宪法增修条文"，规定了比前六个"宪法增修条文"更为严苛的修改程序，可以预见，以后台湾当局要变更"宪法一中"的难度将更大。

总而言之，由于上述种种原因，虽然两岸在政策层面都已走到根本法的前面，但都不能或者不敢对根本法进行相应的修改。正是这种微妙的、形式上的平衡，维护了台海两岸的稳定，也给两岸以和平发展的机会。

（二）"一中宪法"和"宪法一中"的"不同"

毫无疑问，"一中宪法"和"宪法一中"又有着明显的不同。这些不同之处将有助于我们认清"宪法一中"的实质。综合上述有关两岸根本法"一中性"的论述可见，"一中宪法"和"宪法一中"的不同之处主要有以下几点：

第一，大陆的"一中宪法"遵循"从政治到宪法"的形成逻辑，含义

---

① 参见马英九在就任台湾地区领导人典礼上的讲话，2008 年 5 月。资料来源：http：//www.zaobao.com/special/china/taiwan/pages11/taiwan080520e.shtml，最后访问日期：2008 年 11 月 14 日。

② 参见《马英九演讲　誓言捍卫一中宪法》，资料来源：http：//cn.chinareviewnews.com/crn - webapp/doc/docDetailCreate.jsp？docid＝100138037，最后访问日期：2009 年 3 月 18 日。

明确固定，而台湾的"宪法一中"是"从宪法到政治"，含义模糊，解释空间大。这种形成逻辑的区别，决定了"一中宪法"和"宪法一中"在含义上的不同。作为一个"立宪问题"的产物，"一中宪法"集中体现了1982年宪法制定时的大陆两岸政策，含义明确、固定，可供解释的空间小。但是，作为一个"释宪问题"的产物，"宪法一中"则遵循了"从宪法到政治"的形成逻辑，"宪法"上的表述不过是政治人物用以阐述观点和主张的依据，政治人物也多用政治观点来解读"宪法"上的规定，从而形成"一个宪法，各自表述"的现象。在此情况下，由于"宪法一中"的含义模糊，使台湾地区持不同统"独"观点的人群都能从中获取"宪法"资源，"宪法一中"也在"各自表述"的过程中沦为政治人物的语言游戏。

第二，大陆的"一中宪法"在事实和法理上具有同一性，而台湾的"宪法一中"则切断了这种同一性。事实和法理的二元化是分析"一中宪法"和"宪法一中"之区别的重要工具之一。大陆1982年宪法有关两岸关系的部分兼顾事实和法理，既在根本法层面肯定了大陆和台湾同属一个中国的事实，并将事实上升为规范，又意识到两岸尚未统一的现状，设计了特别行政区制度，以作为两岸通过"一国两制"构想实现统一的法理基础。"一中宪法"在台湾的归属以及解决台湾问题的方式上，都达到了事实和法理的同一。反观台湾地区现行"宪法"，虽然其在法理上肯定了"一中性"，但这个"一中性"可以做数种含义截然不同的理解。尤其是"台独"学者对于"事实主权"和"法理主权"的分类，将本来就含义模糊的"宪法一中"，又拆分成"事实一中"和"法理一中"，从而切断了事实和法理上的同一性，使"宪法一中"的"一中"在更多情况下，只是法理上的一个符号，从而给"台独"分子掩盖其事实上的"台独"提供了遮羞布。

第三，大陆"一中宪法"的主要作用是为了表明大陆当时的两岸政策，从而将两岸政策法制化、宪法化，而台湾"宪法一中"的主要作用是为了透过"宪法"的特征，弥合岛内不同群体间的政治争议。如果从"一中宪法"的形成逻辑来考虑可见，大陆的"一中宪法"体现了大陆当时的两岸政策，是将政策法制化、宪法化的产物，其目的在于从根本法层面宣示大陆的两岸政策，提高大陆两岸政策的效力位阶和权威。而台湾的"宪法一中"则产生于政治人物的政争中，其主要作用是借用"宪法"的权威性，以及政治人物表面上遵守"宪法"的态度，从而通过"宪法"弥合持统"独"不同主张人群之间的争议。所谓"宪法一中"是"最大公约数"等言论，其实都是在这个背景下出台的。谢长廷更是直截了当地声言，"朝野和解共生，必须有信赖的基础，而且中华民国事实上已经台湾化，与大陆和解共生，其实和维护台湾主权并不矛盾。"正是"宪法一中"，为"各自表述"的人群提供了"信赖的基础"，对于缓解台湾地区的内部政争具有一定的积极性。但在"宪法一中"中，"一中性"实际上依附于"宪法"的权威。尤其在前述政争情况下，"一中性"更加退居"宪法"幕后，成为各方各派肆意"表述"的对象。

最后必须说明的是，对两岸根本法之"一中性"进行比较研究，实际上是透过这种对比，切实弄清大陆和台湾的两岸政策。虽然大陆和台湾根本法有关两岸关系方面的规定，与其现实政策相比，都存在滞后性，但基于两岸都遵行法治原则，而根本法在各自法律体系中居于最高法律地位，因而仍是具有正式法律效力的两岸政策。因此，对这一规范意义上两岸政策的研究，无疑比单纯政治意义上的两岸政策研究，更加具有直接性和现实性。

香港功能界别制度：
性质、困境与前景

张定淮　李墨竹[*]

摘　要：香港立法会的功能界别制度是在香港回归的过渡期内由港英当局引入的一种行业代表制度。它作为一种在没有现代民主制度条件下的香港社会内的民主制度安排被中央政府作为有效制度得以保留。然而，在香港面临"双普选"情势下，这一制度遭到香港反对派的强烈诟病，并认为是"特权制度"，"非民主制度"。因此，笔者通过对这一制度出台的背景进行考察，认为对于该制度性质的讨论仍需要放在民主制度安排的框架下进行。相对于现代民主制度而言，香港的功能界别制度确实是存在问题的，其中两个最为突出的问题是"选举权的不平等性"和行业代表产生的民主成分较低。然而，鉴于《香港特别行政区基本法》对于香港政治发展所做出的原则性规定，在考虑这一制度所存在的实际作用并对这一制度做出保留的前提下，对其做出改造和变革是必要的。

关键词：功能界别制度　香港政治发展

香港功能界别制度一直遭到反对派的诟病，被认为是一种"特权制度"，"非民主制度"，因此，反对派扬言，在香港实现《基本法》所作出的"双普选"制度承诺的过程中必须予以废除。而建制派对于这一制度则持保

---

* 张定淮，深圳大学当代中国政治研究所副所长，深圳大学港澳基本法研究中心副主任，教授；李墨竹，深圳大学当代中国政治研究所硕士生。

留的看法，认为香港功能界别制度是特殊历史时期的产物，它基于香港资本主义的社会现实，对香港的长期繁荣稳定仍然发挥着不可替代的作用。掌握香港政制发展主导权的中央政府对于香港功能界别制度的前景迄今为止并没有作出明确的表态，只是强调，香港民主政治发展需要坚持《基本法》中所规定的"符合香港实际"和"循序渐进"的原则。基于此，笔者认为，香港在实现立法会普选的过程中，反对派与建制派之间围绕功能界别制度的存废问题必然会引发严重的博弈，因此对香港功能界别制度的性质，困境与前景问题进行探讨对于我们认识香港未来政制发展大有裨益。

一　香港功能界别制度的性质

香港反对派对香港的功能界别制度是怎样定性的呢？其为这一制度罗列了如下"罪状"：它充满商界特权色彩，是违反"普及而平等"原则的"小圈子"选举，是阻挠未来香港民主发展的主要障碍。这些提法可能会使许多人产生疑惑，人们不禁要问：这一制度不是产生于港英政府急速推进香港"非殖民化"和"民主化"的20世纪80年代中期吗？这个香港"民主化"过程的成果怎么成为了阻碍民主政治发展的制度性障碍了呢？弄清楚这个问题是观察这一制度走向的关键。

众所周知，在中英就香港前途问题开展谈判之前，香港是没有现代民主可言的，正是由于港英政府获悉了中国政府将于1997年收回香港的意图后，香港才进入了所谓的现代民主政治发展的进程，而功能界别制度正是这种"民主进程"中的制度成果之一。这是所有客观看待香港政治发展的学者都毋庸置疑的基本事实。就这一制度的性质而言，它应该属于代议政治的范畴，只不过它是一种现在不太为世界各地采用的较为特殊的代议民主形式——职业代表制，而这一制度的形成和发展在一定程度上使港英政府在香港回归过渡期内的统治具有了某些政治上的合法性。

那么推行这种具有代议性质的制度之前，英国人是以何种手段实现对香港的有效统治呢？其维持香港稳定的"法宝"是什么呢？香港学者金耀基教授对英国人的奥妙之处做出了精辟的概括，这就是"行政吸纳政治"。而所谓的"行政吸纳政治"就是港英当局通过将香港华人精英不断吸纳进入行政系统，使其在某种程度上参与政治决策，或通过政治咨询方式使华人精英的政策建议某种程度得以采纳，进而消弭华人不满情绪的一种方式。这种方式的功效，总体而言，不仅在于帮助港英当局实现了对香港的有效统治，更为重要的是它的确有效地抑制了代议制民主在香港的发展。① 这种吸纳社会政治精英的统治方式在香港虽然成功，但以现代政治的角度看，港英政府的认受性还是存在严重不足的，对于这一点，谙熟西方政治的港英当局是心中有数的。因此在中英就香港问题的前景逐步明朗化的情况下，港英政府启动了香港"非殖民化"进程。其中在港推行代议制度是这一进程中的主要内容。香港功能界别制度正是这种新的代议民主制度中最为重要的组成部分。关于英国人为什么在撤退之前匆忙在香港推行民主代议制度，已有许多学者做出了论述，笔者并不想在此赘言。

港英政府为什么没有以世界各国普遍采用的民主选举制度模式作为香港在"非殖民化"过程中发展民主选举制度的模式，而是采用功能界别选举加分区直选模式？这是基于什么考量呢？如果纯粹从意识形态的观念对抗角度来看待港英政府在这一问题的所作所为，那么我们就会陷于一种极端的思维之中。笔者认为，港英政府是基于过渡期这样一个实际状况做出考量的。香港是一个资本高度密集的资本主义商业社会，在过渡期内，如果推行代议制并保持香港社会的稳定，不考虑各类资本、商界、产业界和专业人士的政治利益是绝对不行的。正是出于这种考虑，功能界别制度作为一种特殊的民主制度安排被推了出来。这不仅符合港英政府的利益，也能弥补港英政府在主权移交过渡期内的政治合法性不足，还能以民主之方式对抗中国政府可能释放的种种压力。因此，对于港英政府而言，这似乎是一种近乎完满的选择。对于这一制度的功效，《1984年代议政制绿皮书》做出了这样的描述："这个制度的真正好处就是在香港引入更多代议制度的发展规划。它能使香港享有持续性的经济增长和内部稳定，所以一定不能忘记或轻易抛弃。"②

港英政府在港推行代议制是逐步展开的。1980年开始，港英政府推出了地方行政计划，其中的两个文件分别是1981年公布的《地方行政白皮书》和《区议会条例》，对地方的市政架构作出了重大调整，其基本内容是：第一，全香港被划分为18个区域，每区设立一个地区管理委员会，该机构由政府部门的官员组成，其基本功能为协调各政府部门在本区域内的行

---

① 参见强世功《中国香港：文化与政治的视野》第一篇"行政吸纳政治"的反思，香港：牛津大学出版社，2008。
② 《1984年代议政制绿皮书》，1984年7月。

政活动。第二，将地区咨询委员会改变为区议会，该机构由政府委任的官守议员，非官守议员，民选议员以及当然议员组成。一般认为，区议会的设立和 1982 年区议会选举的展开是港英政府推行代议制的开端，而这一步骤又为港英政府下一步在立法局进行的代议制变革奠定了基础。

对于港英政府这一具有某种图谋的制度安排，中国中央政府出于对香港社会资本主义制度的性质判断，从有利于港人均衡参与，有利于保持香港长期繁荣稳定的大局考虑，以理性包容的姿态对港英政府的这种制度安排采取容忍的态度并在未来香港特别行政区的制度设计中保留并沿袭了这一代议制度形式，而如今这一在香港历史上被理解为具有民主发展积极意义的制度却成为香港反对派的众矢之的。为了厘清这一制度的性质，我们有必要对代议制民主理论以及选举的方式做出说明。

代议制民主理论认为，"代议制政府是理想上最好的政府形式"①。它的基本原理是"全体人民或一大部分人民，通过由他们定期选出的代表行使最后的控制权。他们必须完全握有这个最后的权力，无论什么时候，只要他们高兴，他们就是支配政府一切行动的主人，不需要由宪法本身给他们以这种控制权"②。选举作为一种必不可少的程序，从而成为代议民主制的组成部分。人民通过选举这种程序和方式，选择能代表自己利益和意愿的人，并通过选举把治理国家公共事务的权力委托给他选择出来的人。③ 它是公民政治权利的实现方式，是公民参与民主政治的途径，它是以法定票决方式运行的选择公职人员的机制。④ 在现代社会，民主只可能通过代议制形式实现，而代议制也只可能通过选举的环节来体现人民主权。

不过，选举制度中的代表制度是有差异的，大体而言，可分为地域代表制和职业代表制。地域代表制是根据人们的居住地而形成的共同利益，并通过某一特定区域的选民选举本区域的代表来表达选民的利益诉求，影响政府做出有利于本区域的相关政策。对于这样一种代表制度，我们称之为区域代表制。这是当今世界较为通行的选举制度。而所谓的职业代表制就是指当选

---

① 徐育苗主编《中外选举制度比较》，商务印书馆，2000，第 65 页。
② 密尔：《代议制政府》，商务印书馆，1982，第 68 页。
③ 参见强世功《中国香港：文化与政治的视野》第一篇"行政吸纳政治"的反思，香港，牛津大学出版社，2008，第 65 页。
④ 王浦劬：《选举的理论与制度》，高等教育出版社，2006，第 3、4 页。

代表的职业化、专业化，以及按照选民职业分工分配代表名额的一种制度。^① 职业代表制包括两个方面：一是对于当选代表而言，当选的代表必须要具备相关专业化的素质，把履行代表功能作为自己的职业；二是对于选民而言，在选举中充分考虑到选民的职业分工状况，按照一定的比例选举出不同职业的代表。所谓功能界别选举制度就是通过从社会的各行各业中挑选代表进入立法会，以实现政治参与，表达民意、影响政府政策制定的一种制度。

香港的功能界别选举制度主要源于法国法团主义所倡导的职业代表制理念。其做法是基于社会公认的商业、产业、社会、经济、政治咨询和专业的团体或机构的成员资格或登记条件，将投票权赋予公司组织、非法人团体和自然人的一种选举制度。历史地看，奥地利、意大利、葡萄牙、厄瓜多尔、巴西、玻利维亚等国都曾采用过这一选举制度。这种制度形成的理由是，社会中的商会、行业工会或其他自主性团体在社会中扮演着重要的角色，而地域代表制产生的议会的简单多数议员，并不能真正代表社会各个阶层的利益，"未来的人类社会将不复以关于同一血系或居于同一地域为人类结合的根本原因，而将以从事于同一职业为其结合的根本原因"^②。

从理论上看，职业代表制的理论支持主要有三条：一是要使议会制度与现时及将来的社会组织形态相适应。随着社会分工的日渐细化，相应的职业组织也复杂起来，通过行业代表参与立法活动的做法能够使各行各业的利益要求得到较为均衡的反映。二是可使富有专业知识的人才发挥才智，应对现代日益艰难复杂的立法工作。这一理论也是与社会生活复杂化密切相关的。它是使立法专门化和专业化的制度安排。三是减少通过地域代表制产生的代表不能真正代表不同职业选民的利益要求的弊端。从历史上存在过的职业代表制的立法机构构成形式看，主要分为三种类型：一是代议机构由完全的职业代表制产生的代表所构成。二是立法机构既包括了职业代表制产生的代表也包括了地域代表制产生的代表，但在代表构成比例上存在差异。就立法权限而论，两者享有平等的立法权。三是立法机构由两种代表制代表构成的情况下，职业代表制代表的立法权小于地域代表制产生的代表。

---

① 王浦劬：《选举的理论与制度》，高等教育出版社，2006，第78页。
② 王世杰、钱端升：《比较宪法》，中国政法大学出版社，2004，第149页。

职业代表制的存在本身说明它是人类构建与社会相适应的产生立法机构的制度所付出的努力与结果。但其存在的缺陷也是显而易见的，如团体的重要性难以界定，各团体代表的人数很难与团体的重要性构成恰当比例；相对于地域代表制代表而言，职业团体代表会因彼此代表利益的不同而造成议会内部的冲突和分裂。一个不可否认的事实是，虽然职业代表选举制度在过往历史上曾经存在于若干国家，如 1928 年意大利的众议院、1919 年德意志新宪法中的全国经济院、法国 1925 年全国经济议会、英国 1930 年经济顾问议会、1934 年巴西新宪法设立的众议院和民国二十年（1931 年）的国民会议等等，但这种制度却处于逐步衰落过程中。如今这种制度安排仅存于少数几个国家和地区，如爱尔兰、巴西和中国香港等国家和地区。

从发展趋势上看，地域代表制虽然越来越为现代民主政治国家所采用，但其也并非完美无瑕，关于这一问题，已有很多学者论述，其中的情况也很复杂。如在多数代表制的情况下如何实现对少数人的保护问题，有人甚至提出了多数人对少数人的"暴政"问题；地区直选议员在一定程度上还存在着激进主义倾向。在选区划分的问题上，在任的政客们还存在出于保证有利于自己政治势力的需要而在选区划分的问题上大做文章。为克服这种状况所带来的立法不公，很多国家的立法机构都采用了两院制。地域代表制产生的议员往往带有本位主义倾向且倾向于利用带有福利主义色彩的内容吸引选民。正因为如此，民主政治发展比较成熟的国家一般都实行两院制。这种制度安排的一个重要的考量就是遏制下议院议员的不理性行为。从全面的角度来审视，地域代表制和职业代表制各有利弊，一个国家或一个地区采用何种代表制度来实现民主政治，是由其自身特色的历史和实际情况所决定的，地域代表制和职业代表制之间并不构成非此即彼的关系。

众所周知，在功能界别制度被引进香港之前，总督从各种各样的经济和专业部门挑选精英人士作为立法局的非官守议员。虽然此时的立法局并非完全意义上的立法机构，但此举就功能而言不仅在政治上消弭了华人的不满情绪，还吸纳了当时香港的主流民意，并能使之在立法局贡献他们的"专业知识和有价值的专业技能"。然而，对社会各界精英实行委任的制度毕竟具有合法性不足的弱点，若以职业代表制方式使精英们能够进入立法局岂不是一举多得的妙招。随着《展拓香港界址专条》即将到期以及中方态度的明朗化，香港的前途问题被提上中英两国的议事日程。此时，出于对这一重大事件的回应，香港的压力团体和社区政治开始活跃起来，① 在多重因素的合力推动下，港英政府决定顺势而为，于 1984 年 7 月发表了《代议政制绿皮书——代议政制在香港的进一步发展》的文件，其中决定在 1985 年开始将功能界别制度引入立法局。这是英国在香港进行殖民统治的最后阶段发展代议制政府总体计划的一部分，其重点在于改变立法局的功能和构成，并希望立法机构成为未来香港的权力中心。港英政府在这一文件中对做出这一举动的各种考虑做出了如下归纳性解释：

第一，关于此举的目的，它做出的解释是旨在通过在香港引入更多代议制度的发展计划，能使香港享有持续的经济增长和内部稳定。

第二，此制度所依据的是人们基于居住地和职业所形成的共同利益，根据人们居住地而形成的共同利益为地方选区界别；而根据他们的职业而形成的共同利益称之为功能界别。

第三，功能界别的确定则基于在香港有很长久历史的行业，如商业、工业、法律、医学、金融、教育、贸易联盟等。

第四，功能界别制度的建立旨在使界别精英能够就香港社会的各类政策贡献自己的专业意见和专业知识，使香港各界别的意见得到反馈。

客观地看，中国政府在这一问题上的态度是充满理性的，不仅接受了这种安排而且还使之法制化，在《基本法》中将功能界别制度固定下来。中方接受这一安排的理由，可从当时的副总理钱其琛的如下谈话看出：

> "在我看来，它（香港特别行政区）应该根据它自身的实际状况和渐进原则来设计自己的发展路径。而不应该盲目地照抄别人的经验……为了在香港推进民主发展，我们不能使香港仿效其他地区的政治体制。
>
> 相反地，判定的标准应该是看这种体制是否适合香港的特征；是否有助于维护香港的繁荣和稳定；是否为生活在香港各种阶层的人民所接受。
>
> 香港是一个商业化城市，同时也是我国的特别行政区之一。这就决定了香港不能复制其他国家和地区的政治体制。过去的实践已经证明功能界别选举模式是一种确保社会各阶层人民均衡参与政治生活的有效方

① 徐克恩：《香港：独特的政制架构》，中国人民大学出版社，1994，第 8 页。

式。因此，这应该被完整地保留。其他与香港特点相一致的体制也应该被保留。"①

从上述论述我们可以看出，港英政府设立功能界别的初衷，除了希望在香港主权移交的过渡期内发展代议政制之外，让功能界别的代表发挥作用，提供专业意见和知识也是其考量之一。中国政府之所以能够接受这一制度，主要因为这一制度体现了香港社会各阶层均衡参与政治事务的原则，有利于香港长期保持繁荣稳定。考虑到这种制度与香港资本主义社会特征相适应、对于香港保持稳定的重要性，中央政府在广泛征求香港各方意见的基础上，在《基本法》附件二中对功能界别代表在立法会中的最高比例，立法会的表决方式和未来需要作出改变的程序明确作出了如下规定：第三届立法会的组成为："功能团体选举的议员30人，分区直选的议员30人。"附件二第二条规定，"除第一届立法会外，上述选举委员会即本法附件一规定的选举委员会。上述分区直接选举的选区划分、投票办法，各个功能界别和法定团体的划分、议员名额的分配、选举办法及选举委员会选举议员的办法，由香港特别行政区政府提出并经立法会通过的选举法加以规定。"附件二第三条还对2007年以后立法会的产生办法和表决程序作出了如下规定："2007年以后香港特别行政区立法会的产生办法和法案、议案的表决程序，如需对本附件的规定进行修改，须经立法会全体议员三分之二多数通过，行政长官同意，并报全国人民代表大会常务委员会备案。"

由此可见，现行的香港功能界别制度是一种曾经为香港社会广为认同，且符合《基本法》规定的代议制度的特别形式。虽然这种制度存在种种缺陷，但它毕竟是民主政治范畴内的制度安排。

二　功能界别制度的困境

在我们对香港功能界别制度的作用与性质做出界定的前提下，我们需要对功能界别存在的各种问题做出探讨，不然，我们就无法解释为什么这一制度日益受到挑战。在围绕香港2012年政改方案展开博弈的过程中，香

---

① Christine Loh, Civic Exchange, eds. *Functional Constituencies: A Unique Feature of Hong Kong Legislative Council* Hong Kong University Press, 2006, p.62.

港的反对派放言：2020 年的香港立法会普选必须取消功能选区。由此，我们可以预料到的是，随着普选的临近，围绕这一问题而展开的博弈将愈加激烈。

对于功能界别制度是不是的确存在问题，笔者的回答是，毋庸置疑。这些问题的存在对于香港政制发展的民主性造成了严重的影响。其中最为突出的就是由于这种制度的存在致使香港选举制度中出现了严重的复票权问题。

现代民主选举的基本原则之一是普遍而平等的选举权，用通俗的话讲就是"一人一票"，"同票同值"，然而，由于功能界别制度规定只有本界别成员才具有功能界别选举的投票权，而在分区直选中功能界别成员也具有登记投票权，这就使得香港立法会选举中存在十分明显的选举权的不平等性。依据现代选举的原则来评判，这实际上是赋予了香港社会的一小部分社会成员双重投票的特权。

问题的存在是客观的，而平心静气地思考如何理性地解决这些问题才是应取的态度。但香港有些人士以《公民权利和政治权利国际公约》（以下简称《公约》）第 25 条（b）款规定——"选举权必须普及而平等（Universal and Equal）"——作为衡量香港功能界别制度不具有合法性的依据，认为，功能界别制度违反"一人一票"的"平等"原则。[①] 他们罔顾中央政府对于香港政治发展所确定的基本原则，提出了功能界别制度必须废除的口号。其做法在香港这个实行特别政策的地区似乎造成了这样一种印象：中央政府故意阻挠香港民主制度的发展，故意实行"不平等"的投票制度。这种严重威胁功能界别制度正当性的论调在香港极具蛊惑性。香港功能界别制度的确是与现行于世界的普遍而平等的投票权原则相悖，但这个制度的存在和发展却是港英政府发展代议民主政治的产物，如若对其作出适度改造，使之适应香港政治形势的变化，其长期存在是不应该受到指责的。对于笔者这种说法，可能会有人提出如下疑问：既然《基本法》第 39 条明确作出了"《公民权利和政治权利国际公约》，《经济、社会与文化权利的国际公约》和国际劳工公约适用于香港的有关规定继续有效"的规定，为什么就不能按照

---

① 通常所讲的"一人、一票、一值"原则是指每个选民在选举中的投票行为所产生的影响力是完全相等的：不仅所投票数一样（一人、一票），而且每张选票的影响力相等（一票、一值）。

《公民权利和政治权利国际公约》的第 25 条所规定的"凡属公民，无分第二条所列之任何区别，不受无理的限制，均应有权利及机会：（a）直接或经自由选择之代表参与政事；（b）在真正、定期之选举中投票及被选。选举权必须普及而平等，选举应以无记名投票法行之，以保证选民意志之自由表现"① 的条款实施，而是实行有区别的投票制度呢？

对于这一问题，我们不妨稍费笔墨对当年英国政府如何将《公民权利和政治权利国际公约》适用于香港的情况作出简要说明。1976 年，当英国政府决定把《公约》适用于香港时，其对于《公约》中的该项条款作出了保留。所谓"保留"是国际法上的一项特有制度。根据 1969 年《维也纳条约法公约》第 2 条第一款（丁）项的规定，保留是指一个国家在签署、批准、接受、赞同或加入条约时所作的单方面声明，不论该声明如何措辞或命名，目的都是为了摒除或更改条约中若干规定对该国适用时的法律效果。② 也就是说，凡是英国对公约中做出保留并且该保留适用于香港的条款，不属于在香港适用的法律条款，对香港不产生法律效力。③ 在 1995 年的李妙玲诉律政司的案件中，高等法院和上诉法院以功能界别选举符合香港宪制体制为由驳回了李妙玲的上诉。④ 因为在那时，《英皇制诰》第Ⅶ条第 3 款（也就是人权条例的前 2 款）清楚地允许赋予某一部分人⑤额外的选举权。

《香港特别行政区基本法》的第 39 条对于该公约在香港的适用作出了这样的规定："《公民权利和政治权利国际公约》、《经济、社会与文化权利的国际公约》和国际劳工公约适用于香港的有关规定继续有效，通过香港特别行政区的法律予以实施。"⑥ 对于这一条文我们应当做何理解呢？笔者认为，需要紧扣"适用于香港的有关规定"这几个限定性的文字。这实际上就是说，《公约》中不适于香港的条款继续不能适用于主权移交后的香港。因此，声称功能界别制度的存在违反《公约》是没有法理依据的。香港政制安排所依据的是基于中国宪法的《香港特别行政区基本法》而非《公民权利和政治权利国际公约》。国际公约主要是用来约束国家而不是直

---

① 参见《公民权利和政治权利国际公约》第 25 条。

② 见《维也纳条约法公约》（1969 年）第 2 条第一款（丁）项。

③ 饶戈平：《人权公约不构成香港普选的依据》，《中外法学》2008 年第 3 期，第 449 页。

④ Christine Loh, Civic Exchange, eds. *Functional Constituencies: A Unique Feature of the Hong Kong Legislative Council*, Hong Kong University Press, 2006, p. 63.

⑤ Lee Miu Ling v Attorney General, Ibid. pp. 591－595（CA）。

⑥ 《香港特别行政区基本法》第 39 条。

接约束国家的机关和人民的，[①] 也就是说人权公约的主体只是国家而不是个人。因此，国际法是不能用来抗衡、压制《基本法》以致凌驾于《基本法》之上的。这种做法实际上是在对抗和削弱《基本法》赋予中央政府对香港政制发展的主导权。[②]

仔细观察《基本法》与《公约》对于公民选举权的相关规定，我们也不难发现两者之间的区别。根据《基本法》第 45 条和第 68 条的规定，行政长官和立法会最终达至"普选"（Universal Suffrage）目标，这里所作出的"普选"（Universal Suffrage）也和《公约》第 25 条（b）款所作出的表述"普及而平等选举"（Universal and Equal Suffrage）存在区别。《基本法》略去"平等"（Equal）一词。这就意味着香港的选举并非一定要按照"一人一票"，"同票同值"的判断标准来衡量。显然，功能界别制度的正当性的法理依据是相当充足的。

纵观国际经验，"平等"或"一人一票"也并非民主的必要元素。以美国为例，不管各州的人口多少，每州只能选出 2 位参议员，如有 3700 万人口的加利福尼亚州与只有 53 万人口的怀俄明州同样均选出 2 位参议员。也就是说每名怀俄明州居民的"被代表率"与加州的"被代表率"的比率为 1∶70，远高于每名加州居民的"被代表率"，明显违背"平等"原则。而英国的情况更严重，上议院议员包括并非由选举产生的世袭贵族、主教和法官，同时违反"普及"和"平等"原则。

民主国家容许违背"平等"原则产生的立法机构是由于历史发展的实际情况。美国参议院选举的不平等，目的是要平衡各州的利益，不让人口多的州产生大于人口少的州的相对权力；而英国的不平等，是君主封建等级制度的产物。由此可见，世界各地区可以因自身的实际情况发展出符合自身民主的政治制度。

综上所述，我们不难看出，英国人是根本不想赋予港人普选权的，否则就不会对《公约》第 25 条（b）款做出保留。中国政府在《基本法》中保留功能界别制度是出于香港实际考虑作出的制度安排，但这并不能说明中国中央政府不认同世界普遍认定"一人一票"，"同票同值"的民主选举的普遍原则。中央政府所强调的是香港选举制度的发展需要遵循"循序渐进"

和"符合香港实际"的原则。也就是说,只有在香港社会能继续保持繁荣稳定的前提下,我们才能向着这个方向迈进。2010 年 6 月 8 日全国人大常委会副秘书长乔晓阳在对香港未来普选发表自己的理解时明确表示"普选的核心内容就是保障人人享有平等的选举权"①。笔者认为,乔晓阳在香港2012 年政改启动之时发表对"普选"概念的理解释放出一个十分重要的信号:即中央政府将在香港未来的选举中落实"普遍而平等的选举权"理念。这是中国中央政府打破港英政府对《公约》做出保留的藩篱,为香港政治发展铺平道路的重大举动。然而,这是否意味着香港功能界别制度的终结?其释放的信息中并没有这样的内容。

除了选举权的不平等问题外,功能界别制度还存在若干其他问题,如现实功能界别制度的代表权在香港社会是否最大限度地体现了均衡性问题;机构代表的设置是否真实反映了其所代表的行业的投票意愿的问题;在功能选区内部的选举中民主程度相对于分区直选而言要低一些的问题,以及功能界别议员在立法会中的绩效表现是否存在缺乏公共性的问题等,但我们并不能因为这些问题的存在而对这一制度全盘否定,因为,这种制度的产生和运行至少体现了香港社会的实际状况。全盘否定这一制度的合理性是一种不理性的态度。

我们对于这一制度性质做出分析并对其所产生的历史条件做出阐述就是要说明它具有历史的进步性。如若这一制度是对历史的一种反动,那么其被引入时为什么没有遇到强大阻力?不管港英政府在香港引入这一制度的真实意图如何,其职业代表性在体现均衡参与这一点上的作用是不可否认的。即使是在香港回归后 15 年的今天,这一制度的作用仍然还在继续。再者,功能界别制度所发挥的类似于两院制情况下的制度平衡的作用也是值得肯定的。这就是汉密尔顿所描述的"对不正当的立法措施提供一种额外的防阻力量"② 作用。有人可能出于对大众民主作用的夸张认识而对功能界别制度的这一功能加以批评,须不知,这是所有民主制度设计时所必须考虑到的问题。况且,香港立法会在实际运作中并不缺乏功能界别制度发挥着"防范人民感情用事并奴役他们自己的安全"③ 的作用的事例。

---

①　《乔晓阳就香港政改和普选问题发表讲话》,(港)《文汇报》2010 年 6 月 8 日,A15 版。
②　汉弥尔顿、麦迪逊:《联邦党人文集》,左岸文化出版,2006,第 428 页。
③　汉弥尔顿、麦迪逊:《联邦党人文集》,左岸文化出版,2006,第 428 页。

功能界别制度发展过程中存在的问题，充其量不过是民主体现得不够充分的问题。试想一下，即使是现时通行的地域代表制不也存在着各式各样的问题？何况这一存在所谓某些缺陷的制度是港英政府所创立，其所依据的是香港的社会现实。在香港回归的过程中，中国中央政府对香港社会的基本特征做出了理性判断，对港英政府基于"民主抗共，拒共"和"还政于民"意图但符合香港实际的功能界别制度采取了理性主义的包容态度，将其作为"行之有效"① 的制度内容予以接受，并通过《香港特别行政区基本法》使这一制度加以确立。如果说这一制度严重阻挠香港民主发展，当时这一制度出台时怎么没有出现强烈的反对呼声，而如今却要坚决废除之？

对于香港社会的民主诉求，中央政府依据《基本法》的相关规定做出了明确的回应。在香港民众要求对"普选概念"提出明确界定的诉求下，全国人大常委会副秘书长乔晓阳也做出了"选举权的普及而平等"的解释。由此，我们可以断定，功能界别制度所存在的不平等选举权现象一定会随着普选的到来而寿终正寝。

三　香港功能界别制度的前景

谈及功能界别制度的前景，人们做出的判断无外乎两种情况：其一是废除这一制度；其二是保留这一制度。而论及这一问题时，我们是离不开对这一制度存在的社会条件而做出判断的。如前所述，当年英国人创立这一制度之时，其所强调的最为重要的一条就是对于香港社会实际状况的考量。港英政府认为这种制度是有利于保持香港的繁荣稳定的。从逻辑上讲，中国政府本应对港英政府在过渡期内所仓促推行的旨在使港英政府统治合法化并企图以此来实现"民主抗共"的制度安排予以排斥，不料中国政府不但不排斥，而且采取了乐于接受的态度，这不能不说明中国政府对于这一制度与香港这样一个资本主义社会的高度适应性有着特殊的考量。

在香港，有些人对于中央政府将香港定位为一个"经济城市"的说法甚为不满，认为，这是压制香港民主政治发展的口实，其实不然。中央政府

---

① 姬鹏飞：《关于〈中华人民共和国香港特别行政区基本法（草案）〉及其有关文件的说明》，载于《中华人民共和国香港特别行政区基本法》，三联书店（香港）有限公司，2004，第67页。

对于香港民主政治的发展所做出的承诺是坚定不移的。关于这一点，中央高层多位领导人在各种涉及香港问题的论述中都有所提及。因此，香港的民主政治不是发展和不发展的问题，而是一个如何发展的问题。对于这一点做出肯定的论断十分重要，因为这反映出对民主价值是否认同的问题。

既然香港的民主政治是一个如何发展的问题，那么，我们等于是在一个新的平台上来讨论民主政治发展的问题了。众所周知，"一国两制"政策是中央政府为实现国家统一而确立的基本国策，而"一国两制"政策中始终坚持的一个重要原则就是香港实行资本主义制度并长期保持不变。这是中央政府出于保持香港的长期繁荣稳定这一根本宗旨而以包容的理性思维所做出的决断。中央政府对于香港政治稳定有一个基本的判断，那就是不能使香港这个繁荣的商业社会过度政治化，对此，邓小平曾做出过这样的论述。他说："当年我们决定不在香港宣传内地的制度，不在香港组织政治团体，就是为了不使香港变成一个政治纷争和角逐的场所。香港如果成为国际各种政治力量角逐的场所，就会失去其经济价值，企业家、金融家、工商业界就会被吓跑，外国资金就会抽走，香港就不香了。"[①]

那么，香港在回归后是否存在着政治发展的问题呢？的确存在，而这种发展的空间必须限定在《香港特别行政区基本法》所界定的范围内，并将严格按照《基本法》的相关规定来展开。关于这一点，吴邦国等中央领导人在历次涉港问题的讲话中说得十分清楚，其基本的内容是：香港民主政制发展必须"符合基本法规定的根据香港特别行政区的实际情况，循序渐进发展香港民主制度的原则"。这"体现了中央主张并支持香港特别行政区发展民主的一贯立场"[②]。对于中央政府的这一立场，我们可以做如下解读：

第一，它承认香港政制是存在民主发展空间的，比较明确的就是实现两个普选。关于这一点，如今中央已经开出了明确的时间表，实现这两个政制发展目标的路径有待确定。第二，中央强调政制发展必须符合香港的实际情况。这实际上指的是民主制度发展的方式问题以及民主制度发展对于香港社会繁荣稳定的利弊问题。关于这一点是有很大的讨论余地的。第三，中央在香港政制发展中强调"循序渐进"原则，就是反对在香港实行激进而快速的民主变革。笔者认为这一原则除了强调香港民主政制发展与香港社会的逐

---

① 参见冯道仁《香港回归千日风云》下册，香港新天出版社，1997，第32页。
② 吴邦国2004年4月26日在十届全国人大常委会第九次会议上的讲话。

步适应性外，更为重要的是要防止香港的快速政治化，以免对香港的长期繁荣稳定造成不利的影响。

　　显然，保持香港长期繁荣稳定是中央政府对港政策的核心，这一点是绝对不能动摇的。至于在民主政制发展问题上采取什么方式则必须以这一点为依归。中央政府反复强调在香港政制发展问题上严格按《基本法》办事，而《基本法》中对于香港政制发展所做出的规定是"根据香港特别行政区的实际情况和循序渐进原则"①。为了说明中央政府会以什么方式实现立法会普选，我们不妨回顾一下中央相关部门领导人对于这一问题的相关论述或谈话。

　　2004 年 4 月 26 日，全国人大常委会副秘书长乔晓阳在向香港人士解释人大常委会决定时，他不仅强调了香港政治发展问题上需要坚持均衡参与原则，而且还再次明确重申了这一重要原则是基于香港社会的两个特征：其一，香港是一个资本主义社会；其二，香港是一个"经济城市"。基于香港的这样两个社会特征，他指出："没有工商界，便没有香港的资本主义，不能保持工商界的均衡参与，就不能保持原有的资本主义制度。""要保持香港原有的资本主义制度，必然要求香港的政制兼顾各阶层、各界别的利益，既包括劳工阶层的利益，也包括工商界的利益，做到均衡参与。"②

　　时隔六年后，2010 年 6 月 7 日全国人大常委员副秘书长、香港基本法委员会主任乔晓阳再度就香港政改和未来普选问题发表谈话，其中，他强调"普选的依据是基本法，而'普选'的核心内容就是保障人人享有平等的选举权"。笔者对于乔晓阳关于"普选概念的定义"所做出的理解是，在未来的立法会普选中，分区直选与功能界别所存在不平等的选举权问题会得以解决。也就是说，由于功能界别制度而使功能界别成员所具有的双重投票权（即功能界别成员可以分别在分区直选中享有投票权和在功能界别选举中享有投票权）的情况将予以终止。

　　在这次谈话中乔晓阳除了对"普选"做出定义外，他对未来两个普选办法提出了如下看法："既要体现选举的普及和平等，也要充分考虑符合香港特别行政区的法律地位，与香港特别行政区行政主导的政治体制相适

① 《香港特别行政区基本法》第 45 条和第 68 条。
② 《港存六不足　普选暂不宜》，（港）《文汇报》2004 年 4 月 27 日。

应，兼顾香港社会各阶层利益，以及有利于香港资本主义经济的发展，只有这样，才符合基本法的规定，也才有可能在香港社会达成最广泛的共识。"①

中央政府对于香港政制发展的主导权是毋庸置疑的，因此，对于中央政府相关部门领导人谈话的理解是我们把握未来香港政制发展情况的重要依据。客观地看，从乔晓阳的上述谈话中，我们丝毫看不出香港功能界别制度有被废除的可能性，不过，对功能界别制度做出适当改造的可能性大大增加。笔者认为，这样的推断既符合《基本法》的相关规定，也符合香港的社会实际，还符合循序渐进原则。

强调"普选"的核心内容是"保障人人享有平等的选举权"，实际上就是表明，在未来实现立法会普选的过程中要消除现实制度安排中所存在的选举权的不平等现象。在功能界别制度不废除的前景下，解决不平等的选举权的问题是不止一个选项的。如只要避免选民重复登记投票就可以加以解决。按照这种实现平等投票权的思路，只要限制功能界别内的成员到分区直选的选举中登记投票实际上就保证了平等的选举权。当然，如果这种实现平等选举权的思路成立，在现行选举制度中具有双重投票权的市民是可以在功能选区选举或分区直选选区选举之间做出选择的。

中央政府对于香港的政策是以保持香港繁荣稳定为宗旨，是以广大港人的民意为依归的。对于港人反映的关于功能界别制度存在的其他问题，如功能界别代表的均衡性问题；机构代表的设置是否真实反映了其所代表的行业的投票意愿的问题；在功能选区内部的选举中民主程度相对于分区直选而言要低一些的问题，以及功能界别议员在立法会中的绩效表现是否存在缺乏公共性的问题等，所有这些问题似乎均可在功能界别制度的改造过程中来完成。因为这种改造是可以提高功能选区选举的民主化程度的。

人们可能会提出这样的疑问：香港功能界别制度既然存在着如此多的问题，为何我们不可以将其彻底废除，以一种更为民主的方式取而代之？笔者以为，回答这一问题不仅需要考察中央政府与香港特别行政区的关系，还需要考察中央政府对于香港社会实际情况是如何做出判断的。如若我们对这两个问题做出了认真考察和思考，我们就不难看到香港功能界别制度的发展前景。在香港行政与立法关系呈现如此紧张关系的情况下，"行政主导"的制

度张力无法显现，而中央政府是有赖于特首来贯彻落实《基本法》中所规定的对香港的管治权的。这是我们必须看到的一点。再者，香港回归近 15 年，其资本主义的社会性质是否出现了变化？其资本高度密集的商业社会特征是否发生了改变？如果对这两个问题的回答是否定的，那么对于香港功能界别制度的存在和未来变化趋势就需要采取实事求是的态度。乔晓阳 2004 年 4 月 26 日在论及功能界别制度问题时强调指出："在'一国两制'下，香港作为一个地方行政区域，政制发展的方向和步骤必须有利国家对香港行使主权，符合国家整体利益，绝不能对之造成任何损害。""没有工商界，便没有香港的资本主义，不能保持工商界的均衡参与，就不能保持原有的资本主义制度。在既没有两院制，又没有能够代表工商界的政党来保证均衡参与的情况下，就贸然取消功能团体选举制度，势必使均衡参与的原则得不到应有的体现，也不利于香港经济的发展。"① 由此可见，对于未来香港立法会的普选实现过程中的香港功能界别制度的变化前景，我们是离不开对上述两个条件的观察的。

　　香港民主政治的发展需要的是渐进思路，而渐进发展的思路是需要时间和智慧的。当年美国创立之时，其制度设计是以建立代议制民主为目标的，但那时美国的创立者心目中并不认为"代议制的建立是致力于民主，而是将之视为远离世袭统治传统的一个小心翼翼的步骤"②。而在其民主政治实践中，参议院的直选也是在宪法制定了近一个半世纪后才实现。其平等的选举权也是逐步实现的。香港回归 15 年，其中前 10 年的政制变革的内容，《基本法》作出了明确的规定。从中央政府提出两个"普选"的时间表看，中央政府是希望香港的民主政制发展充分体现"循序渐进"和"符合香港社会实际"原则的。在两个"普选"时间表确定的前提下，如何实施势必引起香港社会的高度关注。因此，香港特别行政区政府可能需要做好广泛的咨询工作，以使"双普选"的实施既能体现中央政府的精神，又能凝聚香港市民的共识。否则，香港政制发展仍然存在"停滞"的可能性。

---

① 《港存六不足　普选暂不宜》，（港）《文汇报》2004 年 4 月 27 日。

② Kenneth Prewitt, *Principles of American Government*, Third Edition, Happer & Row Publisher, New York, 1980, p. 24.

1945 年德国的法律地位问题与两岸关系

——以国际法的国家同一性理论为研究方法

范宏云[*]

摘　要：1945 年德国法律地位问题和两岸关系分别是涉及当时德国和当今中国的统一和分裂的根本性问题，对前者的认识决定对后者的答案。本文运用国际法的国家同一性理论和方法对二者进行对照研究，发现两个德国的产生中断了德国的国家同一性，在两德共处期间根本不存在"整个德国"，根本不存在所谓的"先分裂后统一"的德国经验；两岸暂时分离不中断中国的国家同一性，根本不存在台湾的国际人格或台湾的国家属性问题，以"整个中国"理论设计的两岸关系和平发展框架缺乏理论和实践基础，两岸关系是一种特殊的治权分裂模式。

关键词：1945 年德国　两岸关系　国家同一性　国际法

1945 年 5 月 8 日德国战败投降，6 月 5 日美、苏、英、法宣布分区占领德国全境，1949 年在美英法占领区和苏占区分别成立联邦德国和民主德国，这些事件引发了国际法学界关于 1945 年德国的法律地位问题的争论，即 1945 年德国作为国际法上的国家是否因上述事件的发生而继续存在的问题。该问题自产生时起已经 60 多年，但是该问题并没有因时过境迁而被遗忘，反而越来越受到台海两岸国际法学界的关注。1945 年德国法律地位问题实

* 范宏云，深圳市委党校法学教研部教授。

质上是关于在联邦德国和民主德国成立之后直到 1990 年两德实现统一这 40 余年期间，在整个德国的领土上是存在"一个德国"还是存在"两个德国"的问题，是涉及当时德国统一与分裂的根本问题，类似于台海两岸是"一个中国"还是"一中一台"。有关 1945 年德国法律地位问题的争论之所以受到两岸学者的热捧，最直接原因是中国存在两岸关系问题，它也是一个涉及中国统一与分裂的根本问题。两岸学者历来把德国问题和两岸关系结合起来研究，试图从德国问题中总结出有利于两岸关系良性发展的经验和启示。德国问题和两岸关系都是高度政治化议题，但任何政治化议题都会有稳定的法律层面内涵，如果研究者只本着自己的政治立场，只关注问题的政治层面，而不对德国问题和两岸关系的法律层面进行深入研究和客观把握，那么总结出的所谓德国经验和对两岸关系的启示必然缺乏法理基础和实践检验，从而缺乏说服力。除了政治因素外，研究方法各异也是争论难以平息的一个重要原因。本文拟引入国际法的国家同一性理论，对 1945 年德国法律地位问题和两岸关系进行研究。国家同一性理论从时间维度对国家进行纵向研究，其基本理论框架是，在国际法秩序下"领土同一，国家同一"。该理论对于研究德国问题和两岸关系具有重大的方法论意义。本文中的 1945 年德国是指 1945 年 5 月 8 日宣布投降、领土范围以 1937 年 12 月 31 日为准的德意志帝国的继承者，1945 年德国的称谓在文中不同的语境下有不同的表述，分别用了整个德国、德国、全部德国和德意志帝国等概念，因为这些概念在理论上所涵盖的领土与 1945 年德国的领土完全重叠，根据国家同一性理论，上述四个概念可以互用。德意志联邦共和国简称"联邦德国"，德意志民主共和国简称"民主德国"，两德共存期间的柏林法律地位问题作为德国问题的一个附属问题，本文不涉及。在分析两岸关系时，"中华民国"是指 1949 年之后管辖台湾地区的台湾当局。

一　1945 年德国的法律地位：消亡还是续存？

1945 年 6 月 5 日美苏英法四国政府在柏林相继发布《关于德国占领区的声明》和《关于德国管制机构的声明》，宣布在 1937 年 12 月 31 日的边界内的德国将由四大国分区占领，接管德国的一切最高权力，包括德国政府、司令部、各州、市或地方政府的一切权力。四国总司令组成盟国管制委员会，作为占领期间的最高权力机构，有关德国的全部问题必须由四国共同协商，取得一致同意才能作出决定。1945 年德国被四大国分区占领，由此引发德国作为国际法上的国家是否继续存在的争论，争论大致可以分为"消亡说"和"续存说"两派，但是无论是两派之间还是两派内部，各自的法理基础各不相同。比如支持德国消亡的，有学者认为军事占领导致德国消亡，认为德国在 1945 年完全战败，军事投降及中央政府被废除，德国已经不再是一个主权国家及国际法主体。依据 1945 年 6 月 5 日四国声明，德国的地位系属于一种由四个占领国共同对德国领土及其人民行使权力的共管地的地位。占领区内所成立的政府，以及以后的两个德意志国家，仅能算是德意志帝国的继承国，因为德国在成为共管地时已经灭亡。有学者从国际法的国家标准出发，认为德国由于缺少一个政府权力机构，所以在 1945 年已经灭亡。还有学者认为德国的分裂导致 1945 年德国的消亡，认为德国在 1949 年以后分解为两个新生的国家，均为国际法主体，具有完整主权，德意志帝国已经分解为数个部分而灭亡，德国不再是一个法律概念，而仅仅是一个民族与地理的标志。从全民族的角度来看，尚可称德国地区有一个统一的德意志民族，但从国际法角度来看，德国地区已产生两个新生、平等且具有主权的国家。其发生的时间，或者是两个国家分别取得国家主权的时候，或者是 1972 年《两德基础条约》签订之际。① "续存说"则认为 1945 年德国并没有在分区占领或是日后消亡，而是作为缺乏国际行为能力的主体依然存在。马尔科姆认为，四国管制委员会代表德国的利益并缔结条约，德国因为这种法律代表和机构的存在而续存。② 奥本海国际法也认为，1945 年 6 月 5 日美苏英法四国政府在柏林相继发布的联合声明以及为实施该声明所采取的各种措施的结果，四大国共同行使德国对内对外的特权和权力，并明白否认有吞并德国的任何意图，因此，德国在 1937 年 12 月 31 日的边界内继续存在。③ 国家核心学说认为，联邦德国就是德意志帝国，只是联邦德国《基本法》适用的有效领土和 1937 年 12 月 31 日时的国家领土范围不同，民主德国只被视为地方政权或者是处于外国军事控制的领土；国家收缩学说认为联邦德国的领土收缩并在民主德国的领土上通过分裂产生新的国家。国家核心学说

---

① 〔德〕沃尔夫刚·格拉夫·魏智通主编《国际法》，吴越、毛晓飞译，法律出版社，2002，第 280 页。

② 〔英〕马尔科姆·N·肖：《国际法》（第五版），北京大学出版社，2005，第 205 页。

③ 〔英〕詹宁斯、瓦茨修订：《奥本海国际法（第一卷第一分册）》，王铁崖等译，中国大百科全书出版社，1998，第 92 页。

和国家收缩学说都坚持联邦德国与 1945 年德国的国家同一性，但是这两种学说对民主德国的定位有所不同；屋檐学说认为德意志帝国缺乏行为能力，但是联邦德国和民主德国依然是整个德国屋檐下的两个部分政权。①

二　探讨 1945 年德国法律地位问题的新视角——国家同一性理论

选择研究问题的方法，必须首先确定问题的属性。1945 年德国被四大国分区占领之后一直到 1990 年实现统一，1945～1990 年期间德国法律人格如何变迁，即 1945 年德国法律地位问题，明显属于国家作为国际法主体在时间维度中如何演变的研究范畴，那么，对于该问题的研究应该引入国际法关于国家纵向变迁的理论进行研究，国际法的国家同一性理论正是这样的理论。国家在一定的时间点上会发生重大变动，如领土、统治者（包括外国占领）、政权体制、人口等方面的变动，而这些重大变动会引发变动事件发生之后的国家与该变动发生之前的国家是否是同一个国际人格者的问题，即国家同一性问题。在传统"国际"社会秩序下，王朝国家往往是孤立的存在，国际法无从产生，王朝国家的重要变动不会导致王朝国家在国际法上的权利和义务的承担和转移问题，所以国家同一性问题在由传统王朝国家组成的"国际"社会里，显得并不重要；但是，在由国际法规制的现代国际社会，国家同一性问题是一个非常重要的理论和实践问题，甚至可以毫不夸张地说，它是一个事关国际社会稳定和秩序的问题。

国家同一性问题就是探讨国家在时间维度上的存在问题，而国家作为由一定领土上的人民和政府组成的政治体决定了国家在时间上的存在必然以其在空间上的存在为依据。凯尔森就说"国家在时间上的同一性是直接以领土的同一性为根据的"。"如果该领土整体上仍然是一个国家的领土，那就不可能推定一个国家已不再存在而另一个国家已在同一领土上出现，继续存在的是同一国家。"② "一个国家不仅在空间中存在，而且在时间中存在"；"当人们说在一定空间内不能存在一个以上的国家时，显然这就意味着在同

---

① 〔德〕沃尔夫刚·格拉夫·魏智通主编《国际法》，吴越、毛晓飞译，法律出版社，2002，第 281 页。

② 〔奥〕汉斯·凯尔森：《法与国家的一般理论》，沈宗灵译，中国大百科全书出版社，1996，第 246 页。

一时间的同一空间内不能存在一个以上的国家"①。"根据国际法，只要领土实质上仍然是同一个，国家也就仍然是同一个"②。

上述凯尔森的国家同一性理论有三个基本点，一是在同一时间内的同一块领土上只能存在同一个国家；二是前后两个国家，如果领土是同一的，那么这两个国家实际上是一个国家，即领土同一，国家同一；三是国家领土上的人或事无论发生什么变动，如人口或多或少，政府的治理方式从专制变成共和，只要这些变动不影响领土的同一性，那么存在该领土上的国家就是同一的。

凯尔森讨论的是领土不变的情况下的国家同一性问题，奥本海国际法进一步探讨了领土发生变动的国家同一性问题。奥本海国际法认为"即使领土的丧失使一个大国变成一个小国，这个国家的国际人格仍是不受影响的"③。这一观点源于1947年联合国大会第六委员会在讨论巴基斯坦从以前属于印度的领土上产生出来的情况时所作出的法律意见，该意见认为："作为一般原则，认为一个是联合国会员国的国家并不仅仅因为它的宪法或边界有了变动就终止成为会员国。"根据这一法律意见，巴基斯坦独立前的印度和巴基斯坦独立后的印度保持了同一性，后者继续承担前者在国际法上的权利和义务。

根据实证分析可以得出这样的结论，即国家在"边界有了变动"的情况下，仍然保持同一性，这种同一性依赖于国际承认。俄罗斯联邦与苏联保持了同一性就离不开国际承认。1991年12月21日独联体的首脑一致支持俄罗斯继承苏联在联合国的席位，包括继承安理会的常任理事国地位，以及其他国际组织成员地位。尽管1991年底独联体提供的法律文件并不都与国家同一原则相一致，例如，由俄罗斯、白俄罗斯、乌克兰签署的明斯克协议宣称：苏联作为一个国际法主体已经不再存在。尽管如此，这并不影响俄罗斯与苏联之间的国家继续。俄罗斯声称自己是苏联的继承者获得了其他苏联加盟共和国和国际社会的支持。德国以"民主德国加入联邦德国并作为国

---

① 〔奥〕汉斯·凯尔森：《法与国家的一般理论》，沈宗灵译，中国大百科全书出版社，1996，第246页。
② 〔奥〕汉斯·凯尔森：《法与国家的一般理论》，沈宗灵译，中国大百科全书出版社，1996，第246页。
③ 〔英〕詹宁斯、瓦茨修订：《奥本海国际法（第一卷第一分册）》，王铁崖等译，中国大百科全书出版社，1998，第134页。

际法主体消亡，联邦德国扩大其领土继续存在"的方式完成统一，统一后的德国与联邦德国保持了同一性。在德国统一过程中，国际社会普遍接受这个观点：联邦德国保持继续，而民主德国消失。而南斯拉夫问题可以提供相反的例证，波斯尼亚和黑塞哥维那在 1992 年 2 月、3 月举行全民公决，多数赞成独立，而塞尔维亚和黑山则于 1992 年 4 月 27 日建立一个名为南斯拉夫联盟共和国（南联盟）的新国家。欧盟南斯拉夫问题仲裁委员会指出，前南斯拉夫停止运作，斯洛文尼亚、克罗地亚和波黑被欧盟和其他国家承认并被接纳为联合国会员国。但是，南联盟继续坚持它不是一个新国家，而是与前南斯拉夫保持同一性的国家。南联盟的观点遭到前南斯拉夫其他共和国一致反对，国际社会也不接受。安理会 1992 年 777 号决议指出，前南斯拉夫不再存在，南联盟不能自动继承前南斯拉夫在联合国的席位。最终，南联盟只能以新成员身份加入联合国。南联盟单方面坚持与前南斯拉夫的同一性因没有获得前南斯拉夫其他共和国以及国际社会的支持而流产。

通过对相关理论和实践的分析，国家同一性的基本理论已经明确，一是关于领土同一的国家同一性结论，即只要领土是同一的，在同一领土上存在的国家就是同一的，基于领土同一的国家同一性具有自然属性，不需要或不依赖于国际社会的承认，国际社会的承认只承担证据功能；二是关于领土不同一的国家同一性结论，即在领土发生重大变化的情况下，国际社会的承认对国家同一性的保持具有决定性作用，值得注意的是，这种承认是以领土部分重叠为依据的，如俄罗斯与苏联的同一性，统一前的联邦德国和统一后的联邦德国的同一性。第一项是基本规则，第二项是补充规则。

国际社会的发展与成熟，为国家同一性理论规则的适用奠定了越来越明确的基础——国际社会和国际法发展至今，主权国家的一项外部特征已经越来越明确并获得国际法的确认，即主权国家的领土边界具有法律上的确定性。"除地球两极和公海以外，地球表面都被划分为许多大小不等的部分，每一部分都是一个主权平等的国家；国际法对这种划分予以确认，并承认每一部分里只存在一个国际人格，只有一个国家意义上的国际法主体，而不论这一特定部分的名称或内部治理秩序如何变更。"① 正是这种领土边界的法

---

① 范宏云：《国际法视野下的国家统一研究——兼论两岸统一过渡期法律框架》，广东人民出版社，2008，第 2 页。

律确定性，为现代国际社会确定国家同一性提供了直接的判断工具。领土边界的法律确定性，是主权国家的本质特征。领土边界的确定性、领土边界的不可侵犯性和主权性三者实际上具有相同的国际法含义。在国际法领域，只要某领土实体的领土边界获得了国际法上的确定性和不可侵犯性，那么可以肯定地认为，存在于该领土之内的实体就是主权国家，因为领土边界的明确性和不可侵犯性，意味着该领土实体与其他领土不可侵犯的领土实体是处于平等地位的实体，即对外平等；领土边界的明确和不可侵犯还意味着不容许外部干涉，这就证明了该领土内存在一个"对内最高"的权威，而对外平等，对内最高正是主权的属性。主权国家产生以前的所有国家形式，它们的领土没有获得这种国际法上稳定的确定性和不可侵犯性，因而都不能称之为主权国家。

三　德国国家同一性中断导致 1945 年德国消亡

分析 1945 年德国的国家同一性问题必须确定 1945 年德国的领土边界。由于纳粹德国在二战中通过侵略等非法手段攫取不少领土，所以如何确定德国的领土范围是战胜国首先要考虑的问题。《关于德国占领区的声明》确定了划分德国的原则："为了占领的目的，将以 1937 年 12 月 31 日为疆界之德国分为四个区"进行占领。该声明排除了 1937 年 12 月 31 日至 1945 年 5 月 8 日期间纳粹扩张攫取的非法领土，从而实际上确立了德国的领土边界，45 年之后解决德国领土边界问题的《解决德国问题的条约》正是以《关于德国占领区的声明》为依据。所以，判断 1945 年德国国家同一性的领土基本上可以 1937 年 12 月 31 日德国领土为准。1945 年德国与 1990 年重新统一的联邦德国领土完全重叠，根据"领土同一、国家同一"的原则，二者"隔代"保持了国家同一性。但是在两者相隔的 45 年间，1945 年德国的国家同一性是否保持，这正是本文要研究的重点。

四大国分区占领德国并不能中断德国的国家同一性，即 1945 年德国不因占领而消亡，导致德国国家同一性中断的真正原因是两个德国的产生。战争末期及战后四强的书面声明及有关议定书，皆未对德国作永久占领的表示，也无将德国或德国一部分纳入自己国家版图的意愿。据此，马尔科姆和奥本海国际法都认为 1945 年德国在 1937 年 12 月 31 日的边界内继续存在。四大国明示否认兼并德国，能够确保德国不会因被四大国兼并而消亡，但是不能确保德国不会因为其他原因而消亡，如在分区占领的领土范围内出现新的主权者。四大国分区占领德国不中断德国的国家同一性只符合 1945 年 6 月 5 日占领开始到 1949 年两德相继成立这段历史，因为该期间在 1945 年德国领土上没有产生新的主权者，整个德国因为有占领机构代为行使权力而在名义上仍然存在于 1937 年 12 月 31 日的德国领土范围内，但是在两个德国产生之后，随着占领体制的弱化，两个德国的国家属性日益增强，1972 年《两德基础条约》的签订和 1973 年两德加入联合国，这一系列事件的发生使德国领土上的主权者发生了置换——由 1945 年德国变成了联邦德国和民主德国，1945 年德国的国家同一性彻底中断。

　　1945 年德国"续存说"理论经不起国家同一性理论的检验，也不符合国际社会对两德的承认实践。按照"领土同一、国家同一"的国家同一性理论，在 1949 年之后德国的领土上是两个德国还是一个德国，是非此即彼的关系，如果能够证明两个德国是两个主权国家，那么在同一时间、同一领土范围内就不可能存在一个除两个德国之外的"整个德国"或德意志帝国。就国际承认来看，当时国际社会普遍承认两德的主权国家地位。国际承认的功能历来有"宣告说"和"构成说"之争，但是国际社会的承认实践已经证明，"在殖民地、半殖民地及受压迫奴役的非自治领土脱离宗主国或保护国的场合，应适用宣告说，这是由于这种独立在国际法上具有天然的正当性和合法性，完全不依赖于国际承认；但是除此之外的新国家产生，尤其是主权国家的一部分通过分离的方式另建新国家，应适用构成说，这是由于国际法本身的性质决定的。"① 显然，两德的产生属于"殖民地、半殖民地及受压迫奴役的非自治领土脱离宗主国或保护国"之外的情形，应适用国际承认的"构成说"，即国际承认对两德的国际人格具有至关重要的构成意义。国际社会对两个德国的承认经历了从局部承认到普遍承认的过程。联邦德国在 1949 年以后很快获得大多数国家的承认，民主德国最初只获得社会主义阵营的承认，直到 1972 年《两德基础条约》签订之后，民主德国才获得普遍承认。1973 年两德成为联合国的会员国，这标志着两个德国作为主权国家获得了国际社会的普遍承认。虽然这种承认在有些时候附加了一些条件，但是这并不能改变国际社会普遍承认两德是两个主权国家的国际格局。

　　附加条件之一是，美英法苏四大国在承认两德的相关国际法律文件中屡

---

① 范宏云：《论国际法上的国家标准》，《法学评论》2008 年第 3 期。

次强调保留四大国对"整个德国，包括德国的统一及和平解决"的权利。如1954年10月23日，美英法等西方九国签订巴黎协定，决定：取消占领法规，撤销盟国高级专员公署，给予西德内政、外交主权，但西方三国保留对柏林和整个德国、对德国统一和对德和约的权利和责任；1972年11月9日四国发表声明支持东西德申请加入联合国，同时声明加入联合国"丝毫不影响四大国的权利义务以及相应有关的四方协定、决定和惯例"。据此有些学者认为这种对"整个德国"权利的保留，证明在两德的领土范围内还存在一个"整个德国"，否则没有这种保留的必要。但是，四大国这种对"整个德国"权利的保留必须以"整个德国"的领土完整为前提，必须以其领土不被其他主权者占据为前提，否则这种权利就是无本之木，无源之水，是一种被搁置的权利；而且对权利的单方面宣示，并不能逆向推论认为该权利的施加对象即"整个德国"的真实存在。

附加条件之二是对联邦德国与整个德国的国家同一性的认可。联邦德国在对外交往中坚持联邦德国是整个德国的唯一合法代表，认为它自己是战前德国的继承国，尽管它的权力暂时局限于联邦德国的领土，它把民主德国看作整个德国的另一个部分，而对这一部分联邦德国的《基本法》暂不适用。1956年，德国外长提出"哈尔斯坦主义"，即不同任何承认民主德国的国家（苏联除外）建立外交关系。联邦德国的坚持得到了西方阵营的初步认可，如1950年9月9日美英法三国外长发布纽约会议公报，单方面就德国问题做出决定：在德国重新统一之前，三国政府把联邦德国政府看成是德国的唯一政府，这个政府是自由而合法产生的，所以它有权代表德国人民在国际事务中为德国讲话。[①] 两德期间的国家核心学说、国家收缩学说和屋檐理论都支持联邦德国与整个德国的国家同一性。但是，联邦德国与整个德国的国家同一性属于"边界有了变动"类型的国家同一性问题，单方面的坚持在国际法上并无意义。正如南联盟单方面坚持与前南斯拉夫的同一性因没有得到国际社会承认一样，联邦德国对整个德国国家同一性的坚持也没有得到国际社会的普遍承认，显然，西方国家的初步支持并不能构成国际社会整体的普遍承认。联邦德国抛弃"哈尔斯坦主义"，民主德国的主权国家地位获得包括西方国家在内整个国际社会的承认，两德签订《两德基础条约》以及两德加入联合国等历史事件表明国际社会并不承认联邦德国与整个德国的国家

---

① 世界知识出版社编《德国统一纵横》，世界知识出版社，1992，第245页。

同一性。联邦德国单方面的坚持不仅不具有国际法上的意义，更不能以此作为"整个德国"实际存在的根据。

1945 年德国因两个德国获得主权地位而消亡，这不仅符合国家同一性理论，也符合当时国际社会的承认实践。可见，根本就不存在"一德两国"，在两个德国所占据的领土范围内不可能还存在另外一个所谓的"整个德国"或"德意志帝国"，因为在同一时间、同一领土上只能存在一个主权者。

四　两岸暂时分离不中断中国的国家同一性

要论证台海两岸的暂时分离不导致中国国家同一性中断，必须从两个层次进行论证，一是要确定判断中国国家同一性的领土范围，二是要确定在该领土范围内的主权者没有变更。第一个层次是要论证中国的领土横跨台海两岸，或两岸同属一中，是如何被国际法认可；第二个层次是要论证由 20 世纪 40 年代中后期的中国内战造成的两岸暂时分离，并未使在横跨台海两岸的领土范围内出现一个除中国之外的新的主权者。

两岸同属一中是历史事实也是二战结束前后确立的现代国际法规范，这些事实和规范奠定了中国国家同一性的领土基础——中国的领土横跨台海两岸。有关台湾的全部事实和法律证明，台湾是中国的一部分。台湾由中华民族最先发现并进行有效治理。台湾古称夷洲、流求。大量的史书和文献记载了中国人民早期开发台湾的情景。三国时吴人沈莹的《临海水土志》等对此就有所著述，它们是世界上记述台湾最早的文字。宋代以后，中国就开始对台湾实行有效治理。宋朝政府派兵驻守澎湖，将澎湖地区划归福建泉州晋江县管辖。元朝政府在澎湖设置行政管理机构"巡检司"。明朝政府恢复了一度废止的"巡检司"，并为防御外敌侵犯，增兵澎湖。1662 年，郑成功在台湾设"承天府"。清朝政府逐步在台湾扩增行政机构，加强了对台湾的治理。1684 年设"分巡台厦兵备道"及"台湾府"，下设"台湾"（今台南）、"凤山"（今高雄）、"诸罗"（今嘉义）三县，隶属福建省管辖。1885 年（清光绪十一年），清政府正式划台湾为单一行省。① 中华民族最先发现台湾岛，中国在宋代以后对台湾实行有效治理，这些重要历史事实为现代国际法确认中国对台湾的主权奠定了事实基础。近代以来，列强觊觎其美丽富饶，

① 参见中国政府白皮书《台湾问题与中国的统一》（1993 年）。

物产丰富，处中国东南门户，扼南北海道要冲，台湾遂成为列强垂涎对象。1895 年 4 月，日本通过侵华战争，强迫清朝政府签订不平等的《马关条约》，该约第二款规定"中国将管理下列地方之权并将该地方所有堡垒、军器工厂及一切属公物件永远让与日本"。"下列地方"是指台湾全岛及所有附属各岛屿（包括钓鱼岛）和澎湖列岛。① 1937 年 7 月，日本发动全面侵华战争。1941 年 12 月，中国政府在《中国对日宣战布告》中昭告各国，中国废止包括《马关条约》在内的一切涉及中日关系的条约、协定、合同，并将收复台湾。1943 年 12 月，中美英三国政府发表的《开罗宣言》规定，日本应将所窃取于中国的包括东北、台湾、澎湖列岛等在内的土地，归还中国。1945 年，中美英三国共同签署、后来又有苏联参加的《波茨坦公告》规定："开罗宣言之条件必将实施。"同年 8 月，日本宣布投降，并在《日本投降条款》中承诺"忠诚履行波茨坦公告各项规定之义务"。10 月 25 日，中国政府收复台湾、澎湖列岛，重新恢复对台湾行使主权。② 《开罗宣言》、《波茨坦公告》和《日本无条件投降书》等国际法律文件奠定了"两岸同属一中"的国际法基础。从此，领土范围涵盖台海两岸的中国这个国际人格才获得国际法的承认而成熟固定，一个中国原则才上升为现代国际法的基本规范。国际社会普遍承认在横跨台海两岸的中华大地上只拥有一个国际人格，只存在一个主权国家意义上的国际法主体，并以中国（China）称呼这个国际法主体。这就是一个中国原则的国际法内涵，并构成判断中国国家同一性的国际法基础。

在二战结束之际确立的中国的国家同一性丝毫不受发生在其后的两岸暂时分离的影响。导致一个国家的国家同一性中断的情形，无非有两种，一是国家领土全部被外国兼并，二是在国家领土范围内出现新的主权者。两岸分离至今，中国领土既没有被外族入侵和兼并，在其领土范围内除中国之外也

---

① 此处引用的是《马关条约》中文版本。根据学者郑海麟的研究，《马关条约》的中文版本在第二款的表述和英文版本、日文版本有本质区别。中文版本只"将管理下列地方之权"让与日本，而英文版本、日文版本在此处采用"将下列地方之领土主权"割让给日本。根据中文文本，当年清朝政府并没有从国际法的意义上将台湾、澎湖列岛的领土主权割让给日本，日本对上述地方的领土主权只是从日文版本和英文版本取得。虽然，日文文本上有中方代表的签字，但中文文本上也有日方代表的签字。因此，关于台湾、澎湖列岛的领土主权问题，只要日方宣布放弃，那么，它便毫无争议地属于中国。据此，所谓"台湾法律地位未定论"，纯属一个假问题，完全没有争议的意义。参见郑海麟《两岸和平统一的思维与模式》，台湾海峡学术出版社，2001，第 130～134 页。

② 参见中国政府白皮书《一个中国的原则和台湾问题》（2000 年）。

没有出现新的主权者，因为中华人民共和国是与中国同一的主权者，而台湾是中国的一部分，根本不存在台湾的国际人格或国家属性问题。

中华人民共和国始终坚持与中国的同一性，而且这种坚持获得了国际社会的普遍承认。中华人民共和国继承了 1949 年以前由中华民国政府所代表的中国的全部领土，中华人民共和国宪法规定其领土包括大陆地区和台湾地区，按照"领土同一、国家同一"的原则，这种领土没有发生变动的情况下的国家同一性问题，本不需要或不依赖于国际社会的承认，但是因为中华人民共和国迄今不能实际控制台湾地区，使中华人民共和国宪法规定的领土和它实际控制的领土发生了部分偏差，所以在中华人民共和国与中国的同一性问题上，不能忽视国际承认的重要性。中华人民共和国中央人民政府成立当天即向各国政府宣布："本政府为代表中华人民共和国全国人民的唯一合法政府。凡愿遵守平等、互利及互相尊重领土主权等项原则的任何外国政府，本政府均愿与之建立外交关系。"随后又致电联合国，声明：国民党当局"已丧失了代表中国人民的任何法律的与事实的根据"，完全无权代表中国。外国承认中华人民共和国政府是代表全中国的唯一合法政府，与台湾当局断绝或不建立外交关系，是新中国与外国建交的原则。中华人民共和国的立场得到国际社会的支持和普遍承认。1971 年 10 月，第二十六届联合国大会通过 2758 号决议，驱逐了台湾当局的代表，恢复了中华人民共和国政府在联合国的席位和一切合法权利。目前，172 个国家与中华人民共和国建立了外交关系①，它们都承认一个中国原则，并且承诺在一个中国的框架内处理与台湾的关系。

台湾是中国的一部分，但是 20 世纪 40 年代中后期中国发生内战，内战的一方败退至台湾地区，以"中华民国"名义单独治理台湾地区并开拓国际空间，从而引起关于台湾的国际人格甚至是台湾的国家属性问题的研究。西方国际法学者一般都把台湾定位为自成一类的非国家实体（non-state entity sui generi），如亨金、布朗利、哈里斯、格蓝。② 亨金认为台湾是拥有

① 参见中华人民共和国外交部网站（http：//www.fmprc.gov.cn/chn/pds/ziliao/2193/），"建交国家一览表"（截至 2011 年 7 月 31 日）。
② Louis Henkin, *International Law, Cases and Materials*, 3 rd. ed. St. Paul, Minn：West Publishing Co, 1993；Ian Brownlie, *Principles of Public International Law*. London：Oxford University Press；D. J. Harris, "Cases and Materials on International Law," 4th ed. London：Sweet&Maxwell, *International Studies* 12 (1986)；Gerhard von Glahn, *the Law Among Nations, An Introduction to Public International Law*, 7th ed, New York：Macmillan Publishing Co, 1996.

一定国际人格的非国家实体。他说："台湾一般被认为是中国的一部分，其实，在 1949 年中华人民共和国建立以后，台湾一直有一个独立的政府进行有效统治，并自称是中国的'唯一合法政府'，并获得国际社会的部分承认。在中华人民共和国获得联合国的承认以前，'中华民国'在台湾就获得了联合国的承认，美国撤销对'中华民国'的承认之后，仍通过《与台湾关系法》保持与台湾的经济、文化、社会联系。美台关系只具有经济和文化性质，但《与台湾关系法》又把台湾'国家'化；美在台协会虽是一个非官方机构，但其与台湾的交往活动却具有官方或半官方性质。"① 也有学者把台湾定位为中国的一个地方政治实体，克劳福和马尔科姆都持这一观点。克劳福把台湾的法律地位定位为"在内战背景下事实上的稳固的地方政府"。② 他认为尽管台湾具有有限的国际人格，可以签订条约，进行某种对外交往，但是台湾不是国家，它是中国即中华人民共和国的一个地方政府。③ 马尔科姆则认为"台湾是拥有领土的非国家实体，法律上是中国的一部分，但单独治理"④。可以认为，西方主流国际法学者都是在台湾是中国的一部分这个大框架下，探讨台湾的国际人格，当然也有极少数学者认为台湾具有国家属性，其理由多种多样，在此不用赘述，但是无论是探讨台湾的国际人格还是所谓的国家属性，这些学者都忽视了一个重要的研究前提，即台湾只是一个地理单位，它不是一个国际法上的单独的政治法律单位。众所周知，台湾的正式名称应该是"中华民国"，而按照"中华民国"的"宪法"，其领土不仅包括台湾地区，还包括大陆地区。从来就没有一部这样的"宪法"，按照其规定，领土只包括台湾地区，人口只包括台湾人民；也从来没有这样的国际承认，承认与领土只包括台湾地区、人口只包括台湾人民的"台湾国"发生关系。所以，根本不存在所谓的台湾的国际人格或台湾的国家属性问题，国际法学者要探讨的应该是"中华民国"的国际人格问题和"中华民国"的国家属性问题。按照"中华民国宪法"，"中华民国"的领土包括大陆地区和台湾地区，中华人民共和国宪法规定其领土也包括大

① Louis Henkin, *International Law, Cases and Materials*, op cit, p. 278.
② James Crawford, *The Creation of States in International Law* (Oxford: Clarendon Press, 1979), pp. 151 – 152.
③ James Crawford, *The Creation of States in International Law* (Oxford: Clarendon Press, 1979), pp. 151 – 152.
④ Malcolm N. Shaw, *International Law*, 2nd ed. (Cambridge: Grotius Publications, Ltd., 1986), p. 149. In the third edition of the book, 1991, pp. 162 – 163.

陆地区和台湾地区，按照"领土同一、国家同一"的国家同一性理论，"中华民国"和中华人民共和国两者所指的国家实质上是同一个国家，可见两岸之争不是关于国家和主权之争，而是对同一个国家的国号、政权合法性和对外代表性之争。"中华民国宪法"所规定的国家，如同中华人民共和国宪法所规定的国家，其领土涵盖台海两岸，这个领土涵盖台海两岸的国家，其国家属性或主权性在国际法上是毫无疑问的，并早已确立。有了这些认识之后，就会发现"中华民国"的国际人格实质上是指"中华民国"与中国的同一性在多大范围内获得国际承认的问题。因为中华人共和国与中国的同一性获得了广泛承认，"中华民国"与中国的同一性就只能在很小的范围内获得承认，"中华民国"的建交国只有 20 多个，"中华民国"只能参加非主权国家可以作为其成员的国际组织。这个"很小的范围"客观证明了"中华民国"具有有限的国际人格，虽然它在国内法层次上的法律地位至今存疑。

在研究联邦德国与整个德国的国家同一性和中华人民共和国与中国的国家同一性两个问题时，会发现中华人民共和国与联邦德国形成了鲜明对照。联邦德国坚持自己与 1945 年德国的同一性，认为联邦德国不是一个新国家，联邦德国基本法规定其领土涵盖整个德国，这些立场和规定与中华人民共和国所采取的立场和规定竟然惊人的相似，但是在大国操控下的联邦德国并不能主宰整个德国的命运，立场不能始终坚持，基本法的规定被束之高阁，它推行"新东方政策"并接受双重承认，它签订《两德基础条约》并和民主德国一道加入联合国，它亲自参与并导致德国的主权和领土的分裂。而中华人民共和国在与中国的同一性问题上，立场和行动始终如一，坚决反对"两个中国"和"一中一台"等各种"台独"阴谋，正因为如此，中国的主权和领土完整性才得以保持并不断强化。

五　"整个中国"论与张亚中之《两岸和平发展基础协定》

通过上文分析可知，两个德国中断德国的国家同一性，"一德两国"缺乏事实和法理依据，而两岸暂时分离并没有中断中国的国家同一性，"两岸同属一中"不仅为两岸各自根本法所确认，而且为当今国际社会和国际法所承认。所以，无论是总结德国经验还是研究两岸关系，都不能离开上述基础。张亚中是两岸知名的国际法学者，专长研究德国问题和两岸关系，总结德国问题的经验，得出对两岸关系的启示，是张亚中多年的研究套路。不过从他的一系列文章和著作中可以看出，张亚中支持 1945 年德国"续存说"，支持"一德两国"，有了这个理论铺垫，在两岸关系上提出"一中三宪、两岸统合"和"整个中国"论水到渠成。张亚中的"一中三宪、两岸统合"和"整个中国"论在他设计的《两岸和平发展基础协定》中得到了集中体现。① 该协定草案由前言部分和七条主体条款组成。通过对协定和协定补充说明进行分析，可以认为作为协定理论基础的"一中三宪、两岸统合"、"整个中国"理论是"整个德国"理论的翻版。

该协定在前言中说"协定当事方认知到整个中国自 1949 年起处于分治之状态，但仍为中华民族一分子之事实，鉴于彼此对促进民族和平与发展之共同责任，意识到两岸同属整个中国、彼此相互平等是和平之基础条件"。补充说明对"整个中国"进一步解释，"两岸目前的分治，并不表示'整个中国'就不存在，因此，'一族两国'并不是正确的两岸定位。'中国'作为一个政治与法律的概念仍然是存在的，'中国'不仅是一个历史、地理、文化上的概念，更是一个政治与法律的概念，我们可以将'整个中国'看成一个屋顶或是两岸相加之和，'整个中国'的权力目前暂时由两岸政府分别行使。"第一条规定："两岸同属整个中国，彼此均无意从整个中国分离，并承诺不分裂整个中国、共同维护整个中国之领土主权与完整。"以上规定或说明似乎顾全了"整个中国"的领土和主权的完整性，但是，"整个中国"的领土和主权的完整性又被以下内容所撕裂。如协定第三条规定："两岸同意，尊重对方在其领域内的最高管辖权，任何一方均不得在国际上代表对方，或以对方之名义行为。双方尊重任何一方的内部宪政秩序与对外事务方面的权威。"该条的补充说明认为，文本中没有使用"主权"，而使用"最高权力"一词，是为避免造成两岸为国际法上的外国关系。"尊重对方在其领域内的最高权力"是指"由于目前两岸还没有统一，因为北京与台北的政府均只有在自己所管辖的领域内享有完整的管辖权，而不能及于对方。如果用国际法的术语来说，两岸只有在自己的领域内才是个完整的国际法人，如果从整个中国的领域，或整个中国的事务来看，两岸均非完整的法人。"第六条规定："两岸同意，双方在国际组织中彼此合作，双方在国际组织之共同出现并不意涵整个中国之分裂，并有责任共同维护中华民族之整

---

① 参见张亚中《两岸和平发展基础协定刍议》，《中国评论》2008 年 10 月号总第 130 期。

体利益。"该条的补充说明又认为，因为台湾方面不可能同意加入中国大陆在国际组织中的代表团，台湾社会选举频繁，"中华台北"容易被理解成"中华人民共和国台北"的简称、"中国台北"的同义词或"中国人台北"，观察员地位又会被台湾社会理解为中共的统战行为，总之，以上这些各种各样的原因迫使"在国际组织中相对台湾为强势的中国大陆"必须思考"如何让台北政府在国际组织能够有正式的会员资格而又不会造成两岸永久分裂的事实"。为解决这个问题，协定补充说明设计了一套"两岸三地"方案，即不论国际组织的性质，台北政府以"台北中国"名义参与成为正式成员，台湾也同意两岸共组一"两岸共同体"代表团作为两岸参与的第三席。

通过上述分析可以认为，张亚中"整个中国"论是一个难以调和的矛盾体，其难以调和之处在于，在横跨台湾海峡两岸的 960 万平方公里的土地上不可能存在"整个中国"、"北京中国"和"台北中国"等三个主权者。因为，根据国家同一性理论之"同一块领土上在同一时间内只能存在一个主权者"的规则，在横跨台湾海峡两岸的 960 万平方公里的土地上要么存在的是"整个中国"，要么存在的是各据一方的"北京中国"和"台北中国"。张亚中方案中的"整个中国"是毫无根基的虚化物，因为它的领土实际上被"北京中国"和"台北中国"所瓜分。没有领土的"整个中国"就像没有血肉身躯的孤魂，丝毫看不出它是"一个政治与法律的概念"。"北京中国"和"台北中国"在横跨台湾海峡两岸的 960 万平方公里的土地上各据一方，在各自有效管辖的领域范围内享有最高权力，对外都以正式成员身份参与任何国际组织，可见张亚中的方案实际上给予"北京中国"和"台北中国"主权国家的法律地位，只不过称之为"内部宪政秩序"。张亚中以为用"内部宪政秩序"称呼"北京中国"和"台北中国"，而"没有使用'国家'一词，就可以避免传统国际法用语可能引发两岸是'国与国'外国关系的误会"。为了防止"整个中国"被虚化而导致协定不被相关方面接受，协定企图通过贯彻"一中三宪、两岸统合"的思想以充实"整个中国"，就是借鉴欧洲一体化经验，两岸在双方同意的领域成立共同体，再通过共同体机制、共同协定等方式构建一个超越两岸宪法权威的规范，这就是所谓的两岸各自宪法之外的"第三宪"。但是，建立在这种缺乏集中权威、类似于国际条约和欧盟宪法的"第三宪"之上的"整个中国"仍然是一个虚化的实体，可见"一中三宪"实质上是"一中两宪"，"一中两宪"实质上"两岸两国"。

结语：深入认识两岸关系的法理内涵

从"一德两国"到"一中三宪"和"整个中国"，是从伪前提到伪结论，罔顾客观事实和基本法理，严重危害两岸关系的理论研究和两岸关系的良性发展。1945 年德国法律地位问题是涉及对整个德国问题的法律性质如何认识的根本性问题。通过采取国家同一性理论进行研究发现，在两德共处期间根本不存在"一德"，两个德国作为主权国家地位得到国际社会的普遍承认，既然如此，1990 年德国统一，用准确的国际法术语表述，应当称之为国际合并，而不是国家统一，所以根本不存在"先分裂再统一"的所谓德国国家统一经验。国际合并是两个主权国家通过某种方式融合成一个国家的问题，而国家统一是在一个既定国家的基础上如何实现主权和领土完整以及如何实现国内治权统一的问题。① 两岸关系的法律性质显然有别于两个德国问题。中国在 1949 年之后仍然保持了中国的国家同一性，中国的主权和领土完整继续保持，当今国际社会普遍承认在横跨台海两岸的 960 万平方公里领土上只存在一个主权国家，只是这个主权国家的国号还存在中华人民共和国和"中华民国"之争。两岸各自根本法规定的中华人民共和国和"中华民国"所涵盖的领土范围完全重叠（外蒙古作为主权国家地位早已被国际社会和国际法承认，"中华民国"领土仍涵盖外蒙古在国际法上显然是无效的），按照"领土同一、国家同一"的国家同一性原则，中华人民共和国和"中华民国"所指的国家完全是同一的。所以，无论是基于事实还是法理，中国的国家同一性及主权与领土完整性在两岸暂时分离期间继续保持，有了这个大前提，就不难得出这样的结论，即两岸关系实质上属于一个国家之内两个治理实体之间的对立竞争关系问题，属于国家治权分裂范畴，两岸统一事业属于国家统一的第二层次问题，即在主权和领土完整基础上实现国内统治权（治权）统一，把存在一国内部的多元的治理秩序集中到一套集

---

① 国际法秩序下的国家统一可以分为两个层次，第一层次是实现国家领土统一和主权的完整，使因武力或武力威胁遭到破坏的领土外围边界恢复到国际法认可的状态，如中国政府收复香港、澳门；第二层次是在领土完整基础上实现国内统治权（治权）统一，使存在于内部的多元的治理秩序集中到一套统一的治理权威系统中，如两岸统一事业就面临这样的任务。参见范宏云《两岸统一之法理学研究》，《中国社会科学院法学博士后论丛》（第三卷），中国社会科学出版社，2008。

中统一的治理权威系统中来。"两岸复归统一，不是主权和领土再造，而是结束政治对立。"①

但是，这些只是对两岸关系的法律性质进行普遍性的抽象概括，如果结合两岸关系的现实特殊性进行分析，就会发现两岸关系是一种特殊的治权分裂模式，② 这种特殊性在于中华人民共和国在两岸关于各自与中国的同一性、政权合法性和对外代表性的竞争中已经取得了压倒性优势，它已经掌握了中国绝大部分人口和领土的控制权，它一直所坚持的中华人民共和国与中国的同一性，已经获得了包括主要大国在内的国际社会的广泛承认。这种广泛承认能够衍生出这样的国际法效果，即中华人民共和国就是中国，虽然在处理两岸关系的"新三句"③ 中隐去了"中华人民共和国政府是代表全中国的唯一合法政府"，但这丝毫不影响中华人民共和国与中国具有同一性的国际法效果。两岸认同"两岸同属一中"，但是这个"一中"的法理内容不仅包括中国主权和领土的完整性，还应当包括这个"一中"还有代表它并支撑它的中央政府或占主体地位的政府，如果只坚持第一点，而不坚持第二点，"一中"就会被虚化。"一中三宪"和"整个中国"理论就是虚化"一中"的理论代表，它的"一中"是幌子，根本就不是一个政治和法律实体，里面装的是"两岸两国"。同时，在研究 1945 年德国法律地位问题时就会发现，两德共处期间的所谓"整个德国"就是因为它缺乏中央政府以及由这个政府实际管辖的领土，所以才不被国际法认定为政治和法律实体。因此，如果一定要从德国问题中总结经验的话，那么从德国的无奈分裂中可以得出这样的促进两岸统一的经验：一是一定要维护中国主权和领土完整，坚决反对在中国领土上再制造一个除中国之外的主权者；二是一定要坚持中华人民共和国与中国的同一性，通过自身的不断发展壮大，通过坚持不懈的政治和外交努力，始终保持在两岸全面竞争中的压倒性优势，只有这样，中国的主权和领土完整性才具有不可动摇的支撑基础。

---

① 胡锦涛于 2008 年 12 月 31 日在纪念《告台湾同胞书》发表 30 周年座谈会上发表的题为《携手推动两岸关系和平发展　同心实现中华民族伟大复兴》的讲话。

② 参见范宏云《国际法视野下的国家统一研究——兼论两岸统一过渡期法律框架》，广东人民出版社，2008，第 104 页。

③ 钱其琛在 2000 年 8 月 25 日会见台湾联合报系访问团时首次公开了两岸关系的"新三句"，即世界上只有一个中国，大陆和台湾同属于一个中国，中国的主权和领土完整不容分割。参见《钱其琛会见台湾联合报系访问团》，载海峡两岸关系协会编《两岸对话与谈判重要文献选编》，九州出版社，2004。

论海峡两岸大交往机制的构建[*]

祝捷　周叶中[**]

摘　要: 两岸交往的多元化、复杂化和双向化,要求对两岸交往机制予以整合与完善。当前,两岸交往遭遇着政治、法制、体制和心理等方面的困境。两岸大交往机制是包括两岸内、两岸间和两岸外的多元交往机制,是统摄两岸各层次交往机制的总括性概念。构建两岸大交往机制,有利于克服两岸交往的困境,顺应两岸关系和平发展的战略;有利于规范两岸交往行为,补强两岸交往的正当性,进而推动两岸交往形成制度依赖,符合两岸民众的根本利益和现实需求。

关键词: 两岸交往　两岸大交往机制　两岸关系

海峡两岸之间的交往,既是为满足两岸民众日常生活所需,又构成两岸关系和平发展的重要组成部分。随着台湾地区政治局势发生有利于两岸关系和平发展的变化,两岸之间的交往亦从零散、简单、单向的交往,向着多元、复杂、双向的交往转变。当前,两岸交往日益活络,已经成为增进两岸民众情感和强化两岸联结的重要方式。因此,推动两岸交往机制的构建,在"一个中国"原则下实现两岸交往的常态化和制度化,消除或缓和两岸交往

---

[*] 本文是周叶中教授主持的国家社科基金项目"构建两岸交往机制的法律问题研究"的阶段性成果。

[**] 祝捷,武汉大学法学院副教授、硕士生导师,武汉大学"珞珈青年学者";周叶中,武汉大学法学院教授、博士生导师,武汉大学两岸及港澳法制研究中心主任。

的政治障碍与法律障碍，对于两岸深化交往，并通过交往积累全方位互信具有重要意义，且能够为两岸形成和平发展的制度框架提供参照。本文将两岸大交往机制作为两岸各层次交往机制的总括性概念，并通过讨论建构两岸大交往机制可能遭遇的困境、意义及其所包含的多元结构，以期为两岸构建完善、有序的交往机制提供理论支撑。

一　两岸交往：一个描述性概念

制度的构建，源自于实践对于制度的需求。两岸大交往机制的构建，亦是如此。随着两岸交往向着多元、复杂和双向方向的转变，两岸交往应该建立相应的制度，以避免出现两岸交往秩序的失序，从而实现两岸交往的常态化和制度化，就成为两岸关系和平发展过程中的重大课题。因此，在讨论构建两岸大交往机制前，有必要讨论何为两岸交往以及两岸交往的特征。

（一）两岸交往的特征

"两岸交往"概念的提出，本身蕴涵着两岸关系的变迁与发展。在两岸隔绝的历史时期，两岸人民只能透过极其偶然的机会进行接触，而无交往的可能。1987 年，台湾当局对两岸交往实行部分解禁，从而使"两岸交往"成为一个现实的概念。从当下的眼光来看，两岸交往，既是对两岸人员往来、机构商谈、经贸交流以及其他各类互动的总体性描述，也是对两岸关系未来发展的一种期许，因而是一个具有发展性的概念，而较难从理论上对"两岸交往"的概念予以界定。因此，本文拟将两岸交往作为一个描述性概念，通过勾勒两岸交往的一般特征，以明确两岸交往在制度供给方面的需求。

第一，两岸交往的本质是一国内两法域人民之间的交往。两岸交往是两岸民众自然形成的共同活动。由于两岸间特殊的历史纠葛和现实情结，两岸交往的本质在不同的立场下，有着不同的解释，其间更涉及两岸政治关系定位等更为敏感和复杂的问题。[①] 基于"一个中国"原则的立场，并考虑到两岸当前仍处于政治对立状态的现实，两岸交往的本质可以被规定为一国内两

---

① 参见周叶中、祝捷《关于大陆和台湾政治关系定位的思考》，《河南政法管理干部学院学报》2009 年第 3 期。

法域人民之间的交往。所谓"一国内"，表明两岸交往不同于"两国交往"，仍是在一个统一中国内不同地区人民之间的交往，应当在交往的过程中遵循"一个中国"原则，在交往过程中形成的任何机制和规则，都必须符合"一个中国"原则，而不能与之相违背。所谓"两法域"，是指两岸人民虽同属一个中国，但仍处于两个法域，相互间应当彼此尊重对方的法律制度、价值取向和生活习惯，也有义务承受因法域差异而产生的诸多不便，尽管这种不便应当在两岸可以接受的最大程度上予以消除。需要说明的是，"法域"是指一个具有或适用独特法律制度的区域，与"国家"、"主权"等概念无关，一个主权国家也可以有多个法域，① 强调两岸交往的跨法域性，并不抵触"一个中国"原则。

第二，两岸交往是涵盖两岸各层次的交往。就目前两岸交往的现状而言，两岸已经形成了涵盖两岸各层次的交往，而不仅是单一层次的交往。1987 年后，两岸交往经历了从以探亲为主的民间民众往来向包括经贸、文教、科技、旅游等多维度往来的变化，也经历了从早期台湾地区向大陆单向流动向两岸双向流动转变的过程。尽管其间因台湾地区政治局势变化而有所波折，但就基本面而言，两岸交往已经突破单一层次交往，形成了多元交往的格局。当前，两岸之间的交往层次主要包括三个层次：其一，两岸透过两会框架形成了事务性商谈机制。两会事务性商谈机制为两岸交往提供协商、对话的途径，并为规范两岸民众交往行为进行造法性的工作。其二，两岸政党对话机制。由在大陆执政的中国共产党和台湾地区的主要政党通过领导人会谈、论坛和会议等形式开展的交往，政党对话机制所达成的两岸共识推动了两岸交往的可持续发展。其三，两岸民众之间基于经贸、投资、就业、求学、旅游、婚姻、探亲等活动形成的民间交往。这一部分交往有着民间、广泛和深入的特点，构成两岸交往的主干。当然，以上三个交往层次并不是相互孤立的，而是一个有机联系的整体。其中两会事务性商谈和两岸政党对话机制的成果，决定着民间交往的范围和深度；而两岸民间交往进一步深化的需求，又推动了上述两个层次交往的发展。

第三，两岸交往的主体是两岸民众，但主导者则是两岸公权力机关。两岸交往符合两岸民众共同的民族情感和现实利益。两岸形成的各项制度框架和途径，在根本上也是为了实现两岸民众更加便利和更加广泛的交往。在两

---

① 参见韩德培主编《国际私法问题专论》，武汉大学出版社，2004，第 117～118 页。

岸交往中，两岸民众之间的交往不仅在量上占据绝对多数，而且是两岸交往最为活跃的部分。从根本意义上而言，两岸民众对于两岸交往的需求，是推动两岸交往的动力。然而，这种动力毋宁是本源性的，对于两岸公权力机关并无规范上的拘束力。原因在于两岸民众虽然构成两岸交往的主体，但由两岸当前特殊的政治情势，两岸民众实际上无法参与到有关两岸交往机制构建的过程中，而这一过程恰恰决定着两岸民众交往的范围和深度。从此意义而言，两岸民众实际上是在被动地接受两岸公权力机关通过各种途径对两岸交往所形成的安排，两岸公权力机关构成了两岸交往的主导力量。两岸公权力机关基于各自的政策立场和制度规范，通过各自立法或协商机制出台的一系列政策文件、共识性宣言、规范性文件和协议，构成了两岸交往的规范依据，对两岸民众的交往起着规范上的约束作用。

（二）两岸交往的四重困境

两岸交往是在两岸政治对立现状下的交往。尽管两岸可以采取搁置争议或者回避政治问题的办法开展交往，但由于政治力的作用不可能经由搁置或回避的办法完全消除，因此在政治对立的背景下，两岸交往不仅在历史维度上不可能一帆风顺，即便在日益热络的今天，仍然存在着诸多困境。总体而言，两岸围绕"一个中国"原则的政治争议，是两岸交往中各种困境的根源和总体现，而"一中争议"在两岸交往中具体地体现在政治、法制、体制和心理四个方面。

第一，以承认争议为核心的政治困境。两岸政治对立在形式上体现为两岸之间的"承认争议"。承认争议，即大陆和台湾由于"一中争议"，在是否承认对方根本法以及依据该根本法所建立的公权力机关等问题上所存在的争议。对于大陆而言，由于坚持"一个中国"原则，因而对台湾地区的根本法以及依据该根本法所建立的公权力机关，采取一概不予承认的态度。台湾当局在1990年结束"动员戡乱"后，改变将大陆视为"叛乱团体"的做法，已经不再否认中华人民共和国宪法和中华人民共和国政府的合法性。[①]但是，台湾当局至今仍然禁止公权力机关以"公名义"与大陆的公权力机关开展直接对话。在"承认争议"下，两岸公权力机关无法透过官方管道进行交流，因而只能通过包括两会事务性协商机制在内的各种非官方管道交

---

①　参见邵宗海《两岸关系》，五南图书出版有限公司，2006，第350～363页。

流。同时，由于"承认争议"的*存在*，两岸交往所必要的两岸互信也由于"不承认"而被削弱。因此，两岸交往常常由于两岸互信的缺乏而出现倒退，甚至陷于停顿的状态。

第二，以法律冲突为核心的法制困境。两岸分属两个不同的法域，各自以根本法为核心形成了法律体系，而两个法律体系之间存在着大量的法律冲突。由两岸跨法域性产生的法律冲突，给两岸交往中的法律适用造成障碍，并因此而构成两岸交往的法制困境。解决两岸法律冲突的最佳方式是两岸统一立法或进行区际法制协调，但由于两岸并未累积足够的互信，因而两岸在统一立法和区际法制协调方面尚无有效举措。当前，两岸基于各自所接受的法学理论和政治立场，都在相关法律中规定了涉对方事务的法律适用。如台湾地区的"两岸人民关系条例"，对于两岸有关民商事法律的适用作出了比较详细的规定。大陆方面在《民法通则》、《继承法》、《婚姻法》等法律中，对于涉台民商事法律的适用也有相应规定。由于两岸均未承认对方法律的效力，因而在解决两岸交往所遭遇的法律冲突问题上，两岸仍然处于各说各话的状态。

第三，以部门差异为核心的体制困境。由于两岸公权力机关在推动两岸交往中起着主导性地位，两岸公权力机关之间以合适名义进行协商是构建两岸交往机制的重要环节。在两岸交往的早期，主要工作是启动两岸交往并构建起基本的框架，因而采取两会模式，由两岸负责涉对方事务的公权力机关授权民间团体进行事务性商谈，尚能满足两岸交往的需要。随着两岸交往的不断深入，涉及专业性事务的两岸交往也在增多，必然要求两岸管理专业性事务的公权力机关进行联系。如两岸在食品安全、标准计量检验检疫、金融监管、核安全等领域已经签署的协议，都规定两岸相应的主管部门开展联系与沟通，并共同完成协议所设定的任务。然而，两岸行政机构设置颇为不同，大陆的专业性行政机构设置较细，而台湾地区行政机构的职权则相对集中。因此，两岸在同一事务上，相关的对口部门并不完全一致，有时会出现大陆方面几个部门对口台湾方面一个部门的现象。如在海域执法合作方面，大陆方面有海巡、海监、渔政、海警、海关等多支涉海执法队伍，而台湾地区仅有隶属于"海巡署"的"海巡"一支执法队伍，使得大陆和台湾在海域执法上缺乏相应的对口部门。① 除此以外，大陆在食品安全上采取的"分段管理"体制，也使两岸在食品安全事务合作方面，存在着对口部门确定

---

① 参见祝捷《论两岸海域执法合作模式的构建》，《台湾研究集刊》2010 年第 3 期。

困难的问题，等等。

第四，以认同矛盾为核心的心理困境。两岸在意识形态、政权、"国家"上的认同矛盾，对两岸交往产生着微妙的影响，因而构成两岸交往中的心理困境。两岸人民同属一个中华民族，有着共同的历史记忆和情感联系。然而，由于长期的隔绝，以及两岸公权力机关在特殊历史时期对对方的片面宣传，加上"台独"分裂势力臆造所谓"台湾国族认同"等理论，导致两岸民众在心理上存在差异。此种差异在认同问题上，就体现在两岸民众对于"一个中国"原则、谁是"中国"等根本性问题上存在着矛盾，连带着对于两岸社会制度、生活方式和价值观等方面亦存在着不同的认知与评价。认同矛盾加深了两岸民众之间的不信任感，也放大了两岸在长时间隔离后产生的疏离感。如果说政治、法制和体制上的障碍，通过精细的制度设计和安排，尚能较快克服或者回避，那么，两岸交往中两岸民众因认同矛盾产生的隔膜，则需要相当长的一个历史时期才能予以消解。在两岸认同矛盾消解至一个不足以影响两岸交往的程度前，以认同矛盾为核心的心理困境将始终困扰两岸交往的有序开展，并影响两岸交往机制在运行中的实际效果。

二　两岸大交往机制：消解两岸交往困境的应然

台湾学者张亚中认为，"国家"和"主权"是两岸关系中的结。[①] 在一定历史时期内，完全消除两岸间的政治对立是不现实的。然而，建构合理的、能够为两岸所共同接受的两岸交往机制，可以减少或避免因政治对立给两岸民众交往带来的负面作用，最大程度地消解两岸交往中的困境。事实上，在两岸交往的过程中，两岸自发地形成了若干具有制度特征的交往框架或途径，也形成了以两会协议为代表的两岸交往规范，从而已初步构建起两岸交往机制。但这些已经形成的两岸交往机制距离两岸民众对于扩大和深化交往，尤其是通过规范方法将两岸交往的成果予以制度化、常态化的要求，还存在一定距离。由于两岸交往机制化的实践尚处于自发状态，因而理论上对于两岸交往机制的认识，也有待进一步深化。

就"两岸交往机制"的提法而言，理论界早有涉及。具有代表性的观点认为，两岸交往主要是两岸民众之间的往来，大陆方面较早的著作如陈安

---

① 参见张亚中《两岸主权论》，台湾生智文化事业有限公司，1998，第2页。

主编的《海峡两岸交往中的法律问题研究》和曾宪义、郭平坦主编的《海峡两岸交往中的法律问题》，均从法律适用和法律冲突角度分析两岸交往问题，将两岸交往理解为两岸民众之间的往来。在此理解基础上，两岸交往机制主要被理解为两个层次的含义：其一为本体层次的含义，即将两岸交往机制理解为两岸民众的交往机制，如前述的两本论著；其二为方法层次的含义，主要是针对两岸两会机制或者其他类似机制而言的，如有学者将两岸事务性商谈理解为通过对话进行的两岸交往秩序建构。① 由于当前理论界提出的两岸交往机制概念，都是立足于两岸交往机制的某一个方面，因而本文将其称为小交往机制。相应的，本文将涵盖两岸各方面、各层次的交往机制则称之为两岸大交往机制，并将两岸大交往机制作为统摄和描述两岸各种交往机制的总括性概念。

两岸大交往机制概念的释出，切中了有关两岸关系和平发展的战略思考，符合两岸民众的根本利益，也顺应两岸关系和平发展的总体趋势。在两岸关系和平发展不断取得新进展的历史背景下，构建两岸大交往机制，符合两岸对于和平发展的共同期许、有利于规范两岸交往行为，以及补强两岸交往的正当性，进而推动两岸交往形成制度依赖。

第一，两岸建立大交往机制，符合两岸对于两岸关系和平发展的共同期许。两岸关系和平发展既符合两岸民众的现实利益，也为两岸具有远见卓识的政治人物所认可。2008 年以来，两岸领导人通过不同途径，多次强调两个"十六字"：即大陆方面所主张的"建立互信、搁置争议、求同存异、共创双赢"十六字"方针"和台湾方面所主张的"正视现实、开创未来、搁置争议、追求双赢"十六字"箴言"。两岸民众既享受着两岸关系和平发展的成果，也积极推动两岸关系向着更加广阔的前景发展。由此可见，两岸尽管仍处于政治对立状态，一些敏感的政治议题尚未解决或者尚未开启解决的途径，但政治对立以及某些政治议题并不影响两岸对于两岸关系和平发展的共同期许。这种共同期许要求两岸建立更深化和更具权威性、规范性的制度化交往框架。因此，建立涵盖两岸交往各层次、各方面的大交往机制，将两岸交往中形成的自发秩序，纳入由规范所形成的制度框架，对于形成两岸关系和平发展框架的法律机制具有积极的推动作用。同时，将在两岸间具有造

---

① 王建源：《在事实与规范之间——论国家统一前的两岸交往秩序》，《台湾研究集刊》2001年第 2 期。

法功能的两会机制及其他类似机制，纳入两岸大交往机制范围，借助制度的规范性和权威性特征，将两岸关系和平发展的成果予以制度化，将有利于提升内岸相关共识和协议的效力位阶，为两岸关系和平发展提供持续性的规范依据。

第二，两岸通过建立大交往机制，可以有效规范两岸各层次的交往行为。两岸交往自发形成的多元交往格局，仅仅表示两岸交往在量上已经积累到一定程度，而并不表明两岸的多元交往格局已经被制度化和常态化。相反，两岸当前的多元交往格局尚处于零散、相互孤立和自发状态，鲜有制度化或制度化程度较高的交往规范，相当一部分两岸交往活动仍然依靠政治惯例或者两岸默契开展。当前两岸多元交往制度化程度不高的状态，虽然与两岸政治对立的现状有关，但对于两岸各层次交往行为的规范化和常态化，仍有一定负面影响。以至于两岸的正常交往，对台湾地区内部政治局势的依赖度较高，尤其是台湾地区领导人的态度，对于两岸交往在其任期内能否正常开展，常常具有决定性影响。两岸建立大交往机制的过程，就是将两岸经由单方面立法、政策宣示以及双方协商所形成的协议、共识等予以规范化的过程。具体而言，对于两岸各层次交往中的规范，两岸大交往机制的建立将对之产生"共识化"和"法制化"两个应然的趋势。共识化，是指两岸交往中的制度供给，将逐渐走出两岸各自"独白"的状态，而趋向通过两岸协商形成"共识"的方式完成。法制化，是指两岸交往将逐渐摆脱经由两岸默契和政策措施调整的阶段，而遵循一致性和明确性的规范调整。共识化和法制化两大应然趋势的结果，就是为两岸交往提供充分的规范依据，以有效地规范两岸各层次的交往行为，结束两岸交往"无法可依"的局面。

第三，两岸大交往机制的建立，能够为两岸交往提供持续性的正当性来源。两岸交往正当性，涉及两岸交往能否长久，以及能在何种程度上抵抗政治力侵蚀的问题。欠缺持续正当性支撑的两岸交往，只能是偶然的和不稳定的。从理论上而言，一个制度得以具有持续正当性支撑的最佳方式是制度形成过程的民主性。然而，由于两岸现实，建立此种民主的制度形成机制具有相当难度，甚至在相当长的历史时期具有不可能性。因此，通过两岸大交往机制的建立，形成对民主形成过程的替代性机制，就两岸关系现状而言，无疑是最具可行性的方案。目前，两岸交往的正当性源于两个方面：其一，基于民族情感的正当性，这一正当性来源在支撑两岸交往正当性方面起着主要作用；其二，大陆和台湾各自分别颁布了规范两岸交往的规范性文件，这些规范性文件也支撑着两岸民众交往行为的正当性。但两岸交往正当性的两个来源，在为两岸交往提供持续正当性支撑方面，均有不足。首先，民族情感和现实利益不具有规范形态，因而不论在内容上还是形式上都有着不确定性。现阶段的两岸交往，仍然体现为对因长期隔离而造成的关系裂痕的修补，还谈不上寻求两岸利益的一致性整合。在此情形下，两岸民众现实利益的冲突并不剧烈，民族情感足以为两岸交往提供正当性支撑。然而，随着两岸交往的扩大和深化，两岸利益冲突无法仅凭民族情感而获得化解，因而需要更加有效的正当性支撑。其次，两岸各自有关交往的规范性文件由于承认争议的存在，在各自内部尚基于法规范的拘束力而具有正当性，但在如何规范对方交往主体的行为上，则存在着较大障碍。两岸大交往机制则不是仅仅依靠民族情感而建构的交往机制，而毋宁说是两岸向着法的共同体发展的重要形式和阶段。两岸大交往机制首先要创设的就是基于"共识决"的两岸法制形成机制，以将两岸交往的正当性来源，从民族情感和各自独白式的立法，转变到两岸经由共识形式达成的两岸法制上，通过"共识决"弥补两岸因制度形成民主性不足而造成的缺憾。

总之，两岸大交往机制的目的是通过制度建设和规范建构，为两岸交往提供足够的规范依据。通过规范两岸交往主体的行为，使两岸在推动两岸交往上形成制度依赖，从而最大限度地减少政治因素对于两岸有序交往的影响。在此方面，两岸大交往机制所采取的方法，就是将两岸各层次的交往从当前的分散状态，运用"大交往机制"的概念统合成具有体系特征的整体，将各层次交往都纳入到两岸大交往机制所建构的规范系统中，以为两岸交往提供有效、稳定和持续的规范依据。

三　两岸大交往机制的多元结构

两岸大交往机制意图涵盖两岸各层次的交往，但这并不意味着这是两岸各层次交往的简单叠加，而是形成有助于规范两岸交往体系的制度框架。良好的两岸大交往机制至少应当包括两个要素：其一，能够容纳两岸现有的各层次交往；其二，具有足够的可发展空间，以容纳两岸正在形成或者尚未形成的交往。由此两个要素出发，本文对于两岸大交往机制多元结构的描述，不拟继续沿用对于两会事务性商谈机制、两岸主要政党对话机制和两岸民间交往的总结方法，而是基于两岸交往可能发生的场域，即两岸内、两岸间和两岸外分别加以描述。

（一）规范两岸民众交往的"两岸内"交往机制

两岸内，是指两岸在各自有效管辖领域内的场域。两岸内的交往，是两岸交往最为直接的体现形式。两岸内交往主要体现为两岸中一方的民众在另外一方有效控制范围内的活动，这与以往学者所言的两岸民众交往大体相当，也即通常所理解的两岸小交往机制。两岸内交往机制包含两岸民众在经贸、投资、旅游、就业、就学、文化交流、探亲、婚姻等各个方面的交往，是两岸交往中最大量也最活跃的交往形式。由于在两岸内交往中，两岸民众适用的主要是两岸各自域内的法律规范，因而两岸内交往机制所需克服的主要困境是以法律冲突为核心的法制困境。由此可见，两岸内交往机制以构建两岸交往的法律适用机制为主要内容。

两岸内交往机制在具体规范上，体现为两岸统一实体法、法律冲突规范和司法互助规范等。目前，以上三种具体规范除两岸统一实体法外，均有所体现，但大部分体现为两岸各自立法的状态。由于两岸存在着的"承认争议"，所以在两岸内克服以法律冲突为核心的法制困境，又转化为如何应对承认困境的问题。近年来，随着两岸对"九二共识"和两岸跨法域性认识的深化，两岸通过立法或者司法解释的方式，逐步放开了对于对方法律的承认。如大陆最高人民法院曾于1998年颁布的《关于人民法院认可台湾地区有关法院民事判决的规定》等有助于两岸司法互助的规范性文件。2010年，最高人民法院又在《关于审理涉台民商事案件法律适用问题的规定》中，表达了人民法院可以适用台湾地区民事法律的态度。台湾方面在其"两岸人民关系条例"中，对涉大陆的法律适用问题进行了比较详细的规范，形成了初具体系化的适用。[①] 2009年，两岸透过两会机制达成《海峡两岸共同打击犯罪及司法互助协议》，在两岸司法互助方面进行了协商造法的初步尝试。上述两岸各自立法和协商的努力及成果，为构建两岸内交往机制，妥善解决两岸法律适用问题奠定了基础。

---

① 裴普：《一国两制构架下海峡两岸区际私法构想——兼评台湾"两岸人民关系条例"》，《重庆大学学报》（社会科学版）2004年第2期。

（二）确立和规范两岸公权力交往的“两岸间”交往机制

"两岸间"作为一个理论上的概念直接脱胎于"政府间"的概念，后者是现实主义者对于欧洲一体化成果的一种描述。[1] 经由两岸话语的改造，"两岸间"承继了"政府间"的核心内涵，但去除了"政府间"所具有的"主权"、"国家"、"政府"等形式特征，而使之能够适用于两岸现实。具体而言，"两岸间"概念对于两岸现状的描述体现在三个方面：其一，两岸形成新的结构，该新结构不具有实体形态，因而也不具有凌驾于两岸之上的特征，仅仅体现为两岸各类型和各层次的协商机制；其二，两岸各自保留对己方有效管辖领域的治理权，而不向两岸形成的新结构让渡权力；其三，两岸协商机制所形成的决定，不必然对两岸产生直接效力，而是需经过两岸依其各自域内法产生效力。

"两岸间"概念较好地解释了两岸在1992年之后所形成的两会机制及其运行效果。1992年，两岸经由两会机制，形成了制度化的交往格局，并在2008年后得以真正的常态化和制度化。两会机制通过一系列协议，为两岸交往提供了制度性安排。两会机制采取"民间白手套"的形式，替代两岸公权力机关进行平等协商和交流，为两岸交往的稳定发展进行了有效的制度供给。两会机制形成的协议或共识，采取在两岸各自分别立法的方式完成法制化，并规范各自主体在两岸交往中的行为，包括各自公权力机关的行为。依据ECFA成立的两岸经济合作委员会深化了两会机制的内涵，使得两岸首次成立了双方参加的共同机构（Shared Institution）。[2] 但就本质上而言，两岸经济合作委员会并不是凌驾于两岸之上的机构，而仅仅是两岸协商机制的组织化和常态化而已，依然体现了"两岸间"的特色。

就两岸协商机制而言，其本质上毋宁是在"承认争议"的困境下，两岸公权力机关交往的替代性机制。在两岸刚刚恢复交往或者交往程度并不深

---

[1] 参见高华《地区一体化的若干理论阐释》，载李慎明、王逸舟主编《2003年：全球政治与安全报告》，社会科学文献出版社，2003。

[2] 准确地说，共同机构（SI）是类似于欧洲一体化过程中所形成的欧盟委员会、欧洲议会和欧洲法院等脱离主权国家的共同体机构，这些机构代表欧盟的整体利益，而不是欧盟成员国进行协商的机构。但在两岸话语中，共同机构仍然仅仅是一个常态化的沟通协商机制，且不具有任何与主权相关的意涵。

入的早期，授权民间团体替代公权力机关交往，尚可以完成相应的协商和合作任务。但随着两岸交往的深入，仅靠民间团体对公权力机关进行替代性交往，显然已不能满足两岸交往深入发展的需要。事实上，多个两会协议订定由两岸业务主管部门指定人员进行沟通联络和工作方案实施的合作方式，一些协议还规定有两岸执法合作机制，实际上已经突破了民间团体替代公权力机关参与两岸交往的层次。因此，在"两岸间"的场域构建两岸公权力机关交往机制的主要问题，已经不在于构建两岸公权力机关交往机制是否有必要和可行，而在于如何通过两岸话语的表达，克服或消解"承认争议"对于两岸公权力机关交往机制的消极影响，以及如何通过合理的机构设置，克服或消解因部门差异而产生的体制困境。目前，对于两岸间交往机制的构建，有必要着重于构建两岸间的权力结构，推动两岸向两岸间交往机制转移实质性的权力，而非简单的协商职能，以加强两岸间交往机制的合作能力。同时还应引入两岸民众参与机制，以强化两岸通过两岸间交往机制所产生成果的正当性。

（三）规范两岸在国际社会交往的"两岸外"交往机制

世界上绝大多数国家和绝大多数政府间国际组织均承认"一个中国"原则，台湾地区作为中国的一部分因而在法理上并无参与国际交往的主体资格。但是，台湾地区以不同名义参与国际社会在客观上已经是不争的事实，典型者如台湾地区以"中华台北"名义参加国际奥委会组织（IOC）、以"单独关税区"名义加入世界贸易组织（WTO），以观察员身份出席世界卫生大会（WHO），等等。因此，承认台湾地区参与国际社会交往的事实，应当与台湾地区是否具有国际法主体资格的问题分开。鉴于台湾地区已经广泛且深入地参加国际社会交往，两岸交往因而产生了外在于两岸的第三场域，即"两岸外"。"两岸外"与"两岸内"、"两岸间"相比，主要体现在受制约的因素发生了变化。在后两个场域，受制约的因素主要来自于两岸，但"两岸外"的受制约因素除来自两岸外，还有外在于两岸的其他因素，如两岸共同加入的国际组织所订定的规则。"两岸外"交往机制的主要功能是规范两岸在国际社会的交往行为，主要包括三个部分。

其一，是台湾地区有序参与国际空间的机制。大陆方面已经明确提出，对于台湾参与国际组织活动问题，在不造成"两个中国"、"一中一台"的前提下，可以通过两岸务实协商作出合情合理安排。① 台湾地区参加国际空间问题，涉及台湾民众的自尊和自我认同问题，是台湾社会的核心议题之一。而参加一些功能性的国际组织，如世界贸易组织、世界卫生组织等，又有利于保障和维护台湾民众的相关权利。对于台湾地区参与国际空间的诉求，大陆方面应当在坚持"一个中国"原则上予以务实应对，其应对的方法就是寻找合适的方式和名义，推动台湾地区有序参加国际空间机制的建构，使台湾地区参加国际空间的节奏和方式处于两岸能够共同接受的范围内。2009 年，台湾地区以观察员名义出席世界卫生大会，并在之后成为惯例，已经为这种机制的建构提供了范本。②

其二，是两岸共处一个国际组织的交往规范。两岸目前已经共同参加了一些国际组织，在共处一个国际组织的过程中，不可避免地发生一些交往行为，如两岸在 WTO 的框架下曾多次遭遇贸易争端，也曾通过 WTO 所设置的争端解决机制处理两岸贸易争端。③ 因此，如何规范两岸共处一个国际组织中所发生的交往行为，使之更加符合该国际组织的规则，运用国际组织的规定解决两岸争议问题、共同促进中华民族整体利益，是构建两岸共处一个国际组织交往规范应当重点建设的内容。

其三，是两岸共同维护中华民族整体利益的机制。尽管两岸在意识形态、政权和"国家"认同上有所差异，但在民族认同上仍能保持"中华民族认同"，因而对于中华民族整体利益有着共同的维护责任。事实证明，台湾民众和大陆民众一道，在保钓和保卫"南海主权"方面发挥了积极作用，表现出"兄弟阋于墙，外御其侮"的民族精神。两岸在"同属一个中华民族"和"九二共识"的基础上，可以也应当搁置两岸政治争议，以民族大义为重，推动两岸共同维护中华民族整体利益机制的构建，为两岸形成合力提供制度渠道。

当然，以上三个层次的划分也不是绝对的，如"两岸间"交往机制通过造法功能和执行功能影响"两岸内"交往机制，而"两岸外"交往机制

---

① 胡锦涛：《携手推动两岸关系和平发展　同心实现中华民族伟大复兴——在纪念〈告台湾同胞书〉发表 30 周年座谈会上的讲话》，《人民日报》2009 年 1 月 1 日，第 1 版。

② 参见祝捷《论台湾地区参加国际组织的策略——以台湾地区申请参与 WHO/WHA 活动为例》，《一国两制研究》（澳门）2012 年第 10 期。

③ 参见彭莉《入世后两岸若干经贸法律问题的理论争议与实务分析》，《国际贸易问题》2008 年第 3 期。

必须通过"两岸间"交往机制，形成两岸对外合作的基本框架和制度路径，等等。可以说，每个层次对其他层次的交往都通过制度的勾连有着较高的关联性和依存度。

四　结语

两岸交往已经成为两岸关系和平发展的重要组成部分，也是进一步推动两岸关系和平发展的重要动力。构建两岸大交往机制，在两岸交往日益热络的今天，对于推进两岸关系和平发展的进一步深化和固化两岸关系现阶段的发展成果，具有重大而现实的意义。目前，两岸交往方兴未艾，专业性、地域性的两岸交往机制构建已经提到议事日程上来，但真正从宏观制度构建的高度思考构建两岸大交往机制，尚在决策和实务层面缺乏相应的举措。本文在理论上对两岸大交往机制的构建进行了宏观探讨，以为对于如何构建两岸大交往机制和各层次交往机制等细部问题提供概念话语和理论指引。至于在微观层面上探讨两岸大交往机制构建的具体方法，我们将另文论述。

图书在版编目（CIP）数据

当代中国政治研究报告. 第10辑/黄卫平，汪永成主编；
深圳大学当代中国政治研究所编. —北京：社会科学文献
出版社，2013.1
ISBN 978 - 7 - 5097 - 4218 - 1

Ⅰ.①当… Ⅱ.①黄… ②汪… ③深… Ⅲ.①政治改革 -
研究报告 - 中国 - 现代 Ⅳ.①D62

中国版本图书馆 CIP 数据核字（2013）第 014733 号

当代中国政治研究报告（第 10 辑）

编　　者／深圳大学当代中国政治研究所
主　　编／黄卫平　汪永成
执行主编／陈家喜

出 版 人／谢寿光
出 版 者／社会科学文献出版社
地　　址／北京市西城区北三环中路甲 29 号院 3 号楼华龙大厦
邮政编码／100029

责任部门／社会政法分社（010）59367156　　责任编辑／黄金平　李　响
电子信箱／shekebu@ ssap. cn　　　　　　　责任校对／李　惠
项目统筹／王　绯　　　　　　　　　　　　责任印制／岳　阳
总 经 销／社会科学文献出版社发行部（010）59367081　59367089
读者服务／读者服务中心（010）59367028

印　　装／三河市尚艺印装有限公司
开　　本／787mm×1092mm　1/16　　　印　　张／22
版　　次／2013 年 1 月第 1 版　　　　　　字　　数／382 千字
印　　次／2013 年 1 月第 1 次印刷
书　　号／ISBN 978 - 7 - 5097 - 4218 - 1
定　　价／68.00 元